凡　例

一、臨時国民議会速記録については、頭文字と議事録に記されている通し番号を付して略記した。例えば、Stenographisches Protokoll der provisorischen Nationalversammlung の第1回会議は St. PR. PNV 1 と表記した。

二、憲法制定国民議会速記録については、頭文字と議事録に記されている通し番号を付して略記した。例えば、Stenographisches Protokoll der konstituierenden Nationalversammlung の第1回会議は St. PR. KNV 1 と表記した。

三、国民議会速記録については、頭文字と議事録に記されている通し番号を付して略記した。例えば、

Stenographisches Protokoll des Nationalrates, I. Gesetzgebungsperiode の第1回会議は St. PR. NR 1・1

Stenographisches Protokoll des Nationalrates, II. Gesetzgebungsperiode の第1回会議は St. PR. NR 2・1

Stenographisches Protokoll des Nationalrates, III. Gesetzgebungsperiode の第1回会議は St. PR. NR 3・1

Stenographisches Protokoll des Nationalrates, IV. Gesetzgebungsperiode の第1回会議は St. PR. NR 4・1

と表記した。

四、引用訳文については、引用者の判断で変更を加えた箇所がある。訳者のご海容をお願い申し上げたい。

目次

序　問題提起と展望

ハプスブルク帝国の解体によって一九一八年に誕生したオーストリア第一共和国は、君主制を廃し連邦共和国を名乗り議院内閣制を採用するものの、やがて議会政治の有用性が疑われたとき、反議会的な体制の成立を許し、最終的にはドイツ第三帝国への編入によって一九三八年に消滅することになる。本書は、オーストリア第一共和国の二〇年間の政治史を、議会政治とその試練の歴史として解明する試みである。

したがってここではまず、いままで日本国内では入手のむずかしかった国民議会議事録や閣僚会議議事録、現地新聞のマイクロ資料をはじめとする原資料を手がかりに実証的手法によって、国民議会での争点を軸に政党・階層間の緊張を分析した。しかしながら、このような政治過程の実証研究のみによっては、第一共和国で議会政治の経験した危機の全体像を理解することはできない。筆者はここで、政治過程の研究のみならず、都市と農村が拮抗していた一九二〇年代から三〇年代にかけてのオーストリアの社会形態と経済構造という背景を考慮にいれつつ、憲法にみられる制度構造問題の分析、さらにバウアー、ケルゼン、またはシュパン、フェーゲリンらの理論の検討を立体化させることによって、戦間期オーストリア政治の特性・構造を際立たせるという方法を選択した。この方法が本書の特徴をなしている。

後述するように、第一共和国の政治史に関する研究は、これまでも数多くおこなわれている。しかしながらこれらの研究は、方法上それぞれ個別になされており、けっして複合的な視点をもつものではない。今日、政治学研究の専門分化とともに過程分析・憲法研究・理論検討とがいちじるしく乖離し接点が見失われつつあるなかで、いずれかに偏ることのない複合的方法の重要性は、ますます増してきているといえる。これらを相互に循環させるアプローチが、今日の政治学に必要とされているのである。

この点について、若干の検討を加えておきたい。

二〇世紀には広く、民主化と工業化にもとづく社会分業の深化によって、利害・意見の多様化が進み、政治の単位は、大衆から各種団体を経て、政党まで必然的に多元化するとともに、官僚機構の肥大化をみる。多元的な運動をかたちづくる大衆と各種団体は、議会・政府・官僚機構に、政党を介してむすびついていく。その結果、地方、各種団体、政党、議会・政府・行政機構をめぐる政治過程の研究が政治学の課題となる。

このことから、政治学は、実証分析としての政治過程論に重きをおき、個別の政治過程の実証研究はいちじるしい進展をみせた。本書の関心に即して述べるならば、例えば民主制が危機に直面した際の、各政治単位の上層の小集団が重要な役割を演ずる政治単位間の交渉の過程が、政治過程論の研究対象となり、政治指導者と体制支持勢力の能力、また、権力についての責任を担当する積極的態度、反民主的な政治傾向に走ることの否認、非党派的な正当性根拠に転ずる姿勢、逆に、民主制に反逆する勢力との連合に入る積極的態度、さらに、国家の強制手段の不適切な使用にみられる妥当でない対応、権力の喪失ついで権力の真空状態がはじまってから政治の選択肢を狭めようとする行為、といった一連の過程に分析の力点がおかれる(1)。

同時に、このような実証型政治過程論は、研究のための分析仮設を構築し精緻化させていく。例えば、民主制崩壊の政治過程を分析する用具として、危機に直面した民主制の正当性・実効性・有効性といった指標、また民主制の崩壊をもたらす行為者を類型化する反逆的・準忠誠型・忠誠型反対派といった範疇、さらに崩壊段階の整理を試みる権力喪失・権力真空・権力委譲といった区分などである(2)。

しかしながら、個別の政治過程についての実証研究あるいはそのための分析仮設の精緻化が進められるとしても、個別の研究成果の寄せ集めでは政治についての全体像はえられない。なぜなら、そこには制度規範問題についての憲法理論、さらには理論対立にかかわる政治構想の検討とのむすびつきが欠落しているからである。

政治過程論は、政治を流体現象としてのみとらえ、この現象のミクロ状況の実証研究とその分析仮設の考察にとどまる。しかし、流体現象としての政治過程は、政治統合の型をしめす憲法に枠づけされている。にもかかわらず、今日みられる多くの政治過程論は、過程の実証をめざし、政治統合の制度規範論つまり憲法・基本法理論という領域を切りおとす。いわば憲法学なき政治学である。政治過程が制度的定型との関連において展開するかぎり、制度規範論からの遊離は、政治過程論の些末主義への転落となっていく。むしろ、政治による憲法の制定、憲法による政治の枠づけのあり方こそが解明されなければならない。政治過程と政治統合の型を扱う憲法学の複合をめざした研究が課題となるべきなのである。

また、政治過程論による分析仮設の構築は、そのままでは政治構想の検討にはなりえない。過程という政治の流体現象に閉じこもる研究は、政治の存在理由については安易に「民主主義」といった用語に依存してきた。たとえば、右にあげた各種分析仮設を用いた研究も、政党を結成し、定期的な自由な選挙の実施を基準とする「競合型民主制」の規範を是認し、民主制を安定させる条件についての知識を増進させる、という価値観からなされたものであった(3)。しかしながら、競合型民主制の理論的検討にまでは立ち入っていない。

もちろん、実証的な政治過程論の分析仮設の構築およびその進歩は不可欠であり、それ自体としての課題領域を当然もつ。しかし、政治過程の実証研究というレベルにとどまるかぎり、政治学は政治についての理論展望をもちえないし、イデオロギー対立や利害関係に解消することなく、政治という行為・思考の可能性を問うこともできない。

本書でみるように政治危機の構造において、イデオロギーと利害対立のなかで、議会政治を核とする憲法に則った公共性の模索は断念され、政治は公開された議会によって制御されなくなる。ここにおいて過程論的アプローチのみによっては、あらためて政治の公共性の位置と意味を問い、制度規範としての憲法の再生をめざす展望は開けない。過程論的アプローチだけでなく、党派性の緊張関係のなかで、それらの選択・再編をとおして公共性を構想する政治理論の検討と、またこの選択・再編を具体化する制度、その際の政治責任の帰属点を明示する規範としての憲法・基本法の課題を明らかにする制度規範論を立体化しなければならない。

以上が、本書で選択した過程分析・憲法研究・理論検討を相互に循環させるアプローチの概要である。次に、オーストリア第一共和国の政治史に関する先行研究の動向を簡単に整理しておきたい。

オーストリア共和国の政治過程研究は、一九五四年にアダム・ワンドルスツカが提起した陣営理論（Lager Theorie）によって規定されてきたといえる。ワンドルスツカによると、「オーストリアの国内政治、国の社会的、そして文化的な構造は、一九一八年から現在まで、キリスト教社会的・保守的、社会主義的および〔ドイツ〕ナショナルな三大陣営（日常的な言葉の使用によって正当化されているだけでなく、『運動』、『政党』、『集団』に現象の軍事的な性格をより強調する包括的な表現を用いるために）の並列、対立、協力によって支配されている。あらゆる変化を越えて、『自然あるいは神が望んだオーストリアの三分割』というほどに、この区分が安定していることは明らかである」[4]。

三陣営の起源は、すべて一九世紀の八〇年代にさかのぼることができ、すべて自由主義にたいする批判として生じた[5]。その源流は、絶頂期にあった自由主義が自ら解決策をしめしえないままもたらした「社会問題」にたいする解答を求めるところにあった。諸潮流は、増大しつつあった社会問題にたいする反自由主義的な社会的かつ民主的な運動として登場した。一九世紀後半に自由主義は、ダーヴィニズムとマンチェスター主義の影響のもと、経済と社会における自由競争、万人の万人にたいする闘争、自然淘汰をときはなち、プロレタリアートの登場と小市民層の困窮は、一八七三年の株価暴落とともに、大量の不満層と自由主義にたいする不信感をもたらした。この危機の苦境と困惑のなかで、経済的な弱者の目は、国家による保護の手と民族的な、もしくは宗教的な、あるいは階級的な「共同体」へと向いたのであった。

同根の三つの流れが、その後激しく対立するようになったのは、当初、同じ層から支持者を獲得しようとしたこととともに、ワンドルスツカによると、なによりもイデオロギーの対立によるところが大きかった[6]。社会主義が工業労働者を、キリスト教社会主義が小市民層を、ナショナル派が学生を主な支持基盤としていった際に、イデオロギーが決定的な役割を果たした。社会民主党を結成したヴィクトル・アードラーはマルクスとエンゲルスから唯物論と階級闘争の理論を、キリスト教社会党の創設者カール・ルエーガーはフォーゲルサングからカトリシズムを、ナショナル運動の創始者ゲオルク・フォン・シェーネラーはデューリングから人種的な反ユダヤ主義と反国家的な急進主義を、それぞれ継承した。これらのイデオロギーは、それまでともにあった三者に架橋不可能な深い溝をもたらした。

一九一八年にオーストリア第一共和国が成立したとき、小市民層とともにカトリック労働者と地方の農民を傘下におさめたキリスト教社会党、都市の工業労働者を強固に組織化した社会民主党、さらに両者のあいだもしくは隣に位置したナショナル派の三陣営は、政治において確固とした地位を築いていた。第一共和国の政治過程を特徴づけたのは、この三陣営間の激しい対立と、自由主義的な政治勢力の完全な欠落であった。当初、三つの運動は、それぞれ自由主義の諸要素をも継承していた。社会主義とナショナル陣営は、主として世俗主義的な反教権主義にみられる文化的な自由主義を、キリスト教社会陣営は、経済的自由主義を主に相続していた。しかしながら、一九二〇年代と三〇年代における三者の急進化と被包化は、自由主義的でかつ民主的な諸要素を後退させていった。キリスト教社会陣営においてはシュテンデ的権威主義的なイデオロギーが、社会主義陣営においてはマルクス主義の教条的硬化が、ナショナル陣営においては指導者や保守革命の考えが支配的となった。三陣営は、自由主義の遺産を薄めていくに従って、共通の土台を失い、激しく敵対していったのである。(7)

三陣営が自由主義的で民主的な諸要素をようやく積極的に受け入れるようになるのは、ナチズムと第二次世界大戦の破滅を経た一九四五年以降であった、とワンドルスツカは述べる。三陣営は、民主主義と寛容を重視し、イデオロギーに価値をおかなくなった。選挙は、もはやより良い世界を形成するためのものではなく、自らの経済的な利害にとってより有効な代表を選出し、一定の期間、行政的、経済的な地位を獲得するための手段に変わった。三陣営は、痛みを伴う、避けることのできない第一共和国の苦難をとおして自由主義と民主主義の価値を学んだのであった。(8)

戦間期においての、政党を頂点に支持団体や下部組織をもつ陣営間の対立から、ナチズム支配と第二次世界大戦を経ての陣営間の協力へ、というこの解釈は、その後の共和国史研究の基調となっていく。

一九七〇年代に入るとゲルハルト・ボッツが、第一共和国と議会政治の崩壊過程をさぐる研究の傾向を、保守派の「祖国的」説明、左派の「社会主義的」判断、第二共和国の大連立期を背景とした「連立的」歴史叙述の三つに大別する。一九三三年三月、国民議会で三人の正副議長がともに辞任し、これがきっかけとなって政府により議会が閉鎖された（四章三節で詳述）、という第一共和国崩壊の瞬間をめぐる解釈が、それぞれの研究の特徴を明確にする。

カトリック保守派の「祖国的」説明では、議会政治を批判的にとらえ、とくに野党の姿勢に第一共和国崩壊の責任が帰せられ、議会を閉鎖した政府の行為は正当化される。すなわち、議会は自らの機能不全によって閉鎖したのであり、これは「議会の自己閉鎖」であり、国家の維持のためには政府による排他的な権力行使はやむをえないものであった、という解釈である。これは議会を否定し、シュテンデ体制を樹立したドルフス内閣の政府見解でもある。(9) これにたいして左派の「社会主義的」判断は、ドルフスの独裁的な意図を指摘する。ドルフス内閣は政府内でのファシスト的な影響が強まるにつれて、安定的な多数を形成することのできなかった議会における敗北を避ける方法を画策した結果、正副議長の辞任という事態を利用して、反議会的・反民主的な性向に立って、独裁的な体制への移行、およびナチズムとともに社会民主党の弾圧を躊躇することなく断行したのである。(10)

これら二つの歴史認識のあいだをとるかたちで「連立的」歴史叙述がある。これは、一九四五年から一九六六年までの第二共和国の大連立期に生まれた歴史叙述のあり方である。ここでは、連立相手を批判するような問題設定や内容が避けられ、「歴史の事実」を単純に対立する観点のあいだにおこうとする。この歴史叙述は、いちじるしく偏向した党派的な叙述を克服するという成果をもたらす一方で、「価値自由」の問題を、単にすべての政治的に対立しうる論点を排除することと同一視してしまった。この叙述によると、ドルフスは、一九三三年の初めまでは反議会的で独裁的な意図を有していなかったが、三人の正副議長の辞任にともなう偶発的な議事運営の危機をきっかけとして、国民議会を閉鎖し、権威的な政権運営を開始したのである。したがってこれによると、共和国崩壊の責任は、議会制度にも政府の指導者の意図にもなかったことになる。[11]

一九八三年にワインチルルとスカルニック編集の『オーストリア一九一八―一九三八／第一共和国の歴史（Österreich 1918-1938/Geschichte der 1. Republik）』が出版される。この二巻からなる論集は、当時の社会党に推されつつも無党派の実践的なカトリックであった連邦大統領ルドルフ・キルヒシュレーガーが緒言を付し、議会制民主主義の護持と深化に寄与することを念頭においた、連立的記述の集大成ともいえるものであった。緒言によると、生存基盤が疑問視され、イデオロギー的かつ軍事的な陣営に分かたれた国家から、第二次世界大戦後、民主主義を生かし、政治的・経済的な安定が熟した共同体が生じた。第一共和国の困難な状況下にあって、ときとして外国の圧力によって妨げられた誠実な取り組みを振り返ることは、あやまちを繰り返さないために、必要であった。こうした視点からの記述は、歴史と政治出版社（Verlag für Geschichte und Politik）より、一九七八年以降刊行されている第一共和国の政治史を対象とした『オーストリア現代史の研究と資料（Studien und Quellen zur österreichischen Zeitgeschichte）』シリーズ、あるいは七〇年代後半より継続的に開催された第一共和国研究シンポジウムを公刊した『一九一八年から一九三八年までのオーストリア史研究のためのテオドール・ケルナー財団基金とレオポルド・クンシャク賞による学術委員会報告集（Wissenschaftliche Kommision des Theodor-Körner-Stiftungsfonds und des Leopold-Kunschak-Preises zur Erforschung der österreichischen Geschichte der Jahre 1918 bis 1938 Veröffentlichungen）』のシリーズにおいてもまた、深化される。

『オーストリア一九一八―一九三八／第一共和国の歴史』の編集者スカルニックは、第一共和国の経験は、オーストリア国民のアイデンティティーを模索する歴史であった、とこの論集の序論で述べる。[12] かれによると、第一共和国が崩壊にいたったのは、たんにブルジョワ、農民と労働者の社会的・経済的な利害対立によるだけではなく、最低限の国家政治的な合意と共通の歴史像が欠落していたためであった。これらが欠落していたがゆえに、民主主義者と愛国者、もしくは共和制とオーストリア、国民と国家のあいだに対立が生じ、共和国は失敗に終わった。イデオロギー的な観点とともに、物質的必要と自信の喪失に迫られて、第一共和国ではドイツとの合邦を望む声が強かった。ナショナルな意識としてドイツ人意識があり、これは独立したオーストリア国家と一致せず、国民観念と国家とのあいだに溝を生み、この溝が埋まることはなかった。社会民主党は、民主主義と共和制をドイツナショナリズムに結びつけ、オーストリア国家に対立した。オーストリアのドイツからの独立に積極的であったキリスト教社会党においても、カトリック的ドイツ、第二のドイツ人国家という考え方によって、国民観念は両義的でドイツナショナリズムを捨象することができなかった。この対立はスカルニックによると、第二次世界大戦を経てようやく解消し、一九四五年以降に、オーストリア国民という意識は定着するのである。

一九八〇年代には、社会史、経済史の成果をふまえ、中・長期的な視点から第一共和国の崩壊を把握する方法が提起される。ボッツは、議会の閉鎖さらにシュテンデ体制の成立へといたる複雑な経過、長期の社会的な過程、政治的な相互影響、構造的な要因の解明の必要性を強調し、事件史・個人史の限界を指摘する。[13]その際、短期的な視点とともに、議会制の廃止を経済危機と結びつける中期的な視点、権威主義的な体制の成立を「シュテンデ」構造的な基盤から解明する長期的な視点が、整理される。

短期的な分析は、一九三三年三月の前後、すなわち戦時経済授権法の適用から、議会閉鎖、憲法裁判所の解体にいたる三つの段階を対象とするものである。これにたいして中期的な分析は、共和国の成立にまでさかのぼる一連の経済的・社会的経過の一つの終着点として議会政治の否定を説明する。これによると、まず共和国成立後一九二〇年代のブルジョワ資本主義的かつ農業的な復古と保護主義的な再編、ついで一九二九年以降の世界経済恐慌の波及、さらにブルジョワジーが議会政治の枠組みのなかで政治的な支配を維持できなくなった結果として、民主主義は排除されるのである。長期的な分析は、さらに長く一九世紀にまでさかのぼることのできるオーストリアにおけるコーポラティズムの伝統からシュテンデ憲法の制定を明らかにしようとする。この分析は、ドルフス゠シュシュニック体制をコーポラティズム的な現象の連続のなかに位置づける。つまり、一九世紀の封建的コーポラティズム、第一次大戦の戦時社会主義と戦後コーポラティズム、一九三〇年代の権威主義的強制コーポラティズム、ナチス支配下の全体的コーポラティズム、第二共和国の自由主義的コーポラティズム（社会的パートナーシップ）という経緯のなかで、この問題を認識しようとするのである。

一九九〇年代に入ると、戦後五〇年を経て数多くの個別研究が深化されたにもかかわらず、社会科学上、体系的な問題設定と第一共和国の政治システムを全体像として描きだす視点に欠けていた、という課題があらためて鮮明になる。さらに、スカルニック型のオーストリア国民論が、一九八〇年代後半のワルトハイム問題やハイダーの登場以降、根源的な批判にさらされることになる。(14)

ハニッシュは、一九九五年に出版された『オーストリアの政治システムのためのハンドブック／第一共和国一九一八―一九三三』の序論で、第一共和国の政治研究の新たな動向として、歴史地理学モデルと危機モデルの二つを掲げる。(15)第一共和国政治史研究の主要な問いは、第一共和国の民主主義はなにゆえ破壊されたのかというものであったが、歴史地理学モデルは、この問いにたいして反宗教改革の時代にさかのぼる歴史的伝統と市民的自由主義の脆弱さに一九三三／三四年の第一共和国の崩壊の原因をさぐる。これにたいして危機モデルは、あらゆる政治システムは一定数の危機にのみ、崩壊することなく対処することができ、危機が許容量を超え、激化するやいなやシステムは崩壊する、というモデルに基づいて第一共和国の失敗を分析する。

ロカンの「中心‐周辺」理論を援用して第一共和国の政治システムを説明しようとする歴史地理学モデルは、右にみた長期的分析をさらに中世にまで広げたものである。オーストリアは、カトリック普遍世界の中核に位置したため、国家形成が早く進んだのにたいして国民の形成が遅れた。また近代化の推進者として官僚的絶対主義が優位にあったことは、身分自治を近代的な議会制へと発展させることを妨げた。こうした歴史的背景をもつ準周辺的地域においては、二〇世紀の三〇年代に権威的で反民主的な体制が成立する可能性が高かった。一九一八年の「オーストリア革命」は、帝国時代の旧支配層の力を後退させ、社会民主党に代表される勢力を前面におしあげた。しかしながら、一九二二年以降、ふたたびかつての支配層が力を回復し、この保守支配層の復活の結節点として一九三三／三四年のシュテンデ体制の成立があった。

危機モデルは、分析を歴史地理モデルに比べてより第一共和国期に結びつけ、これは右の中期的分析を精緻化したものといえる。ハニッシュは、第一共和国が直面した危機を、経済的停滞、分配の危機、統合の危機、正当性の危機、アイデンティティーの危機に整理する。経済の停滞と危機は、戦争と帝国の解体に起因し、民主主義が根づくのをいちじるしく妨げた。継続的な経済危機は、分配の危機をもたらし、富の配分をめぐる争いを頻発させた。これは労資間の対立を激化させ、左右のイデオロギーを硬化させた。また帝国の旧支配機構の解体とともに、地方と政党がきわめて大きな活動範囲を獲得し、統合の危機をひきおこした。大帝国の分解の結果として生じた小共和国は、自らの存在を積極的に主張することができず、国家の存立を疑問視する正当性の危機にとらわれ、さらに国民意識を明確化しえないという住民のアイデンティティーにおける危機を導きだした。

本書が主に取り扱う時間的な範囲は、右にみた中期的分析に該当する。また、長期的な要因についても、直接、言及はしていなくても、無視するものではない。筆者も、オーストリア第一共和国の政治を理解するには、まず長期的な視野に立って第一共和国を位置づける必要がある、と考えている。

オーストリアでは、一八世紀のマリア・テレージア以降、ハプスブルク帝国を一つの単位としながら近代化が進められる。しかしながら、この近代化は帝国自体のもつ政治脆弱性のため十分に展開せず、最終的には一九一八年の帝国の崩壊によって破綻する。そもそも帝国の維持と近代化は相反する関係にあった。『封建的世界像から市民的世界像へ』の著者として有名なフランツ・ボルケナウ（一九〇〇―五七）は、第二次世界大戦前のロンドン亡命中の一九三八年に、祖国オーストリアがナチスドイツに統一されると、一九三八年までの近代オーストリアを、政治史から思想史にわたって描いた『オーストリアとその後』を著す。ここでかれは、中世から一八世紀にかけてのオーストリア文明の起源、絶頂、衰退を概観し、プロテスタンティズムを背景にもつ近代の起動に、オーストリア文明の没落の始まりをみている。ヨーロッパ近代の勃興は、ハプスブルク家の凋落の始まりでもあった。

かれによると「オーストリアはヨーロッパ文明の辺境における植民国であった。[16]」そこでは三つの文明が交差していた。すなわち、地中海、ドイツ、スラヴの三文明が交わり、そのことによって独自のオーストリア文明が生みだされていたのであった。また、都市や貴族の力が強くなることはなく、都市と貴族の弱さによって、王朝はそれらに挑戦されることがなく、比較的安定した社会秩序を維持することができた。しかしながら同時にこれらの社会勢力の弱さは、王朝に近代国家の要素を外から導入することを強いた。[17]

プロテスタンティズムとのつながりを切断した反宗教改革から三〇年戦争を経てプリンス・オイゲン・サヴォイのもとでトルコ戦争に勝利するバロック期に、オーストリア文明は絶頂をむかえる。この文明は、オイゲン・サヴォイに体現される国際的な貴族層によって担われた。しかしながら、この絶頂に未来はなく、まもなく没落の始まりをむかえることになる。一八世紀のマリア・テレージアの時代には、プロイセンの興隆がめざましく進展し、ついで、フランス革命の衝撃にも直面する。ついに一九世紀には、プロイセンとのドイツの覇権をめぐる戦いに敗れる。さらにこの世紀にオーストリアは、ナショナリズムという、近代民主主義と結びついた人々のもっとも強い情熱の挑戦を受けることになる。

古い体制の没落は、もしもオーストリアに強いドイツ人ブルジョワジーが存在していたのであれば、新たな体制をもたらしたであろう、とボルケナウは述べる。しかしながら、反宗教改革によってプロテスタンティズムが一掃されて以来、ブルジョワジーの知的かつ精神的な推進力は失われていた。帝国の維持と近代化の背反に直面した宮廷が国を近代的な方向で運営することをひたすら恐れていた一方で、一九世紀後半に政府の形成をまかされた自由主義者たちも、不運なことにかれらに課された課題を遂行する能力に欠けていた。[18]

帝国にとって第一次世界大戦は「最強のテスト」であり、「オーストリアはテストを受け、それに落ちた」のであった。敗戦とともに、帝国はまたたくまに解体し、君主制も、戦争と敗戦の経験から人々の支持を急速に失い、廃される。敗戦と帝国の解体は経済の崩壊をもたらし、オーストリア共和国は独自に経済を維持していくことのできない貧しい小国として再出発しなければならなかった。しかもこの共和国をそのままの状態で欲した者は誰もいなかった。そこには、帝国を再興しようとする者と、オーストリアをドイツと統一しようとする者がいた。ここにドナウ連邦かドイツとの統一かという選択肢が生じ、ボルケナウによると、「オーストリア社会〔Austrian 'society' = 貴族、将校団、聖職者、銀行家、ウィーンの工業家〕」は、統一に反対し、小都市のユダヤ人を除いたインテリを中心とする下層ミドルクラスは一般的にそれに賛成し、農民は揺れていた。この時期に統一にむけて最も積極的に活動したのは社会主義者たちであった。(19) しかしながら統一は、講和会議でのフランスのクレマンソーの強硬な反対もあり、実現は不可能となり、ドナウ連邦も継承諸国家間の対立から非現実的なものとなっていた。

本書は、このような歴史的背景を念頭に、先に述べたアプローチを採用しながら、オーストリア第一共和国で議会政治が経験した危機を、描きだすことにつとめた。

帝国の崩壊による経済基盤の破綻は、オーストリア第一共和国の政治に過重な負荷を加えていく。また都市型の大衆社会化が進行していた首都ウィーンにたいして、地方はいぜんとして農村型の社会形態によって支配されていた。このため二〇年代をとおして、「赤いウィーン」対「黒い地方」というかたちをとったオーストリア独自の都市対農村の緊張が高まる。この緊張は、都市化にともなう過渡期一般の緊張といえる。帝国の崩壊がもたらした経済の破綻と近代化過程におけるこの普遍緊張、これらがオーストリア第一共和国の政治が対応しなければならない課題であった。

さらに、これらの課題をめぐって左右の党派対立が尖鋭化した。左右の党派対立は、具体的には富の蓄積と配分の方法に関する緊張であった。社会民主党が社会化と社会権制度を介して富を労働者へ再配分することをめざしていたのにたいして、キリスト教社会党をはじめとする保守陣営は現状維持を優先させていた。その際、国レベルでの制度の民主化（普通平等選挙制度と議院内閣制）が革命によって実現していたにもかかわらず、帝国の解体によって工業化の条件（原料供給地と工業地帯）を喪失してしまったところに、オーストリア第一共和国の基本的な前提があり、また悲劇があった。

　党派対立が激化すると、党派間で制度規範への不信感が増大し、党派対立はもはやルールに則って解決されずに緊迫した闘争を導きいれる。党派間で共通したルールの維持に価値がみいだされるときにのみ、議会政治の手続きを進んで受け容れ、妥協することが可能なのである。ところが、ケルゼンのように民主主義の本質を議会政治にみるほど（四章二節で詳述）、共和国の左右二大政党社会民主党とキリスト教社会党は、民主主義を議会政治にむすびつけてはいなかった。社会民主党は、民主主義を政治的なものから経済的なものへ実質化することを重視し、キリスト教社会党は、カトリック型の秩序観に基づく民主主義を求め、これは議会政治とはむしろ対立するものであった。また第三勢力のナショナル派も、政治議会にたいする経済議会の重要性、強力な権限を有する大統領制の実現をめざした。

　したがって、当初こそ議院内閣制を制度的中核とする憲法を制定するものの、キリスト教社会党と社会民主党の二大政党はともに、議会政治というルールを維持する積極的な意志を次第に失っていった。社会民主党の主張は、議会政治を社会主義への通過点としてしかみなさなかった。院外の武装団体を担保とし、階級独裁への願望を捨てることはなく、労働者による権力の掌握は、議会政治を離れ直接的な暴力行使を経て、はじめて完遂された。その主張は議会制と実力行使のあいだを揺れ動いていた。他方、キリスト教社会党は二〇年代をとおして政権を担うなかで議会政治にたいする不信を強めていく。議会政治は、共同体と身分が崩壊し個人が原子化してしまった近代社会の悪弊のうえに成り立つ制度であった。やがて、党派対立を克服し、自らの政策を進めるうえでの障害を排除すべく、議会政治の否定を叫ぶようになる。

　こうして〈議会政治の危機〉がもたらされた。キリスト教社会党を中心とした与党は、経済的に厳しい条件のもとで自らの経済・財政政策を進めるにあたって、共和国憲法と議会政治を障害と感じていった。ここから、普通平等選挙制度によって選出される国民議会を別のものによっておきかえるシュテンデ理論の実現をはかっていく。本書では、オーストリア独特の独裁体制を「シュテンディズム」と名付けた。これは、原子的で平等な個人を起点として機械的に構成される近代社会を拒否し、社会構成の基礎を中世の共同体と身分を原型とする職業別のシュテンデ（諸身分）におく。個人はここでは徒弟制的な主従関係のなかに位置づけられ、共同体の崩壊に起因する階級間の敵意と対立は、シュテンデ内で自ずから解消され、社会の調和が回復するはずであった。各シュテンデが国政に参与する場が、シュテンデをもとに選出されるシュテンデ議会であり、このシュテンデ議会のうえに権威的な政府がおかれた。もっとも、中世型の共同体と身分が実体の乏しいものとなった時代にこのような制度を実現しようとする試みには、当初より困難が予想された（五章で詳述）。

本書の構成は以下のようになっている。

まず第一章「オーストリア革命と議会・憲法」では、臨時国民議会と憲法制定国民議会での争点を中心に、オーストリア革命における議院内閣制の確立と憲法制定をめぐる議論をみた。第一節で臨時国民議会の、第二節で憲法制定国民議会における論戦を整理し、憲法問題についての左右の対立と政治過程を明らかにし、共和国の基本となる制度構造を明確にした。

第二章「オーストリア政治の諸条件」では、共和国の政治過程に影響を及ぼした各種要因に焦点をあてた。まず第一節で、二〇年代から三〇年代にかけてのオーストリアの経済構造・社会形態をとりあげ、ついで第二節で、共和国の主要三政党のイデオロギー構造を史的に概観し、さらに第三節では、官僚組織の位置づけをおこない、同時に、第一共和国の財政構造の特徴もとりあげた。

第三章「共和国二〇年代の争点と理論」では、一九二九年の憲法改正へといたるオーストリア二〇年代の政治史を、ケルゼンとバウアーの共和国論と複合させている。まず一節で、ザイペルを中心とする保守政権下の争点を整理し、ついで二節で、ケルゼンの共和国論をバウアーのそれと対比させ、三節では、二〇年代オーストリア政治の帰結としての一九二九年の憲法改正をめぐる議論と、改正過程を分析した。

第四章「国民議会の危機から停止へ」では、一節で、世界恐慌下での組閣をめぐる政治過程を、二節で、ケルゼンとバウアーの議会政治観を、三節で、ドルフス内閣による議会の閉鎖を分析した。これらの分析をとおして、世界恐慌の波及にともない危機的状況が深刻化するなかで、内閣と議会の緊張が増し、やがてドルフス内閣によって議会が閉鎖される過程を、議会政治をめぐる理論対立と複合させて究明した。

第五章「オーストリア・シュテンディズム」では、議会閉鎖後、ドルフスによってもたらされたオーストリア型の反議会政治体制としてのシュテンデ国家をその理論とあわせて分析した。一節で、シュテンデ憲法の採択へといたる経緯と、同憲法の構造を解明し、二節で、シュテンデ憲法の理論的背景を、シュパンやフェーゲリンを中心にみた。

最後の、結び「第三帝国ガウ＝オストマルク」では、オーストリア・シュテンディズムをドイツ・ナチズムおよびイタリア・ファシズムと対比させたうえで、ナチスドイツへのオーストリアのアンシュルスの問題を扱った。

（1） Linz, J. J., Crisis, Breakdown, and Reequilibration, in: Linz, J. J., Stepan, A. (ed.), The Breakdown of Democratic Regimes, Baltimore, 1978, p. 40, 内山秀夫訳『民主体制の崩壊』岩波書店、一九八二年、九二頁。

（2） これらの分析用具については、Bracher, K. D., Auflösung einer Demokratie/Das Ende der Weimarer Republik als Forschungsproblem, in: Gurland, A. R. L. (Hrsg.), Faktoren der Machtbildung, Berlin, 1952, S. 45ff.; Linz, J. J., ibid., p. 16ff., p. 27ff., 前掲訳書、四一頁以下、六六頁以下を参照。

（3） Linz, J. J., ibid., p. 5, 前掲訳書、六頁。

（4） Wandruszka, A., Österreichs politische Struktur, in: Benedikt, H. (Hrsg.), Geschichte der Republik Österreich, München, 1954, S. 291.

（5） Wandruszka, A., ibid., S. 292f.

（6） Wandruszka, A., ibid., S. 296.

（7） Wandruszka, A., ibid., S. 480.

（8） Wandruszka, A., ibid., S. 481ff.

第一共和国において各党派の対立関係を反映して日常的に用いられていた陣営という軍事用語を使ったこの理論は、各陣営を一枚岩的にとらえるため、陣営内部の政治過程をブラックボックス化してしまう傾向がある。また、武装団体をも傘下におさめた党派対立は、当時ひろくみられた現象であり、オーストリア固有のものではなかった。したがって、陣営という用語によって表現されてきたオーストリア第一共和国の党派対立状況の特性を、陣営内の政治過程をふまえ、さらにワイマールドイツ等との比較のなかで、今一度、明らかにする必要がある。その特性の一つは、大衆層、今日でいうところの無党派層が存在していなかったことであろう。オーストリアには特定の支持政党をもたない層はわずかにしかおらず、選挙戦はつねにこのわずかな浮動票をめぐる激しい争いとなっていた。やがてナチズムは、陣営が救えなかったこの層が量的に増すと、これをとりこんでいく。オーストリアにおけるナチズムの台頭は、陣営理論が想定していた構造が崩れていったことによって進んだといえる（四章三節参照）。例えばクルーゲは、農村同盟をはじめとする農業団体が世界恐慌時に陣営システムを破壊したとして、ワンドルスツカの陣営理論は、一九二七年までしか当てはまらないと指摘している。しかも一九二七年までについても、ドイツナショナル陣営内のイデオロギー上の不均一性を無視した場合にのみ、それは適用しうるのであった（Kluge, U., Der österreichische Ständestaat 1934-1938, München, 1984, S. 35f.）。またフリッツルとウーイッツは、ナチ党員でもあったワンドルスツカのイデオロギー性を指摘する。それによると陣営理論は、ドイツナショナリストを正当化する意図を背景にもっていた。また陣営の典型ともされている社会民主陣営においても、一般労働者と党指導部の関係が必ずしも一枚岩でなかったとしている（Fritzl, H., Uitz, M., Kritische Anmerkungen zur sogenannten Lagertheorie, in : Österreichische Zeitschrift für politische Wissenschaft 4, 1975, S. 325ff.）。

（9） Botz, G., Die Ausschaltung des Nationalrats im Urteil von Zeitgenossen und Historikern, in : Krisenzonen einer Demokratie, Frankfurt/Main, 1987, S. 120ff.

（10） Botz, G., ibid., S. 131ff.

（11） Botz, G., ibid., S. 125ff. ; Klamper, E., „Ein einig Volk von Brüdern“ /Vergessen und Erinnern im Zeichen des Burgfriedens, in : Zeitgeschichte 5-6/Jg. 24（1997）, S. 170ff.

ボッツによると、この連立的歴史叙述も左派寄りの解釈と保守的な解釈にわけることができる。一方はドルフスの反議会的な選択を批判的に記述し、他方は内外の条件からドルフスはどうしても独裁的な手法を選択せざるをえなかったとの視点から論じている。前者は、政府与党の共和国憲法にたいする反動を問題視するが、後者の保守的な解釈は、とくにイタリアをはじめとする外国からの反動的な圧力、また経済的な危機、さらには野党の非妥協的な態度を重視する。

(12) Skalnik, K., Auf der Suche nach der Identität, in: Weinzierl, E.,Skalnik,K. (Hrsg.),Österreich 1918-1938 Geschichte der 1.Republik, Wien, 1983, S. 11ff.

(13) Botz, G., ibid., p. 155ff.

(14) Hanisch, E., „Selbsthaß" als Teil der österreichischen Identität, in: Zeitgeschichte 5-6/Jg. 23 (1996), S. 136ff.; Unfried, B., Versionen der Erinnerung an Nationalsozialismus und Krieg in Österreich und ihre Veränderung in der Waldheim-Debatte, in: Zeitgeschichte 9-10/Jg. 24 (1997), S.302ff.; Reiter, M., Konstruktion(en) der Vergangenheit/Am Beispiel der Reden von Bundespräsident Klestil und FPÖ-Obmann Haider zum 50. Geburtstag der Republik Österreich, in: Zeitgeschichte 11-12/Jg. 24 (1997), S. 388ff.

(15) Hanisch, E., Das politische System Erste Republik/Zwei Erklärungsmodelle, in: Tálos, E. (Hrsg.), Handbuch des Politischen Systems Österreichs/Erste Republik 1918-1938, Wien, 1995, S. 1ff.

(16) Borkenau, F., Austria and After, London, 1938, p. 22.

(17) Borkenau, F., ibid., p. 30ff.

(18) Borkenau, F., ibid., p. 90f.

(19) Borkenau, F., ibid., p. 181ff.

第一章　オーストリア革命と議会・憲法

一　臨時国民議会

一九一四年にサラエボでハプスブルク帝国皇太子フランツ・フェルディナントがセルビア人学生に暗殺されたことに端を発した第一次世界大戦は、当初の予想をこえて、ヨーロッパ全体を総力戦体制へとまきこんでいった。ハプスブルク帝国にとっては、戦争への突入と戦線の拡大はまた帝国の崩壊への道でもあった。大戦末期、一九一八年一〇月一六日、皇帝カール一世は、ハプスブルク帝国を連邦国家にする、という宣言をおこなった。この宣言は、もはや帝国の存立を救うことはできず、むしろ帝国の解体を加速した。帝国の各民族が独立国家の形成を模索するなかで帝国議会のドイツ系議員たちも自らの国家を形成するために、一〇月二一日、ウィーンに集合し、ドイツオーストリア(Deutschösterreich)のための臨時国民議会を形成し、第一回会議を開く。議会の議席配分は、一九一一年の帝国議会選挙に基づいており、オーストロマルクス主義として有名な社会民主党の四二議席、カトリック保守主義を掲げるキリスト教社会党の七二議席、ドイツナショナリズムから自由主義までを含むブルジョワ系諸派の一〇二議席によって構成されていた。

この臨時国民議会が召集された一九一八年一〇月二一日から共和国が設立される同年一一月一二日までが、「オーストリア革命」と称される(1)。社会民主党は、右にしめしたように臨時国民議会の全議席の五分の一を占めるにすぎなかったが、敗戦と帝国の崩壊につづく「革命」は社会民主党を主導的な地位におしあげた。保守政党は、革命の急進化つまり「ボルシェヴィキ化」を恐れていたのであるが、革命の流れを制御しえたのは、オーストリアの大半の労働者を組織していた社会民主党だけであった。それゆえ保守政党は、革命に際して社会民主党を頼らざるをえなかった。社会民主党もまた、レーテ独裁は内乱と外国の干渉をもたらすとの考えから、レーテ独裁の実現には消極的であり、革命の流れを抑制する役割を自らにひきうけた。社会民主党はオーストリア革命を臨時国民議会中心に進めていく。この社会民主党が主導する臨時国民議会は、まず民主主義革命の完成つまり議院内閣制を確立しなければならなかった。

臨時国民議会（provisorische Nationalversammlung）

臨時国民議会は、第一回会議で社会民主党のカール・ザイツ（一八六九―一九五〇）を議長に選出する。臨時国民議会議長に選出されると、さっそくザイツは、本議会は来るべき憲法制定国民議会での憲法の起草と行政組織の構築を準備するものであり、同時にその当面の最も重要な課題は停戦と食糧難の克服である、とこの国民議会を位置づける。ついで、臨時国民議会は「オーストリアのドイツ人（deutsches Volk in Österreich）は将来の国家的秩序を自ら決定し、独立したドイツオーストリア国家を形成し、他の諸国民（Nationen）との関係を自由な協定によって定めたい」という前文とともに、以下の七項目の決議を全会一致で採択する（St. PR. PNV 1, S. 5f.）。

「決議」（〔 〕内引用者）

1　自らをドイツオーストリアの臨時国民議会とすること。

2　二〇名の委員から成る執行委員会（Vollzugsausschuß）を選出すること。この委員会は、国民議会にドイツオーストリア国家の憲法草案を提出する。ドイツオーストリア政府（deutschösterreichische Regierung）の形成までオーストリアのドイツ人を〔旧〕オーストリア＝ハンガリー政府と〔旧〕オーストリア政府（österreich = ungarische und österreichische Regierung)、および他の国民にたいして代表する。それは和平交渉でのドイツオーストリアの立場を準備する。

3　憲法委員会（Verfassungsausschuß）を選出すること。この委員会は憲法制定国民議会の選挙のための選挙制度草案を作成し、それを臨時国民議会に提出する。

4　行政委員会（Verwaltungsausschuß）を選出すること。この委員会はドイツオーストリアの対内的な行政のための組織についての法案を作成する。また地方制度とドイツオーストリアの各地方の民主的な地方選挙制度についての法案を国民議会に提出する。

5　食糧委員会（Ernährungsausschuß）を選出すること。この委員会は国民議会に食糧難を克服する方策を提案する。それは執行委員会の同意のもとに、オーストリア政府、オーストリアの他の〔独立した〕国民の代表および諸外国の政府と、ドイツオーストリアへの生活物資の送付について交渉する権限を与えられる。

6　国民経済委員会（volkswirtschaftlicher Ausschuß）を選出すること。この委員会は他の〔独立した〕国民との経済および国家財政上の分割を準備し、この点について国民議会に必要な提案をおこなう。

7　戦争経済委員会（kriegswirtschaftlicher Ausschuß）を選出すること。この委員会は戦時経済から平和経済への移行に必要な経済的、社会政策的な方策を準備し、国民議会に必要な法案を提出する。

すべての党派が、この決議の採択にあたって、「憲法制定国民議会の選出までドイツ系の選挙区選出の帝国議会議員がオーストリアのドイツ人を代表する」ことを決め、ついで「本議会は、憲法制定国民議会を選出するための選挙制度を確立し、国内の行政の組織化を準備する」ことに賛成し、さらに「オーストリアのドイツ人の重い経済的な困難にとくに配慮する」ことを表明するのである（St. PR. PNV 1, S. 5）。新たなオーストリアは、旧ハプスブルク帝国のドイツ人独自の国家として設立されることになり、その政体は国民議会が自ら決定することとなった。

こうして臨時国民議会は、オーストリアの政治権力を掌握せんとするとともに、成立しつつあった新国家の政体をのようなものであった。

臨時国民議会主導で決定していくことを方針とする。政体をめぐる臨時国民議会内の左右各党派の立場はそれぞれ次のようなものであった。

社会民主党は、オーストリアは、階級・身分・宗教・性別による差別のない、民主共和国とならなければならないとし、国民主権の基礎にそった、普通・平等・直接選挙によって選出された憲法制定国民議会が憲法を制定することを要求していた。これにたいして、キリスト教社会党をはじめとする保守政党は、ここで立憲君主制を支持し、それこそがオーストリアに適した政体であると主張した。ただ保守政党間には、市民の各種自由権をめぐって、キリスト教社会党と、ドイツナショナル自由主義系諸派とのあいだに意見の不一致があった。前者がカトリック教会との関係から市民の各種自由権について明言を避けていたのにたいして、後者は普通・平等・直接選挙権と市民の各種自由権を保証した「民主的な立憲君主制」を要求していた(St. PR. PNV 1, S. 8f.)。

一〇月三〇日、「国家権力の基本的な制度についての決議(Beschlußfassung über die grundlegenden Einrichtungen der Staatsgewalt)」が臨時国民議会の第二回会議で採決される(St. PR. PNV 2, S. 48)。この決議によって、臨時国民議会が、憲法制定国民議会の選出まで、国家の最高権力を行使することが決まる。つづいて、この決議に従って国家評議会(Staatsrat)と呼ばれるようになった執行委員会は、社会民主党のカール・レンナー(一八七〇―一九五〇)を首相とする、(2) 社会民主党主導の国家内閣(Staatsregierung)を組閣した。この内閣に社会民主党は首相以外に二名の長官を就任させた。すなわち、外務庁長官に党首ヴィクトル・アードラー(一八五二―一九一八)を、社会福祉庁長官にフェルディナント・ハヌシュ(一八六六―一九二三)を任命した。

以下にしめしたこの決議は、レンナー首相が第二回会議で指摘したように、政体について、それが立憲君主制なのか民主共和制なのかについての明言を避けている。政体に関する議論が委員会でまとまらなかったため、全員が一致できる結論を出せなかったのである(St. PR. PNV 2, S. 31)。しかしながら、政体についての明言を避けてはいるものの、ここで考えられていたのは、国民によって選出された一院制の国民議会が唯一の国民意志の担い手となる国民主権であった。

「国家権力の基本的な制度についての決議」(〔 〕内引用者)

1　憲法制定国民議会が選出されるまで、ドイツオーストリア国家の最高権力は暫定的にすべての市民の平等な選挙権によって選出された臨時国民議会によって行使される。

2　立法権は臨時国民議会によって行使される。

3　臨時国民議会は、政府および執行権を、臨時国民議会より選出される執行委員会に信託する。執行委員会は「ドイツオーストリア国家評議会(deutschösterreichischer Staatsrat)」と呼ばれる。

4　国家評議会は、〔正議長一名、副議長二名の〕三名の国民議会議長と並んで、議会から比例して選出される二〇名の委員から成る。国家評議会は常任である。その任期は、新たに選出された国民議会が新たな国家評議会を選出するまで続く。

5　国家評議会は国民議会議長を議長として構成される。国家評議会はその委員のなかからその議事録に責任をもつ委員長(Leiter seiner Kanzlei)と国家評議会の公式文書を公証する副署者(Notar)を任命する。三名の議長、〔各一名の〕委員長、副署者によって国家評議会執行部が形成される。

6　議長は国家評議会を対外的に代表する。すなわち国家市民および他の国家および国民の代表にたいしてである。議長、委員長、副署者のすべての署名のない評議会の決定は無効である。

7　国家評議会は法案を事前に協議し、国民議会に提出する。それは議会の決定を公証し、発布し、必要な行政命令(Vollzugsanweisungen)を出す。

8　国家評議会は国家行政の職務を直接遂行するのではなく、委託者(Beauftragte)を任命してそれをおこなう。これらの委託者は全体として国家内閣(Staatsregierung)を形成する。

9　委託者は、国民議会の決定に従い、その任務の遂行、および国家評議会によって与えられた権限の維持にあたって、国家評議会と国民議会にたいして責任を負う。〔旧〕帝国議会に代表される〔帝国内の〕諸王国と諸地方の大臣の責任についての一八六七年七月二五日の法律（das Gesetz vom 25. Juli 1867, über die Verantwortlichkeit der Minister der im Reichsrate vertretenen Königreiche und Länder）は、〔旧〕国家裁判所の代わりに暫定的に二〇名から成る臨時国民議会の委員会をおくことによって、委託者にも適用される。

10 国家評議会は委託者を任命する。その際には国民議会（12参照）の決定に従って、その職務と権限の範囲を定める。

11 各委託者の配下には、必要な人材を擁した官庁がおかれる。こうした官庁は「国家庁（Staatsamt）」と命名される。委託者はこれらの庁の長として、配下の庁の名称を付けて（13参照）、「長官（Staatssekretär）」と命名される。

12 国家庁の一般的な通常の職務と権限は国民議会の決定によって定められ、限界づけられる。国民議会が国家庁の数を削減し、その職務と権限を新たに定めるまでは、長官、および国家庁の職務と権限は、（13で加えられる変更に拘束される形で）暫定的に、現在、存在している帝国議会に代表される諸王国と諸地方の省（Ministerien）のそれに従って、定められる。

13 暫定的に以下の庁が設立される。旧帝国および王国の外務省（k. u. k. Ministerium des Äußern）の管轄、またこれまでのオーストリア＝ハンガリー帝国（österreichisch-ungarische Monarchie）の領域にできた新たな主権国民国家との外交関係を調整する任務と職務を有する外務庁（Staatsamt des Äußern）。海軍（Marinesektion）と帝国・王国国防省（k. k. Ministerium für Landesverteidigung）を含む帝国および王国の戦争省（k. u. k Kriegsministerium）を統一した軍事庁（Staatsamt für Heerwesen）。内務庁。文部庁。法務庁。財務庁。農務庁（帝国・王国農耕省に対応）。商務工業貿易庁（帝国・王国貿易省に対応）。公務庁。交通庁（帝国・王国鉄道省に対応）。国民食糧庁（帝国・王国国民食糧庁に対応）。社会福祉庁。国民健康庁。戦時および移行期における国民経済および社会政策関係の庁の計画的かつ迅速、継続的な協力を保障する任務と権限を有する戦争および移行経済庁。

14 国家評議会は関係する諸庁に共通の長官を立てることができ、また必要な場合にはそれを再び分けることができる。

15 国家評議会は長官の一人を国家内閣の座長（Vorsitz）に任命する。

16 帝国議会に代表される諸王国と諸地方の法律と制度は、この決定によって、廃棄あるいは変更されない限り、今後も暫定的に有効であり続ける。

17 ドイツオーストリア国家評議会は、以上の臨時国民議会の決定を、信託される。

国家評議会は、ここでは、国民議会と旧帝国政府をはじめとする行政機構のあいだに立ち、国民議会と行政機構を「媒介する機関」と考えられていた。当時、旧帝国政府は形式上はまだ存続しており、行政機構も旧帝国政府のもとにあった。短期間ではあるものの、旧体制権力と革命権力が形の上では併存していた。この過渡的な権力の併存状況に対応するために、国家評議会という複雑な制度が設置された。各庁の長官によって構成される内閣ではなく、内閣とは別に構成されたこの国家評議会に各種行政命令を発令する権限が与えられた(3)（第七項）。この国家評議会という暫定的な制度を介して、国レベルでの行政を議会によってコントロールしようとしたのである。各行政庁の設置と権限の確定は、帝国時代のように君主を頂点とした行政機構自身によってではなく、国家評議会を介して国民議会によって定められることとなった（St. PR. PNV 2, S. 32ff.）。

また、この時点ではレンナーは、右の決議に従うと形式的には国家評議会の委員長にすぎず（第五項）、第一五項も、内閣の連絡会議の座長を任命するにすぎなかった。つまり、この決議では政府の長についての明確な規定がまだなされておらず、国家評議会による集団指導体制を念頭においていたといえる。しかしながら実質的には、国家評議会委員長のレンナーが国家首相（Staatskanzler）を名乗り、首相のもとに国家首相府（Staatskanzlei）が形成され、

レンナー首相は内閣の主宰者となっていった。(4)

一一月に入り休戦条約が締結されると、皇帝カール一世は統治に関わるすべての権限を放棄する内容の宣言に署名した。オーストリアにおいてこれまで国家の最高権力を有していた帝国の皇帝は、国家の最高権力を放棄したことになった。レンナー首相は、ただちに国家評議会に「ドイツオーストリアの国家・政府の形態に関する法律（Gesetz über die Staats- und Regierungsform von Deutschösterreich）」を提出する。レンナーが提出したこの法律は、ドイツオーストリアは共和国であると規定するとともに、ドイツ共和国の一部であるとも宣言していた。この法律は、国家評議会で採択され、ついで社会民主党が主導する臨時国民議会でも、立憲君主制をかかげていたキリスト教社会党をはじめとする保守政党が共和制を受け入れたため、一一月一二日の第三回会議で全会一致で採択される（St. PR. PNV 3, S. 68）。

「ドイツオーストリアの国家・政府の形態に関する法律」

1　ドイツオーストリアは民主共和国である。すべての公権力は人民（Volk）によって任命される。

2　ドイツオーストリアはドイツ共和国の構成部分である。ドイツ共和国の立法と行政へのドイツオーストリアの参加、およびドイツ共和国の法律と制度のドイツオーストリアへの拡大と効力範囲については、特別な法律がこれを定める。

3　帝国議会に代表される諸王国と諸地方の憲法によって皇帝に与えられていたすべての権利は、憲法制定国民議会が最終的な憲法を制定するまで、さしあたりドイツオーストリア国家評議会に移行する。

4　帝国および王国省（k. u. k. Ministerien）と帝国・王国省（k. k. Ministerien）は解散する。ドイツオーストリアの国家領土におけるこれらの省の任務と権限は、ドイツオーストリアの国家庁（Staatamt）に移行する。ドイツオーストリア＝ハンガリー帝国の地に成立した他の国民国家には、これらの省への要求、およびこれらの省によって管理された国家資産への要求が、認められる。

これらの要求の清算は、すべての関係する諸国民政府の全権委任者によって構成される委員会による国際法的合意に留保される。この委員会が集合するまでは、ドイツオーストリアの国家公庁が、ドイツオーストリア共和国の国家領土に存在する限り、共同財産をすべての関係する諸国民の分割管理者（Trenhänder）として管理しなければならない。

5 皇帝と帝室の構成員に特権をあたえていたすべての法律と法的決定は廃止される。

6 官僚、将校および兵士は、皇帝によって課せられた忠誠の誓いから解放される。

7 帝室領地の引き受けは、法律によって執行される。

8 すべての政治的な特権は廃止される。全権使節、貴族院およびこれまでの地方議会は撤廃される。

9 憲法制定国民議会は、一九一九年一月に選出される。選挙制度は、臨時国民議会によって決定される。これは、比例代表制と、性差にかかわりなくすべての国家市民の普通・平等・直接そして秘密選挙権に基づく。

10 同様の基本原理によって、州、群、区と町村の選挙権と選挙手続きが規定されなければならない。町村選挙制度は臨時国民議会によって制定される。町村代表の新選挙は三カ月以内に実施される。新選挙までは、既存の町村代表は国家評議会の指示に従って、労働者代表の相応の数によって補充されなければならない。

11 この法律は、発布とともに効力を有する。

ここに、オーストリアは、共和国としての設立が決定された。これまで有効であった帝国憲法（一八六七年の一二月憲法（Dezemberverfassung））は帝国の皇帝が国家の最高権力を放棄する手続きを規定していなかったため、共和国の設立は、憲法解釈上も革命とみなされることになった。(5)

レンナー首相は、当時なお地方において封建的な領主型行政が残存していたことを考慮して、右の法律とともに、

『州における国家権力の受け継ぎに関する法律（Gesetz über die übernahme der Staatsgewalt in den Ländern）』を制定する。この法律の目的は、封建的な領主型行政を根絶することによって、地方行政を中央政府の下に一本化し、均一化し、同時にそれを民主化することにあった。レンナー首相は、当時のオーストリアでは依然として、中央政府の権限と領主権が競合するという「行政の二重性」が存在していたことを指摘し、これを排除し一本化しなければならないとした。また、各地方はそれぞれ異なった地域法によって不均等な領主型行政をおこなっていたので、それらは均一化されなければならなかった。さらに、地方行政は、「領主の名によってではなく」、「国民の名によってその職務を遂行しなければならない」として、普通・平等・直接選挙によって選出された州議会がそのなかから州政府を構成し、この州政府が地方行政を担当するように改革した。こうして、地方政府も国民によって選出された地方議会が任命することによって、地方行政の民主化がはかられた（St. PR. PNV 3, S. 76f.）。

また「州および郡集会（Landes- und Kreisversammlungen）」に関して、レンナー首相は、「われわれの国家活動の基礎は、自由な決定によってドイツオーストリア国家への参加を実施した、州と郡である」としながらも、「隣接する他の諸民族との交渉は、国家の一般的な法律に従い、交渉を国家全体によってのみおこない」、地方政府がするべきではなく、中央政府の「外務庁がおこなわなければならない」としてその動きを牽制する（St. PR. PNV 3, S. 77f.）。戦後の混乱期にあって、オーストリア共和国の統一基盤を強固で確かなものとし、国「全体の利益」を防御するために、地方には、それを自覚し「全体の利益」に従って行動することが中央政府によって求められたのである。

臨時国民議会の課題は、このようにオーストリアの〈国家〉としての政体を決定し、旧帝国にかわってその統一国家制度を基礎づけることにあった。さらにそれは、帝国の崩壊に伴い、社会生活上の必要最低限の欲求、人々の生活を維持するための最低限の必要をも満たす努力をしなければならなかった。このとき議会内の左右両勢力は、政治的な世界観の問題を一時棚上げし互いに協力することによって、破綻しかけた社会を維持するべく努力した。かれらは、その生活をそもそも可能とするために、互いに協力し、議会外のそれぞれの支持基盤である地主、農民、またブルジヨワ、労働者にも協力を呼びかけた。

以上みてきたように、共和国の設立へといたる「オーストリア革命」は、終始、臨時国民議会を中心に展開していった。オーストリア共産党に煽動された騒乱がウィーンなどであったものの、[6]この革命は、全体としては、流血の内乱を伴わない革命であった。旧体制の崩壊は、むしろ、第一次世界大戦の軍事的敗北による帝国の自己解体によって進み、その結果として、臨時国民議会がオーストリアの政治権力を引き継いだのであった。[7]レーテ運動の側面からみても、ウィーンやリンツなどの各地で地域単位のレーテが組織されるものの、これらは最初から、社会民主党の主導の下で生活領域での活動にのみ限定されていた。その活動は主に戦後の生活物資の欠乏を前にして生活必需品を調達し確保することであった。ここでは、社会民主党のウィーン労働者レーテ議長フリードリヒ・アードラー（一八七九—一九六〇）によって、レーテ独裁によるレーテ共和国の樹立をその方針としないことが決定されていた。[8]オーストリア革命において社会民主党は、議会政治の途から外れることはなかった。ごく少数の最左派を除いて、党の大勢は労働者のみが代表されるレーテ独裁ではなく、国内のすべての階層を代表する議会政治を確立することで一致していた。

バウアーとザイペルの構想

敗戦と帝国の崩壊による混乱のなか、各党派は臨時国民議会で協力し危機に対応する。しかし他方で、これらの党派は、経済・社会・政治についてそれぞれ個別の将来構想をいだいていた。憲法制定国民議会の選挙に向けて諸階級と諸党派は、各々の世界観ないし各々の党の原則のために、動き始めるのであった。社会民主党が民主的な共和国を主張していたのにたいして、キリスト教社会党とブルジョワ系諸派は、立憲君主制を出発点としていた。臨時国民議会から憲法制定国民議会にかけての、議会制度の確立と憲法の制定過程は、これら構想間のせめぎ合いと妥協の積み重ねであった。社会民主党とキリスト教社会党の二大政党は、おのおのの出版物上で自らの構想を積極的に表明していく。

社会民主党の指導者オットー・バウアー（一八八一―一九三八）は、一九一九年に『社会主義への道』で、かれの構想を提起する。

そこではまず、政治的な革命は暴力の結果であったが、社会的な革命は建設的で組織的な仕事の結果でしかありえない、として政治革命と社会革命の手法が区別される。(9) 政治的な革命は短時間のうちに達成できるが、社会的な革命は、長年の大胆なしかしながら思慮深い行動の成果なのである。社会主義の建設は、計画的で秩序ある仕事をとおして、一歩一歩、漸進的になされる。ただしこの見解は、かれによると「偏狭な修正主義もしくは改良主義の幻想」となんら関係するものではなかった。修正主義と改良主義は、暴力的な革命をまったく必要とすることなく、社会が平和的に社会主義へと「成長」することができると信じていたが、これは思い違いであった。なぜならば、社会的な革命は、プロレタリアートによる政治権力の奪取を前提とするが、これは革命的な方法によってのみ達成することができる。ひとたび政治権力が征服されてはじめて、プロレタリアートには、もはや政治的な革命に適していた方法によっては成し遂げることのできない、まったく新たな任務が与えられる。そのときは、街頭闘争や内乱によってではなく、創造的な立法と行政の仕事によって新たな社会を建設しなければならなかった。

新たな社会の建設とは、経済の「社会化」をさしていた。この社会化には二重の目的があった。それは、一方で、労働者と従業員の状態を改善し、他方で、これまで資本家にのみ流れていた収益を国民全体に用立てる。

社会化は、まず重工業から始める必要があった。なぜならば重工業は、社会化を最も容易に遂行することのできる規模の大きな産業部門であったからである。この産業部門において生産は、一カ所から指揮することのできる大規模な経営にすでに集中していた。バウアーは、この産業の「社会化」は「国有化」であってはならないとする。政府は、すべての経営を支配した場合、国民と国民代表にたいして強力になりすぎ、このような政府権力の上昇は民主主義にとって危険であった。さらに国家ほど産業経営を管理するのに適していないものはなく、政府は社会化された産業をうまく管理することはできない。ゆえに社会化された産業部門は、それが必要を満たす社会集団の代表から選出される管理評議会（Verwaltungsrat）によって運営される。[10]

少数の大規模経営に生産が集中している大産業だけが、即座の社会化に適していたが、多くの産業部門はまだ小・中規模の状態にあり、適していなかった。産業が依然として多数の小・中規模経営に分裂している場合は、それらを、一カ所から指揮するのは不可能であった。役員や管理職ではなく、雇用主自身が経営の技術的で商業的な運営を担っているところでは、雇用主を排除することは、生産の阻害をも意味した。社会主義は、商品を正当に配分するだけでなく、その生産をも完璧におこなう必要があった。商品生産を支障なく遂行することのできる組織を樹立することなく、資本主義的な商品生産の組織を破壊してはならなかった。したがって大抵の産業部門は、即座に社会化することができないため、まず将来の社会化が準備されるよう、「組織化」されるべきであった。[11]

この目的のために、あらゆる産業部門のすべての経営は、産業連盟（Industriebverband）に所属することが義務づけられる。産業連盟は、カルテルのように雇用主自身に支配されるのではなく、また国家による統制（Zentralen）のように、経済的な活動の調整に不適な官僚の指導の下におかれるのでもない。産業の国民経済にとって有用な組織化は、カルテルのように資本の利害、あるいは国家による統制のように軍国主義的な利害に従ってではなく、人民全体の利害に従っておこなわれる。産業の資本主義的な組織のかわりに人民共同体の要求に役立つ組織を設置するのである。これもまた、組織化した産業部門が必要を満たす社会諸集団を代表する管理評議会によって指揮される。[12]

産業の組織化をとおして、まずは産業の技術的な発展が促進され、生産コストが下げられるよう配慮される。組織化は、製品を平準化し、型式化する。それによって製品を、より大量に、低いコストで生産することができるようになり、大量生産、自動化、人的な労働を節約する生産方法への転換を可能にする。産業連盟は、生産コストを大幅に引き下げ、廉価な生産を実現する。このようにして産業連盟への産業の組織化は、過渡的に産業の完全な社会化を準備するのであった。[13]

また経済的民主主義の観点からバウアーは、労働者と従業員の福利に関するすべての事柄に影響力をもつ労働者委員会（Arbeiterausschissen）が設置されるべきことを提唱する。[14] ただし、産業は、そこで従事している労働者の利害に基づいてのみ管理されるのではなく、人民全体の利害のために管理される必要があった。したがって、産業の運営全般を、労働者委員会に割り当てることはできない、とも述べる。産業の運営全般は、労働者委員会ではなく、各産業に従事している労働者の代表とともに国家と消費者の代表が構成し、決定する管理評議会にまかされるべきであった。

バウアーによると、自分たちは「産業をサンディカリズム化したいのではなく、社会化したい」のであった。社会化は、すべての産業部門をそこに従事する労働者のものにするのではなく、社会全体のものとする。それゆえに、産業の技術的および経済的な指揮は人民全体の機関に割り当てられなければならず、労働者委員会は、あくまでも管理評議会の下に組織化された「ローカルな機関」として、「基礎自治体が国家領土個々の部分の行政において国家行政に参画するように、個々の経営の行政に参画する」のであった。[15]

こうした社会化が実現する前提は、まず平和と労働であり、さらに、都市と地方の労働する人民大衆の大多数が、社会的な改造を望むかどうか、という点にあった。少数の勇敢な実行力のある人々が、奇襲によって国家権力を掌握すれば充分であり、この少数が、大多数の人民大衆に社会主義を命令できる、という考えがあるが、これはバウアーにいわせれば勘違いであった。なぜならば、テロルの方法によって大多数の人民大衆をかれらの意志に従うことを強制した少数派は、巨大な社会的な生産装置を管理することができない。たしかにかれらもまた、無慈悲なテロルによって資本家階級を収奪し、革命的な中央指揮所から生産装置を支配できるかもしれない。しかしながら、それは官僚的な社会主義であって、民主的な社会主義ではない。革命的な中央指揮所は、工場、鉱山、土地を、服従を強制する官僚をとおして統制する。

バウアーは、少数派による人民全体の支配を意味する官僚的な社会主義を欲せず、民主的な社会主義を欲した。つまり民主的な組織をとおして、人民が経済生活を自ら管理する、人民全体の経済的な自治である。このような人民の経済的自治システムは、勤労者の参加と、積極的な協力を前提とする。それゆえに、人民の多数が社会主義的な確信に溢れ、社会主義への意志によって満たされていることが、社会主義への重要な前提となるのであった[16]。ただオーストリアにおいて、社会主義はさらに別の前提をもっている、とバウアーは指摘する。社会主義は、社会的な転換を遂行する能力のある国家を前提とするが、この前提をオーストリアにおいてよく注視する必要があった。なぜならば、「ドイツオーストリア」は、いぜんとして「大ドイツ共和国」の一部になるのか、それともチェコ、南スラブ、ハンガリー、ポーランドとルーマニアとの「ドナウ連邦」に統一されるべきなのか、という大きな問題の前に立っていたからである。まずは、この選択にオーストリアの社会秩序の未来はかかっていて、ドイツへの合邦こそが、社会主義への道を開くのであった[17]。

こうした社会化をつうじての社会主義の実現、将来的なドイツとの統一を構想していたバウアーにたいして、キリスト教社会党の指導者となったイグナーツ・ザイペル（一八七六—一九三二）は、対立する構想を提起していた。ザイペルは、社会民主党主導のもとでウィーンの中央政府が将来の国家形態を決定することに警戒感をいだき、一九一八年の一一月に『ライヒス・ポスト』紙に公表した四つの連続論文において「国家形成の唯一民主的な方法は連邦制である」と述べて、地方の自律的傾向を中央政府に対置させる。「ドイツオーストリア人」は、さまざまなドイツ部族（deutsche Stämmen）と方言集団（Dialektgruppen）に属し、領土的な結びつきがきわめて不完全で、住民の部族的性格と経済的関係と交通の関係に従って別々の方向を目指していた。ザイペルによると、オーストリアのさまざまな部分にオーストリアに残るのかどうか考慮したいという声があり、共和制か君主制かという争点ではなく、ウィーンから宣言された共和国が唯一正当化されることへの疑問が、オーストリアを裂こうとしていた[18]。自治権を主張する地方にたいして、中央政府が、分離要求を抑えるために、地方の分権的な考えを中央集権主義へと強制的に改めさせるようなことがあってはならなかった。

右にみたバウアーが主張する社会民主党の社会化政策も、地方の分離要求の大きな要因の一つであった。ザイペルによると「ウィーンの社会化政策」は、地方の反感を呼び起こし、ウィーンの中央政府にたいする評価をいちじるしく悪化させていた。社会民主党主導の中央政府が立法化を進めている社会化法案は批判されなければならなかった。社会化に最も適している経営は、地方に所在する原料産業であったが、地方は、そこで産出される天然資源が、地方の利益のために使用されないまま、取り上げられてしまうことを恐れ、遠いウィーンによって支配される社会化政策の隷属状態に陥ることに警戒感をいだいていた。ザイペルは、地方で政治勢力はウィーンとちがった配置にあることを見過ごしてはならない、と強調する。地方の住民は、社会民主党が統治するウィーンによる支配を恐れていた。[19] また「精神的な論拠のかわりに暴力の根拠のみを知り、そして、国民全体が国家権力への関与を有することを望まない、つねに民主主義について語るが、最終的には唯一の階級を国民とみなす」社会主義の圧力のもとで国家がこれ以上苦しむことのない保障を、商業、自営業（Gewerbe）、工業は、待望していた。国家が内外にわたって最も必要としている信頼を呼び起こすためにも、この保障は緊要であった。[20]

ドイツとの合邦についても、ザイペルは慎重であった。かれによると、多くの人々が「血の絆と共通の母国語の音」によって引き寄せられるドイツとの合邦について述べているが、この問題で、最終的な判断を早まるべきではなかった。その理由として、経済的な必要がまだ未来への展望を不可能にしているということと、どのようなかたちでもっともよくドイツ民族に貢献できるかまだ未知である、という点をあげる。もしも将来の国家形態との関わりで合邦への判断を下してしまうと、外交と内政の可能性を特定の選択肢に拙速に制限することになった。[21]

臨時国民議会で共和制を受け入れるものの、ザイペルは基本的に君主制論者であり、将来の国家形態は、人民投票によって決められるべきである、と主張していた。君主制か共和制かは憲法制定の最後に判断されるべき問題であり、「他の目的のために選出された」議会が人民のかわりに判断するのではなく、人民自身が、民主的な国家の頂点に誰が立つべきかを決める必要があった。[22] かれによると、君主制国家と共和制国家とは、過去においては根本的に異なるものであったが、未来においてはそうではなかった。そもそも皇帝は、かつて一度も人民の自由の妨げとなったことはなく、その後ろに隠れていたシステムがそうしたのであった。ひとたびこの旧い悪しきシステムが取り除かれたならば、もはや「民主的な君主制」と「民主的な共和制」とのあいだの違いはわずかであり、ともに人民の自由を充分に保証した。むしろ民主的な君主制のほうが、国家の頂点が選挙による動揺に煩わされることがなく、人民すべての精神的な素質と伝統的な見解にとって、より快適であった(23)。

さらに「有機的な国家の理解」と「原子的な国家の理解」とのあいだの深い違いについて、ザイペルは述べる。かれは、相互に関わり合いをもたない、理論的には平等であるが、実際には相当に不平等である個人から直接に成立する国家ではなく、市民を家族と職能シュテンデを介して把握する国家こそ、より健康でよりよく組織化されているとみなす。この見方に従って、人民の統合がそのなかで実態に即して表現され、影響力を発揮しうる代表機関が、普通選挙権とは異なる他の方法に従って選出されることを要請する。一般的な議会とは別に、その負担を軽減するためにも、国民の社会的・文化的、そして経済的なシュテンデがそれぞれの固有の事柄を自律的に組織化できるシュテンデ代表が、召集されなければならなかった(24)。

重要な文化的な問題や経済的な問題が政治的な問題によって排除されたり、あるいは政治的な問題にさせられてしまうのを妨げるのは「並列の諸自治 (parallele Autonomien)」であった。政治的な議会とは異なる議会で議論され、まったく異なる票の区分けによって決定されるべき公共生活上の多くの問題があり、この問題を取り扱うために、政治的な代表機関とは異なる他の代表機関が民主的な方法によって構成されなければならなかった。こうした代表機関は、人民の自己決定と自治を実現する。こうした要請に適う代表機関が構成され、人民の幸せのために民主主義が一貫しておこなわれれば、あらゆる種類のアナーキーを克服することができた。なぜならば、文化的、経済的利益集団自身によって構成され運営される代表機関においては、本来の政治にはなじまない文化的・経済的生活の問題に権威ある解決を見つけることができるからであった(25)。

二　憲法制定国民議会

一九一九年二月一六日、憲法制定国民議会（konstituierende Nationalversammlung 以下制憲議会）の選挙が普通平等選挙権に基づいておこなわれる。この選挙の結果、社会民主党が七二議席、キリスト教社会党が六九議席、ドイツナショナル自由主義系諸派が二六議席を獲得し、社会民主党が勝利をおさめる。制憲議会は、すぐに前年一一月の「ドイツオーストリアの国家・政府の形態に関する法律」を再確認するとともに、あらためてドイツオーストリアはドイツ共和国の一部であると宣言する。ついで三月一四日には、制憲議会が国家の最高権力を行使することを決議し、暫定的な「三月憲法（Märzverfassung）」を採択する。この「三月憲法」によって、過渡的な国家評議会は廃され、制憲議会にのみ責任を負う内閣を、制憲議会が直接選出することになった。三月三日、国家評議会を介して組閣されていたレンナー臨時内閣は解散し、一五日に、社会民主党とキリスト教社会党の連立による第二次レンナー内閣が制憲議会の信任によって形成される。この制憲議会の課題は、一方ではその名のごとく共和国憲法の制定であり、他方では戦勝国との講和条約の締結であった。

ここではまず、共和国憲法の制定をみるまえに、その後の共和国の国際関係を規定することになる講和条約の締結をめぐる争点を整理しておきたい。共和国憲法とともに講和条約もまた、第一共和国の政治過程を規定する要因として作用していくことになる。とくに注目したいのは、この条約によって、共和国の経済的な存立基盤が大きく左右されたことと、国民意識をめぐる見解の相違が顕在化したことである。

サン・ジェルマン条約の調印

オーストリアをめぐる戦後のヨーロッパ国際状況は、(1)ハプスブルク帝国の崩壊と継承諸国家の誕生、(2)ドイツの業は開始されるのである。こうした状況の下で講和条約締結の作敗戦とフランスの反ドイツ政策、(3)ロシア革命の伝播、の三点に整理できる。こうした状況の下で講和条約締結の作業は開始されるのである。

制憲議会の所信表明演説において、レンナー首相は、共和国政府の外交政策の基本方針をしめす (St. PR. KNV 5, S. 93ff.)。かれは、戦争によって、国民経済が崩壊してしまったこと、および旧帝国一千万人のドイツ民族のうち四百万人の同胞民族が、新独立国家の支配下におかれてしまったことを指摘する。とくに共和国の経済基盤にとって痛手となったのは、ドイツ系住民が多数住んでいた旧帝国の工業地帯ドイツボヘミアとズデーテンがチェコスロバキアの支配下に入ってしまったことであった。そこでレンナーは共和国の外交政策の目標を次の二つの点におく。講和条約締結交渉をとおして平和裡に、旧帝国のドイツ系住民四百万人が住んでいる地域を異民族支配から解放し、オーストリアに組み入れること、さらにオーストリアをドイツに合邦することである。しかしながら、この二点は、オーストリア共和国政府の希望であり、かれらにとっての理想にすぎなかった。その後の講和条約の締結にまでいたる外交交渉の過程は、右にあげた国際状況のなかで、フランスを中心とする戦勝国の反対によって、これらの目標から後退していく過程でもあった。[26]

共和国の国境と領土問題について、政府は条約締結交渉においてなすすべもなく後退を余儀なくされていた。ドイツ人居住区をめぐる他国との四つの大きな係争点、(1)チェコスロバキアとのドイツボヘミアとズデーテンの問題、(2)イタリアとの南チロルの問題、(3)セルブ＝クロアート＝スロヴェーン王国とのケルンテンの問題、(4)ハンガリーとのブルゲンラントの問題で、共和国政府が比較的成果をえることができたのは、ケルンテンとブルゲンラントの二つの問題においてだけであった。[27] ドイツボヘミアとズデーテンはチェコスロバキアへと編入され、南チロルはイタリアの領有となってしまった（地図1-1)。オーストリアに帰属が決定したのは、住民投票によって帰属が決定したクラーゲンフルト市周辺を含むケルンテンと、講和条約によって帰属が決定したもののエーデンブルク市周辺を住民投票によって失ったブルゲンラントのみであった。[28]

地図1－1　現在の地図でみたハプスブルク帝国

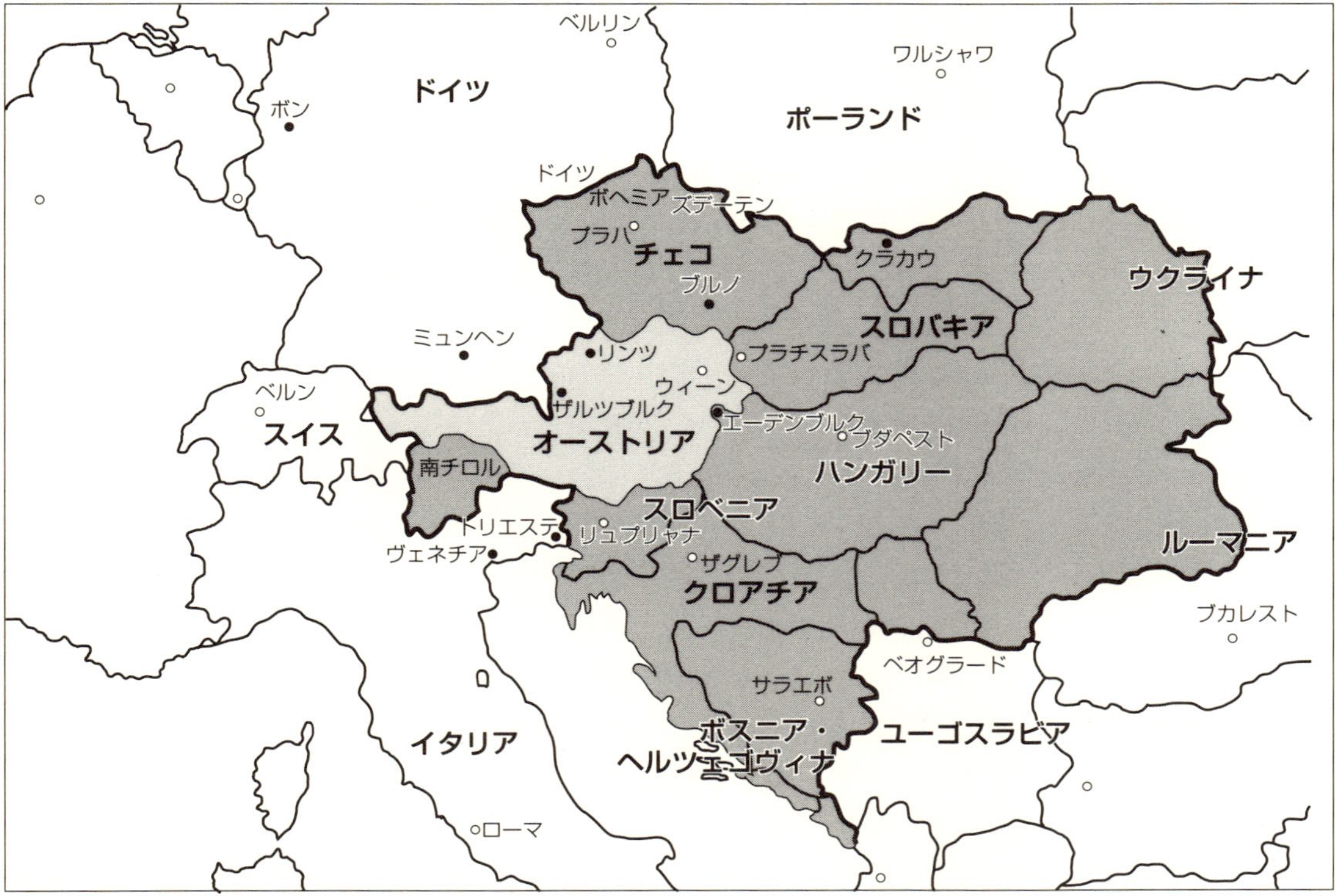

オーストリア第一共和国の存立条件にとくに深刻な影響を及ぼしたのは、工業地帯ドイツボヘミアとズデーテンをチェコスロバキアへと割譲されてしまったことであった。講和条約締結交渉の過程で、オーストリア政府の講和代表団は、ドイツボヘミアおよびズデーテンのドイツ人住民の代表者とともに、バウアー外務庁長官の指示に従って、チェコスロバキア共和国はドイツボヘミアとズデーテンなしでも十分に経済活動をおこなっていくことが可能であるが、逆にオーストリア共和国はこれらの地域を失った場合に生存不可能であることを強調しながら、交渉にのぞむのである。しかしながら、これらの地域のドイツ人住民とオーストリアが望んでいた解放は、結局、実現されることはなかった。ドイツボヘミアとズデーテンはチェコスロバキア共和国の一部として処理される。(ADÖ 273, 274, 277)[29]。またその要求を、これら地域のオーストリアへの合一ではなく、その自決権の獲得にとどめる

工業地帯のドイツボヘミアとズデーテンが最終的にチェコスロバキアに編入されてしまったことは、オーストリア経済にとって致命的であった。ここを失ったことが以後のオーストリア経済の自立的な工業化を不可能にしたといえる。この喪失は、オーストリア経済の工業基盤をいちじるしく脆弱たらしめ、明らかに、今後、単独で経済を維持していくことを不可能にした。以後、共和国に残された方法は、戦勝国の援助に頼るかドイツとの合邦か、という選択肢に限定されていった。

ここで問題となっていた地域のドイツ人住民の「解放」は、二〇年後に、皮肉にも、ドイツ第三帝国がチェコスロバキアに侵入することによって達成される。ドイツ人住民の問題は、ナチスによる全体政治運動の無窮膨張性に口実を与えることになったのである。そういう意味で、この問題は、講和条約締結交渉でオーストリア側が主張したように、中欧に戦争の火種を残したことになった。

経済基盤が分解してしまったことから、社会民主党主導の共和国政府は、今後、共和国の生活を維持していくためにはドイツとの合邦は不可欠である、との考えをますます強めていった。ドイツとの合邦政策（Anschluß）はオーストリアのドイツ人の切実な願いとして、制憲議会下の共和国政府の基本方針となった。ところが、この方針も、戦勝

国、なかでもとくにフランスの強い反発に直面していった。

周知のとおり、第一次世界大戦後のヨーロッパの戦後処理で、最も重要な要因となったものは、フランスのドイツにたいする不安と敵意による安全保障の要求であった(30)。ドイツは、一八七〇年の普仏戦争によるドイツ帝国の成立以来、フランスはドイツにたいする自分の弱さを自覚していた。一八七〇年以来、その工業力と官僚機構において、フランスを上回っていた。それゆえに、フランスは、ドイツが第一次大戦の勝敗を逆転するかもしれぬという不安と敵意から、第一次大戦の戦後処理において、ドイツにたいする安全保障を過剰なまでに要求していくのである。

こうして、戦勝国フランスは、その中欧における反ドイツ政策に基づいて、サン・ジェルマンでの講和条約締結交渉においてドイツへの合邦に断固反対する。フランスは、この合邦を中欧におけるドイツの勢力を強めるものであると考えていた。したがって、オーストリア政府による合邦政策への固執は、講和条約締結交渉における、フランスを中心とする戦勝国の態度を硬化させるものであった。

このため、バウアー外務庁長官は、合邦政策に固執し、それを急ぐことは得策ではないと判断する。かれは、こうした配慮から、当時、ベルリンで合邦へ向けて活発に活動していたハルトマン駐ドイツ大使にたいして、再三、講和条約締結交渉に際してフランスを刺激しないために、合邦政策を目的とした拙速な行動を慎むよう注意をしている（ADÖ 197, 250, 308, 314）。バウアー外務庁長官は、政府は合邦政策を堅持するものの、「ドイツオーストリアは、協商国（Entente）の生活物資の援助なくしては数日間の内にそのパンを失ってしまい、かれらに依存している」ので、「協商国の承認の前やそれなしに」合邦政策を進めてはならないとした（ADÖ 197）。

政府は、一方では、ドイツとの合邦の必要性を強調しながら、他方では、当面は、共和国の維持は戦勝国による生活物資の援助にかかっていることを認識していた。さらに政府は、合邦政策についての国内の意見が必ずしも一致していないことをも認識していた。国民の一部も、フランスによって宣伝された、合邦政策を放棄したときにえられる経済的な利益を期待し、逆に、合邦政策を継続した場合に、生活物資と財政援助が拒否されるのではないかということに不安を感じていた。またとくにカトリックのキリスト教社会党内には、根強い反プロテスタント＝プロイセン感情があった（ADÖ 197, 250, 308）。

共和国をめぐる国際状況と国内状況から、近い将来における合邦政策の実現が明らかに不可能であったため、バウアー外務庁長官は、この問題についてはその機が熟していないと判断し、急がないことを決める。かれは、この問題について、講和条約締結交渉ではなるべく触れないようにし、将来、合邦政策にたいする戦勝国の態度が好転したのちにまたこの問題に取り組むことを決定する。かれは、合邦政策を戦勝国の意に反してはおこなわないこと、将来的にも国際連盟（League of Nations, Völkerbund）の承認なしにはおこなわないことを公約する。そして、近いうちに必ずや戦勝国が、オーストリアが単独では生きていくことができないこと、また中央ヨーロッパの「バルカン化」と「ボルシェヴィキ化」を避けるためには、合邦政策を実現しなければならないことを理解するであろう、と期待していた（ADÖ 287）。(31) 講和交渉での合邦政策の放棄とともに、バウアーは一九一九年七月二六日に外務庁長官を辞任する。後任として、講和代表団団長として戦勝国のあいだで信頼をえていたレンナー首相が外務庁長官を兼任することになった。

九月二日に、講和条約の最終草案がオーストリア側に手渡されると、戦勝国との講和条約締結の可否は九月六日の制憲議会本会議で、社会民主党とキリスト教社会党の賛成多数で最終的に決する。

この本会議の冒頭でなされた、レンナー首相の講和条約についての報告は、以下のようなものであった。かれはまず、講和条約がその前文で帝国崩壊後に成立した継承国家を戦勝国の側に加えたことにたいして、「これらの継承国家はドイツオーストリア共和国とときを同じくして、あるいはむしろそれより後に成立したにもかかわらず、大戦中はドイツオーストリアを相手に戦い勝利したという、事実に反する戦勝国側の見解が堅持された」と報告する。そして「ドイツオーストリアだけがオーストリア＝ハンガリー帝国の法的継承国となった」ことにたいして不満の意を表明する（St. PR. KNV 29, S. 764ff.）。また講和条約の第二編「オーストリア国の境界」の規定により旧帝国内のドイツ系住民が多く住むズデーテンや南チロルの地域が共和国から分断され、第三編「欧州政治条項」第八八条の規定によってドイツとの合邦が禁じられた点について、自分たちは、民族と領土をめぐる戦いに成果をもたらすことができず、条約は自分たちからドイツとの合邦の自由を奪った、と無念さをあらわにした。

　しかしながら、講和の条件は自分たちにとって耐え難いものであるとしながらも、レンナー首相はこの報告で次のように講和条約の調印の必要性を説く。かれは、この講和条約は戦勝国の最終的な決定であり、「自分たちは再び戦争を始めることもできないし、今のままでは生きていくこともできない」と述べる[32]。講和条約に調印し平和状態を回復してはじめて、憲法を制定し経済生活の再建に取り組むことができるのであり、新たな一歩を踏み出すためにはこの講和条約に調印せざるをえないと説明していた (St. PR. KNV 29, S. 767)。

　またかれは、合邦問題も国際連盟が決するべきであり、国際連盟との交渉によってのみ実現可能であり、戦勝国の意向に逆らってはおこなわないことを表明した。「民主主義においてはすべての個々人は全体にたいして共に責任があり、全体に関わる問題、特に国際的な立場に関わる問題では、ある程度の痛みは我慢し、身を引かなければならない高い義務を有する」とのべる (St. PR. KNV 29, S. 797)。

　オーストリアはヨーロッパの国際社会の一員として再スタートするには、この条約の条件を受け入れなければならなかったのである。さらにレンナー首相は、帝国の崩壊は、そのレベルでの経済単位の分解としては不運であるが、ようやく他の民族との紛争から自由になったという意味では、幸運であったと述べる。かれは、ようやく自分たちは「一望のもとに見渡すことのできる領土」のなかで、「同質的で、互いに理解し合い、同じ文化的美徳を有する人々のあいだで真に一つの国民 (Nation)、一つの国民国家 (nationaler Staat)」になることができ、「この国家のなかでは自分たちはその利益の共有を信じることができる」と述べた (St. PR. KNV 29, S. 797)。かれはここで帝国の崩壊を多民族国家の重荷からの解放として肯定的に評価しようというのである。

　このレンナー首相の報告に引き続いて表明された議会での各党の講和条約にたいする公式見解をみると、以下のようになる。

まず社会民主党はレンナー首相の報告同様に、この講和条約はドイツ人の自決権をまったく認めておらず、ドイツ人は、「自身の運命を自ら決め、他のドイツ人とともに共通の国家へと結合する権利を認められなかった」が、このことは「かえって労働者大衆のなかに自決権への思いを燃え上がらせるであろう」として、講和条約によってドイツとの合邦が禁止されたことにたいして強く抗議している。またチェコスロバキアやイタリアとの国境問題についても、ドイツ人住民が住んでいる地域がそれらの国々に編入されてしまったことにたいして強く反発した。さらに戦争責任について、ハプスブルク帝国の戦争責任をオーストリア共和国にのみ負わせたことにたいして異議を唱えていた(St. PR. KNV 29, S. 777, S. 782ff.)。

社会民主党は、このように講和条約によるドイツとの合邦の禁止やそこでの国境問題や戦争責任の処理のされ方に激しく抗議する一方で、国際連盟にたいしては、今のところ国際連盟はまだ「民主主義の外套をまとった帝国主義的な悪徳」ではあるが、それは「真の民主主義的な諸国民の連合」へと変わりうるものである、と期待をしめす。ドイツとの合邦へ向けて自決権を獲得していく努力についても、国際連盟の場を通じておこなっていくことを表明する。レンナー首相同様、講和条約は共和国からその主権を奪うものであるが、共和国は戦勝国の援助に頼らなければ生きていくことができないので、国民の生活を維持していくためには、議会はその調印を可決せざるをえないと述べ、結論としては講和条約の調印に賛成しそれを支持するのである(St. PR. KNV 29, S. 777f., S. 786)。

キリスト教社会党もまた、一方では一連の講和の条件に抗議しながらも、他方ではオーストリアは、現在、重大な食糧危機に直面していて、もしも外国からの援助がえられなければ何千もの国民が飢えてしまうため、「われわれは弱く、自助能力がないことを認識しなければならない」として、戦勝国の援助の必要性を説き、国民の生活を維持していくためには講和条約を受け入れざるをえないとした(St. PR. KNV 29, S. 769)。かれらも表向きは、ドイツとの合邦が妨げられたことに抗議し、他言語の民族にたいしてドイツ民族が抑圧的であったというのは事実に反しており、仮に抑圧があったとしたら、それは「封建的＝資本主義的な支配（feudal-kapitalistische Herrschaft）」の現われであって、その下では、チェコ人らの他民族同様ドイツ人も苦しんでいたのであると主張していた。

ドイツナショナル自由主義系諸派は、大ドイツ主義を基本イデオロギーとしていたため、二大政党と違って、合邦を禁じた講和条約の調印に最後まで強く反対する。同諸派は、この講和条約はドイツ人にたいする「憎しみ」と「復讐心」の産物以外のなにものでもなく、ドイツオーストリア人にのみ戦争責任を負わせ、ドイツオーストリアだけをハプスブルク帝国の唯一の法的な継承国とする条約の内容は事実に反するものである、と激しく非難する。ドイツナショナル自由主義系諸派によると、ハプスブルク帝国皇帝に宣戦布告を勧めた当時の政府の責任者はハンガリー人やポーランド人であり、ドイツ人ではなかった。「チェコ人や南スラヴ人もまた当時の政府にその代表者を派遣していた」し、「すでに長いあいだそこではドイツではなくスラヴが統治しており」、戦争はかれらのために始まり、そこではかれらもまたドイツ人とともに戦ったのだが、いまやかれらはかつての敵へと寝返り、自分たちを裏切り、ドイツ人にのみその責任を負わせようとしているのである（St. PR. KNV 29, S. 772ff.）。

各党派の見解から、講和条約をめぐる争点は次の三点にまとめることができる。すなわち、(1)旧帝国の戦争責任を有する唯一の継承国とされたこと、(2)国境および領土問題で後退を余儀なくされたこと、(3)ドイツとの合邦が妨げられたこと、である。

オーストリアの場合、賠償問題はドイツのヴェルサイユ条約に比較してさほど争点とならなかった。ドイツの講和条約がその賠償請求によってすさまじいインフレを引き起こし国内に混乱をもたらしたのにたいして、オーストリアの場合、賠償委員会（Reparationskommision）はオーストリアに賠償を課すよりもオーストリアの再建を援助する機関へとその性格を変えていった[33]。その活動は、帝国の解体がもたらした経済の破綻を乗り越えることを可能にしようとするものになる。結果的に、オーストリアは講和条約による国境問題と合邦問題の断念と引き替えに、国際連盟の経済援助を受けることになる。再建委員会（Wiedergutmachungskommission）が設立され、オーストリア賠償委員会

地図1−2　オーストリア共和国地図

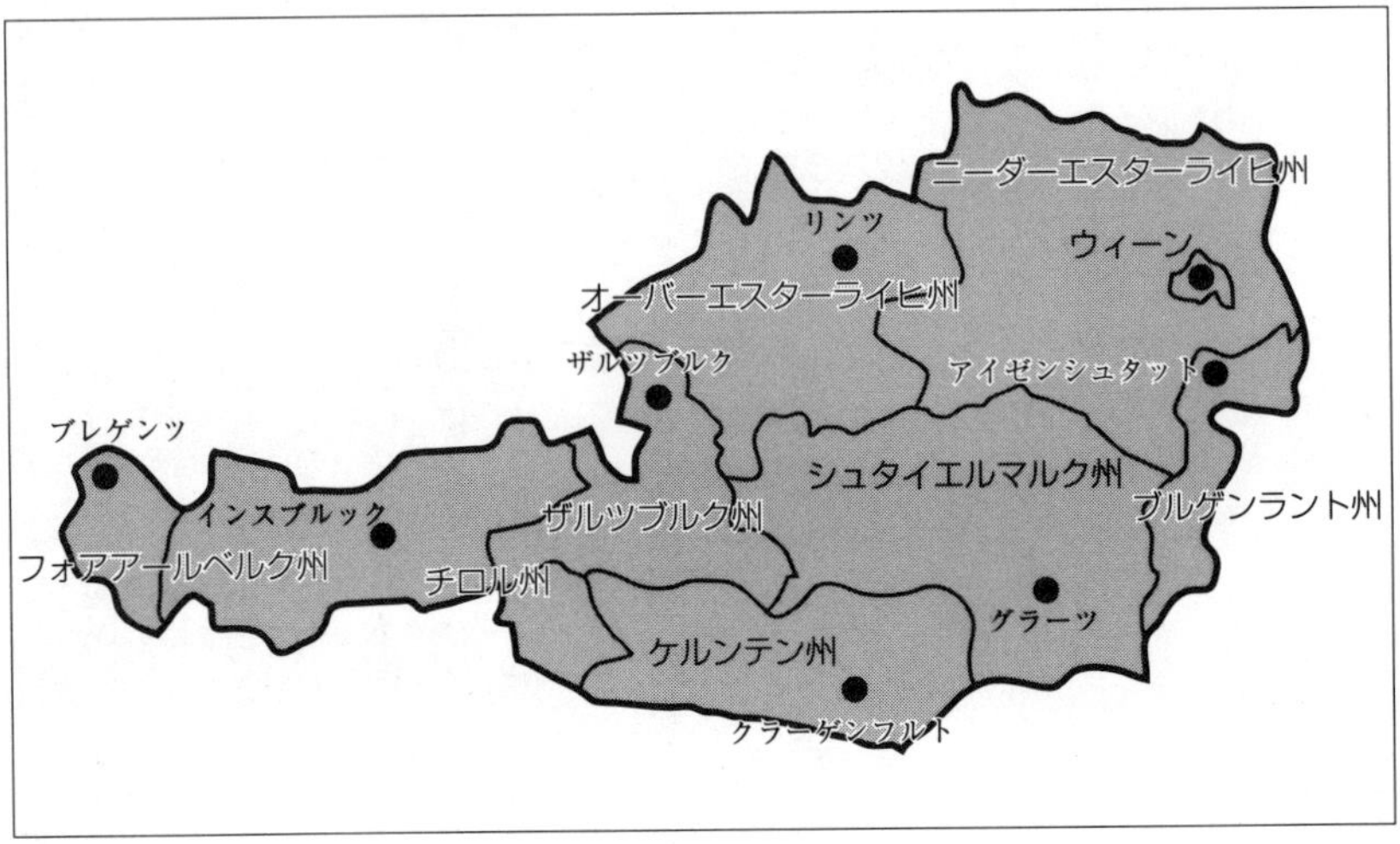

は条約によって委嘱されたオーストリアにたいする賦課額を放棄する。やがて国際連盟によってオーストリアは巨額の借款をえることになる[34]（三章一節参照）。

サン・ジェルマンにおいて連合国とのあいだで講和条約が締結され、国内でも批准されると、それに引き続いて条約にしたがって国名がドイツオーストリア共和国（Republik Deutschösterreich）からオーストリア共和国（Republik Österreich）に変更される。

ここで注目すべきは、この国名変更の際になされた、「国民議会には合邦を口では唱えながら、実際の行動においては合邦の実現に反し、合邦の宣言がリップサービスにすぎなかった政党がある」という社会民主党の指摘である（St. PR. KNV 33, S. 865ff.）[35]。この指摘はキリスト教社会党にたいするものであった。カトリックのキリスト教社会党は、表向きはドイツとの合邦が実現しなかったことを悔やむ姿勢をみせていたが、実際には合邦政策にたいして当初から消極的であったし、むしろ反ドイツ的でさえあった。

この政策をめぐっては、キリスト教社会党と他の二党派とのあいだで宗教問題もあってナショナリズム観が異なっていた。そこには帝国解体後に成立したオーストリアについてのイメージをめぐる対立があった。オーストリアには、ドイツナショナル自由主義系諸派と社会民主党に代表される、左右に対立しつつもドイツとの合邦を要求するナショナリズムと、キリスト教社会党に代表されるオーストリアの固有性を強調するドイツとの合邦を望まないナショナリズムとがあった[36]。後者は、ドイツから独立していて、なおかつドイツ的でカトリック的なオーストリア国民というものを念頭においていた。レンナーが先に期待した「一つの国民、一つの国民国家」は、早くもオーストリアのドイツ人内部での国民イメージをめぐる対立に直面することになった。

国名の変更をもって、講和条約をめぐる一連の手続きは終了する。講和条約の締結へといたる過程で、オーストリア第一共和国の外交政策は次の三点へと収斂していった。(1)ドイツとの合邦政策の当面の断念、(2)国際連盟を介した外交政策、そしてそれによる(3)国際的な経済援助の確保である。

共和国憲法の制定

講和条約が締結されると、憲法制定作業が本格化する。

ウィーン大学法学部教授ハンス・ケルゼン（一八八一—一九七三）は、政府から憲法草案の作成を委任され、政府の憲法制定作業に協力していた[37]。ケルゼンは、政府内で、一九一九年の夏には一つめの草案をまとめていた。ついで秋までには、さまざまな政治的な可能性を考慮して、その他に五種類の草案をまとめていた。草案の方針は、これまでの憲法の有用な部分をすべて保持し、憲法上の制度の継続性をできるだけ維持することと、これに連邦制の原理を組み入れることによって、集権的な統一国家かあるいは独立したラントの自由な参加によって形成される国家連合(Staatenbund)かという対立に終止符を打ち、前者の発想に後者の発想を取り込もうとすることにあった[38]。

一九一九年一〇月一七日、国民議会において講和条約の批准が可決されると、第二次レンナー内閣は解散し、新たに、社会民主党とキリスト教社会党の連立からなる第三次レンナー内閣が形成される。このとき、集権的な国制を望んでいた社会民主党と分権的な国制を掲げていたキリスト教社会党とのあいだで、憲法制定作業の基本的な方針において、共和国を連邦国家にするということで合意がえられる。

ウィーンの中央政局の動きと並行して地方は憲法制定について独自の動きをみせていた。一九二〇年の二月にはザルツブルクで、そして四月にはリンツで、各州の代表者によって、憲法制定問題を討議するための会議が開かれていた。このためキリスト教社会党のマイヤー制憲担当長官は、州単位で地方との交渉に臨むための憲法私案をケルゼンの草案を原案にしながら、レンナー首相の承認をえて決定し、それをもって交渉をはじめていた。[39] マイヤー長官は地方の憲法制定会議に出席し地方の意見を聞きながら、国家連合を強く主張していた地方のキリスト教社会党をおさえつつ、地方の合意がえられるよう、自らの憲法私案の修正をおこなっていく。その結果、リンツ会議でマイヤー長官は、極端な分権主義を抑制することに成功し、自らの憲法私案にたいする地方のキリスト教社会党の賛成をえることができた。

リンツ会議終了後、憲法制定作業の中心がウィーンの中央政界にもどるなかで、社会民主党もまた、四月に、ケルゼンが起草した草案の一つとほとんど同じ内容の連邦国家憲法を起草する。こうして二大政党がともにほぼ同じ内容の憲法案を起草したことから、憲法制定へむけて両党のあいだでは、交渉のための材料が整い、妥協をなしうるかにみえた。

ところがここへきて、六月に、国防軍内の兵士レーテの賛否をめぐって社会民主党とキリスト教社会党とのあいだに対立が生じ、連立内閣が分裂し、第三次レンナー内閣は辞職してしまう。[40] 両党ともに新たな左右連立内閣には興味をしめさず、一ヵ月近く新たな内閣の形成が不可能になる。「革命」が一段落し、保守勢力が態勢を立て直すとともに、左右の対立は次第に顕著なものになってきていた。このため、ようやく七月に入ってから、キリスト教社会党のマイヤー前制憲担当長官によって暫定内閣が形成される。この内閣は、官僚と国民議会に議席をもつすべての政党が議席比に応じて閣僚ポストを占めるという方法で組閣された挙国均衡内閣であった。

左右連立政権の分裂は、制憲議会の任期中に憲法を制定できないのではないかという悲観的な見通しをもたらしたが、最後の段階で制憲議会内に設置されていた社会民主党のバウアーを委員長とする憲法委員会の努力によって[41]、共和国憲法は制定にいたった。この努力を促したものは、制憲議会が本来の任務を終えないまま任期を満了してしまった場合に、地方の遠心的な動きによって、新たな国民議会選挙の実施が危ぶまれたからである。国民議会と中央政府が憲法を制定しないまま解散した場合には、地方の主導によって、連邦国家ではなく国家連合の発想を徹底した憲法が制定されてしまう恐れがあった。

制憲議会の憲法委員会の課題は、社会民主党とキリスト教社会党の憲法草案を妥協させることにあった。この妥協は、両党のあいだで最後まで対立を解消することのできなかった国民の基本権に関する部分を当面のあいだ憲法から除き、従来の法律をそれに適用することによって達成された。この部分を双方が保留したことによって、制憲議会の任期中に憲法制定作業を完結させることができた[42]。

一九二〇年一〇月一日、制憲議会本会議で、憲法委員会によって提出された「連邦憲法（Bundes-Verfassungs-gesetz）」が採択され、ここにオーストリアは議院内閣制を頂点とする連邦共和国として設立されることになった。この憲法は、社会民主党の方針とキリスト教社会党の方針との妥協、すなわち、ウィーンを中心とした都市の資本家・労働者の関心と地方の地主・農民の関心との妥協、集権主義と分権主義との妥協によって形成された憲法であり、諸州の分権主義にたいして集権主義的傾向が優位に立った憲法であった。

連邦制をめぐる社会民主党とキリスト教社会党の見解は次のようであった。

社会民主党は、連邦制をオーストリアに適した国制であるとはみなしておらず、反社会主義的な保守層の力が強い地方の州へ大きな権限を与えることに終始反対していた。同党は、「憲法は実際の力関係を考慮に入れ、それを反映したものにならざるをえなかった」ために、やむなく連邦国家の設立に賛成したのだとしていた。それによると、州が現在有している力はすべて「革命によってえられたもの」であって、「歴史的な自律性など州はもってはいなかった」が、「いまや州は無視しえない力を有しており、憲法がただの紙片に終わらないためにはそれを考慮に入れなければならないのである」。同党は、自分たちは「官僚的な集権主義を支持するものではない」としながらも、「一体的に組織された国家」を支持していた。その理由を、「ドイツへの合邦は形式的にも技術的にも、一体的なドイツオーストリアによるほうが連邦国家としてドイツに合邦するよりも容易だからである」としていた（St. PR. KNV 100, S. 3386）。

キリスト教社会党は、連邦制は各州の歴史と現実に基盤をもっているとして、ウィーン以外の州の意見を背景に連邦制を強く主張していた[43]。保守的な地方の州は、社会民主党主導の中央政府に反発し、「赤いウィーン」からの自律性を強く求めていた。キリスト教社会党は、なぜ連邦国家なのかという問いにたいして、領主支配のイメージを背景に、「昔から各州には強い自律性があった」し、オーストリアはそもそも連邦国家であったと答える（St. PR. KNV 100, S. 3376）。オーストリアを連邦国家として形成することは、「〔社会民主党が主張するような〕現在の政治的な力関係だけでなく、オーストリアの自然な状態と発展とその関係に即している」のであり、「各州は歴史的に自律性を有していないと主張するのは、歴史にたいする暴力である」、と社会民主党の見方を批判する（St. PR. KNV 101, S. 3409）。

ケルゼンは、オーストリア共和国が主権的な州の結合によって成立したという説には懐疑的であった。かれによると、連邦国家オーストリアは、主権的な州の結合によって成立したのではなく、統一国家として成立したのである。かれは連邦制を集権的な統一国家の「組織技術的な問題（organisationstechnisches Problem）」としてみており、キリスト教社会党が主張するような州権限の固有性問題としてはみてはいなかった。いわゆる地方権限の派生説と固有説の対立がこれである。ケルゼンは述べる。

連邦国家の問題を、組織技術的な問題としてみた場合には、連邦国家を分権化の特別なタイプとして理解できる。そこでは立法と執行が全領土に及ぶ権限を有する中央と部分的な地域にのみ及ぶ権限をもつ地方の組織に分けられている。そして地方の組織を代表する分肢が全体に関わる立法について参加する途が開かれている。このような意味ではオーストリアは連邦国家である……このような、組織技術的な意味での、連邦国家の要素は、すでにこれまでの憲法も有していた。かつての君主制憲法も立法と行政を、帝国（Reich）と地方（Kronland）に分けていた。ただ、地方が国家全体の立法、あるいは場合によっては、執行には参加できなかったということである。連邦憲法では、この組織は、連邦議会として設置された。[44]

ケルゼンは、オーストリアの連邦憲法には連邦法は州法を破るとは明示されてはいないものの、実質的にはこの原理を採用している、と主張し、憲法は権限の主権（Kompetenzhoheit）を連邦にのみ認めている、としていた。[45]このようにケルゼンは、連邦政府、すなわち国レベルの政府に力点を置いており、中央政府による地方政府の統制こそを重視していた。ケルゼンの憲法観は集権的であり、このことはかれが担っていた課題を明確にする。かれの任務は国レベルで統一基盤を憲法上整備する点にあった。地方の遠心的な傾向と、階級対立として現われていた二大政党の対立を調停し、妥協させ、共和国の安定的な統一基盤を憲法によって成立させようと努力したのである（後述、三章二節）。

新たに制定されたオーストリアの連邦憲法では、連邦と州への権限の配分方法は次の四点に分類される。(1)連邦による立法と執行（第一〇条）、(2)連邦による立法と、州による執行（第一一条）、(3)連邦による基本的な立法と、州による施行法の立法と執行（第一二条）、(4)州による立法と執行（第一五条）。

(1)にあてはまる連邦の主な業務は、以下のように「連邦憲法第一〇条」で定められた。[46]「次の諸事項に関する立法および執行は、連邦の所轄事項である。1連邦憲法、……、2外務、……、3出入国管理、……、4連邦の財政……、5貨幣、信用、取引所および銀行に関する制度、度量衡および規格検定に関する制度、6民事法制度……、刑法制度……、司法、行政裁判権、著作権、出版、公用徴収、公証人と弁護士および類似の職業に関する事項、7結社および集会に関する法、8商業と工業に関する事項、……、9交通制度……、郵便、電信および電話事項、10鉱業、……水利権……、11労働者法ならびに労働者および被雇用者の保護、社会保険および契約保険制度、労働者および被雇用者のための会議所、12衛生制度……、13学術的、専門技術的な記録業務ならびに図書館業務、美術的、学術的な蒐集および施設に関する事項、記念物保護、文化事業、……国勢調査ならびにその他の統計、……財団および基金、14連邦警察および連邦憲兵の組織および運営、15軍事に関する事項、……、16連邦官庁およびその他の連邦官職の設置、連邦公務員勤務法」。

(2)にあてはまる業務は、国籍と住民権(Staatsbürgerschaft und Heimatrecht)、弾薬と銃と爆薬の制度(Munitions-, Schies- und Sprengmittelwesen)、武器制度、すべての行政手続き、行政処分手続き(Verwaltungsstrafverfahren)の立法と執行である。これらの事項については、連邦が立法をおこない、州が執行することになっている。ただ、連邦には、ここで立法した法律に必要な執行命令を発令する権限があり(第一一条二項)、このことによって、州に与えられた執行権は制限を受ける。

(3)については、州の行政機関の設置、救貧制度、土地改革、電気事業、治水、建設に関する事項、州の公務員勤務法が、そのように扱われた(第一二条)。ここでも、憲法は、連邦法が定める基本的な方針が無視されないように保障している。州による施行法の制定に期日を設けることができ、州がこの期日を守らなかった場合には、施行法もまた、州がそれを制定するまで、連邦によって制定されるのである(第一五条二項)。

(4)については、憲法上は、右の三点以外のものがこれにあてはまるとされるにとどまり、前三領域のように細かく規定されていない(第一五条一項)。

連邦の執行は、連邦公務員によっておこなわれるか、あるいは、州への委任によっておこなわれる(第一〇二条)。連邦の執行が州へ委任される場合、この執行を担当する州の機関は、連邦の機関として連邦省庁の下に階層的に組み込まれる(第一〇三条)。また、憲法は、州による連邦法の執行が連邦によって発せられた指示を遵守することを義務づけており(第一五条四項)、連邦に監督権を与えている(第一六条二項)。以上のように憲法は、連邦省庁による州の監督、指示をとおして、州の自律的な活動範囲が連邦法から逸脱しないよう、いわゆる今日の言葉でいうところの機関委任事務方式で保障していた。

この憲法は大統領制と議院内閣制との類型で対比すると、後者に重きが置かれた議院内閣型の憲法であり、議会による政府の統制に重点を置いた憲法であった。

ケルゼンはこれを、「極端な議会支配型の憲法（der Typus einer extremen Parlamentsherrschaft）」と評した。かれによると、それは、安定的な議会多数派が存在し、しかも、なるべく単独で議会内の多数を占めることのできる政党が存在するという前提のもとでのみ機能するのであった。[47] 国民議会は内閣を信任（第七〇条）あるいは不信任（第七四条）し、なおかつ「連邦の執行への国民議会と連邦議会の関与」についての規定（第五〇条〜第五五条）によって、つねに政府を監視することが可能であった。議会は国政調査権（第五三条）をもつだけでなく、政府の執行にたいして監査権を有し勧告をだすことができた（第五二条）。さらに、次のような主委員会（Hauptausschuß）という制度によっても、国民議会は政府を統制しうるようになっていた。

「連邦憲法第五五条」

国民議会は、自身のなかから比例の原則に従って選出される主委員会を通して、ここに定める事項について連邦の執行に関与する。主委員会はとくに連邦政府の構成（第七〇条）に際して関与する。その他に、連邦政府の特定の行政命令について主委員会の同意を必要とするように、連邦法によって定めることができる。

この主委員会制度は、選出のされ方や政府構成、行政命令への関与など、臨時国民議会下の国家評議会（前節参照）を連想させるものであった。

また連邦憲法は、立法機関に国民議会と連邦議会の二院制を採用したが、国民議会が優位にあった。連邦制を反映した連邦議会にたいして、統一制の発想に立つ国民議会が優越していたところにも、この憲法が実質的には国レベルの中央議会・政府を中心に構成されていたことがあらわれていた。[48] 法案はまず国民議会で議決され、ついで連邦議会で異議がなければ成立したが、異議があった場合でも国民議会が再び総議員の二分の一以上の出席のもとで法案を可決した場合には成立するようになっていた（第四二条一項〜四項）。さらに、国民議会の議事規則、国民議会の解散、連邦予算の承認、決算の承諾、連邦公債の起債もしくは借款、連邦財産の処分に関する法律は、国民議会の専権事項となっていて、連邦議会は異議を申し立てることができなかった（第四二条五項）。

大統領制については、社会民主党は「大統領の国民による直接選挙は容易にシーザー主義〔人民喝采型独裁〕の道具として使用される恐れがある」として、その導入に強く反対する。社会民主党は、事実、その後ドイツでは現実のものとなるのであるが、大統領制に民選の君主制をみていた。キリスト教社会党は、大統領制を支持してはいたものの、憲法制定作業が進むにつれて、当面はその実現を強く主張しなくなる。最後まで大統領制の実現を強く求めていたのは、大ドイツ人民党を結成したドイツナショナル自由主義系諸派であった。大ドイツ人民党は、実質的な権力を有するものは直接国民によって選ばれるべきであり、国民がその国家元首を直接選挙できないのはきわめて非民主的なことである、と主張していた（St. PR. KNV 100, S. 3390, S. 3400）。

成立した連邦憲法では、社会民主党の方針が反映された。左にしめすように、連邦大統領は、連邦総会として招集される国民議会と連邦議会が選出することになった。

「連邦憲法第六〇条」（〔　〕内引用者）

1　連邦大統領は、〔連邦総会を規定する〕第三八条に従って連邦総会（Bundesversammlung）が、秘密投票により選出する。

2　その任期は四年である。任期が直接続く再選は、一回のみ可能である。

3　連邦大統領には、国民議会への選挙権をもち、選挙がおこなわれる年の一月一日以前に三五歳以上の者のみが選出される。

4　被選挙者から除外されるのは、統治する王家の構成員、あるいは、かつて統治した王家の一族である。

5　当選者は、投票された票の過半数をえた者である。選挙は、一人が絶対的多数をえるまで繰り返される。

また連邦大統領の役割には、共和国を対外的に代表すること、外交使節団を歓迎することなどの儀礼的なものが付与されるにとどまった（第六五条）。オーストリアの連邦大統領には、ワイマール共和国のライヒ大統領のような非常権限は与えられなかった。

直接民主制の問題として、大統領の公選制とともに国民議会の決定にたいする国民投票の問題があった。この国民投票についても、社会民主党は大統領の直接選挙と同様に終始反対であった。社会民主党は、「国民投票は一見すると、それこそ民主的なものにみえる」が、「国民投票は決して絶対的に民主的なものでも有用なものでもない」と主張していた。事実、国民投票のこの性格もまた後のドイツでしだいに明らかになっていった。社会民主党によると「今日の複雑な法律は、単純に賛成か反対かによって決せられるものではなく、それらは審議機関（beratende Körperschaft）によって作成され、決定されなければならない。国民はこの機関への代表者こそを決めるべきであり、その代表者をコントロールできればよいのである」（St. PR. KNV 100, S. 3390）。

これにたいしてキリスト教社会党は、国民投票は民主的な共和国においては、国民によって選ばれた代議体の決定にたいするなくてはならない修正であるとしてその実現に積極的であった。かれらは、社会民主党の意見にたいして次のように反論する。「国民投票は正しい判断を下すのに適していないという主張がなされているが、それは国民大衆にたいして、諸君らはただ税金を払うことと、議員を選出する能力しかもっていないと言っているようなものであり、国民を議員の後見のもとにおくことである。自分たちは、国民をもっと高く評価しており、国民投票はしかるべき準備と、投票にかけられる問題のしかるべき明確さによっては、正しい、適した判断が下されると信じている」（St. PR. KNV 101, S. 3411f.）。

キリスト教社会党は、三〇万人以上の有権者、あるいは三つの州の過半数の有権者が要求した場合、法案を国民投票にかけることができるようにする規定を憲法に盛り込もうとした(49)。この直接民主制への要求は、農民、教会といった保守勢力が優位を占めていた地方の利害を、反映したものであった。保守勢力は、アルプス諸州では確実に過半数をえることができた。保守的な地方は、ウィーンの社会民主党主導の国民議会に不安と敵意をいだいていたため、国民議会の決定にたいして、国民投票という方法によって歯止めをかけようとしていた。

この国民投票についても、社会民主党を中心として妥協がなされたといえる。その結果、左にしめすように国民投票は、議会の発議により実施されることになった。

「連邦憲法第四三条」（〔　〕内引用者）

国民投票は、国民議会が決定、あるいは国民議会の構成員の多数が要求した場合、国民議会のすべての法律決定について、〔法律が〕公証される前に、連邦大統領によって実施されなければならない。

以上のように、連邦制の問題ではより集権的な国家を望んでいた社会民主党が大統領の直接選挙や国民投票には反対で、より分権的な国家を欲していたはずのキリスト教社会党が大統領の直接選挙や国民投票に賛成であったというパラドクスが、双方の利害と意見を反映して、憲法をめぐる議論に生じていた。先にレンナーが期待した「利益の共有」は、左右の党派対立が深まるなかで、困難が予想された。敗戦と革命の直後こそ、左右の両勢力は、破綻しかけた社会の生活を可能とするために互いに協力したが、とくに保守勢力が態勢を立て直すにつれて、左右の党派対立は、政治的な世界観から経済的な利益にいたるまで、顕現化していった。

こうした党派性をいかに共通のルールへとまとめあげるのかという緊張のなかで成立した憲法を、共和国の二大政党は次のように位置づけていた。

まず社会民主党は、憲法を、資本主義から社会主義への階級闘争の一段階としてしかみていなかった。同党にとって憲法が単なる紙片で終わらないためには、憲法は実際の力関係の反映でなければならず、憲法そして共和国が存在しうるかどうかは、最後にはこの印刷された紙片にかかっているのではなく、実際の力関係にかかっていたのである。この民主的な共和国とこの憲法は、決して社会民主党の最終的な目標ではなかった。経済的民主主義の確立、資本主義的な経済秩序の社会主義的なそれへの転換こそがその最終目標であった。かれらは、「政治的民主主義の経済的民主主義への拡張と拡大」が実現したときこそ、「民主主義を越えて社会主義へと前進するのである」と考えていた。社会民主党は「階級闘争の遂行を可能にする地盤」としてのみ共和国そして憲法を守るつもりなのであった (St. PR. KNV 100, S. 3397f.)。

この社会民主党の見解にたいして、キリスト教社会党は次のように指摘する。「もしも憲法の決定に信頼を置くことができずに、武力にのみ信頼を置くとしたら、それは国民大衆にたいする不信であり、また同時に共和国の価値を減ずることでもある」。この場合、「共和国は国民の愛情と信頼の上に成り立つのではなく、国防軍の武力の上に成り立つ」ことになる。さらに同党はここで社会民主党は国防軍を私兵化しているとして非難する。国防軍は共和国の国防軍にならなければならず、この共和国の国防軍を有用で信頼に足る共和国の機構にするべく一致協力するのは、議会の内外を問わずすべての政党の課題である、と主張した (St. PR. KNV 101, S. 3411)。

この指摘にたいして社会民主党は、共和国は、国防軍にだけではなく、なによりも「労働者の意志」の上に成り立つのであり、自分たちは「右傾化した国民」に大いなる不信感をもっているのである、と反論する。国防軍は「ブルジョワジーの私兵でないこと、資本主義に仕えていないこと」が、キリスト教社会党には気に入らないのであって、ひとたびキリスト教社会党が権力の座についたら、間違いなく、今度は逆にそれがかれらの私兵になるよう変えるであろう、と反批判していた (St. PR. KNV 101, S. 3317f.)。

憲法制定をめぐる議論は、当然ながら各党派の利害を色濃く反映していた。キリスト教社会党はカトリック教会ないし地方の農民の利害を守るために行動し、社会民主党は都市の労働者の利害を守るべく行動した。両党が自らの支持基盤の各種利害を離れて純粋に共和国をめぐる意見をはたして有していたかどうかについては、疑問の余地が残るところである。

革命を経て成立した共和制は、君主制との対比としての共和制であった。この共和制は、参政権の下降拡大すなわち民主化と議会にのみ責任を負う議院内閣制の実現としての共和制であった。それは公共性を指向するという意味での共和制ではなかった。社会民主党の共和制をめぐる議論の重点も、労働者が政治へ参加する権利の獲得、すなわち制度の民主化としての、普通平等選挙権の確立にあった。そこでは、公共性を指向するという視点は希薄であった。各党派はそれぞれの意見と利害をもつ。この各々の党派性を調停し、妥協せしめ、公共の善なり富なりを模索しようとするところに、ケルゼンに「極端な」と言わしめた議会制度の意義があった。(50) しかしながら、共和国における党派対立は、ゼロサム的発想にとらわれ、この制度を積極的に運営し維持していくには、妥協への意志を十二分に具えることができなかった。このことは、やがて議会、憲法、そして共和国にとって不幸な結末をもたらすことになるのである。

(1) Bauer, O., Die Österreichische Revolution, Wien, 1923, S. 95, 酒井晨史訳『オーストリア革命』早稲田大学出版部、一九八九年、一四〇頁。
オットー・バウアーは、オーストリア革命を「民族民主主義革命（national-demokratische Revolution）」として位置づけた。つまり、王朝、超民族的な帝国官僚、将校団、外交団に代わって、ブルジョワ階級、農民と労働者の政党の代表者たちによって組織された民族的人民政府が政府権力を引き継いだと。しかも、ブルジョワ的な民族民主主義革命は、プロレタリア的な社会革命をも同時に覚醒させ、王朝から人民への政府権力の移行により、民族内部の階級闘争と権力関係の移行を解き放った。バウアーによると、民族革命、民主主義革命、そして社会革命という三重の革命過程の展開が、一一月一二日までのあいだに成立しつつあったドイツオーストリア国家の歴史であった。

(2) バウアーが社会主義理論をより教条的に理解し政治的敵対者に非妥協的な態度をとっていたのにたいして、レンナーは理論を教条化することなく政治的敵対者とのあいだで意見・利害を調停し妥協することをむしろ重視していたといわれ、社会民主党主導の左右連立内閣の首相としては、適任であったとされる（矢田俊隆『オーストリア現代史の教訓』刀水書房、一九九五年、一四八頁以下、Loewenberg, P., Karl Renner and the Politics of Accommodation/Moderation versus Revenge, in: Austrian History Yearbook, Vol. 22, 1991, 35ff.）。
もっとも、この右派レンナーと左派バウアーという見方について、オーウェルディエックはその著書のなかで異議を唱えている。かれによると、バウアーはけっして非妥協的で教条的な政治家ではなく、レンナーと同様にケルゼンらの議会政治論者の系譜に立つ政治家であった(Owerdieck, R., Parteien und Verfassungsfrage in Österreich, Wien, 1987, S. 102, S. 105ff.)。確かに本章二節でみるように、合邦政策をめぐってみせた抑制的な態度や、憲法制定の最終局面における議会の憲法委員会委員長としての役割などは、この説をうらづけるものである。しかしながらやがて二人の違いは、後に連立をめぐる路線対立としてあらわになり、理論上バウアーは、議会政治と実力行使のあいだを揺れ動くようになる。

(3) 法案を審議しなおかつ内閣に代わって行政命令を発令する権限をも有していた国家評議会は、その性格に不明確なところがあった。内閣との関係で、国家評議会が政府なのか、内閣が政府なのか、という問題があった。レンナー首相は、国家評議会が政治の全体的な方針を決定し、内閣は個別政策を実施するものとして位置づけていた。しかしながら、かれ自身、この両者の関係を十分に整理してはいなかったようである(Goldinger, W., Der Staatsrat 1918/19, in: Ackerl, I., Neck, R. (Hrsg.), Österreich November 1918, Wien, 1986, S. 57ff.)。こうした不明確さは、国家評議会が、旧体制が崩壊し共和制へ移行する過渡期に、行政を統制する機関として形成されたことに由来する。

(4) Owerdieck, R., ibid., S. 69ff.
やがて法律上も、首相制度は一二月一九日の「国家権力の基本的な制度についての決議を改正し補足する法律(Gesetz womit einige Bestimmungen des Beschlusses über die grundlegenden Einrichtungen der Staatsgewalt von 30. Oktober 1918 abgeändert oder ergänzt werden)」によって明文化される。

(5) Kelsen, H., Österreichisches Staatsrecht, Tübingen, 1923, S. 78f.
このケルゼンの「十月革命説」は、日本でも宮沢俊義によって「八月革命説」として応用されている(江橋崇「共和国オーストリアの生誕とケルゼンの十月革命説」現代憲法学研究会編『現代国家と憲法の原理』有斐閣、一九八三年、所収、三二三頁、森田寛二「宮沢俊義とケルゼン・宮沢の八月革命説を中心として」長尾龍一編『新ケルゼン研究』木鐸社、一九八一年所収、二五一頁)。

(6) 臨時国民議会で共和国が設立された一九一八年一一月一二日、オーストリア共産党は、共和国設立を祝うため国民議会議事堂前に集まった群集を煽動し、レーテ共和国の実現を掲げて騒乱をおこす。また翌一九一九年四月一八日と六月一五日にも、オーストリア共産党は国民議会議事堂の襲撃を試み武装蜂起を企てるが、社会民主党主導の政府はこの企てを警察とともに鎮圧する。オーストリア共産党は、元社会民主党の若いインテリを中心とした極左派や革命ロシアで捕虜生活をおくった復員兵からなる、大衆的基盤を欠いた組織であった。党員数も五千名を超えることはまれで、当初、国民議会選挙をボイコットしていたが、選挙参加後も一九二〇年の国民議会選挙でわずか約二万七千票しか得票できず、一九三〇年の選挙の際も約二万一千票しかえられなかった。これらの得票数は、社会民主党の得票数の三%にもみたなかった。およそ六〇万名の党員を擁して、労働組合に組織された労働者全体の完全な忠誠を確保していた社会民主党にたいし、オーストリア共産党は、終始、国民議会に代表をもたない分裂を繰り返す小規模なセクトのままであった。ドイツ共産党とは異なり、オーストリア共産党は、決して社会民主党にたいして深刻な脅威を与えることはなかった（Wandruszka, A., Österreichs politische Struktur, in : Benedikt, H. (Hrsg.), Geschichte der Republik Österreich, München, 1954, S. 271f. ; Steiner, H., Die Kommunistische Partei, in : Weinzierl, E., Skalnik, K. (Hrsg.), Österreich 1918-1938 Geschichte der 1. Republik, Wien, 1983, S. 317ff. ; Carr, E. H., The Twilight of Comintern 1930-1935, London, 1982, p. 275, 内田健二訳『コミンテルンの黄昏』岩波書店、一九八六年、二五九頁）。そもそもオーストリアでは、社会民主党が理論上、武装革命論を唱える社会民主主義政党であり、議会制を肯定しながらもなお最後の手段としての武装革命論を捨てることがなかった（後述、三章二節）。このようにオーストリア社会民主党自身が戦闘的な理論を掲げていたということも、オーストリア共産党が社会民主党にたいして脅威となりえなかった理由である。

右にあげたワンドルスツカがオーストリア共産党を影響力の乏しい弱小勢力としてとらえているのにたいして、シュタイナーはオーストリア共産党のオーストリア・シュテンディズム（五章参照）ついでドイツ・ナチズムにたいする抵抗運動に果たした役割を積極的に評価している。またシュタイナーは、ドイツ・ナチズムにたいする抵抗運動に際しては、共産党がドイツからの「オーストリア国民（Nation Österreich）」の独立をかかげたことに注目している。

(7) したがって、一〇月二一日から一一月一二日へかけて、共和国が設立された過程がはたして「革命」であったのかという疑問も成り立つ（Hautmann, H., Der November 1918—eine Revolution ?, in : Ackerl, I., Neck, R. (Hrsg.), ibid., S. 163.）。オーストリア革命が、少なくとも「ロシア革命」のような革命でなかったことは確かである。また「ドイツ革命」と比べてみても、オーストリア革命ははるかに流血の少ない革命であった。

(8) Bauer, O., ibid., S. 138, 前掲訳書、二〇一頁。

この点についても例えばドイツでは、まず国レベルの政治権力の担い手がベルリンに召集された労兵レーテによって交代させられ、ついで短期間ではあったものの、バイエルンではレーテ共和国が宣言されていた。オーストリアにおけるレーテは、漸次、企業単位の経営評議会（Betriebsrat）に重点が移っていく。さらにオーストリアではレーテは社会主義勢力のみならず、広く保守勢力のあいだでも組織された。そこでは農民をはじめとしてあらゆる業種が自分たちのレーテを組織していた。それらは職業別の利益団体として機能し、関係官庁との結びつきを強めていた（Garamvöglyi, J., Betriebsräte und sozialer Wandel in Österreich 1919/1920, Wien, 1983, S. 76f., 酒井晨史「一九一九年における経営評議会と社会化について」季刊社会思想編集委員会『季刊社会思想／特集・両大戦間とオーストリア・マルクス主義』三巻二号、一九七三年、三四頁以下）。ここには、後のシュテンデ体制の下地となる職業別の協議機関が組織されつつあった。

(9) Bauer, O., Der Weg zum Sozialismus, Wien, 1919, S. 5.

(10) Bauer, O., ibid., S. 5ff.

このようにバウアーにとって社会革命は、具体的には経済の社会化をさしていた。しかしながら、この社会革命は、その後、進展を制約する二つの限界、すなわち、国内では革命のこれ以上の展開に抵抗したアルプス諸州農民の州分権主義とブルジョワ階級の抵抗、国外ではドイツボヘミアとズデーテンという帝国最大の工業地帯がチェコスロバキアの支配下に入ってしまうという事態（本章二節参照）に、直面することになる（Bauer, O., Die Österreichische Revolution, ibid., S. 108f., 前掲訳書、一五九頁）。バウアーが計画していた企業の社会化は、徹底されることなく、保守陣営が勢力を立て直すと頓挫してしまう。かれが計画していた林業、石炭、電気、鉄鋼といった大企業の社会化は、実現しなかった（Leser, N., Zwischen Reformismus und Bolschewismus, Wien, 1985, S. 166ff. ; März, E., Weber, F., Sozialdemokratie und Sozialisierung nach dem Ersten Weltkrieg, in: Ackerl, I., Neck, R. (Hrsg.), ibid., S. 116, S. 121ff., 酒井晨史「一九一八年一一月革命におけるオーストリア社会民主党の役割」早稲田大学法学会『人文論集』一九号、一九八一年、三三頁以下）。社会民主党がこの時期にむしろ成功したのは、社会保障制度の分野にあった。「革命」の成果として、社会民主党はこの分野で雇用保険制度を中心とした制度を拡充していった。

(11) Bauer, O., Der Weg zum Sozialismus, ibid., S. 9.

(12) Bauer, O., ibid., S. 10.

(13) Bauer, O., ibid., S. 11f.

(14) Bauer, O., ibid., S. 12f.

(15) Bauer, O., ibid., S. 14.

(16) Bauer, O., ibid., S. 31.

(17) Bauer, O., ibid., S. 31f.

(18) Seipel, I., Das Wesen des demokratischen Staates (18. November 1918), in: Der Kampf um die österreichischen Verfassung, Wien, 1930, S. 55.

(19) Seipel, I., Die Absonderung der Länder (15. März 1919), in: ibid., S. 76.

(20) Seipel, I., Verfassungsreform und Wirtschaftsleben (15. Februar 1920), in: ibid., S. 77.

(21) Seipel, I., Das Volk und die künftige Staatsform (21. November 1918), in: ibid., S. 65.

(22) Seipel, I., ibid., S. 64.

(23) Seipel, I., ibid., S. 66.

このようにザイペルをはじめとするキリスト教社会党は、基本的に、きたるべき政体として立憲君主制をかかげていた。しかしながら、戦争と敗戦は、カトリック農民を中心とするキリスト教社会党支持層からも、予想以上に、君主制に否定的な意見をもたらした。四年間の戦争と敗戦による疲弊感は、君主制にたいする忠誠心を減退させていたのである。党内でも、君主制派と共和制派のあいだで対立が生じており、党分裂の危機をもたらしていた。このことから、キリスト教社会党の指導者となりつつあったザイペルは、共和制を受け入れる決断をし、党分裂の危機を回避すべくリーダーシップを発揮していったのである（Verosta, S., Ignaz Seipels Weg von der Monarchie zur Republik (1917–1919), in: Neck, R., Wandruszka, A. (Hrsg.), Die österreichische Verfassung von 1918 bis 1938, Wien, 1980, S. 13f., S. 30ff.; Staudinger, A., Zur Entscheidung der christlichsozialen Abgeordneten für den Republik, in: Ackerl, I., Neck, R. (Hrsg.), ibid., S. 171f.)。

(24) Seipel, I., Die demokratische Verfassung (30. November 1918), in: ibid., S. 60.

(25) Seipel, I., ibid., S. 63.

(26) 一九一九年五月二日、戦勝国の議長国としてフランス政府は、オーストリア政府を講和会議に招く。この招きに応じて、レンナー首相を団長とするオーストリア政府の講和代表団は、パリ郊外のサン・ジェルマンへと出発するが、一四日に到着すると、代表団は抑留状態ともいえる状態におかれる。フランス政府は、代表団を丁重に迎えはしたが、有刺鉄線に囲まれた抑留状態のなかでの交渉をレンナーらに強要した。しかも、会議はオーストリアの代表団を加えずに協議を開始し、三週間後の六月二日になってようやく、協議の結果作成された戦勝国の講和条約案を手渡すためだけに代表団を会議の場に呼びだしたのであった。この案はオーストリア側の希望を真っ向から打ち砕くものであった。代表団には二週間しかこの案を検討する期間が与えられなかった上に、書面でのみ反論が許された（Bericht über die Tätigkeit der deutschösoerreichischen Friedensdelegation in St. Germain=en=Laye I. Band, Wien, 1919 (St. PR. KNV 379 der Beilagen), S. 1ff.; Scheithauer, E., Scheithauer, G., Tscherne, W., Geschichte Österreichs in Stichworten 5, Wien , 1983, S. 62, S. 64.)。

(27) Kerekes, L., Von st. Germain bis Genf/Österreich und seine Nachbarn 1918–1922, Wien, 1979, S. 228ff. S. 314ff.; Heidrich, C., Burgenländische Politik in der Ersten Republik, wien, 1982, S. 28f.; Stuhlpfarrer, K., Südtirol 1919, in: Ackerl, I., Neck, R (Hrsg.), Saint-Germain 1919, Wien, 1989, S. 54ff.; Hummelberger, W., Die niederösterreichisch-tschechoslowakische Grenzfrage 1918/19, in: ibid., 78ff.; Suppan, A., Ethnisches, ökonomisches oder strategisches Prinzip? Zu den jugoslawischen Grenzziehungsvorschlägen gegenüber Österreich im Herbst und Winter 1918/19, in: ibid., 112ff.; Goldinger, W., Binder, D. A., Geschichte der Republik Österreich 1918–1938, Wien, 1992, S. 45ff., S. 55ff.

(28) なお本文に挙げた四つの係争点の他に、チロル州やフォアアールベルク州では他のドイツ系国家、ドイツとスイスへの合邦が問題となっていた。これらの州は帰属する国家をめぐってそれぞれ独自の動きをみせていたのである（Kerekes, L., ibid., S. 101ff., S. 286ff.; Bielka, E., Die Volksabstimmung in Tirol 1921 und ihre Vorgeschichte, in: Ackerl, I., Neck, R. (Hrsg.), ibid., S. 303ff.; Goldinger, W., Binder, D. A., ibid., S. 47ff.; 長場真砂子「オーストリア・ハンガリー帝国の崩壊とドイツ系オーストリアにおける新国家設立に関する一考察」東欧史研究会『東欧史研究』七号、一九八四年、六〇頁以下）。

（29）　外交資料集 Suppan, A. (Hrsg.), Außenpolitische Dokumente der Republik Österreich 1918-1938 については、ADÖ と略記し、資料集に記されている通し番号を付して本文中に表記した。

ヴィクトル・アードラー亡き後、外務庁を指揮していたバウアー外務庁長官は、自分たちは民族的な境界内での国家の設立にはなんら反対するものではないが、問題はチェコがドイツボヘミアなしでは経済的に生存不可能であると主張しているところにあるので、そうではないこと、チェコはそれなしでも十分に生存可能であることを強調するべきであると、講和代表団に述べていた。また、「地理的に不可能な要求によって、かえって、訴えの切実さが失われ、切実さの印象を弱めることになるので、ドイツボヘミアとオーストリア本国との統一を要求しないこと」を講和代表団に伝え、それら地域の自決権の要求にとどめるべきことを講和代表団に指示する（ADÖ 274）。このバウアー外務庁長官の指示を受けて講和代表団は、ドイツボヘミアとズデーテンのドイツ人住民代表者とともに、次のような内容の要望を交渉の場に提出していた（ADÖ 277）。

連合および同盟勢力（die alliierten und assöziierten Mächte）は、この地域とドイツオーストリアのドイツ民族に重大な不正をおこなっており、チェコスロバキアの民族を不吉な冒険に陥れている。オーストリア＝ハンガリー帝国の崩壊は、ドイツオーストリア民族とチェコスロバキア民族とのあいだの、旧い忌まわしい争いを終わらせることを可能にした。ただし、それは、両方の民族に、その居住地域に自治的な国家生活をおくる権利を与えたときにのみ可能である。チェコスロバキア共和国は、実際にチェコ人とスロバキア人によって居住されている土地に限定しただけでも、あらゆる満足のゆく経済的なそして社会的な発展の可能性を有している。……それはヨーロッパのなかでも最も豊かな国の一つである。しかしながら、もしもドイツボヘミアとズデーテンをかれらに割り当て、これらのドイツ人地区をその住民の意志に反してチェコスロバキア人の土地に統一した場合には、少なくともドイツ人とチェコ人について、かつての極めて問題の多い、しかしながら経済的にはなお生存可能であったオーストリア国家〔ハプスブルク帝国〕を二つの、いつまでも敵対しつづける、経済的に生存不可能な小国家、チェコスロバキア共和国とドイツオーストリア共和国に、置き換えることになる。このことは、ヨーロッパ大陸の中心に、世界とその社会的な刷新にとって、バルカンにおけるよりも不吉な戦争の種をつくることになる。ズデーテンドイツ人が蹂躙されたように、アルペンドイツ人は孤立無援で生存不可能な状態に置かれた。なぜならば、あらゆるドイツ人〔居住〕の土地は、われわれの最も重要な工業地帯と天然資源の供給地であった。これらのことは、ウィーンの飢餓と凍えをもたらし、それは列強の分別ある介入によってようやく緩和されたにすぎない。この国境〔チェコスロバキア－オーストリア国境〕の閉鎖は、諸民族の融和ではなく、憎しみの裂け目を広げたこと、その他にドイツオーストリアが単独では生きていけないこと、かつての民族共同体がもはや成功しないことをしめした。〔ドイツオーストリア政府〕講和代表団は、〔本〕要望書の編者〔ドイツボヘミアおよびズデーテン居住ドイツ人代表者〕が国民投票によるズデーテン地方の再解放を要請し、それぞれの州議会がドイツボヘミアとズデーテン地方においてチェコスロバキア軍が撤退した後に自由に選出され、これらの地方の運命を主権的に決断することを要求するとき、それとまったく同意見である。

(30) Carr, E. H., International Relations between the Two World Wars 1919-1939, London, 1947, p. 25ff., 衛藤瀋吉・斎藤孝訳『両大戦間における国際関係史』清水弘文堂、一九六八年、二六頁以下。

(31) 本節の冒頭でもあげたように、ロシア革命の伝播もまた、オーストリアの国際状況に影響を及ぼしていた。一九一九年三月二一日以来、ハンガリーではレーテ共和国が樹立されていた。戦勝国は、この「ボルシェヴィキ化」がオーストリアへも波及することを怖れた。とくにイギリスは、過酷な講和条約はオーストリアの経済を破綻させ、オーストリアをボルシェヴィズムへと向かわせるのではないかとの危惧をいだいた。このため、イギリスは、戦勝国のなかでも比較的オーストリアに理解をしめしていた。バウアーは、このイギリスの動向に一縷の望みをたくしたのであった（Bauer, O., Die Österreichische Revolution, ibid., S. 146ff., 前掲訳書、二一三頁以下）。

(32) 小説家シュテファン・ツヴァイク（一八八一―一九四二）は、その回想録のなかで当時のオーストリアの困窮を次のように記している。

その頃は町に下りて行くたびに、心動かされる体験をするのであった。初めて私は、飢餓というものの黄色の危険な眼をみた。パンは黒くてぼろぼろで、瀝青と粘土の味がした。コーヒーは大麦の煎汁で、ビールは黄色い水で、チョコレートは色のついた砂で、馬鈴薯は凍っていた。たいていの人々は、肉の味を完全に忘れてしまわぬために、家兎を飼育し、われわれの庭では若い男が、日曜の御馳走用に小さな栗鼠を射った。栄養のきいた犬や猫は、長目の散歩をしたあとでは帰還することが稀であった。売りに出ているような布地は、実のところは加工された紙で、代用品の代用品というわけであった。男たちはほとんどもっぱら古い軍服姿で、あるいはロシアの軍服姿でさえ、歩き廻っていた。かれらはその服を倉庫から病院から持って来たのであり、それを着てすでに幾人かの人々が死んでいるのであった。古袋からつくられたズボンも稀ではなかった。街路ではウィンドウは掠奪されでもしたかのようにからっぽで立っていたし、漆喰はかさぶたのように壊れた家々からぼろぼろと落ち、明らかに栄養不良の人間たちは難儀してやっと仕事に身体を引きずってゆくのであった。このような街路を通って歩く一歩一歩は、人の魂をかき乱した（Zweig, S., Die Welt von Gestern, 1944, S. 266, 原田義人訳『昨日の世界』第II巻、みすず書房、一九七三年、四二九頁）。

(33) Bansleben,M., Das österreichische Reparationsproblem auf der Pariser Friedenskonferenz, Wien, 1988, S. 167.

(34) Carr, E. H., ibid., p. 62f., 前掲訳書、六六頁。

(35) 連合国との講和条約が要求した「ドイツ」を外すという国名の変更について、社会民主党は、国名変更の意図はオーストリアという言葉を使用させることによって、国名を合邦禁止と分かち難く結びつけることにあるとみなし、反発する。同党は、当面は講和条約を受け入れはするが、いつしか「団結した労働者階級の力が帝国主義を粉砕し、合邦を可能にすることを願う」として、共和国ドイツとの合邦は社会主義の実現を容易にするとの考えから、合邦に向けた取り組みを今後とも継続していくことを表明していた。また、オーストリアという名称について次のようにも述べていた。

オーストリアという言葉はかつて一度もネイションを意味したことはなかった。そして、オーストリアのドイツ人だけが愚かであり、統治していた王朝の要求に恭順であったことから、かれらは自らをオーストリア人と呼ぶことに誇りさえ感じていたのである。……オーストリアという名前は、われわれを統治した王家の名前であった。……オーストリアはオーストリア家が支配した領土であった。……それは帝国議会に代表される諸王国と諸地方、すなわちハンガリーを除いた部分だけを意味するのではなく、ハプスブルク＝ロートリンゲンに従属するすべての王国、地方、世襲領、すなわちハンガリーをも含む全体を意味していた。

チロル人は自らをチロル人と呼び、シュタイエル人は自らをシュタイエル人と呼んでいた。そして、ベルリンからきた文芸評論家だけが、オーストリアという名称をウィーンのリングシュトラッセと夏のイシュルに当然のものとみなしており、まるでオーストリア文学なるものがあるかのように吹聴して回っていた（St. PR. KNV 33, S. 869）。

このように、社会民主党は、ハプスブルク王朝とドイツ人を分けて考え、オーストリアという名称を王朝と同一視し、この名称が人々の名称としては浸透していなかったと主張する。しかしながら、右の見解にしたがうと、人々のあいだではドイツ人というイメージもまた希薄であったことになる。むしろ、旧帝国のアルプス地方の人々のあいだでは、州レベルのローカルなアイデンティティーの方が強かったという結論にもなる。オーストリア第一共和国の成立時には、明確なオーストリア共和国国民なるナショナリズムは誰にも意識されていなかった。それは、新たに形成されなければならなかったが、オーストリア第一共和国はこのナショナリズムの形成に失敗する。共和国が成立したとき、ナショナリズムは、ドイツとの合邦を望むナショナリズムと、それに反対するナショナリズムに分裂していた。ドイツへの合邦を望むナショナリズムは、はじめからオーストリア国民を想定していなかったし、合邦に反対するナショナリズムも、明確なオーストリア共和国国民意識を形成しうるまでにはいたっておらず、そもそも共和制を受け入れていたかどうかも疑問であった。

(36) オーストリアにおけるナショナリズムの問題については、Zöllner, E., Österreichbegriff, Wien, 1988 ; Staundinger, A., Austrofaschistische Österreich-Ideologie, in : Tálos, E., Neugebauer, W. (Hrsg.), Austrofaschismus, Wien, 1988 (4. erweiterte Auflage), S. 309ff. ; Friedrich,H., Der Kampf um die österreichische Identität, Wien, 1996 ; Bruckmüller, E. Naion Österreich, Wien, 1996、村松恵二「オーストリアイデオロギーの論理構造」東北大学法学会『法学』五五巻六号、一九九一年、同「オーストリア国民意識の形成過程」日本政治学会『日本政治学会年報』一九九四年。

(37) 「オーストリア憲法の父」ケルゼンは、一九一八年一〇月に軍務から解放されるとともに、知友のレンナー臨時内閣首相にこわれて、内閣の顧問として政府の憲法制定作業に参画し、憲法制定を目的とした内閣の部局を指導していた。レンナー首相は、憲法案の起草に際してケルゼンに二つの基本方針、議院内閣制と中央集権制をしめすのみで、その他の方針についてはすべてケルゼンの手に委ねていた (Métall, R. A., Hans Kelsen, Leben und Werk, Wien, 1968, S. 34ff., 井口大介・原秀夫訳『ハンス・ケルゼン』成文堂、一九七一年、五七頁以下)。なお、ケルゼンの政治活動が正確にいつ始まったのかについては、研究者によって見解が分かれている。メタルやメタルに依拠した手島氏などは、制憲議会以降ケルゼンの本格的な「憲法実践」が始まったとしているが、江橋教授は、ケルゼンの「十月革命説」を重視し、むしろ臨時国民議会期のケルゼンの政治活動に注目すべきであると指摘し、メタルと手島氏の見解を批判する (手島孝『ケルゼニズム考』木鐸社、一九八一年、四〇頁以下、江橋崇「共和国オーストリアの生誕とケルゼンの十月革命説」現代憲法学研究会編『現代国家と憲法の原理』有斐閣、一九八三年所収、三二四頁、三五〇頁以下)。

(38) Kelsen, H., ibid., S. 154ff.

(39) メタルによるとキリスト教社会党のマイヤー制憲担当長官の任務は、憲法の起草よりも州との交渉にあった。政府の憲法起草作業はまったくケルゼンに委ねられており、マイヤー長官の役割は、ケルゼンの草案をもとに州との交渉を進めるか、せいぜいケルゼンと社会民主党のレンナー首相を中心に進められていた政府の憲法起草作業を、キリスト教社会党の意向に従って監視することであった (Metall, R. A., ibid., S. 35f., 前掲訳書、五九頁)。このように、メタルはケルゼンを中心にみているため、マイヤーの役割をごく付随的にしか評価していない。これにたいして、憲法制定過程全体を扱っている研究では、多くの場合、州との交渉をとおしてマイヤーが憲法起草作業に果たした役割の重要性が指摘されている (Ermacora, F., Einleitung, in : Ermacora, F. (Hrsg.), Quellen zum Österreichischen Verfassungsrecht, Wien, 1967, S. 10ff. ; Ableitinger, A., Grundlegung der Verfassung, in : Weinzierl, E., Skalnik, K. (Hrsg.), Österreich 1918-1938 Geschichte der 1. Republik, Wien, 1983, S. 170ff. ; Owerdieck, R., Parteien und Verfassungsfrage in Österreich, Wien, 1987, S. 184)。

なお、キリスト教社会党の意向については、必ずしも同党内が一致していたわけではなかった。党の中央組織と地方組織のあいだでは、君主制派と共和制派の対立がかたちを変えて中央集権派と地方分権派の対立として残っていた。ザイペルらウィーンの中央組織は、地方組織に比べて国家連合的な憲法の実現には慎重であった。党中央は、地方の強い分権主義をむしろ社会民主党との取引材料として利用しようとしていた（Staudinger, A., Aspekte christlichsozialer Föderalisierungspolitik 1918-1920, in: Neck, R., Wandruszka, A. (Hrsg.), ibid., S. 62f., S. 68.; Ableitinger, A., ibid., S. 169ff.; Owerdieck, R., ibid., S. 178)。

(40) Bauer, O., ibid., S. 213, 前掲訳書、三一〇頁以下; Jedlicka, L., Ein Heer im Schatten der Parteien, Graz, 1955, S. 29ff.

(41) 制憲議会内に設けられていた憲法委員会は、実質的な討議をおこなうためにさらに下部委員会（Unterausschuß）を設置していた。この下部委員会は、社会民主党三名、キリスト教社会党三名、ドイツナショナル自由主義系諸派（一九二〇年九月以降大ドイツ人民党）一名の委員からなり、社会民主党のバウアーが憲法委員会同様委員長をつとめ、キリスト教社会党のザイペルが副委員長についていた。また、この委員会の会議には、政府側の代表者としてケルゼンや関係官僚が出席していた。連邦制をはじめとする憲法制定をめぐる議会内の各政党間の実質的な討議は、この下部委員会でおこなわれていた。(Ermacora, F., ibid., S. 17ff.; Owerdieck, R., ibid., S. 184ff.)

右にあげたエルマコラの憲法委員会下部委員会資料集に付された解説は、憲法制定過程を時系列的に詳しく述べたものであるのにたいして、オーウェルディエックの研究書は、エルマコラを補うかたちで憲法制定過程を政党間の理論対立のなかに位置づけ直して論じたものである。オーウェルディエックは、この研究書で社会民主党の革命の成果としての憲法という見解を批判し、憲法は二大政党の妥協の結果として成立したのであり、むしろ革命の成果からの後退であったと述べている（Owerdieck, ibid., S. 14f., S. 188.）。筆者も憲法は二大政党の議会制的な妥協によって成立したとみているが、共和国の成立全体をみた場合には、社会保障制度の実現等革命の成果に注目したい（二章三節参照）。むしろ、一九二九年の憲法改正にみられるように（三章三節参照）、その後の保守派の政策が共和国成立当初の制度を解体し後退させていったといえる。

(42) Kelsen, H., ibid., S. 162f.; Owerbick, R., ibid., S. 185.

(43) Staudinger, A., ibid., S. 62ff.

(44) Kelsen, H., ibid, S. 165.

(45) Kelsen, H., ibid, S. 176.

(46) 連邦憲法の訳出に際しては、「オーストリアの憲法」京都大学憲法研究会編『世界各国の憲法典』有信堂、一九六五年所収を参照した。ただし、ここに収められている訳は、一九二九年の改正憲法（三章三節参照）の訳である。

(47) Kelsen, H., ibid, S. 155, 164.

(48) なお第二院をめぐる問題については、一九二〇年九月に大ドイツ人民党へと結集したドイツナショナル自由主義系諸派が、経済議会設置の必要性を説いていた。大ドイツ人民党によると「第一院とまったく同じ政治的な構成をしめすような第二院は無用である」し、また「貴族院」のような第二院も無用であった。このような第二院よりも「あらゆる活動的なシュテンデ (Stände) が代表をもつことができ、あらゆる政治的、経済的、あるいは社会的な性質の法律が審議される経済議会」こそが有用であった。また、経済的な秩序を打ち立てるには、労資間の協調を早急にもたらすことが必要であり、協調を実現するためにも、各種経済会議所や経済的なレーテ運動を経済議会として構成することを提起していた (St. PR. KNV 100, S. 3401)。

議会制度について、大ドイツ人民党は「形式的な政治議会は、政治的な革命は克服できたが、わき起こりつつある社会的、経済的問題をもはや克服することができないがゆえに危機にある」と主張していた。憲法上この政治議会は「公共生活の法的関係のみならず、経済的・文化的関係をも規制する唯一の国家機関である」が、「公的な経済行政の領域では失敗せざるをえない」と批判する。なぜならば「議会制は政治的なコントロールといわれるものしか及ぼすことが」できず、このコントロールは「平時の安定的な経済発展期、つまり公的な経済行政が定められた職務規程に従って正確に官僚的に執行されるときにおいてのみ可能なのである」。「ところが、いまや経済的な崩壊の後には、公的な経済行政は創造的に活動しなければならず」、今日の議会制の政治的なコントロールでは不十分であった (St. PR. KNV 101, S. 3414f.)。

このように大ドイツ人民党は、平時の政治議会にたいして危機における経済議会を対置し、経済政策を指導する新たな経済議会の設立を強く求めるのである。しかしながら、実際には経済議会がより創造的に指導しうる根拠はなく、後にみるように（五章参照）、シュテンデを核とする経済議会は労働運動を抑え込むかたちで労資協調を実現しようとするものであり、むしろ官僚的な活動を強めるものであった。

(49) Synopse der Mayr-Entwürfe, des Danneberg-Entwurfes und des "Evidenzexemplars", in: Ermacora, F. (Hrsg.), Die Entstehung der Bundesverfassung 1920/Bd.4 Die Sammlung der Entwürfe zur Staats- bzw. Bundesverfassung, Wien, 1990, S. 324ff.

(50) ケルゼンの仕事は、憲法という共通のルールのもとにこの二大政党を妥協させ、共和国を実現させようとするものであった。かれは、党派対立克服のための制度化つまり憲法的解決を試みていた。かれの統一国家を重視した理論は、統一基盤の形成という課題に対応しようとするものであり、左右の党派対立の制度解決を課題としていた。したがって本文ではふれなかったが、ケルゼンは憲法の起草にあたって、憲法裁判所の設置にも心血を注いだ。かれは憲法裁判所に憲法の有効な保障をみていた。この憲法裁判所は総裁一名、副総裁一名、および一定数の判事と補欠判事をもって構成され、総裁、副総裁を含む判事の半数は国民議会により「終身」選任され、残りの半数は連邦議会により選任された（一九二〇年の『連邦憲法第一四七条』）。このように、一九二九年の憲法改正まで（三章三節参照）、憲法裁判所は、議会にのみ基礎づけられた機関として、政府からまったく独立した機関であった。憲法裁判所の創設者であったケルゼンは、各党一致で「終身」判事に任命され、憲法裁判所はケルゼン法学の実践の場となった（Métall, R. A., ibid., S. 35f., S. 47f., 前掲訳書、五八、六一、七九頁）。

第二章　オーストリア政治の諸条件

一　経済構造・社会形態

前章では、共和国の出発点となる憲法の制定と講和条約の締結に注目し、オーストリア政治の制度条件をみてきたが、本章では、オーストリア政治のその他の各種条件に焦点をあてることとしたい。まず、二〇年代から三〇年代にかけてのオーストリアの経済構造・社会形態をとりあげ、ついで、共和国の主要三政党のイデオロギー構造を史的に概観し、さらに、官僚組織の位置づけをおこない、同時に、第一共和国の財政構造の特徴も明らかにしたい。オーストリア第一共和国の経済構造は、共和国が解体した帝国の残滓から成立しなければならなかった状況を、そのまま反映したものとなった。主要な経済地域から切り離された共和国は、単独では経済を維持していくのが困難であるかのように思われた。また社会形態は、都市化の進展した首都ウィーンが、農村社会によって取り巻かれるという構造をしめしていた。これがいわゆる「赤いウィーン」にたいする「黒い地方」という対立軸をもたらした。

経済構造

ハプスブルク君主国は、複数の文化圏ないし民族にまたがって存立していたため、帝国レベルでの統一基盤の形成を徹底させることができなかった。帝国レベルで各地域が相互依存する一つの経済単位が形成されるもの(1)の、異質な文化をもつ諸地域は、一つの近代国民国家という経済単位にはなりえなかった。国民国家形成にとって必要なナショナリズムの意識が、動員されればされるほど、構成民族の多様性のゆえに、帝国レベルでの統一は分裂せざるをえなかった。

一九一八年以降、帝国の解体によって帝国経済の主要部分から引き裂かれたオーストリア共和国は、自らの生活を独自に維持するための経済的な条件を失う。(2) オーストリア共和国となった地域は、ハプスブルク帝国の広大な経済単位における工業地域の一部であった。だが、この工業は、原料供給をチェコをはじめとする帝国の他の地域に依存しており、製品の販売も他の諸地域に依存していた。また、その住民の食料もハンガリーを中心とした農業と牧畜に依存していた。そのため、帝国の解体により、オーストリア共和国の経済は必然的に大打撃を被り、住民の生活はいちじるしく困難となった。(3)

帝国の解体がもたらした打撃は、農業よりも工業においてより強く感じられた。(4) 帝国の農業地帯から切り離されたことは、オーストリアの農業には有利にはたらいた。帝国の解体によって農産物が入ってこなくなったため、オーストリアの農業は国内市場において帝国時代よりも有利な立場に立つことが可能になった。これにたいして、工業は今まで帝国全域であった市場が狭くなり、原料の供給地からも切り離されたことによって大きな損失を受けた。

終戦後の混乱を経て、ヨーロッパ全体が二〇年代の安定期に入ると、オーストリア第一共和国の経済も、困難をかかえつつも図2-1にしめしたように、国民生産の上昇をみる。もっともその成長は、一九二九年にピークに達すると、同年の世界大恐慌の発生とともに急激な下降線をたどることになる。

一九二九年に始まった世界大恐慌が、一九三〇年に広がりをしめし始めるとともに、生産は低下し、失業者が増え始めた。生産の低下がもたらした製造業の収支の悪化によって、銀行もまた、製造業への貸付金の回収が困難になったことから、経営が悪化していった。一九三一年五月八日、オーストリア最大の銀行、クレジット・アンシュタルト銀行が、前年に一億四千万シリングの欠損を出したことを政府に報告し、破産した。クレジット・アンシュタルト銀

図2-1　国民生産（GDP）

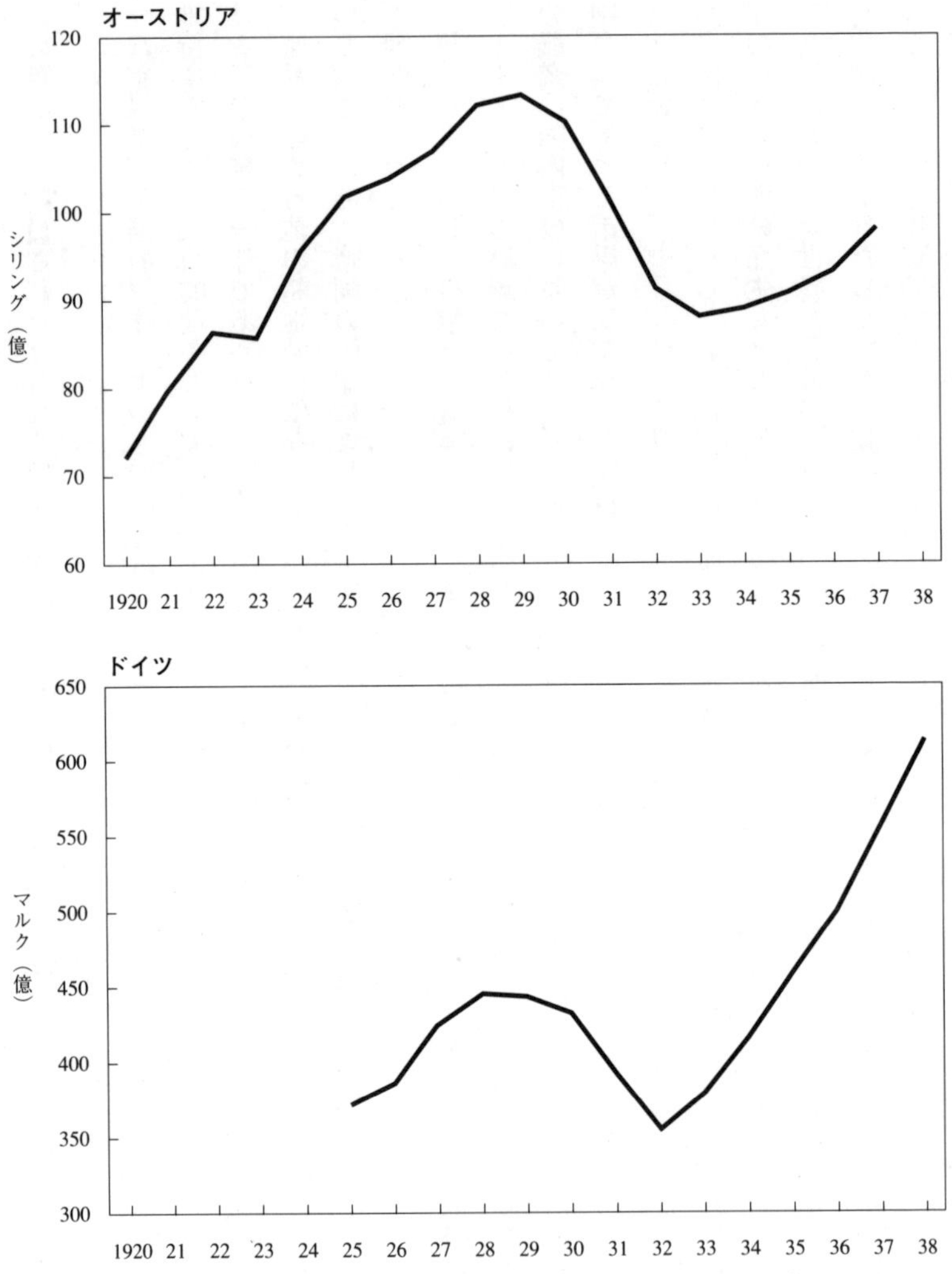

資料：P・フローラ，F・クラウス，W・プフェニング編，竹岡敬温訳『ヨーロッパ歴史統計，国家・経済・社会，1815－1975〈上巻〉』原書房，1988年，370－371，380頁より作成．

行の破産は、オーストリア国内の預金者の取付け騒ぎを引き起こしただけでなく、パニックをドイツやイギリスにも広めた。

オーストリアの民間銀行がクレジット・アンシュタルト銀行の業務を引き継げる状態になかったことから、オーストリア政府と国立銀行がそれを引き継ぎ、再建しなければならなかった。クレジット・アンシュタルト銀行の再建はオーストリアの国家財政に重くのしかかった。不況による財政収入の後退もあって、政府支出の思い切った制限がなされ、このことがさらに工業部門における不況を深刻化させた。また、オーストリアの国立銀行も総額で八億五千万シリングの金や外貨を失った。(5)

この安定期から世界大恐慌にいたる経済活動の変動については、オーストリア経済は当時のヨーロッパ諸国全般にみられた傾向と一致していたものと思われる。しかしながら、大恐慌以降の経済活動に注目した場合、変動に違いをみることができる。例えば、国民生産をナチスが政権をとったドイツと比較した場合（図2－1）、その回復の仕方には明確な差があることがわかる。オーストリアでは国民生産は回復しつつも、ごく緩やかなものであったが、ドイツでの回復はすさまじいものであった。ドイツの国民生産は、三三年以降、ナチスによる軍需産業を主とした重工業を中心に急激な成長を遂げ、一九三八年には、安定期のピークを遥かに超えるものとなっていた。これにたいして、オーストリアの国民生産は、恐慌前の二九年の水準にいまだ達してはいなかった。

また国民生産の産出部門別の構成比をみると、オーストリアとドイツのあいだには一見、経済構造上大きな違いはないようにみえる（図2－2）。しかしながら、その貿易構造、また輸出品目の内訳をみると、そこにはやはり無視しえない差がある。まず、対外貿易の総額をみると（図2－3）、オーストリアは最初から最後まで、輸入超過、すなわち、慢性的な貿易赤字に陥っていたことがわかる。また、輸出工業品目のなかでもとくに重化学工業品に注目すると、ドイツとの差が明らかとなる（図2－4）。ドイツでは、輸出工業品目の六割近くが機械機器、金属品や化学品といった重化学工業品で占められていたのにたいして、オーストリアでは逆に六割以上が繊維品や非金属鉱物製品

図2－2　国民生産の産業別構成比

オーストリア（1929年）

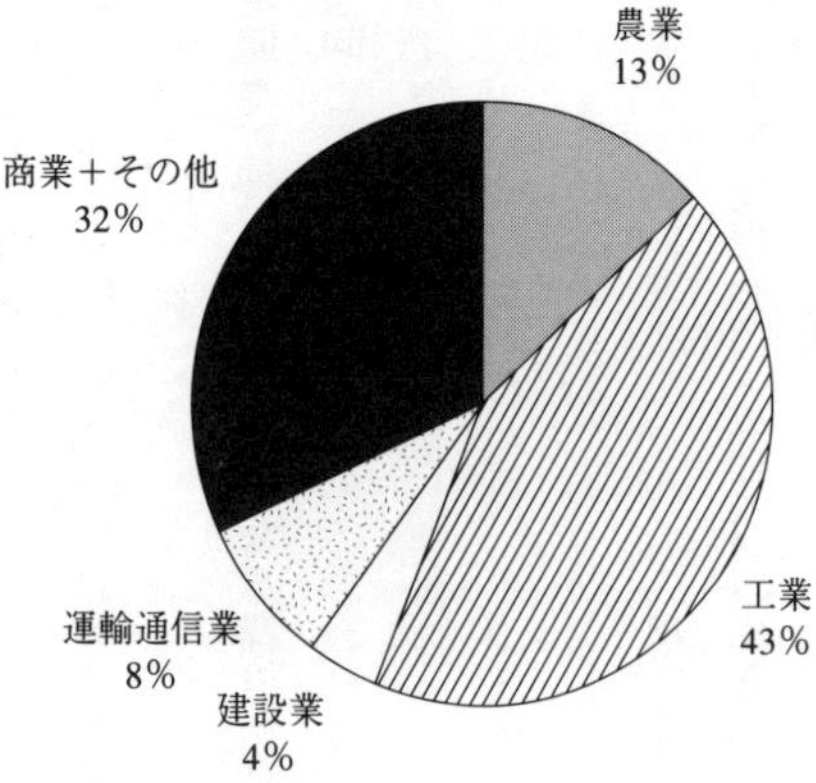

ドイツ（1929年）

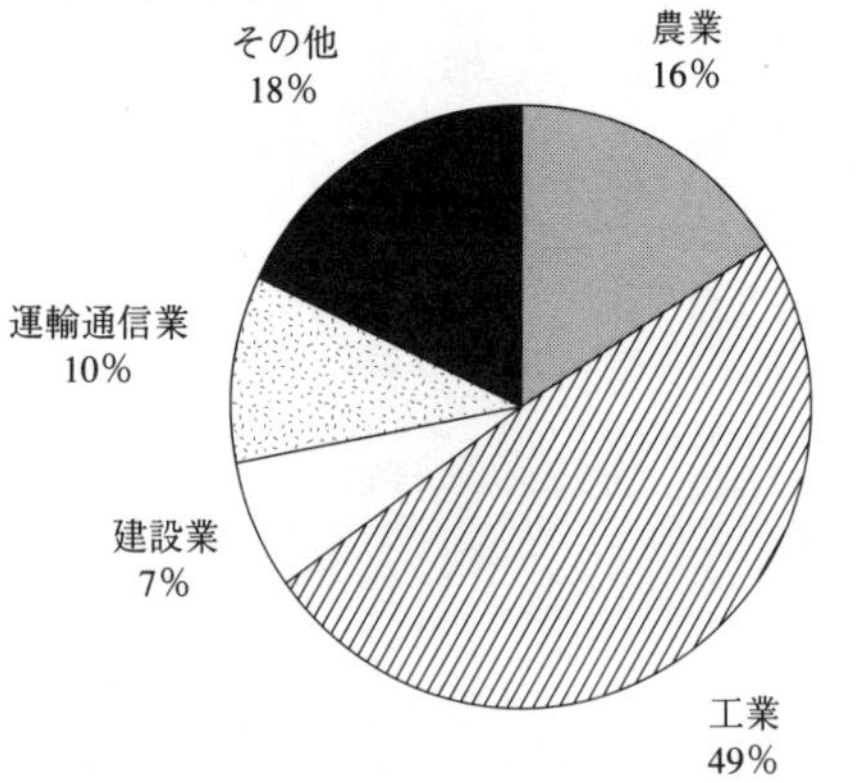

資料：B・R・ミッチェル，中村宏監訳『マクミラン世界歴史統計（Ⅰ）ヨーロッパ篇〈1750－1975〉』原書房，1990年，846，849頁より作成．

図2－3　対外貿易総額

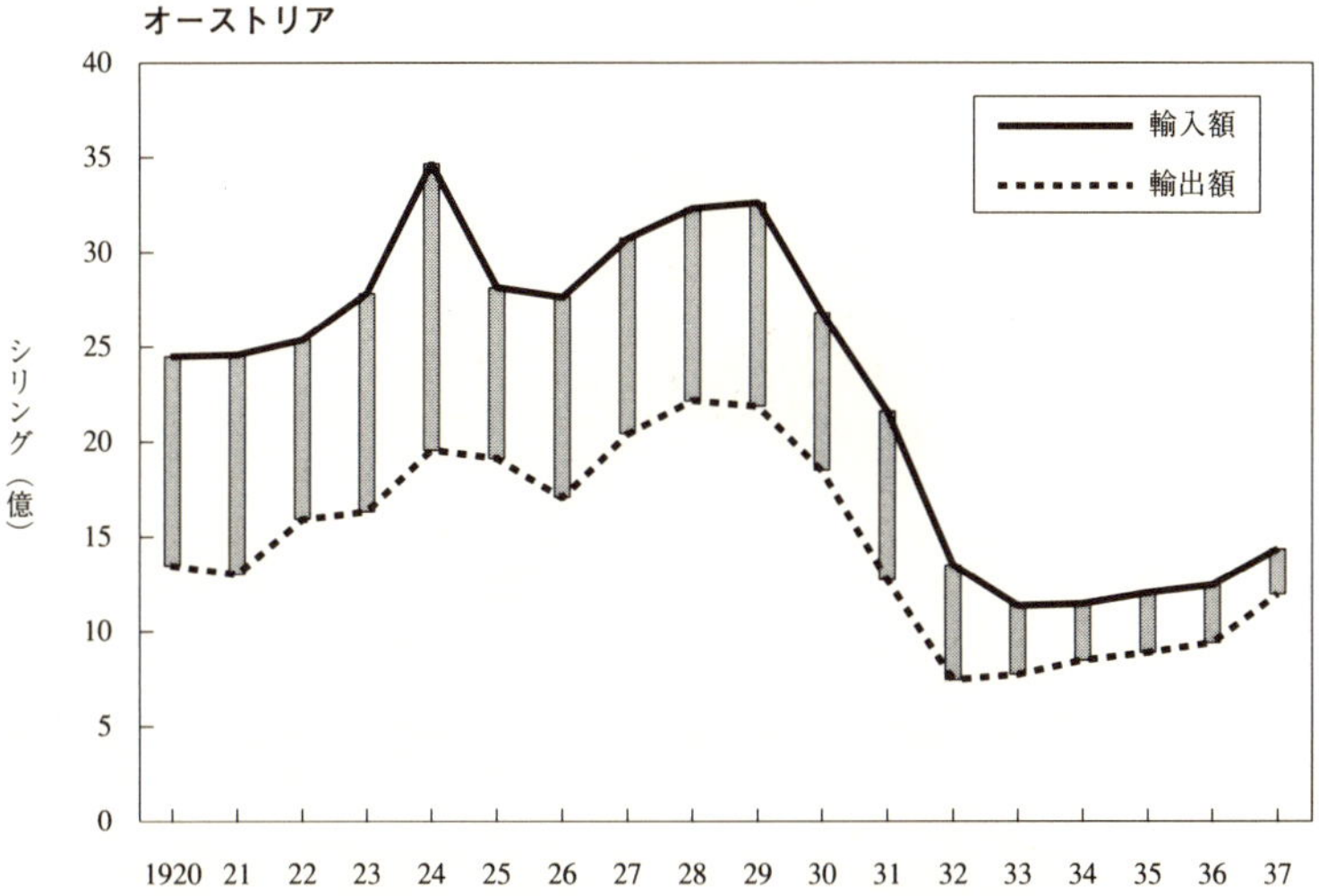

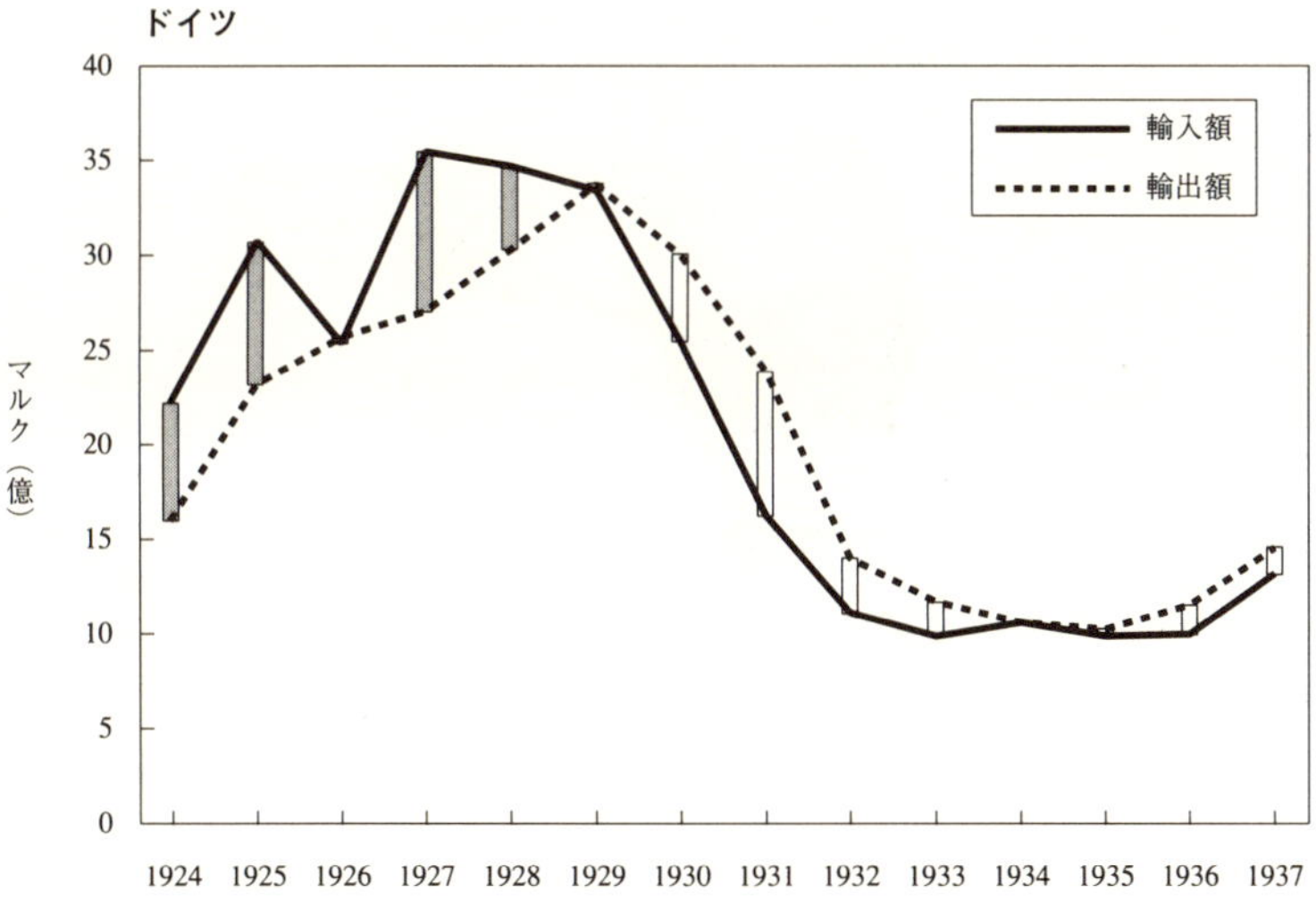

資料：前掲『マクミラン世界歴史統計』513，514頁より作成．

図2－4　輸出工業製品内訳

オーストリア（1929年）

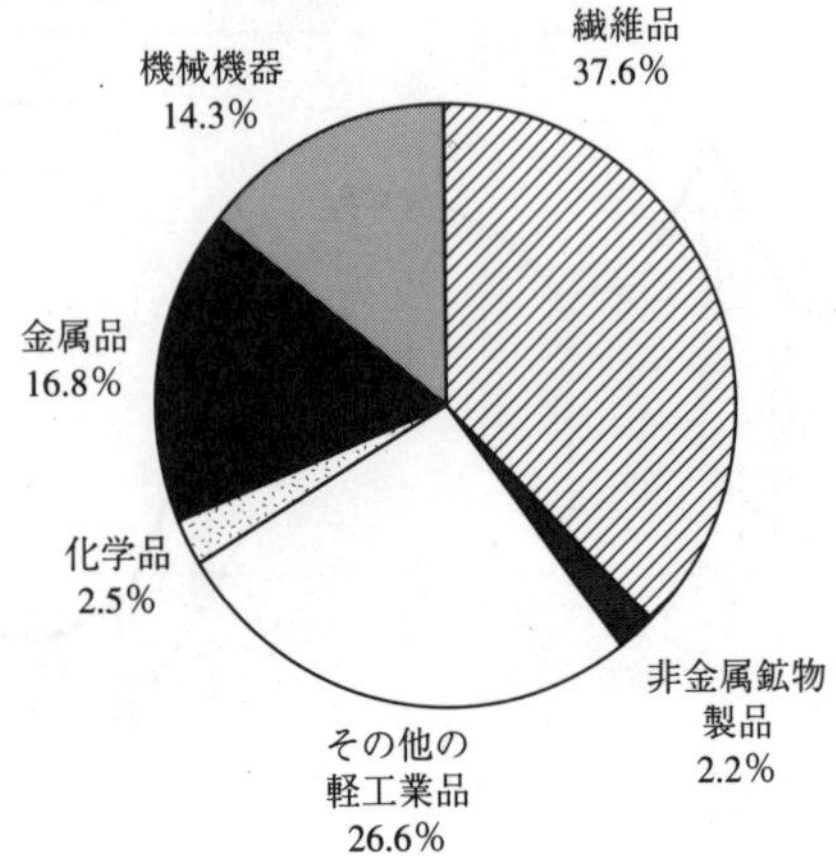

ドイツ（1928年）

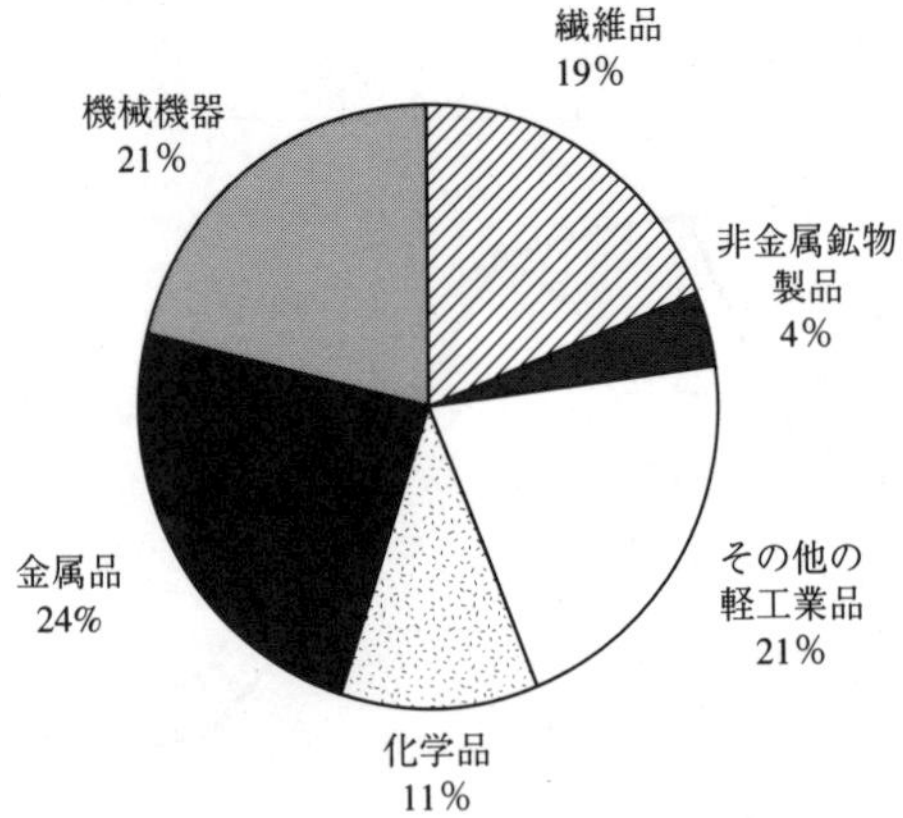

資料：Bundesamt für Statistik(Hrsg.), Statistisches Handbuch für die Republik Österreich, Wien, 1930, S.102 および，Länderrat des Amerikanischen Besatzungsgebietes(Hrsg.), Statistisches Handbuch von Deutschland 1928-1944, München, 1949, S.401より作成.

などの軽工業品によって占められていた。

社会形態

第一共和国の社会形態は、図2－5にしめしたように、農業人口と工業人口がほぼ拮抗した状態にあった。このことはドイツと対比してみても、そこでは農業人口がすでに三割を割っているものの、大幅な差はない。しかしながら、ここでもまた、当時のオーストリアの社会形態を、大衆社会が成立しつつあったドイツと等値してはならない。たしかに、ショースキーがえがいているように、世紀末よりウィーンでは、すでに大衆社会の萌芽が現われていた[6]。しかしながら、それは首都ウィーンに限定して現われていたものであり、前期大衆社会のそれであった。

まず農村についてみると、生産性の高い大農経営は全体の一五％にすぎなかった。他は生産性の低い五～二〇ヘクタールの規模を中心とする小・中農経営であり、これらの農家では農業の機械化も遅れており、全般的な機械化はようやく第二次世界大戦後に進む。また経営形態は、家族経営を主体としつつ、一人～三人の住み込みの年雇（Dienstboten）や日雇労働者などを利用する自作農であった[7]。

農民は、二〇世紀初頭以降はキリスト教社会党の最大の支持基盤となっていた。一九世紀に解放が進んでからも、とくにアルプス地方の農村では、共同体的規制が残り、敬虔なカトリック信仰によって教会に結びつけられ、伝統的な生活様式が維持された。家族経営主体に構成された小・中農家は、家父長制的に秩序づけられていた[8]。オーストリアでは、こうした農民層を多数包摂する農村社会が、数少ない都市部を取り囲んでいたといえる。

産業としてみた場合、オーストリア第一共和国を構成していた大半の地域は、地理的な条件から大農経営には適しておらず、ウィーンなどの都市部の農産物市場と関わりをもたない自給自足的な規模の小さな農業を営んでいるにすぎなかった。なかでもフォアアールベルク州、チロル州、ザルツブルク州、ケルンテン州、シュタイエルマルク州といったアルプス地方の農業は、生産の半分以上を自らの需要のために生産していた[9]。これらの山岳地帯では、農耕地

図2-5　人口の産業別構成比（括弧内は実数）

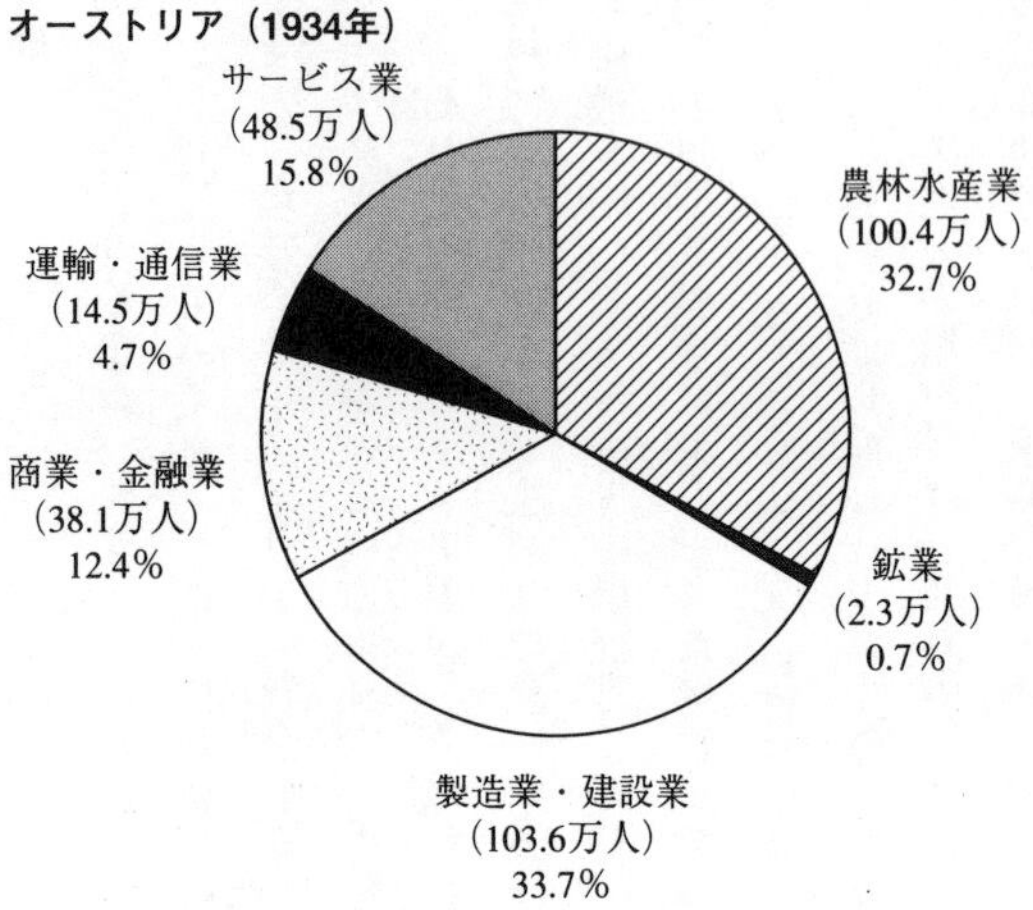

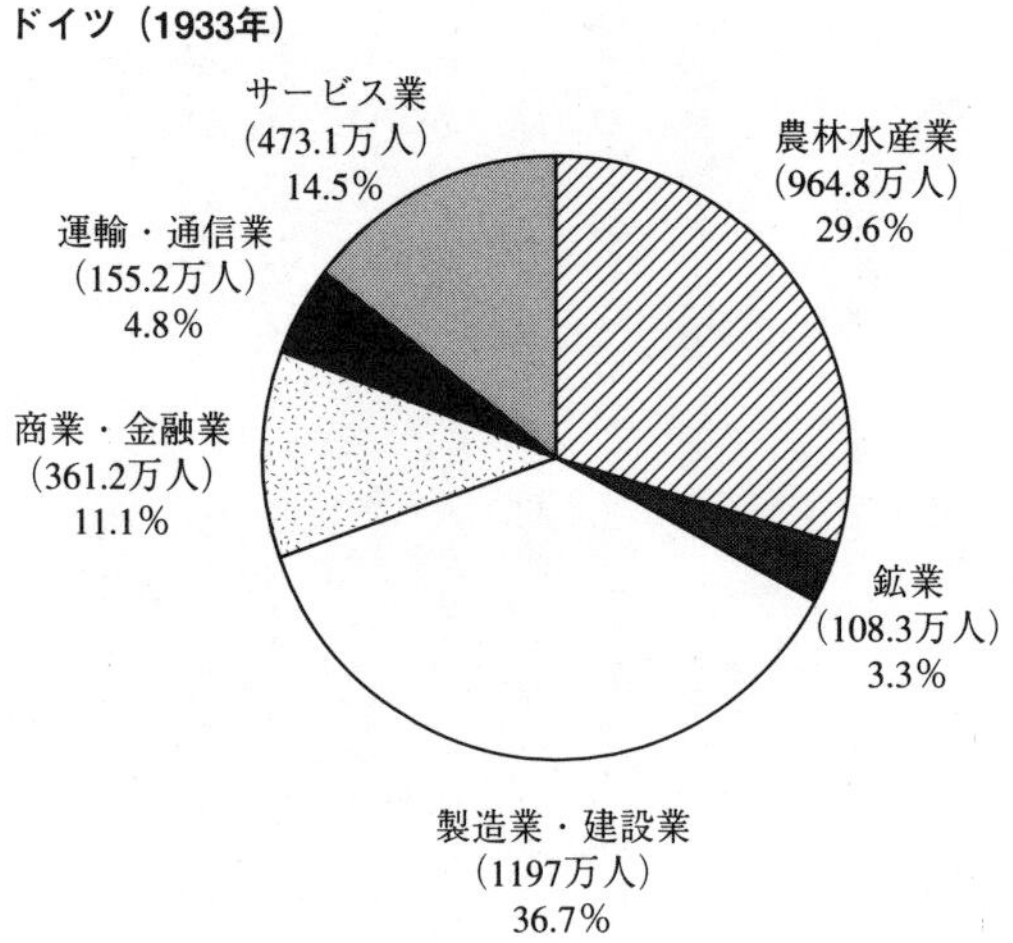

資料：前掲『マクミラン世界歴史統計』161，164頁より作成.

に乏しかったため、主に林業と高山放牧経済（Almwirtschaft）がおこなわれていた。林業が大土地所有の旧封建領主層を中心に担われていたのにたいして、高山放牧経済は零細な小・中農民によって営まれていた[10]。

この生産性の低い自給自足的なアルプス地方にたいして、ウィーン周辺の平地、ニーダーエスターライヒ州やオーバーエスターライヒ州の農業は、地理的な条件にもめぐまれ、早くから産業としてウィーン市場へ向けて農産物を生産していた。これらの地域では、小・中規模ながら、アルプス地方に比べて市場への指向が強く、機械化もまた進んでいた。アルプス地方とは逆に、乳製品やパン用穀物をはじめとする農産物の半分以上を市場向けに生産しており、耕作、畜産ともに山岳地帯と比較して生産性が高かった[11]。

ついで工業をみると、第一共和国では、一〇〇人以上の事業規模をもつ金属・機械工業は製造部門全体の一割にも満たなかった。金属・機械に限ってみても、一〇〇人以上の経営は、五割に達していなかった（図２‐６）。大半の事業が、規模の小さな工場であったことがわかる。また注目しなければならないのは、オーストリアの当時の連邦統計庁の統計年鑑（Statistisches Handbuch für die Republik Österreich）には、そもそも一〇〇人以上からは、事業規模の区分がなされていなかった点である。すなわち、そこでは、一〇〇人以上がすでに大企業として分類されているのである。当時のオーストリア工業は、中規模の軽工業を中心とした工業であり、一〇〇〇名以上の労働者を有する経営はわずかであった[12]。

こうした一〇〇〇名以上の規模の経営は、九割近くがウィーン、ニーダーエスターライヒ、シュタイエルマルクに集中し、地域的に偏向しており、さらに国内資本が弱かったことも指摘されている。大規模経営は世界恐慌にともない労働者の数を三分の一に減少させるのであるが、これにたいして、小・中規模経営は従事者数を大きく減らすことはなかった。オーストリアでは、第一次世界大戦後も親方と見習いからなる前工業的な製造部門が多く残り、従業員をかかえていた。金属をはじめ、建設や紡績、食料品などの工業にたいして、塗装工、鍛冶屋、車大工、大型皮革製品製造職人、仕立職人、靴職人といった小規模な自営業が、依然として大きな数をしめていた。これら小経営に変化

図2-6　金属・機械機器工業の事業規模別にみた従業員数の割合

オーストリア（1930年）

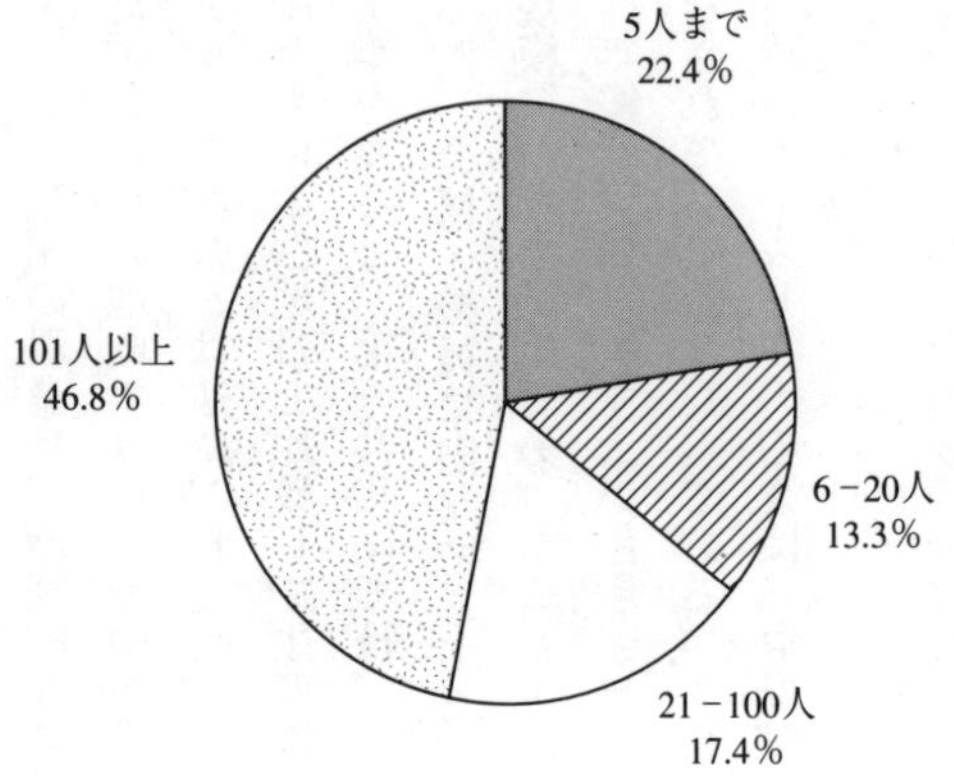

ドイツ（1933年）

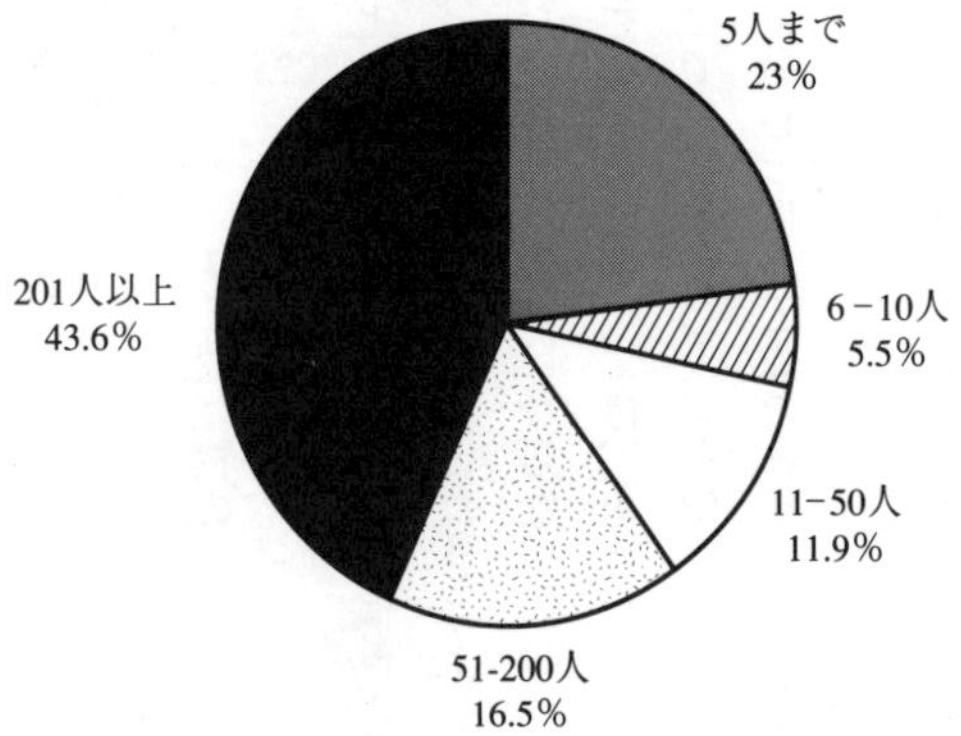

資料：Bundesamt für Statistik(Hrsg.), Statistisches Handbuch für die Republik Österreich, 1937, S.65 および, Statistischer Reichsamt (Hrsg.), Statistisches Jahrbuch für das Deutsche Reich, 1936, S.128 f.より作成.

が現われるのは、ようやく第二次世界大戦後であった[13]。

工業との関連で労働組合をみると、表2-1からもわかるように、社会民主党の支持基盤である自由労働組合の中核は、金属産業組合と鉄道員組合であった[14]。なかでも金属産業組合は最も急進的で、共和国成立直後は事業の社会化を積極的に要求し、第三章一節でみる一九二七年七月の事件以降は、バウアーに代表される社会民主党の非妥協的な強硬路線を支持した[15]。鉄道員組合もまた、金属産業組合とともに社会民主党を支持する中核勢力としてゼネストなどの際には重要な役割を果たしていた[16]。第四章三節でみるように、鉄道員組合のストは、やがて国民議会閉鎖のきっかけをつくることになる。しかしながら、留意しなければならないのは、とくに金属産業の場合、図2-6でみたように、ほとんどが小・中規模の事業であったということである。さらに、数少ない一〇〇〇人以上の規模の事業につい

表2-1　第一共和国主要労働組合員数

社会民主党系			
自由労働組合	1921年	1927年	1932年
Freie Gewerkschaften Österreichs	1,079,777	772,762	520,162
金属産業	209,826	129,953	81,428
鉄道員	106,732	88,489	55,021
建設業	88,453	59,856	37,390
農業	71,031	34,088	29,642
運送業	58,254	42,722	33,299
紡績業	56,095	38,007	17,865
手工業	47,959	31,553	23,762
化学産業	43,998	35,249	28,726
商業	41,238	27,949	26,741
食料品産業	39,244	42,128	32,783
木材業	37,592	18,058	10,081
宿泊業	36,966	23,293	14,293
ポーター，管理人	22,211	18,535	
銀行員	22,158	8,439	6,374
公務員	21,465	49,380	40,860
軍	20,469	7.679	655
技術組合	16,358	14,364	6,604
仕立て人	15,892	7,166	6,290
靴職人	14,097	5,305	2,917
郵便局	13,838	13,644	9,965
印刷業	12,995	13,538	11,777
その他	82,906	63,367	43,689
キリスト教社会党系			
キリスト教労働組合 Christliche Gewerkschaften Österreichs	78,737	78,906	100,606
大ドイツ系			
ドイツ労働同盟 Deutscher Gewerkschaftsbund für Österreich	45,364 (1923年)	47,877	53,376

資料：Bundesamt für Statistik (Hrsg.), Statistisches Handbuch für die Republik Österreich, 1922, S. 102f.; 1925, S. 129f.; 1928, S. 154f.; 1933, S. 172 より作成.

図2-7　失業者数

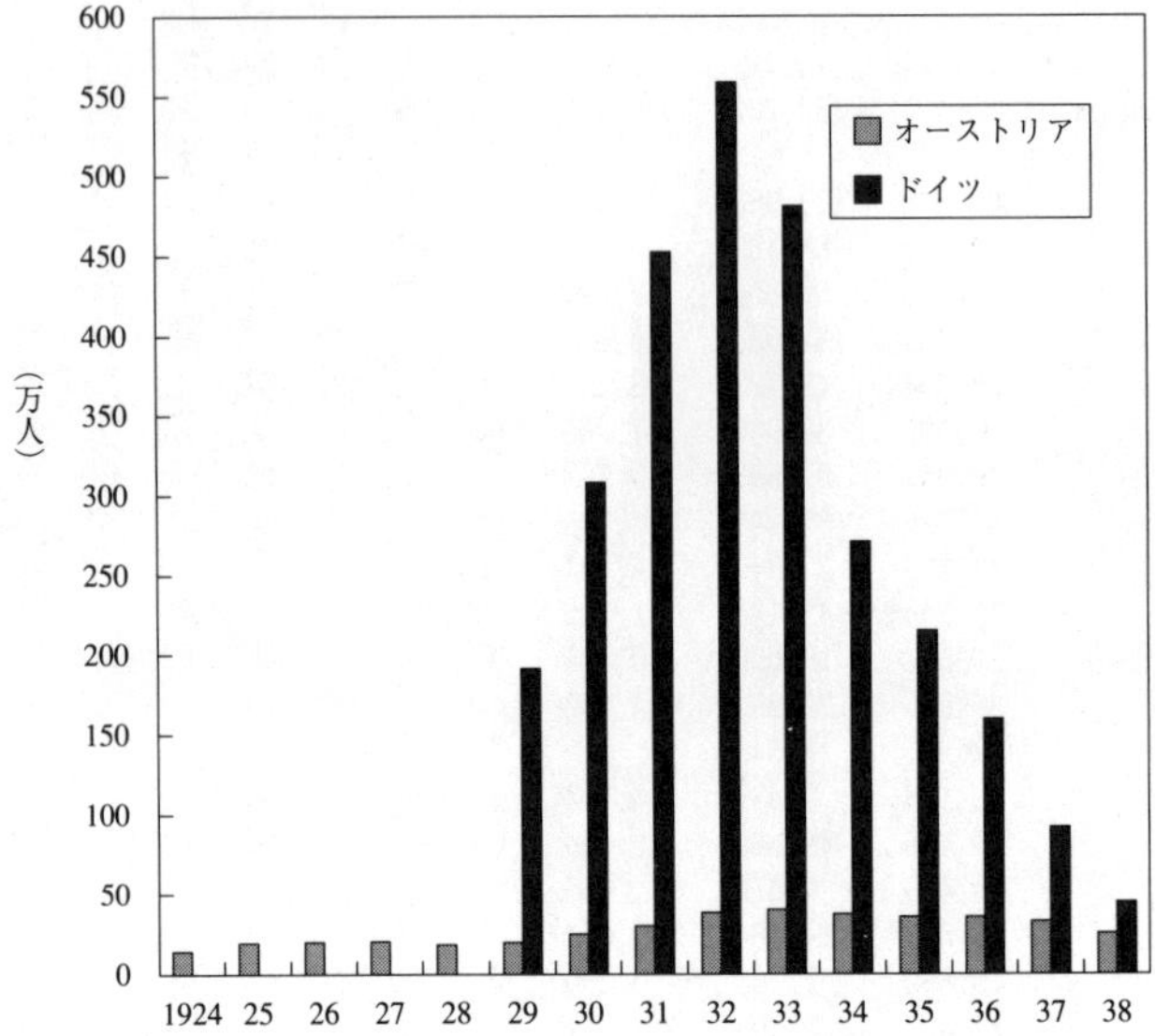

資料：前掲『マクミラン世界歴史統計』174-178頁より作成.

ては、自由労働組合は資本からの組織的な抑圧によって影響力を失っていたことも指摘されている。[17]

表2-1にしめされているように、オーストリアの労働者の約七割は、社会民主党の支持基盤であった自由労働組合に組織されていた。自由労働組合のほかに、次節でみるローマ教皇の回勅にしたがって形成されたキリスト教社会党系のキリスト教労働組合、汎ドイツ主義者によって組織された大ドイツ党系のドイツ労働同盟があり、これらは主に国家官僚から成っていた。連邦鉄道および郵便局では、自由労働組合が一応の多数をえていたが、連邦鉄道ではドイツ労働同盟と、また郵便局ではキリスト教労働組合と組合員数を競り合っていた。[18]

ドイツが、絶対数において大衆の圧倒的な出現を前にしていたのにたいして、そもそも人口が全体で六五〇万人のオーストリアにあっては、[19]いまだ限定的にそれが現われていたにすぎない。とくに人口の比率ではなく、実数をみれば、オーストリア社会の規模がどのようなものであったのかがわかる（図2-5、7）。ドイツに比べてすべての点で十分の一の規模を有しているにすぎなかった。したがって、実数においてははるかに少ないマスがどの程度、第一共和国の政治過程に実際に圧力を加えていたのかということは、慎重に検討しなければならない。共和国全体の約三分の一を占める人口一八五万人のウィーンにおける前期大衆社会状況に惑わされることなく、オーストリアの社会形態全体をみていく必要があると思われる。政治過程の特性もこの視点からみていかなければならない。

二　政　党

第一共和国の主要三政党は、すべて一九世紀後半のハプスブルク帝国にその起源をもっている。一九世紀後半、ハプスブルク帝国は、各種利害の妥協政策によって表面的には一時的な安定をたもった。しかしながら水面下では民族問題と階級問題が累積しつつあった。民族と階級が広く問題となるなかで、一八八〇年代よりウィーンを中心に三つの新たな政治勢力が台頭する。反カトリック、反ユダヤ、反ハプスブルクをかかげ、民族問題を強調するシェーネラーを中心としたドイツナショナル派と、広まりつつあった階級問題に改革的でありつつも革命的な社会主義理論をもって取り組んだアードラーの社会民主党、および、この課題にカトリシズムの観点から対応しようとしたルエーガーのキリスト教社会党である。本節では、一九一八年までのこれら三政党をイデオロギー構造を中心にみていくこととする。

自由主義とドイツナショナリズム

オーストリア第一共和国において、自由主義は独自の政治勢力とはなりえなかった。自由主義は大ドイツ主義をイデオロギーとして掲げる大ドイツ党によって形式上は担われたのであるが、この事実は、オーストリア近代史の問題性を最もよく表わしているといえる。

一九世紀後半のハプスブルク帝国におけるウィーンを中心とした自由主義は、政治的にも経済的にもユダヤ人を担い手として展開していった。これは、ハプスブルク帝国における自前のドイツ人ブルジョワジーの欠落を原因としていた。ハプスブルク帝国は、三〇年戦争によってプロテスタンティズムを弾圧した一七世紀以来、帝国内でドイツ人ブルジョワジーが成長する契機を奪ってきたといえる。西欧において、新興ブルジョワジーが自己主張を開始し、旧支配層に取って代わり始めていたとき、ハプスブルク帝国では、依然として近代精神からは離れていた貴族や聖職者層が帝国の支配層を形成し続けていた。

ドイツ人ブルジョワジーの脆弱さから、ユダヤ人だけが、ハプスブルク帝国において経済の近代化をなしうるかにみえた。したがって、一九世紀に帝国政府がようやく経済発展を進めようとしたとき、政府はユダヤ人に頼らざるをえなかった。実際にユダヤ人たちもまた、この超民族的な帝国政府のもとで、経済の分野および経済と密接な関係のあった法律の分野で主導的な役割を果たした。ユダヤ人を主要な担い手としていたことは、一九世紀後半のウィーンを中心とした自由主義の特徴でもあった。個人における内的自由と近代経営における資本蓄積を両輪とする自由主義は、ハプスブルク帝国では超民族的な帝国政府とユダヤ人に強く結びついていた[20]。

政治勢力としては、自由主義は一八六七年以降、帝国議会において「憲法党（Verfassungspartei）」という会派を形成し[21]、七〇年代には政府に参与し、自由派時代といわれる時期をもたらすことになる。この時期のオーストリア自由主義は、帝国政府と密接に結びついていた。しかしながら、政治勢力としての自由主義は、一八八〇年代以降は新たな勢力の勃興とともに衰退する。職人をはじめとする都市中間層の多くは、キリスト教社会党へと支持を変え、また学生などのとくに反教権主義的な部分は、民族主義へと傾斜していった[22]。ここにオーストリア自由主義は解体し、それまではともにあった自由主義の理論、会派、支持者は分かれ、それぞれ独自の途を歩むことになる。ウィーン大学を中心とする法律学や経済学の分野におけるオーストリア自由主義の理論的多産性にもかかわらず、議会における会派は、キリスト教社会党や社会民主党などの新興政党にはさまれ埋没し、残された部分も民族主義的なドイツナショナル派へと吸収されていく。(23)

一八世紀から一九世紀にかけて、旧秩序からの人々の解放は国民の解放として広く理解されるようになっていたため、自由主義は多かれ少なかれナショナリズムと結びついていた。(24)しかしながら、当初は自由主義とともにあったドイツナショナリズムは、世紀末ウィーンで政治勢力としての自由主義が埋没していくとともに、人民の解放という契機を次第に薄め、民族主義的なイデオロギーを強調するようになり、わずかに反教権主義だけを自由主義の遺産として残した。ここに、反教権主義から反ユダヤ主義へといたる民族主義的なドイツナショナル派が生まれた。この勢力はもはや自由主義といえるものではなく、反自由主義的でさえあり、ケルゼンへとつらなるオーストリア自由主義の理論的系譜からは峻別される。

ドイツ人のように民族を代表するそれ自身の別の国家をもち、しかも帝国内で大きな集団として存在していた民族のもとでは、一九世紀後半以降、汎民族主義という新しい運動が現われつつあった。国民国家形成ができなかった欲求不満から、汎民族運動はつねに国境を踏み越え、かれらの民族共同体を追い求めていた。汎民族運動は自らの言語を誇り、「魂」や「血」といった観念をもち出すことによって選民性の主張と結びつき、自民族と他のすべての民族とのあいだに絶対的差別を設けて使命感を高揚させた。(25)この帝国内の汎ドイツ運動は、帝国議会の汎ドイツ主義者ゲオルク・フォン・シェーネラー（一八四二―一九二一）によって糾合され、一つの際立った勢力へと高められた。かれは、自らをドイツナショナル党（deutschnationale Partei）と名乗り、次のような綱領を掲げて帝国議会に登場した。

われわれの自然な同盟相手は、同族ドイツでしかありえない。ドイツとの継続的な同盟を結ぶことは、なによりもナショナルな自己保存の要請である。したがって、われわれは、オーストリアとドイツ帝国とのあいだに現在存在する同盟をより強固なものとするために、経済的な一体化をも含む、国民代表の批准によって実現される国家条約を求める。

部族同志（Stammesgenossen）、有権者よ！　選挙権の正しい行使は、非常に重要である。したがって、よく吟味した上で投票し、ドイツの血と、偽りのないドイツの信念をもち、このわれわれの綱領の発展した主要原則を無条件に支持し従う男に投票せよ。これこそが、すべてのオーストリアのドイツ人の統一の基礎である。部族同志よ！　われわれは、大いなる民族の一部である。このことを帝国議会選挙でも忘れてはならない。真の正しい完全なドイツの男を選出せよ！(26)

このシェーネラーによって率いられた汎ドイツ主義者は、国家に対立するものとして自分たちの民族観念をもちだしていた。かれらの目には、帝国政府は自民族を抑圧するための装置として映っていたため、汎民族主義者は終始一貫して帝国政府に敵対していた。汎民族運動の公然たる国家敵視からして、政府はかれらにたいする警戒を強めざるをえなくなっていく。現存する諸関係をすべて破壊しようとするかれらの運動はとくに帝国政府の不信を招いていた。また汎民族主義的な世界観の中核は、つねに反ユダヤ主義であった。先にのべたように、オーストリアのユダヤ人は超民族的な帝国政府に結びついていたため、汎ドイツ主義者によって帝国政府とともに敵視され、帝国政府以上に憎しみの対象となっていた。シェーネラーの煽動は、必ず反ユダヤ主義を中心に構成されていた。

部族同志よ！　このような〔ドイツのビスマルクに倣った経済〕改革を実行するためには、すべての公的生活におけるユダヤ人の影響を排除しなければならず、新聞によって世論を誤らせることを防ぎ、なによりも、真の正しい民族的な基礎にたつ民族議会が必要不可欠である。(27)

世紀末ウィーンの前期大衆社会状況を、ショースキーは、ユダヤ人をはじめとする自由主義者たちの迫りくる大衆社会にたいする不安としてえがきだしていて、シェーネラーの汎ドイツ主義は反自由主義的な大衆運動、非合理的なかたちで権力と責任を統合する新たな政治的文化の先触れとして位置づけられる。シェーネラーは、政治のなかで理性と法にたいする反逆を表明し、理性と法がみることのできなかった社会的心理的現実を把握しており、二〇世紀の到来を告げるより広い文化革命の裏面をなしていた。この運動の主な追随者は学生たちであった。一九世紀後半のこの層は、根無し草人間の最初のかたちであり、二〇世紀に全体政治運動が糾合することになる大衆層の精神的先行者であった。この大衆運動は、キリスト教に拘束された反ユダヤ主義を宗教に拘束されない人種的なユダヤ人憎悪へと移し替えていった。(28)

もっともこのシェーネラーの騒々しい汎ドイツ運動は、オーストリアでは世紀末の一つのエピソードとして終わる。この運動から最大の遺産を引き継ぐのは、ウィーン社会の底辺にいた画家志望の男、アドルフ・ヒトラーであった。シェーネラーを中心とした反ユダヤ主義的で過激な汎ドイツ運動は、シェーネラーの新聞社襲撃事件以降、ウィーンでは急速に萎んでいく。反ユダヤ主義は旧来のカトリック的な性質へともどり、帝国が崩壊するまでドイツナショナリズムは、帝国の枠組みのなかでのドイツ人特権の確保と維持という主張におさまる。

一九一八年一〇月に帝国議会のドイツ系議員によって臨時国民議会が形成されたときの議会内の政党配置は、一九一一年の帝国議会選挙に基づくものであったが（一章一節参照）、憲法制定国民議会選挙においてドイツナショナル自由主義系諸派が一〇二議席から二六議席へと一挙に議席を減らした理由は、この会派の支持基盤が主に講和条約によってチェコスロバキアへと編入されてしまった地域のドイツ人からなっていたことによる。(29)

第一共和国ではこれらの諸派は、一九二〇年八月に大ドイツ人民党（großdeutsche Volkspartei 以下大ドイツ党）を結成し、その支持者は官僚や教師を中心としたものになり、同党は「中等学校教師党（Partei der Mittelschullehrer）」や「教授党（Professorenpartei）」といった異名をとった。大ドイツ党のイデオロギーは、大ドイツ主義と自由主義を掲げるものであったが、しばしば双方の論理は矛盾した。さらに、官僚を支持基盤としていたことからも、全体あるいは公共の福祉を常に強調し、かならずしも自由主義が首尾一貫していたわけではなかった。官僚を削減する行政改革に最も反対したのは大ドイツ党であった。(30)

大ドイツ党が都市部における大ドイツ主義的な層を代表していたのにたいして、農村部では農村同盟が、プロテスタント農民をはじめとする農村における大ドイツ主義的な層を代表していた。したがって、大ドイツ党と農村同盟はしばしば共同で会派を組んだ。ただ農村同盟は、自らを農民の経済的な利害を代表する党として位置づけ、大ドイツ主義や自由主義の理念よりも畜産業を中心とする経済的な利害関係に自分たちを強く結びつけていた。(31)

階級問題とカトリシズム、社会主義

カール・ルエーガー（一八四四―一九一〇）によって創設されたキリスト教社会党は、反資本主義・反社会主義を掲げながら、階級に分裂しつつあった社会を中世的なシュテンデつまり職能身分の考えによって改革しようとするものであった。同党は、当初、近代化の過程で零落しつつあった職人や商人をはじめとする都市の旧中間層に主にアピールした。かれらの綱領はバチカンの回勅であった。とくに、世紀転換期にかれらの行動の指針となったのは、一八九一年のレオ一三世の教皇回勅、「レールム・ノヴァルム（Rerum Novarum）」であった。(32)したがって、キリスト教社会党のイデオロギーレベルにおける社会主義との対決、広くは近代そのものとの対決を理解するためには、この回勅をみておく必要がある。

この回勅によると「社会悪の性質とその原因」は次のように考えられていた。

〔前世紀は〕人々を保護していた以前の共同組合（Genossenschaft）を打ちこわしたものの、これに代わるものを打ちたてることができなかった。法律も、公の制度も、あらゆる宗教的原則、あらゆる宗教的感情をのぞき去った。その結果、徐々に孤立無援となった手工業と労働（Handwerk und Arbeit）は、時がたつにつれて、残酷な主人、貪欲で無軌道な競争に、もてあそばれるようになった。そのうえ、あくなき暴利がこの悪弊に加わった。教会は、いくたびとなくこれを罰したけれども、貪欲あくなき資本主義は続き、形をかえてこの悪弊をむさぼったのである。かてて加えて、産業と商業とが一部の人々に掌握されて、少数の富者の独占物となり、その結果、多くの労働シュテンデ（arbeitende Stände）は、ほとんど奴隷的なくびきを強制されるようになった。(33)

回勅がここで問題としていたのはまさに近代における共同体と身分、とくにギルドの崩壊がもたらす悲惨であり、その課題も「不当にも、このように不幸な、みじめな状態に置かれている」下層階級の人々を「早く有効な措置を講じて」この悲惨から助け出すところにあった。

ここで、いわゆる「社会主義」はこうした社会悪にたいする「誤った対策」であるとされる。なぜならば社会主義は「所有者の正当な権利を侵害し、国家の役割をゆがめ、社会という建物を根底からくつがえす」からであった。回勅の鉾先は、いわゆる社会主義が、私有財産を全廃し、個人の財産を万人の共有とし、その管理を都市自治体あるいは中央政府にゆだね、富と収益を市民に平等に分配しようとしたところに向けられていた。社会主義者は、社会の悪弊をなおすために、貧しい人々をかり立てて、もてる人々を嫉視させ、憎悪させた(34)。しかしながら私有財産は不可侵であるため、集団的所有理論は、個人の「自然的権利 (natürliches Recht)」に反するこのうえもない不義であり、絶対に拒否されなければならないものであった。

したがって、社会主義は公共の安寧をそこなう不幸な結果をもたらす誤りであり、共同体と身分の崩壊によって生ずる近代の問題は、キリスト教と教会つまりカトリックにたよらないかぎり、決して有効な解決を見いだすことのできない性質のものであった。社会主義にかわる正しい対策は、家父長的な家族社会を土台とした「教会の教えと実践」に求められた(35)。

まず「教会の教え」に従うと「不平等は自然性の必然の結果」であった。したがって、平等の追求は自然に逆らう無駄な努力を意味した。事物の不変の秩序から、人間相互のあいだにさまざまの相違が現われ、人間の身分の不平等が生まれた。しかもこの不平等は、社会生活が変化に富んだ力、多様な能力を必要とするため、社会にとっても個人にとっても同じように有効に利用できるものであった(36)。ここから、労資の協調説が始まる。それによると、労資間の関係に関する「最大の誤謬は、富者と貧者とは、自然の定めにより、相互に、しつこく決闘をおこなわなければならないかのように考え、この階級は、生まれつき敵同士であると信ずること」なのである。

回勅の社会観に従うと、身分の不平等は人体のごとく有機的に調和しうるものであり、労資の一致こそ自然にそくしていた。この労資の協調を実践する具体的な組織が「キリスト教的愛徳の義務(Pflicht der christlichen Liebe)」や「兄弟愛(brüderliche Liebe)」によって組織されるギルド的な「共同組合(Genossenschaft)」であった。このなかで労働者は「自由な衡平にかなった契約によって約束した労働をことごとく、しかも忠実に実行し」、「その使用者の財産、あるいは一身に害を加えては」ならず、「その要求も暴力にうったえてはならず、決して暴動の形を」とらぬことが求められた。これにたいして資本家には、家父長的な恩情をもって労働者を保護することが要請された。双方が、こうした「掟に従っただけで、あらゆる反目を停止させ、その原因を除き去るに充分」であった。[37]

以上がキリスト教社会主義の労資対立状況への理論対応であった。こうした理論を掲げつつ一九世紀末のウィーンでカトリック型キリスト教社会主義は、のちに農村と結びつくのであるが、当初は都市の旧中間層を中心に支持を広げていった。しかしながら、オーストリアにおけるカトリシズムを大衆的な政治運動にまで発展させるには、こうしたカトリックの教義だけでは不十分であった。オーストリア、とくにウィーンのカトリシズムは、大衆の反ユダヤ主義を利用することによってのみ、政治運動へと作り替えることが可能であった。反ユダヤ主義は近代オーストリアの政治的カトリシズムの出発点でもあった。

汎ドイツ主義者シェーネラーの反ユダヤ主義の影響は拡大しており、下層中間層に選挙権が拡大すると、議会へ反ユダヤ代議士が選出され、ウィーンで反ユダヤ主義は大きな力をかちえた。一九世紀後半のオーストリアにおける最も影響力をもった大衆政治家の一人であったルエーガーも、汎ドイツ主義者シェーネラーによってもたらされたこの反ユダヤ主義を存分に利用した。反ユダヤ主義者たちが協力したとき、かれらは選挙を「クリステン連合(Vereinigte Christen)」の名の下で戦い、その際、「クリステン」という言葉をユダヤ人に反対であったすべての者を定義する漠然とした用語として使用したのである。[38]

ただ、シェーネラーが一層反オーストリア色を強め、それにたいしてルエーガーがウィーンを治めるという目標にますます近づいたとき、二つのグループの違いは明確となった。シェーネラーと異なって、ルエーガーはあくまでもカトリックの名のオーストリア愛国主義を奉じ、またかれの党は反ユダヤ主義を使って単に保守反動勢力を強めようとしているはっきりとしたカトリックグループであった。ルエーガーが、反ユダヤ主義のカトリック的な面を徐々に強調し始め、シェーネラーら汎ドイツ主義者との違いを明らかにしてくると、かれのグループは一八九〇年前後より自らをキリスト教社会党（christlich-soziale Partei）と名乗り始めた。[39]

キリスト教社会党は、婚姻、家族生活、および青年の道徳的宗教的な教育の神聖さに反映されるキリスト的ドイツ的な礼節を、ドイツ部族のもっとも高貴な財産に数える。党は、ユダヤ的フリーメーソン的な精神に導かれた社会民主主義とその同調者の猛り狂った襲撃をまえに、この健康な民衆生活の基礎杭に揺らぐことなくとどまる。真に国家を支える社会の支柱であるところの中間層への経済的な保護の必要性は、キリスト教社会党によって活動の当初より強調された。商業においては、ユダヤ的自由主義的なマンチェスター政党によって促進された無制限の自由が、かつて手工業が栄えた黄金の地盤を、短期間のうちに消し去った。キリスト教社会党は、ユダヤ人に保護されユダヤ新聞と結びついた政党に対抗する真の社会的経済的な進歩のこの綱領を、敵に向かってまげることのできぬ忍耐でもって代表する。党は自覚に目覚めたキリスト的な民衆の実行力を固く信じる。[40]

ルエーガーは反ユダヤ主義を純粋に煽動的な票集めの手段としてのみくりかえし利用した。かれにとって、それは大衆の支持をえるためのスローガンであった。その際、かれは反ユダヤ主義の宣伝的価値を利用したにすぎなかった。かれは、特定のユダヤ人を腐敗した者として攻撃することによって、大衆の感情を刺激する術を心得ていた、しかしながら同時に、帝国が存続する限り、ユダヤ人の無差別な排除は不可能である、ということも知っていた。そこでかれは、自分の反ユダヤ政党がユダヤ人の間接的な援助を受けることをためらわなかったし、この事実は、かれの党が存在し続けた限り続き、その特徴でもあった。[41]

したがって、キリスト教社会党の票集めの手段としての反ユダヤ主義のかげには、ユダヤ人にたいする矛盾を含んだ態度が秘められていた。この態度は、オーストリアにおけるユダヤ人の地位がもたらした結果であり、それゆえ「反ユダヤ主義者」ルエーガーがウィーン市長だった一九世紀末が、のちにユダヤ人の目には黄金時代としてみえた。ユダヤ人攻撃とともにカトリック教会攻撃をおこなってきたシェーネラーの暴力的な反ユダヤ主義とユダヤ人とのあいだに立ったのは、社会民主党ではなく、キリスト教社会党であった。そしてこのことは第一次大戦後においても変わらなかった。(42)

反ユダヤ的大衆運動の指導的な地位にあり、なおかつ帝都ウィーンにたいして愛情をもったルエーガーこそ、汎ドイツ運動と社会主義運動双方の影響力の拡大を抑え、これらの運動にたいしてウィーンをハプスブルク君主制の橋頭堡とすることを可能にする人物であった。(43) ルエーガーのもとで、カトリックの祭典が、ウィーンの大衆を魅了するような大きな公式行事へと姿を変え、目新しい感動的な祭典の実行とともに、老帝フランツ・ヨーゼフ一世のまわりに熱烈なオーストリア愛国心を形成する試みがおこなわれた。しかしながら、皇帝はかれを好まず、またかれの死後、党は後継者をめぐる対立にみまわれ、一九一一年の総選挙でウィーンで完敗し、以後、ウィーンでは二度と党勢を回復させることはなかった。

これとともに支持基盤の移行もおこった。キリスト教社会党は一九世紀末に、仕立職人、家具職人、手工業者、商店従業員、商人等の零落しつつあったウィーンの旧中間層の支持を受けて成立した政党であったが、世紀転換期を経て、その支持基盤を地方の農村地区へと広げた。同党はウィーンの政党から地方の政党へと変わっていった。(44) 世紀末ウィーンで、大衆煽動の能力にたけていたルエーガーによって、ウィーンの前期大衆政党として創設されたキリスト教社会党は、二〇世紀に入ると、党の組織化に手腕を発揮したアルベルト・ゲスマンのもとで、地方の農村地区を有力な支持基盤とする保守政党として定着していく。こうして、二〇年代には「赤いウィーン」に対立する「黒い地方」として尖鋭化する構造が形成されていくことになる。

またその党組織には、大衆政党として運動を持続させるのに欠くことのできない条件が欠けていた。キリスト教社会主義運動は当初、広範な大衆を引きつけはしたが、その党組織は、よく訓練された熱狂的な党員に欠けていた。ルエーガーは、当初は反ユダヤ主義を利用することによって、オーストリアのカトリック信者を有力な政治勢力として結集することに成功するが、これらの信者は大きな大衆運動を長期間にわたって持続させることはできなかった。(45)

結局、キリスト教社会党は中世社会をモデルとした発想に基づいて近代の課題に対応していたのである。近代化過程において激化する伝統対近代の緊張、労資階級間の対立、さらに大衆社会化の圧力にたいして、かれらは、共同体と身分の秩序を土台に対応し、最後は農村にたどりつき、それゆえ現代大衆運動としては成熟しえなかった。

ヴィクトル・アードラーのもとにまとめ上げられた社会民主党は、オーストロマルクス主義として有名な社会主義綱領によってこれらの問題を止揚克服しようとするものであった。

同党は社会主義における「改革」派と「革命」派を幅広く結集した政党であった。オーストリアにおいても一九世紀の七〇年代以降、社会主義運動には二つの大きな潮流があった。一つは、普通平等選挙権を要求し、「改革」によって社会主義を実現せんとするものであり、もう一方は、労働者階級の隷属期間を長くするだけであるとの理由からあらゆる社会改革に反対し、あくまでも「革命」によって社会主義を実現しようとする流れであった。

この周知の社会主義運動における二つの大きな流れは、オーストリアにおいては一八八八年一二月三〇日から翌一八八九年一月一日までの三日間、ハインフェルト党結成大会でアードラーのもとに合流し、社会民主党(正式名称、オーストリア社会民主労働者党(sozialdemokratische Arbeiterpartei in Österreich))が結成される。ここに、革命派と改革派がひろく、かれのもとに合同することによって、オーストロマルクス主義の発展が始まる。党結成大会で社会民主党は、カウツキーが原案を起草した「ハインフェルト綱領」を採択するのであるが、この綱領は「統一決議」で次のように宣言していた。

党の統一は全土における同志の精力的に表明された意志に添っており、二つの、かつて存在した分派のメンバーの出席をえて、本日の党大会は満場一致で決議したということを考慮して、党大会は、党綱領の採択によって党の不和は終わったものと解し、労働者階級の解放闘争のためにわれわれの綱領の共通の基盤の上で、精力的かつ大胆不敵の活動と並んで党全体への誠実かつ兄弟のような支持をあらゆる党同志から期待する。

革命派と改革派の統一こそがオーストロマルクス主義であった。後にバウアーが指摘したところによると、アードラーは、「統一の思想」、「統一の熱狂的信念」、「労働者階級の種々の層を活力ある統一の中に保持するという偉大な秘訣」を党に伝えたのである。オーストロマルクス主義の思想的特質は、日常的現実的「改革」を感激的理想的「革命」に結びつけることによって、「常に労働者階級のすべての層をしっかりと結びつけておくような政治」をおこない、「至高善たる統一」を保持するところにあった。(46)

オーストリアにおける社会主義勢力の統一は、アードラーのリーダーシップとともに、二つの流れの歩み寄りが可能であったことにもよる。革命派が労働者の政治的諸権利を獲得することの重要性を必ずしも無視していなかったと同時に、改革派も必ずしも議会制の重要性にこだわっていなかった。(47)「ハインフェルト綱領」の「原則宣言」は次のように述べていた。

近代的階級支配の一形式としての議会主義の価値についてはなんらの幻想ももたないが、党は、普通平等直接選挙権に立脚する代議機関を全分野にわたって樹立し、それらの議員にたいしては日当支払いをすべきことを要求する。このような代議機関は、煽動と組織とのためのもっとも重要な手段である。

今日の経済体制の環境においてもなお労働者階級の生活水準の低下やかれらの増大する窮乏化を多少とも防止しなければならないとすれば、完全で充分な労働者保護立法（労働時間の充分な制限、青少年労働の廃止など）、その実施に際しては労働者側の協同管理、および専門職業別の労働者の無拘束な組織、すなわち、団結の完全な自由のために努力しなければならない。

こうして、社会民主党は、議会政治の価値を限定しながらも、普通平等直接秘密選挙権を労働者の政治的権利として要求していくことを党の主要な方針として掲げた。また社会改革的な労働者保護立法についても、その国家による買収的性格を指摘しながらも、右にみた理由から、労働者自身によって実行される「真に社会的な改革」、労働者の協同管理を含む「誠実で完全な労働者保護立法およびその精力的な施行」を求めていた。党は、結束を維持するために革命を煽動し続けたが、実際の行動では改革色を強めていった。

アードラーが伝えた統一の秘訣とは、したがって「改革」路線をとりつつも、「革命」を煽動するというものであった。こうした仕方で、革命派と改革派を結集したオーストリア社会民主党の党上層部の特質となったのが、革命の客観的条件を待機する心性であった(48)。党上層部はマルクス主義歴史法則への宗教的な信頼を捨てることはなかったが、逆説的にも、この革命を必然とみなす世界観が、しばしば政治上の決定的な局面において、行動を決断しないという無為無策の態度を正当化するために使われたのである。つまり、党上層部は、革命への客観的条件が整っていないとの理由から、決定的瞬間において行動を回避する傾向を有していた。しかも、革命を期待する党支持者を前に、現在の無行動を革命の条件の未整備によって正当化し、行動を将来に先送りしたことによって、党支持者の近い将来の革命への期待をますます膨らませたのであった。

党は、実際には革命へといたるような行動を一切控えていたにもかかわらず、革命を将来の必然と受けとめる信仰は維持し続けた。オーストロマルクス主義は、革命を将来に先送りしながらも、資本主義の崩壊と無階級社会の到来を予言するマルクス主義歴史法則の必然性を否定するものではなかった。ポパーが批判したように、オーストロマルクス主義は綱領上は独断的といえるほど、資本主義の崩壊へといたる歴史法則の必然性を信じて疑わなかった(49)。結果として、革命的な行動をおこさなかったために後にコミンテルンによって批判されるオーストロマルクス主義であったが、歴史法則への綱領上の信仰には揺るぎがなかった。このことは、のちに社会民主党の行動選択の幅をいちじるしく狭める結果となった。

社会民主党が要求した普通平等選挙権は、一九〇七年に確立される。それ以前は、一八七三年から一九〇一年まで帝国議会は制限不平等選挙制度によって構成されていた(50)。一九〇七年一月に導入された男性市民による普通平等選挙制度による帝国議会議員選挙は、同年の五月に実施された。総計五一六の議席は、民族別に配分され、ドイツ人には最も多く二三三議席が割り当てられていた。この選挙で社会民主党は、全体でキリスト教社会党の六六議席に比して八七議席を獲得し、一挙に単独で議会内の第一党となった。[51]

普通平等選挙制度の導入は、なによりもアードラーを中心とする社会民主党の運動の成果であった。すべての成年男性が選挙権を獲得したことは、参政権の下降拡大として民主化における大きな前進を意味した。しかしながら、皮肉にも参政権の拡大は、多民族帝国の分離的傾向を強めた。ハプスブルク帝国議会は、議会政治の成熟へと向かうことはなく、議会は民族間の対立の場となっていた。民族間の対立、とくにドイツ人とチェコ人とのあいだの対立は、しばしば議事妨害をもたらした。この議事妨害は、それぞれの議員がシンバルやラッパ等の楽器を議会内にひそかに持ち込み、これらの楽器を一斉に打ち鳴らすというものであり、議事を完全に麻痺させた。[52] 結局、帝国議会は、議会内の対立に明け暮れ、積極的な政治の担い手となることはなく、政治の担い手は、皇帝を頂点とする帝国の官僚にまかされていたのである。

結党以来結束を保っていた社会民主党も、一九〇〇年前後より帝国同様、この民族間の対立に悩まされることになり、ドイツ人とチェコ人の党員のあいだで緊張が高まった。[53] 民族を文化共同体（Kulturgemeinschaft）とみなし、民族集団の自治と連帯によって帝国の崩壊を防ごうとしたバウアーの民族理論が著されたのもこの時期であった。

第一次大戦前、当時オーストリア社会民主党の書記をつとめていたバウアーは、帝国の民族問題に理論的に取り組んでおり、ハプスブルク帝国の崩壊の危険を近代帝国主義のなかにみていた。かれは、ハプスブルク帝国が崩壊するのは、ドイツ、ロシア、イタリアの拡張政策がハプスブルク帝国の分割に乗り出したときであるとしていた。[54] バウアーは、およそ一〇〇年来、トルコ帝国が暫時的に解体したのは、資本主義的商品生産に基づく近代国家を創設することに失敗したからだと指摘する。[55] かれのこの指摘は、ハプスブルク帝国にも当てはまっていた。バウアーは、ハプスブルク帝国が、トルコ帝国の解体に伴ってバルカン半島における帝国主義的主体となるよりも、トルコ帝国同様、解体していくことへの警戒感を強めていた。かれの「自治的民族的文化共同体（autonome nationale Kulturgemeinschaft）」論は、いかにすれば多民族国家としての帝国を維持することができるのか、という問題意識から生まれていたといえる。

バウアーは、近代以前の神聖ローマ帝国に起源をもつ帝国を、素朴なコスモポリタニズムをこえた社会主義的なインターナショナリズムによって、近代以降の資本主義的な帝国主義から守ることを考えていたのである。(56) だが歴史の経過がしめすように、このハプスブルク帝国は崩壊し、バウアーらの理論的な努力にもかかわらず、多民族政党としての社会民主党は、多民族国家ハプスブルク帝国の解体と運命をともにした。

一九一八年以降、共和国が成立すると、改革派と革命派を幅広く結集していたオーストロマルクス主義の理論は、革命を担保とした改革という内容を強めていった。その方針は、つねに最終的な手段としての実力行使をほのめかしながら、議会政治による社会主義的な改革を進めようとするものであった。やがて社会民主党のこの性格は、一九二六年に採択される「リンツ綱領」で明確なかたちとなって現われる（三章二節参照）。

三　官僚組織・財政構造

一九世紀後半より、階級問題また民族問題が累積し、政治運動がそれぞれのイデオロギーと理論を展開していったなかで、帝国の官僚組織は、妥協によって帝国に安定をもたらすことを第一に考えていた。このためオーストリアで官僚組織は、自らが近代化の政策課題を積極的に推進するマシンとはならなかった。この性向は、革命を経た共和国の官僚組織にも引き続き継承される。また財政構造は、社会民主党が主導した「革命」の成果を反映して大幅な社会保障関係費の支出によって特徴づけられていた。しかしながら、共和国の財政および経済政策は、この支出を安定的に担いうる税収の確保を可能にする工業化政策を欠いていた。

オーストリアの近代官僚制は、マリア・テレージア（在位一七四〇―八〇）とヨーゼフ二世（在位一七六五―九〇）の両絶対君主によって形成された官僚制にその端を発する。しかしながら、封建分権構造への対抗あるいは国際権力政治への対応を目的とした絶対官僚制は、ハプスブルク帝国ではプロイセンのごとく展開することはなかった。領主の軍事・貢納担当者としての家産官僚制から近代政府の行政機構としての専門官僚制への転換は、絶対官僚制を過渡形態としながら進行するのであるが、ハプスブルク帝国では、この過渡形態においても家産的性格が長く残り、一八四八年から一八六七年までの新絶対主義（Neoabsolutismus）といわれる時期になってようやく、家産的性格から脱却していく(57)。またプロイセンの官僚組織が、すでに国家主導で近代化を推し進める装置として構築されていたのにたいして、ハプスブルク帝国の官僚組織は、帝国の維持を第一に考えていた。

一九世紀後半になると、専門官僚制への萌芽もみえ始め、また、政体が勅令によって絶対君主制から立憲君主制へと移行するのに伴い、しだいに議会が行政のコントロールを要求するようになる。しかしながら、この議会による行政のコントロールという発想と制度を、十分に成熟させないまま、オーストリアの官僚組織は二〇世紀を迎えることになる。強まりつつあった、この議会の要求にもかかわらず、中央省庁は、終始、皇帝に忠誠をもって仕え続けた。新たな省庁が設置されるたびに、省庁の最終的な設置権は立法府としての議会にあるのか、それとも行政府にあるのかという問題が争点となったが、帝国においては、それは実質的には皇帝の行政府にあった(58)。オーストリアにおいては、シビルサービスとしての行政機構、いわゆる公務員制度という発想は生まれなかった(59)。それゆえに、臣民の頭上にそびえる特権官僚制度としての性格は二〇世紀に入っても残ることになる。

官僚組織の発達史は、そのまま政策課題の累積の歴史でもある。一般的に近代官僚組織は、近代の各段階に特徴的な政策課題に対応するために構築される。その時々の政策課題に従って、さまざまな省庁が形成され、再編される。行政機構の初期の分化は、絶対君主の治安政策を担う警察・内務・法務、国際権力政策を担う外務と戦争省、および徴税政策を担う大蔵の各省庁であった。この古典的な省庁を端緒に、近代化過程の政策課題の累積とともに、漸次、文部・貿易・農耕・鉄道、そして社会の各省が、一九世紀の後半から二〇世紀にかけて設立されていくのである。政策課題の累積に伴う右の各部門への省庁の専門分化は、内務省の権限と業務の縮小でもあった。オーストリアにおいても、帝国の内務省は、半世紀以上にわたって省庁のなかで支配的な地位を占めていた。内務省は、そのなかの部局が分離され、専門的な省庁へと分化されるまでは、行政の中枢を担っていた[60]。

官僚組織の拡大とともに、官僚の社会的な構成も拡大、変化していった。登用は当初、身分によって制限されていたが、その規模が大きくなるに従って、徐々にではあるが貴族層以外からも官僚を任用するようになっていった。官僚組織は、そのピラミッドの底辺を下降拡大させていったのである。これに伴い、官僚組織内部の階層分化も進み、下級官僚は労働者階層へと接近していく。大勢としては、貴族層としての性格を残しながらも[61]、とくに一九世紀後半に形成された鉄道省に所属していた鉄道官僚などは、労働者階層としての性格を強めていった。その要求や運動は、労働運動としての色彩を帯びていた。また選挙権の下降拡大や大衆政党の成立は、下級官僚の政治参加を可能にした[62]。こうした変化にたいし上級官僚は、服務規程を新たに定めることによって、下級官僚の政治参加を制限していった。

こうした官僚組織の発達や、それに伴う社会構成の変化といった近代官僚制の一般的傾向をしめしつつも、オーストリア官僚制は、独自の傾向を有していた。オーストリア官僚の任務の意識は、動的に近代化を推し進めることにあったのではなく、むしろ静的に帝国の秩序を維持するところにあった。歴代の皇帝は、官僚組織をとおして、多様な民族が住む帝国全土に秩序と安定をつくりだそうとしてきた。官僚組織によって、帝国内に住むすべての民族に皇帝の発するもろもろの法令を伝え、各民族を帝国の制度・慣習にならわせるよう努めてきたのである[63]。多民族帝国の分離的な傾向にたいして、帝国官僚は自分たちこそが、その解体を防ぎ、統合を守っている、と自負していた。かれらは、自らを各階級や各民族のあいだの調停者とみなしていた。官僚は帝室と軍隊とともに、ハプスブルク帝国の強固な締め金たらんとしたのである[64]。

しかしながら他方では、一八八〇年のターフェ内閣と一八九七年のバデニー内閣の言語令によって妥協がはかられた、チェコ地方の官庁の公用語にドイツ語だけでなくチェコ語を認めるかどうかという言語問題にみられるように、帝国の行政機構は、それ自身のなかに分離的な傾向を内包していた。しかもこれらの問題は、結局、帝国の解体という形でしか解決されえなかったのである。

敗戦・革命によって一九一八年に帝国は解体するが、その支柱となっていた官僚制度は解体することなく、共和国内に存続し続ける。官僚制度は、一九一八年以前の帝国時代に形づくられた形態のまま、新たな国制のなかへ入り込んでいき、重要な統治組織であり続けた。共和国になってからも、帝国時代の官僚を更迭することはまったく考えられず、共和国の成立期に新しく政府を担うことになった社会民主党はそれを引き継ぐ。[65]

表2-2にみるように、共和国は帝国の中央官僚をほぼそのまま引き継ぐのである。地方の官僚を含む一般政府職員数は帝国の解体に伴い、二五万人にまで減少する。しかしながら、地方官僚を含まない中央政府職員数をみると、戦前から戦後にかけて、大きな減少はなく表2-2をみる限りむしろ増加している。しかも二〇年代の地方を含む一般政府職員数とそれを含まない中央政府の職員数を比べると、その数にほとんど差がないことがわかる。

帝国の解体にもかかわらず中央官僚の人数があまり変わらなかったのは、帝国の解体とともに、ドイツオーストリア以外の地に赴任していた中央省庁のドイツ系官僚がウィーンに復員してきたことにもよる。こうして、ウィーンの中央省庁は、膨大な数の官僚を抱え込まなければならなかった。共和国はその規模に比べて不釣り合いな数の中央官僚を抱えることになったのである。この二五万人近くいる官僚の数をいかに削減するかという問題もまた共和国の争点となる。[66]

一九一八年まで皇帝に忠誠をもって仕え続けたオーストリアの官僚は、革命直後こそ社会民主党によって引き継がれたが、やがて革命の興奮がさめキリスト教社会党を中心とする保守派が政権を握ると、議会のコントロールを無視し（三章三節参照）、ふたたび臣民の頭上にそびえる特権官僚制度としての性格を強めていった。官僚は、共和国になってからも反議会政治的な性向をもち続け、政党によって担われる議会制を受け入れることに抵抗感を感じていた。かれらは、従来どおり法に忠実たらんとし続けたが、しだいに議会政治を担う政党政治家にたいして不信感を抱くようになり、政党政治家たちを腐敗した連中であるとみなすようになった(67)。

官僚、とくに高級官僚は、旧体制型の秩序、すなわち帝国時代の皇帝を頂点とした行政府を中心とする政治秩序こそが正しい秩序であり、自分たちの職務はこの秩序を維持することにこそあると自負していた。したがって、官僚は、反共和国、つまり議会を中心とする共和国に反対する政治性格をもつことになった。また、かれらは共和制と社会民主党を結びつけ、双方に敵対した。官僚からすると、この共和国をもたらしたのは、なによりも社会民主党であった。行政府を中心とする秩序こそが「全体の利益」あるいは「国家の利益」にかなった秩序であると考えていた官僚は、ザイペル内閣成立以降(三章一節参照)、キリスト教社会党とともに、反社会民主党および反議会制政策を全体、すなわち国家の利益のための政策と称して自らの政治性格を覆い隠しながら進めていった(68)。

表2-2　官僚数

一般政府職員数		中央政府職員数	
1890年	255,733	1888年	71,615
1900	361,509	1900	154,976
1910	704,056	1922	242,000
1923	252,296	1923	230,725
1934	240,099	1936	171,595

資料：前掲『ヨーロッパ歴史統計（上巻）』195，197頁より作成.

財政構造

オーストリア第一共和国の財政構造は図2-8にしめしたように、大半の支出が社会保障関係の支出にあてられていた。また、財政収支については、一九三〇年に入ると連邦政府の財政は、その税収入にたいして、支出が超過し、赤字に陥っていた(図2-9)。こうした財政構造を前に、キリスト教社会党を中心とする保守陣営は、財政赤字の削減のために、社会保障関係の支出の抑制を主張する。これにたいして社会民主党は、累進課税の強化による、社会保障関係支出の維持とそのさらなる拡大を主張するのである。この第一共和国の財政支出をめぐっては、保守陣営内においても意見の対立があった。行政機構の縮小に積極的なキリスト教社会党にたいして、官僚の支持を受けていた大ドイツ党は、終始、官僚にたいする手当の削減や人員の削減には反対であった。

このように、国富の管理および配分をめぐって、各党派それぞれが自らの意見・利害を有していた。社会民主党は労働者にたいしてこそ国富を重点的に配分するべきであると主張し、大ドイツ党は行政改革による財政支出の削減には反対であり、キリスト教社会党は、旧中間層や農民を優遇しようとしていたのである。財政政策をめぐる各々の主張は、すぐれて党派的となるのである。

財政は政府の存続と活動の中核をなす。この財政政策の本質をレンナー内閣で財務庁長官も務めたヨゼフ・アロイス・シュムペーター（一八八三―一九五〇）は、的確にも次のように指摘する。すなわち、「国民の運命にたいする巨大な影響は、国家需要によって強要される経済的瀉血とこの瀉血の成果がどのように利用されるか、その方法いかんから生ずる」、と。[69] 国レベルでの財政構造は、「国家のあらゆる粉飾的イデオロギーを脱ぎ捨てた骨格」なのである。それは、租税を中心とした社会余剰の集約の構造、それによってえられた国富の分配構造である。この構造は、国レベルでの各党派の勢力配置に対応しているともいえる。「ある国民がどのような精神の持ち主であるか、どのような文化段階にあるか、その社会構造はどのような様相をしめしているか、その政策が企業にたいして何を準備することができるか」、といった多くの事柄を財政のうちに見いだすことができる。[70]

社会保障関係費が支出の大半を占めているという財政構造からみたオーストリア第一共和国の特性は、当時の日本の財政構造と比較すると一目瞭然である。図2-8にみられるように、当時の日本の財政支出は、なんといっても軍事費に最大の支出が割り当てられていたのにたいして、オーストリア共和国にあっては、財政支出の最上位は社会保障関係費に割り当てられていた。労働者の貧困問題の解決を課題とする、雇用保険を中心とした社会保障制度[71]をめぐる争点は政策的な対立をも基礎づける。国民議会における左右の対立は、社会保障制度をめぐる政策上の対立として、具体化するのである。

図2-8　日本・オーストリア財政構造の比較（1930年）

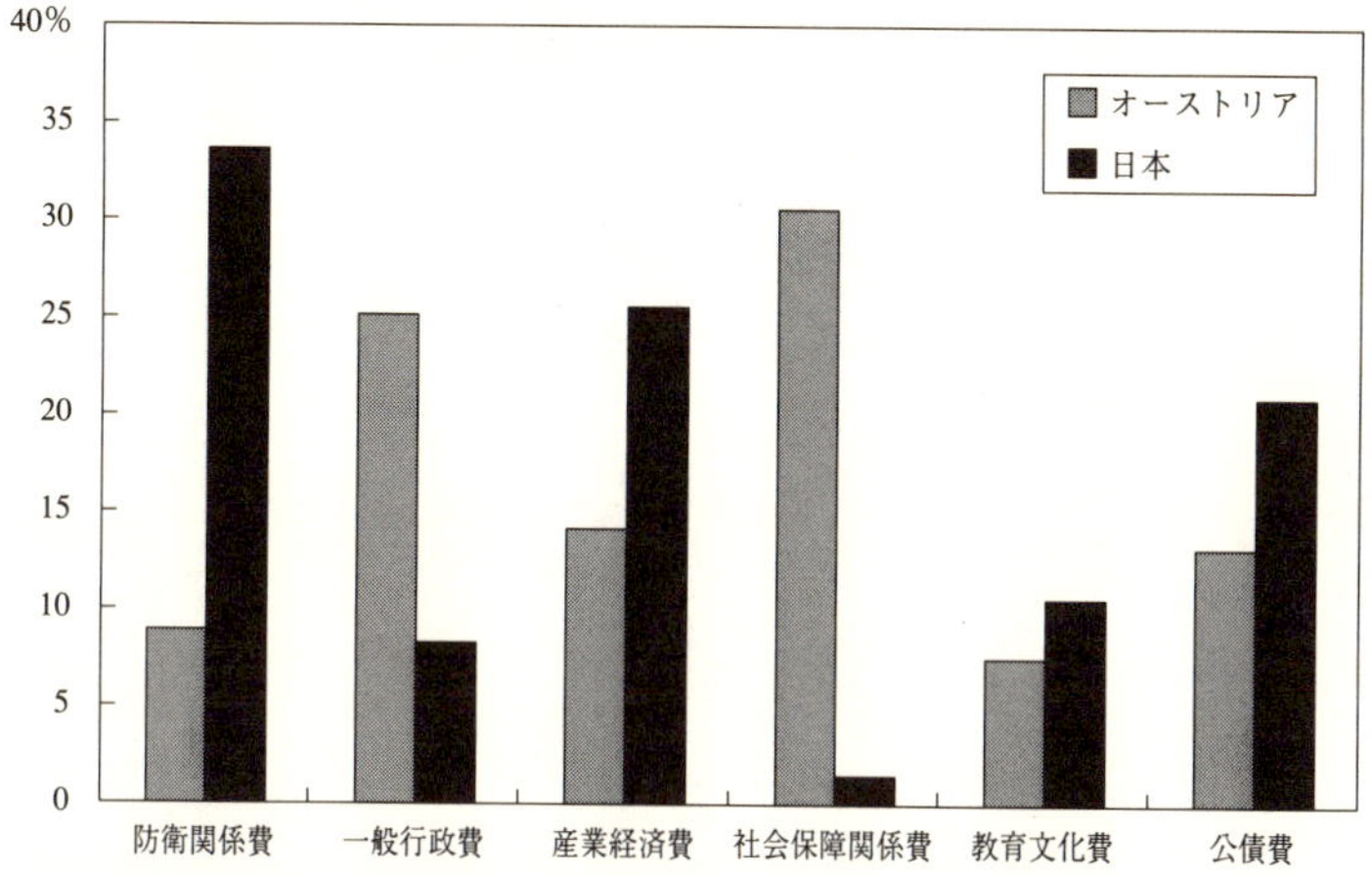

資料：前掲『ヨーロッパ歴史統計（上巻）』357頁および，東洋経済新報社編『昭和国勢総覧（第2巻）』1991年，226-30頁より作成．

図2-9　オーストリア第一共和国の財政収支

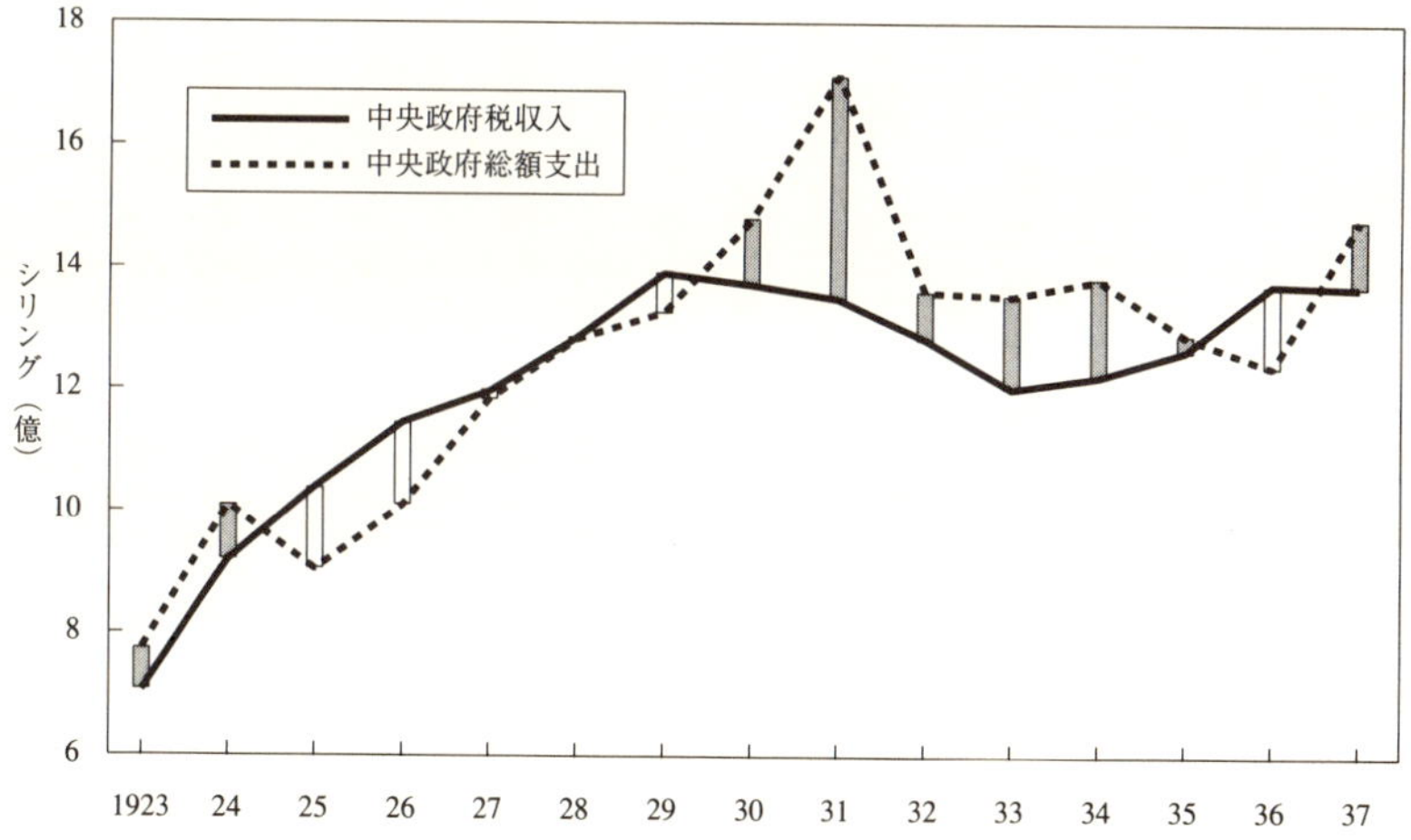

資料：前掲『ヨーロッパ歴史統計（上巻）』282，355，357頁より作成．

共和国の社会保障政策の制度化は、まさに、社会民主党が「革命」をとおして獲得した成果なのであったが、これらの政策は、経済が帝国の解体によって破綻した時点で制度化されたものであった。工業化の進展にともなう、生産力の拡大による富の拡大という条件が十分に整った上で実施されたのではなかった。ここでは、普通平等選挙制度をとおしての富の再配分が、工業化による富の拡大に先行して実施されていた。この政策を可能とするにはまずなによりも工業化の成熟による富の拡大が必要なのである。しかしながら、共和国はこの工業化政策が破綻したところから出発しなければならなかった。

工業化政策の破綻にもかかわらず、左右双方ともに明確な経済成長政策を提起できなかった。社会民主党の政策は、帝国の崩壊によって破綻した経済基盤を飛び越して社会保障政策を進めようとするものであった。ザイペルの財政政策と経済政策も国際借款による貨幣の操作であり、それは生産基盤を積極的に整備していこうという意図に欠けていたように思われる。両党とも、生産基盤を整備し、産業を育成し、もって経済成長を企図する明確な工業化政策に欠けていたといえよう。社会民主党は社会保障政策中心であったし、資本家の支持を受けていたはずのキリスト教社会党は、シュテンデ理論にみられるように（五章参照）前工業型の発想を脱しきれていないところがあった。[72]また大ドイツ党はドイツとの合邦にすべての問題の解決をみていた。

シュムペーターが、一九二〇年代の中頃にはすでに、その活動の場をオーストリアからドイツへ、さらにはアメリカへと移していったのもこうした事情と無関係ではなかろう。かれは、オーストリアに見切りをつけ、自らの学問の成立基盤をアメリカをはじめとする工業化が成熟した社会に見いだしていった。もはやオーストリアは、シュムペーターにとっては魅力の乏しい国であり、それはいわばかれに見捨てられたのである。[73]

（1） Bodzenta, E., Seidel, H., Stiglbauer, K., Österreich im Wandel/Gesellschaft-Wirtschaft-Raum, Wien, 1985, S. 25.
（2） Bauer, O., Die Österreichische Revolution, Wien, 1923, S. 113, 酒井晨史訳『オーストリア革命』早稲田大学出版部、一九八

九年、一六六頁、Sandgruber, R., Ökonomie und Politik/Österreichische Wirtschaftsgeschichte vom Mittelalter bis zur Gegenwart, Wien, 1995, S. 336ff.

（3） Bauer, O., ibid., S. 114, 前掲訳書、一六六頁。

（4） Borkenau, F., Austria and After, London, 1938, p. 188f.; Sandgruber, R., ibid., S. 367ff.

（5） Kernbauer, H., März, E., Weber, F., Die wirtschaftliche Entwicklung, in: Weinzierl,E., Skalnik,K. (Hrsg.), Österreich 1918-1938, Wien, 1983, S. 368f.; Sandgruber, R., ibid., S. 387ff.

（6） Schorske, C. E., Fin-de-Siecle Vienna, New York, 1981, 安井琢磨訳『世紀末ウィーン』岩波書店、一九八三年。

ショースキーはこの著作で、知識人たちが「社会的および政治的な解体のおののきを痛切に感じていた世紀末ウィーン」を、文学、都市計画、造形芸術などの文化活動部門から究明していく。この異なった諸部門の類似点と差異点から、諸部門が共通に分かち合っている社会的経験を明らかにする。かれによると、この経験は「自由主義的な政治体制の危機」の経験であった。そこでは「伝統の批判的な書き変えあるいは破壊的な転換」がおこなわれ、古典的自由主義の価値体系にたいする攻撃がしかけられていた。ここでかれが取りあげた危機と転換は、すべて二〇世紀に成立する大衆社会の先触れとなる経験であった（Schorske, C. E., ibid., p. xviiiff., 前掲訳書、二頁以下）。

またトゥールミンとジャニクは『ウィトゲンシュタインのウィーン』で世紀末ウィーンの特性を、「確立した憲法上の組織が変わりつつある歴史的状況の新しい要求」つまり少数民族問題と工業化に伴う経済的変化の要求に「本質的な点で適応できなかった」ところにみている。ウィーンの上層社会は変化は本当は避けられないものではないのだと装い、そこでは日常生活の過酷な現実から逃れる偽善が日常化していた（Janik, A., Toulmin, S., Wittgenstein's Vienna, New York, 1973, p. 30ff., 藤村龍雄訳『ウィトゲンシュタインのウィーン』ＴＢＳブリタニカ、一九九二年（新装版）、三二頁以下）。ヘルマン・ブロッホもこの問題を『ホフマンスタールとその時代』で次のように指摘している。一九世紀末ヨーロッパにおける人間の生の様式は「市民的狭隘さと同時に市民的虚飾と化し」、「この時代は、実質の貧しさが外面の豊かさによって隠蔽された、歴史上稀有の時代であった」。とくにウィーンでは、貧困を豊かさによって覆いかくすことが究極においてなにを意味するかが、他のどこよりも一段と明瞭になっていた。「それはつまり、最小限の倫理的価値は、もはや価値ではなかった最大限の美的価値によって覆いかくされることになったということである」。中心価値の崩壊とともに「価値真空（Wert-Vakuum）」が支配するようになり、「純粋な快楽主義と完全な生の装飾の時代」となった。「人々は価値真空を無視しようとしたばかりでなく、また自らを欺いてそれを忘れようとした」。ブロッホによると、世紀末ウィーンは、装飾的な娯楽の俗悪なシニシズムがのさばる、きわものの首都として、その時代の価値真空の都となっていた（Broch, H., Hofmannsthal und seine Zeit, 1947/48, in: Lützeler, P. M. (Hrsg.), Hermann

Broch kommentierte Werkausgabe Band 9/1, Frankfurt am Main, 1986, S. 145f., S. 175, 菊盛英夫訳『ホフマンスタールとその時代』筑摩書房、一九七一年、五六頁、一〇三頁）。

（7） Bodzenta, E., Änderungen der österreichischen Sozialstruktur in der Ersten und Zweiten Republik, in: Zöllner, E.（Hrsg.）, Österreichs Sozialstrukturen in historischer Sicht, Wien, 1980, S. 160；阿部正昭「二〇世紀初頭オーストリア経済と農業構造」椎名重明編『ファミリー・ファームの比較史的研究』御茶の水書房、一九八七年、一一一頁以下。

（8） 佐藤勝則『オーストリア農民解放史研究』多賀出版、一九九二年、四五六頁。

佐藤氏によると、カトリック的アルプス山村農民の単純再生産の営みは、プロテスタント的チェコ富農の拡大再生産と異なり、均衡停滞型の性格をしめしていた。また、一六世紀には聖職者、貴族、都市市民とともに等族議会に参与しており、等族自治行政の恩恵に浴していた。こうした単純再生産の世界と共同体的秩序は、カトリック的な教権的位階職能身分制社会の理念に照応していた。アルプス農村社会構造の特徴は、等族的分権主義の歴史的伝統にあったとされる（佐藤、前掲書、四五四頁以下、四八一頁）。

（9） Miller, J. A., Engelbert Dollfuß als Agrarfachman, Wien, 1989, S. 42f., S. 45ff.

（10） 佐藤、前掲書、四四五頁。

（11） Miller, J. A., ibid., S. 47ff.

（12） Varga, E.（Hrsg.）, Die Sozialdemokratischen Parteien, Hamburg, 1926, S. 174, 黒部明訳『社会民主主義諸政党』希望閣、一九二九年、二五一頁。

（13） Bruckmüller, E., Sozialgeschichte Österreichs, Wien, 1985, S. 488ff.

（14） オーストリアの労働組合運動は、一八六七年までは、主にウィーンの印刷工を中心としたものであった。一八六四年に「ウィーン市印刷工補習教育組合（Fortbildungsverein für Buchdrucker in Wien）」が当局により認可され、それが無償日曜労働を拒絶する決議をしたことが、以後の労働組合運動の序曲であったとされている。印刷工組合は、一八六八年に、個々の地方別組合の合同を宣言し、その結果、最初の全国的な組合組織を結成するにいたった。一八七〇年に新結社法によって結社の禁止が廃止されると、多くの熟練工組合が結成された。ついで一八九〇年代にはこの職業別組合が、未熟練労働者や女性労働者をも含んだ、比較的、近代的で効率的な産業別組合へと再編されていくが、二〇世紀に入ってからも熟練工を中心とする職業別組合は残り、職業別組合と産業別組合が併存するという状況が続く（Nestriepke, S., Die Gewerkschaftsbewegung, Stuttgart, 1921, S. 158f., S. 162ff., 協調会抄訳『各国労働組合運動史』協調会、一九二六年、一二五頁、一二八頁以下）。

（15） Gulick, C. A., Austria from Habsburg to Hitler, Berkeley, 1948, p. 260.

(16) 一九二七年の連邦鉄道についてのデータをみると、営業総延長数が五八三七キロメートルで、うち約一割が電化区間、保有機関車総数が二七八五台で、うち約五%が電気機関車、総従業員数が八八四六五人であった（鉄道局運輸局『一九二七年度世界各国鉄道統計』一九二九年、七頁、一四頁、一二六頁）。オーストリアの鉄道行政は、前世紀より国営と民営を繰り返してきた。一八四七年から一八五四年にかけて第一の国営期をむかえるが、一八五四年以降、自由主義の時代を経て一八七三年の経済恐慌までは民営のもとで鉄道建設が急速に進められる。しかしながら、恐慌とともにふたたび国営化が始まり、一八九六年以降、第一次世界大戦まで鉄道は鉄道省のもとで運営される。(Bachinger, K., Das Verkehrwesen, in: Wandruszka, A., Urbanitsch, P., Die Habsburgermonarchie 1848-1918 Band 1 (Die wirtschaftliche Entwicklung), Wien, 1973, S. 278ff.)。この再国営化の時期は、汎ドイツ主義者シェーネラーが（本章二節参照）、反ユダヤ主義運動の一環としてユダヤ人の資本によって運営されていた北方鉄道の国営化キャンペーンを強力におこなっていたときでもあった。第一次世界大戦後は、鉄道は再度民営化されることになる。鉄道の経営形態は、共和国の国民議会でも一つの争点となり、ここでも大ドイツ党は、終始、連邦鉄道の国営化を主張し続けた（四章三節参照）。

(17) Varga, E. (Hrsg.), ibid., S. 175, 前掲訳書、二五三頁以下、Gulick, C. A., ibid., p. 261.

(18) Varga, E. (Hrsg.), ibid., S. 175, 前掲訳書、二五三頁。キリスト教労働運動についてはPelinka, A., Stand oder Klasse?/Die christliche Arbeierbewegung Österreichs 1933 bis 1938, Wien 1972.

当時のオーストリアの主要都市の人口は、ウィーンが約一八五万人、グラーツが約一五万人、リンツが約一〇万人であり、ザルツブルク等その他の都市は五万人前後かそれ以下であった（Flora, P. (ed.), State, Economy and Society in Western Europe 1815-1975. Vol. 2, 1983, 竹岡敬温訳『ヨーロッパ歴史統計、国家・経済・社会、1815-1975〈下巻〉』原書房、一九八八年、二五二頁）。

(19) Mitchell, B. R., European Historical Statistics 1750-1975, 1980, 中村宏監訳『マクミラン世界歴史統計（I）ヨーロッパ篇〈1750-1975〉』原書房、一九九〇年、二九頁。

ウィーンの人口は一九世紀後半に、ボヘミアやモラヴィアをはじめとする地方からの労働者階層の流入に伴い四倍に膨らむ。人口の流入とともに、旧来の上層階層を中心とするリングシュトラーセに囲まれた市内区（Innere Stadt, 一区）、あるいは中間層からなるギュルトル内の市外区（Vorstadt, 一区を取り囲む二〜九区）にたいして、下層階層が集中するギュルトルの外に広がる郊外区（Vorort, 二〜九区をさらに囲む一〇〜一九区、ただし区によっては上・中階層の占める割合の高いところもあった）が形成されていった。郊外区への労働者階層の集中は、ウィーンに深刻な住宅問題を引き起こしていた。人口の急激な増加により住宅は不足し、郊外区の集合住宅では、トイレもない狭い一戸あたりに、平均して四人から五人の労働者家族が生活しており、この家族にさらに部屋を又借りする者やベッドだけを借りる労働者（Bettgeher）が、多くの場合加わった。また衛生状態も決して良いものではなく、これらの地区では慢性的に結核が流行していた（Seliger, M., Ucaker, K., Wahlrecht und Wählerverhalten in Wien 1848-1932, Wien, 1984, S. 98ff.; Seliger, M., Ucaker, K., Wien politische Geschichte 1740-1934 (1. Teil), Wien, 1985, S. 434ff.; 小沢弘明「最暗黒のウィーンから赤いウィーンへ」法政大学大原社会問題研究所『大原社会問題研究所雑誌』三九一号、一九九一年、二一頁以下）。

こうしてみると、いわゆる爛熟した世紀末ウィーン文化といわれるものは、おもに市内区あるいはせいぜい市外区までを含むものであって、この文化には郊外区の問題がまったく欠落していたことがわかる。郊外区に集中的に現われていた階級問題は、上層社会が生みだした文化にとって、いくぶん不安を感じさせるものではあったが、深刻になるほどのものではなく、市内区の人々はこれをあえてみようとはせず、ほとんど無視していた。ツヴァイクはウィーンの上層社会のこうした態度を次のように回想している。

注目すべき階層の交代が、われわれの年老いた眠れるオーストリアにおいて準備され始めていた。静かに黙して、従順に、自由主義的な市民層に数十年のあいだ支配をゆだねていた大衆は、突如として不穏になり、組織化して、かれら自身の権利を要求した。まさに世紀最後の十年間に、政治が鋭く急激な突風をともなって、快適な生活の凪のなかに闖入した。新しい世紀は、新しい秩序、新しい時代を欲した。

しかるにわれわれ若者は、文学的野心のなかにすっかり閉じこもっていて、われわれの郷土におけるこれらの危険な変化にほとんど気づかなかった。われわれはただ書物や絵を見ていたのである。われわれは政治的、社会的問題に対して、最小の関心すら持っていなかった。……ウィーンの町は選挙といえば湧き立ったが、われわれは図書館に行った。大衆が蜂起したが、われわれは詩を書き、詩を論じていた。……そして幾十年か後に屋根と壁がわれわれの頭上に墜ちかかって来たとき初めて、土台がとうの昔に掘り抜かれていて、新しい世紀の始まりと同時に、ヨーロッパにおける個人の自由の没落が始まっていたのだ、ということを認識したのであった（Zweig, S., Die Welt von Gestern, Wien, 1952, S. 64, S. 69, 原田義人訳『昨日の世界（第I巻）』みすず書房、一九七三年、九八頁、一〇五頁）。

（20）Borkenau, F., ibid., p. 93ff, p. 144ff.; Bruckmüller, E., Sozialgeschichte Österreichs, Wien, 1985, S. 428.; Arendt, H., Elemente und Ursprünge totaler Herrschaft, München, 1996 (5. Auflage), S. 98ff., 大久保和朗訳『全体主義の起源（第一部、反ユダヤ主義）』みすず書房、一九七二年、六七頁以下。

上層ユダヤ人は銀行家などを中心に帝国政府との結びつきを深めていた。小説家ヨーゼフ・ロート（一八九四―一九三九）は、ジャーナリストとして書いた数々のエッセイのなかの一つで、ウィーンのユダヤ人社会について次のように報告している。

ウィーンへやってくる東方ユダヤ人（Ostjuden）は、二〇の地区からなる市の第二区レオポルトシュタットに住みつく。レオポルトシュタットは自らの意志でできたゲットーである。そして他の地区とは多くの橋でつながっている。その橋を商人、行商、証券ブローカー、経営者など、要するにそこに移住してきた東方ユダヤ人のすべての非生産分子が、日がな一日渡り続けるのである。しかしながら朝の通勤時間には、これらの非生産分子の子孫たち、すなわち工場や事務所や銀行や編集局やアトリエで働く商人の息子たちや娘たちが、この同じ橋を渡るのである。

東方ユダヤ人の息子たちや娘たちは生産的である。両親が行商を続け、暴利を貪っていてもかまわない。若者たちは最も才能豊かな弁護士であり、医者であり、銀行家であり、ジャーナリストであり、俳優なのである。

第一区の編集局に席をおくかれらの従兄弟や宗旨仲間は既にウィーン人であり、それ故、東方ユダヤ人の一族であることを望まず、また決してそんなものにまちがえられたくないのである。（Roth, J., Juden auf Wanderschaft, 1927, in: Joseph Roth Werke 2, Köln, 1990, S. 857f., 平田達治・吉田仙太郎訳『放浪のユダヤ人』法政大学出版局、一九八五年、四四頁）。

（21） 帝政レベルでの憲法党や左派クラブ（Linksklub）に対応して、ウィーン市政レベルでは、中道党（Mittelpartei）によって自由主義は担われた。一九世紀後半の市政レベルの自由主義については、Seliger, M., Liberale Fraktion im Wiener Gemeinderat 1861 bis 1895, in: Czeike, F. (Hrsg.), Wien in der liberalen Ära, Wien, 1978, S. 62ff.; 山之内克子「リベラル期におけるウィーン市政の発展」東欧史研究会『東欧史研究』一四号、一九九一年、七六頁以下。

（22） Boyer, J. W., Political radicalism in late imperial Vienna, Chicago, 1981, p. 2f., p. 418f. ドイツナショナルな要求が、すでに一八七〇年代から次第に自由主義を覆っていった過程については、Somogyi, É., Die Reichsauffassung der deutschösterreichischen Liberalen in den siebziger Jahren des 19. Jahrhunderts, in: Glatz, F., Melville, R. (Hrsg.), Gesellschaft, Politik und Verwaltung in der Habsburgermonarchie 1830-1918, Stuttgart, 1987, S. 160ff.

（23） Fuchs, A., Geistige Strömungen in Österreich 1867-1918, Wien, 1978, S. 187.
一九世紀の終わりから二〇世紀の初めにかけてウィーン大学は、多様な分野で独自の学派を生みだしていた。すなわち、ケルゼンへと結実するウィーン法理論学派、メンガーを始祖とする経済学上のオーストリア学派、また、哲学でのウィトゲンシュタインに代表されるウィーン学団などである。なかでも法学と経済学は、ともにウィーン大学法・国家学部（rechts- und staatswissenschaftliche Fakultät）を中心に展開していった。経済学も、当時は独自の学部を構成しておらず、帝国官僚養成を目的とした法・国家学部の科目としてあった（八木紀一朗『オーストリア経済思想史研究』名古屋大学出版会、一九八八年、二一五頁以下）。

経済学上のオーストリア学派は、第一次大戦前はカール・メンガー（一八四〇—一九二一）、オイゲン・ベーム＝バヴェルク

（一八五一―一九一四）、フリードリッヒ・ヴィーザー（一八五一―一九二六）に始まり、第一次大戦後はルードウィッヒ・ミーゼス（一八八一―一九七三）あるいはヨゼフ・シュムペーター（一八八三―一九五〇）へと展開し、さらにフリードリッヒ・ハイエク（一八九九―一九九二）らへと引き継がれていく。この学派の特徴の一つとされているのが、メンガーに始まる主観主義である。メンガーは、限界効用説によって、価値における心理的、主観的要因を重視した。この説では、財やサービスの価値は生産に用いられた労働の総量によって決まるのではなく、財やサービスにたいする人間の欲望という主観的な要因によって決まる。ここでは個人的な主観や心理こそが決定的なのである。こうした考え方は、当然ながら労働価値説の側からは経済学を現実の世界から観念論的な形而上学の誤った方向へ導いたとして批判される。とくにブハーリンがこの学説を、金利生活者（Rentner）の経済学として論難したことは有名である（杉本栄一『近代経済学の解明（上）』岩波書店、一九八一年、八七頁以下、Menger, C., Grundsätze der Volkswirthschaftslehre, Wien, 1871, S. 86, 安井琢磨訳『国民経済学原理』日本評論社、一九三七年、八〇頁、Fuchs, A., ibid., 33f. ; Bucharin, N., Die politische Ökonomie des Rentners, Wien, 1926, S. 22ff., 小林良正訳『金利生活者の経済学』白揚社、一九三六年、三一頁以下）。

（24） 啓蒙主義のなかから育ってきたナショナリズムは、領土内の住民すべてを共同体ないし身分による帰属とは関わりなく法的に国民として保護することを理想としていた。帰属に従って多様な文化をそれぞれもっていても、すべての住民に国民としての権利を保障するのが、この共和型のナショナリズムであった。ここでは、共同体や身分を基盤とする狭い郷土圏から脱皮して、自由・平等・友愛の理念による政治的結合体としての国民国家の組織化が体験されようとしていた（Heller, H., Die politischen Ideenkreise der Gegenwart, 1926, in : Gesammelte Schriften 1. Band, Leiden, 1971, S. 350, 安世舟訳『ドイツ現代政治思想史』御茶の水書房、一九八一年、一四三頁以下、Arendt, H., ibid., S. 487ff., 大島道義・大島かおり訳『全体主義の起源（第二部、帝国主義）』みすず書房、一九七二年、一七四頁以下）。

（25） 汎民族運動の種族的ナショナリズム（völkischer Nationalismus）は、自分たちの「魂」や「血」を民族特性の具現とみなそうとする。しかしながら、こうした「魂」や「血」は、そもそもなんら実体のない観念であった。したがってこのナショナリズムは、最初から現実には成立しえない、架空の観念を拠りどころとし、それを立証する試みをまったくせず、代わりにそれを将来において実現しようと呼びかける。この呼びかけは、つねに、自分たちの民族は唯一独自の民族であり、他民族との共存は相容れないという主張へと行きつくものであった（Arendt, H., ibid., S. 483ff., S. 493ff., 前掲訳書、一七〇頁、一七九頁以下）。
このアーレントが提起した種族的ナショナリズムは、今日のエスニシティ研究でいえば原初的特性重視型エスニシティであるといえる。この原初的特性重視型エスニシティは、エスニシティを客観的に実在するものとしてとらえ、他のエスニックグループとの境界は固定的で、非合理的感情的な理由で自らのエスニシティに固執し肯定する（関根正美『マルチカルチュラル・オーストラリア』成文堂、一九八九年、六八頁以下)。エスニシティ研究の画期性は、研究の基本的な単位をネイションではなくエスニックグループとしたことによって、従来のナショナリズム研究が暗黙の前提としていたネイションと国家の結びつきを相対化した点にある(月村太郎『オーストリア=ハンガリーと少数民族問題』東京大学出版会、一九九四年、一七頁以下)。このことによって、国レベルでの国民文化は必ずしもアプリオリに存在するものではないことが明らかにされ、国レベルでは十分に捉えられてきたとはいえない少数民族問題や地域個性文化の問題に焦点をあてることが可能になった。したがって、今後の政治学におけるエスニシティ研究の課題は、地域個性文化(エスニック文化)、国民文化、世界共通文化(現代文化)という三層構造の緊張を前提としながら、どのように三者を再編するのか展望をしめすことにある。

(26) Schönerers Wahlaufruf, 1885, in: Berchtold,K. (Hrsg.), Österreichische Parteiprogramme 1868-1966, München, 1967, S. 204f.

(27) Schönerers Wahlaufruf, 1885, ibid., S. 204.

(28) Schorske, C. E., ibid., p.119ff., p. 132, 安井琢磨訳『世紀末ウィーン』岩波書店、一九八三年、一五三頁以下、一七〇頁、Arendt, H., ibid., S. 511, 前掲訳書、一九四頁以下。

ショースキーは、シェーネラーとともにルエーガーとシオニズム運動の創始者テオドール・ヘルツルを、反ユダヤ主義をめぐって登場した「新調子の政治(Politics in a New-Key)」として位置づける。三人は、それぞれの仕方で、貴族の文化的伝統の根強い力を、大衆政治という近代的目標に向けて手直しを加えたのであった。自由派が大衆を国家の内部に引き入れることに失敗した結果、反自由主義的な大衆運動が組織され、「教養あるミドル・クラスの統治に挑戦し、その政治体制を麻痺させ、歴史の合理的過程にたいするその信頼を崩壊させ」、「オーストリア自由主義の伝統からのもっと徹底した革命的断絶を表わすとともに、自由主義社会にもっと深い傷跡を残す反応を招いた」。かれらは「近代性の断片、未来の瞥見、半ば忘れられた過去の更生された遺物」からなるイデオロギー的なコラージュを組み立てることによって、大衆の社会的精神的な要望に応え、合理主義時代以後の政治の先駆者となった。

(29) この他に、議席総数が少なくなったこととともに、選挙制度が小選挙区制から比例代表制にかわった点も大幅な議席減の理由として指摘されている(Wandruszka, A., Österreichs politische Struktur, in: Benedikt, H. (Hrsg.), Geschichte der Republik Österreich, München, 1954, S. 384 ; Wandruszka, A., Das nationale Lager, in: Weinzierl, E., Skalnik, K. (Hrsg.), Österreich 1918-1938, Wien, 1983, S. 279.)。

(30) Wandruszka, A., Österreichs politische Struktur, in: Benedikt,H. (Hrsg.), ibid., S. 384 ; Wandruszka, A., Das nationale Lager, in: Weinzierl, E., Skalnik,K. (Hrsg.), ibid., S. 277, S. 282f. ; Dostal, T., Die Großdeutsche Volkspartei, in: Tálos, E.

(Hrsg.), Handbuch des Politischen Systems Österreichs Erste Republik 1918-1938, Wien, 1995, S. 198f., S. 201f. なおワンドルスツカは、大ドイツ党を「典型的な名望家政党」と位置づけているが、Weid, P., Die Großdeutsche Volkspartei/zwischen Mitglieder- und Wählerpartei, in: Zeitgeschichte 5-6/Jg. 23 (1996), S. 161ff. はこの見方を批判し、同党には組織政党としての側面もあり、名望家政党と組織政党のあいだに位置する政党であったとしている。

(31) Burket, G. R., Der Landbund für Österreich, in: Tálos, E. (Hrsg.), ibid., S. 211f., S. 213f.

(32) 『レールム・ノヴァルム』については、岳野慶作訳「レオ一三世教皇回勅レールム・ノヴァルム」中央出版社編『教会の社会教書』中央出版社、一九九一年、に拠った。回勅のドイツ語訳については、Rundschreiben seiner heiligkeit Papst Leo 13. in: Eulenstein,B., Zur Erlösung aus socialer Noth, Berlin, 1893 を参照した。

なお回勅のほかに、ルエーガーらが直接的に影響をうけたのは、カール・フォン・フォーゲルサング（一八一八—一八九〇）の社会理論であった。理論としてのキリスト教社会主義の父祖フォーゲルサングは、一九世紀後半にキリスト教にもとづく社会改革を提起し、利己的な自由主義によって荒廃させられた社会秩序の再生を訴える。この社会秩序は、すべての職能シュテンデの共同組合（Genossenschaft）が有機的に結合することによって再生した。ここでは生産の目的は、利潤の獲得もしくは資本の蓄積にはおかれず、「全体の福祉（Wohl der Gesamtheit）」の実現におかれ、「全体のための労働（Arbeit für das Gemeinsame）」へと義務づけられない利潤のみを追求するような私的所有は否定される。自治権が付与された各々のシュテンデは、全体にたいして無償で奉仕しなければならなかった。シュテンデの自治と全体への結合は、官僚的で全能性を主張する国家を無用にした。このような国家は、社会を破壊しつつあったが、社会が再び有機的に再建されることによって、この破壊を阻止し調和が復活した。また、信仰は内面の自由として個人の私的な問題として狭められてはならなかった。来世の神の王国への準備として現世社会も神的な自然法にもとづいて秩序づけられる必要があったからである（Die socialen Lehren des Freiherrn Karl von Vogelsang/Grunzüge einer christlichen Gesellschafts = u. Volkswirtschaftslehre aus dem literarischen Nachlasse desselben zusammengestellt von Dr. Wiard Klopp, St. Pölten, 1894, S. 48ff., S. 77ff.)。

(33) Eulenstein, B., ibid., S. 2, 中央出版社編、前掲書、二一頁。

(34) Eulenstein, B., ibid., S. 3ff., 中央出版社編、前掲書、二五頁以下。

(35) Eulenstein, B., ibid., S. 5f., 中央出版社編、前掲書、三三頁以下。

社会主義にたいしては市民社会（bürgerliche Gesellschaft, bürgerliche Gemeinschaft）を擁護していたが、他方で回勅は、次のように市民社会に家父長的な家族社会を対置し、家族社会の市民社会さらには国家からの自律性を要求していた。家族社会（häusliche Gesellschaft）は、きわめて小規模な社会にちがいないが、いかなる公共団体（Gemeinwesen）よりも現実であり、また古く、「父権（väterliche Gewalt）という独自の権威」をもっていた。そして「家族社会は、理論的にも実際的にも、市民社会に対して優先権を有するのであるから、権利や義務のうえからも、必然的に優先権を有すべき」であり、「もしも、個人または家族が、社会のなかに包含されることによって、その権利を支持される代わりに妨害され、保護される代わりに削除されるならば、そのような社会は、求められるべきではなく放棄されるべきである」。また市民社会の権力としての国家も、その「権力を濫用して、家族の内奥にまで侵入しようと考えるのは、重大かつ不幸な誤謬」なのである。「国家をおさめる人々のはたきは、個人の権利を確立し、保護し、適当に防衛することだけに限られる。自然は、国家がこの限界をこえることを禁止する。国家は、父権を抹殺することも剝奪することもできない。なぜなら、父権のみなもとは、人間の生命のみなもとと同じだからである」。

（36）Eulenstein, B., ibid., S. 7, 中央出版社編、前掲書、四二頁。

（37）Eulenstein, B., ibid., S. 8ff., S. 19ff., 中央出版社編、前掲書、四四頁以下、九七頁以下。

（38）Borkenau, F., ibid., p. 125.

（39）ボイヤーは、世紀末ウィーンのキリスト教社会党を分析した著作のなかで、ショースキーによるルエーガーの位置づけについて、ルエーガーの政治がどこまで「新調子」であったのかという問題提起をし、ショースキーがルエーガーを「プロトファシスト」として位置づけている点を、批判する。ボイヤーによると、ルエーガーのキリスト教社会運動は、決して伝統からの徹底した断絶を表わすものではなく、二〇世紀の到来を告げるというよりも、一九世紀の社会あるいは規範に根づいた運動であった。この運動は、一九世紀後半のウィーンの職人をはじめとする下層中間層を支持基盤とする運動であり、既存の政治体制を完全に破壊する「プロトファシスト政治」ではなかった（Boyer, J. W., ibid., p. xiif.）。

（40）Wahlmanifest der christlich-sozialen Reichspartei, 1907, in: Berchtold, K.（Hrsg.）, ibid., S. 176ff.

（41）Borkenau, F., ibid., p. 145ff.

ここからルエーガーの「誰がユダヤ人かは、私が決める」という有名な台詞が生まれ、ユダヤ人との私的な友好関係をもって、ルエーガーの反ユダヤ主義を免罪する傾向が出てくるのであるが、小説家アルトゥール・シュニッツラー（一八六二—一九三一）は、自伝のなかでこの反ユダヤ主義の使い分けを次のようにむしろ批判している。

ルエーガーが反ユダヤ主義者として最も過激だった時期においてさえも、個人的に多くのユダヤ人にたいしてある種の特別な好意を持ち続け、これを全然隠さなかったことをもってかれの長所に数える人びとがいたし、今でもいる。私にはまさしくこの点が常にルエーガーの道徳的ないかがわしさの最も強い証拠と思われたのだった。それとも一方における政治的な党派としての立場の求めるところと、他方における私的な人間としての確信、経験、共感とのあいだの厳密な区別は、本当にそう呼ばれるほどに厳密なものなのだろうか。私はまったく正反対に、他ならぬ心理的潔癖感の持ち主にとってこそそのような区別を実行したり、ましてやそれを喜んだりすることは本質的にできないことなのだと、信ずる（Schnitzler, A., Jugund in Wien, München, 1971, S. 129, 田尻三千夫訳『ウィーンの青春』みすず書房、一九八九年、一三六頁）。

（42） Arendt, H., ibid., S. 118, 前掲訳書（第一部、反ユダヤ主義）、八二頁。
このことはユダヤ人シュテファン・ツヴァイクがザイペルをはじめとする共和国のキリスト教社会党の政治家たちを高く評価していたことからもわかる。かれはザイペルを次のように評価していた。「イグナーツ・ザイペルは、ほとんど不気味なくらいの知性を持つカトリックの神父で、オーストリア帝国の崩壊後に小オーストリアの指導の役を引き受ける運命にあった人物であり、そのおりにかれの政治的天才を存分に確証したのである」。ザイペルは「断固たる平和主義者であり、厳格に信仰を持つカトリック教徒であり、情熱的な旧オーストリア人であった。そしてこのような人物として、ドイツ的・プロシャ的・プロテスタント的軍国主義に対して最も深い敵対関係にあった。かれらはこのような軍国主義を、オーストリアの伝統的理念とそのカトリック的使命とは結合しえないものと感じていたのであった」（Zweig, S., ibid., S. 238, 原田義人訳『昨日の世界』（第II巻）みすず書房、一九七三年、三八四頁以下）。

（43） Borkenau, F., ibid., p. 152f.

（44） 西川知一『近代政治とカトリシズム』有斐閣、一九七七年、一九九頁。

（45） Borkenau, F., ibid., p. 154f.

（46） Das Ergebnis des Hainfelder Parteitages, 1888/89 in: Berchtold,K.（Hrsg.）, ibid., S. 138ff., 日本語訳については、須藤博忠『オーストリアの歴史と社会民主主義』信山社、一九九五年、一五七頁以下を参照。バウアーのオーストロマルクス主義についての論文は Arbeiter Zeitung, 3. November 1927, S. 1f. に掲載されている。これは無署名の論文だが、バウアーによって書かれたとされている。

（47） Klenner, F., Die Österreichischen Gewerkschaften Bd. 1, Wien, 1951, S. 96f., 阪本泉訳（英語版からの訳）『オーストリア労働運動史』誠信書房、一九五七年、一六頁以下。

（48） Leser, N., Zwischen Reformismus und Bolschewismus, Wien, 1985（2. Auflage）, S. 79ff.

（49） Popper, K. R., Unended Quest, Illinois, 1982, p. 33ff., 森博訳『果てしなき探求（上）』岩波書店、一九九五年、五五頁以下。
こうしたポパーの厳しい評価がある一方、他方ではショースキーのようにオーストリア社会民主党を自由主義の系譜のなかに位置づける評価もある。ショースキーによると、社会民主党は自由主義的知性に難問を投じることはなく、「アードラーは科学と法との合理主義的遺産にたいする根本的忠誠を誓ったのである」（Schorske, C. E., ibid., p. 119, 前掲訳書、一五四頁）。このように評価が分かれるのも、同党が左右を幅ひろく結集していたからであり、また帝国時代のアードラーのもとの党をみるか、第一共和国におけるバウアーによって指導された党をみるかによっても差が生じるのではないかと思われる。

(50) 一八七三年から一九〇一年の男性制限不平等選挙制度下では、以下のように身分的に区分された選挙人集団が定められていた。まず、一八九一年までは、第一集団＝最低限の不動産税を支払った大地主、第二集団＝商工会議所会員、第三集団＝最低限の直接税を支払った都市および町在住の二四歳以上の男性、第四集団＝最低限の直接税を支払った農村自治体在住の二四歳以上の男性、というかたちで四つの選挙人集団が定められていた。これに、一八九七年以降、二四歳以上の男性市民が第五の集団として加わるが、第一集団が約六〇名に一人の議員を選出することができたのにたいして、第五集団には約七万名に一人の議員しか与えられておらず、きわめて階層ないし階級的性格が強い選挙制度であった（Flora, P. (ed.), State, Economy and Society in Western Europe. Vol. 2, 1983, 竹岡敬温訳『ヨーロッパ歴史統計、国家・経済・社会、1815-1975〈上巻〉』原書房、一九八五年、九五頁）。

(51) 須藤博忠『オーストリアの歴史と社会民主主義』信山社、一九九五年、二五六頁以下。

八七議席はすべての民族を合計した数であり、ドイツ人に割り当てられた二三三議席内では五〇議席を数えた。この社会民主党の躍進にたいして危機感をもったキリスト教社会党は、三〇議席を獲得していた教権派を取り込み九六議席として、選挙後まもなく社会民主党を抜いて第一党になる。また、これまで細かく分かれていたドイツナショナル自由主義系諸派のあいだでも、この選挙の結果、統一的な会派を結成する機運が高まった。

(52) Johnston, W. M., The Austrian Mind. An Intellectual and Social History 1848-1938, Berkeley, 1972, p. 47ff., 井上修一・岩切正介・林部圭一訳『ウィーン精神』みすず書房、一九八六年、六九頁以下。Bauer, O., Die Nationalitätenfrage und die Sozialdemokratie, Wien, 1924 (2. Auflage), S. 300ff.

(53) Fuchs, A., ibid., S. 90ff.

社会民主党内の緊張は、労働組合の分裂とともに進行していった。帝国レベルでの組合組織にたいして、チェコ人労働者は独自性の強い組合組織を求めた。バウアーの危惧にもかかわらず、組合の分裂にあい伴って、帝国レベルの党もまた民族別の組織化を強め、対立を深めていく（Bauer, O., ibid., S. 540ff.; 小沢弘明「オーストリア社会民主党における民族問題」歴史学研究会『歴史学研究』五七二号、一九八七年、二〇頁以下）。

(54) Bauer, O., ibid., S. 506, 倉田稔訳（部分訳）『帝国主義と多民族問題』成文社、一九九三年、九〇頁。

(55) Bauer, O., ibid., S. 494ff., 前掲訳書、七四頁以下。

(56) Bauer, O., ibid., S. 502ff., S. 526, 前掲訳書、八五頁以下。

バウアーの民族理論は実践されぬまま、社会民主党もハプスブルク帝国も解体するのであるが、上条氏はバウアー理論を、多民族共生と多文化主義を構想したものとして、積極的に再評価している。一般的な権利としては認められる民族自決権の容易な行使がかえって民族間の対立を深め、自決権の行使の結果分離独立した国家が、少数民族を含み、さらなる抑圧と対立が生じるのを前にして、あらためて多民族共生の具体的なルールの形成が問われるとき、文化共同体としての民族の自治と民族間の連帯を目指したバウアー理論は、問題解決への道筋をしめすものとして位置づけられる(上条勇『民族と民族問題の社会思想史』梓出版社、一九九四年、一三二頁)。

(57) Boyer, J. W., Political radicalism in late imperial Vienna, Chicago, 1981, p. 4ff., p. 17ff.

(58) Goldinger, W., Die Zentralverwaltung in Cisleithanien-Die zivile gemeinsame Zentralverwaltung, in: Wandruszka, A., Urbanitsch, P. (Hrsg.), Die Habsburgermonarchie 1848-1918 Band 2 (Verwaltung und Rechtwesen), Wien, 1975, S. 100f., S. 150, S. 161.

(59) 公務員制については、辻清明『日本官僚制の研究』東京大学出版会、一九六九年、一〇頁以下を参照。ここでは、近代官僚制の史的過程が、(1)絶対主義的官僚制度、(2)自由主義的公務員制度、(3)二〇世紀行政国家における専門公務員制度の三つの過程に区分されている。英米では、第二の自由主義的公務員制度を経てから専門公務員制度が問題となるが、ドイツや日本では公務員制度の考え方が成熟せぬまま、第一の絶対主義的官僚制度が第三の専門官僚制度に直結していくのである。絶対君主に仕える官僚を市民のサーバントたらしめようとした公務員制度の考え方こそが、猟官制という問題を含みながらも、絶対主義的官僚制度にたいするシビルサービスあるいは市民の代行機構としての行政機構という発想を対置した。

(60) Goldinger, W., ibid., S. 125.

(61) 一九世紀後半のオーストリア貴族の特徴は、自由主義と結びついていたところにあった。この時代のとくにウィーンの貴族社会には、自由主義が、イギリスなどの西欧先進国への憧れと重なり合って流れていた。ドイツでは、自由主義の一方の核、すなわち近代経営による資本蓄積が国家と結合し、工業化が徹底されていったのにたいして、ハプスブルク帝国では、自由主義の他方の核、個人的自由が帝政への忠誠と結びついて、貴族社会のなかに広まっていった。自由主義理論家たちは、法・国家学部を中心にウィーン大学をとおして、貴族、官僚との接触を深めていた。法・国家学部教授であるということは、官僚の育成を担うのみならず、自身もまた帝国官僚の一角をしめることを意味し、さらに、ベーム＝バヴェルクのように帝国政府に入閣していたことによって直接に行政の頂点に参与していた。この帝国の支配層の自由主義的傾向は、帝国の近代化を進めたヨーゼフ二世にちなんで「ヨーゼフ主義(Josephinismus)」といわれる(伊東光晴・根井雅弘『シュンペーター』岩波書店、一九九三年、一七頁以下、八木紀一朗『オーストリア経済思想史研究』名古屋大学出版会、一九八八年、六頁、Boyer, J. W., ibid., p. 34ff. 帝国の支配層の社会学的な分析については、Preradovich, N. v., Die Führungsschichten in Österreich und Preussen, Weisbaden, 1955. ヨーゼフ主義については、丹後杏一『ハプスブルク帝国の近代化とヨーゼフ主義』多賀出版、一九九七年、を参照)。ジョンストンや八木氏は、ヨーゼフ主義の特徴を不偏不党性、反教権主義、官僚機構の集権制、後見主義的性格にみているが、これらは絶対君主制の一般的傾向でもあるといえる（八木、前掲書、八頁、Johnston, W. M., ibid., p. 80, 井上修一・岩切正介・林部圭一訳『ウィーン精神』みすず書房、一九八六年、一三一頁)。

(62) Goldinger, W., ibid., S. 113ff.

(63) Johnston, W. M., ibid., p. 45, 前掲訳書、六六頁。

(64) Goldinger, W., ibid., S. 115.

(65) Bauer, O., ibid., S. 100, 前掲訳書、一四八頁。

(66) Merkl, A., Demokratie und Verwaltung, Wien, 1923, S. 6f.; Goldinger, W., Verwaltung und Bürokratie, in: Weinzierl, E., Skalnik, K.(Hrsg.), Österreich 1918-1938, Wien, 1983, S. 201ff.

(67) Goldinger, W., ibid., S. 195ff.

(68) Huemer, P., Sektionschef Robert Hecht und die Zerstörung der Demokratie in Österreich, Wien, 1975, S. 127ff.

フェーマーは、国防省局長であったヘヒトという人物を中心に、共和国の崩壊とシュテンデ国家の成立を論じる。ヘヒトはキリスト教社会党のブレーンとして描かれており、かつて帝国に忠誠を誓ったオーストリアの高級官僚がいかに共和国憲法を破壊し、シュテンデ憲法の成立にかかわったのかが述べられる。ここで官僚は議会政治に反対した反動的な勢力として位置づけられているが、ヘヒトらが行きついたのが静的な独裁としてのシュテンデ国家であったのは、根底にある任務の意識が、プロテスタント型の官僚組織とちがって、カトリック型の官僚組織として静的に秩序を維持することにあったことも見逃してはならないであろう（静的（statisch）、動的（dynamisch）という区分については、企業の経済活動の分野においてではあるが、Schumpeter, J. A., Theorie der wirtschaftlichen Entwicklung, Leipzig, 1926, 塩野谷祐一・中山伊知朗・東畑精一訳『経済発展の理論（上）』岩波書店、一九七七年を参照)。

なお、官僚組織とともに共和国が帝国から引き継いだもう一つの遺制が、カトリック教会であった。帝国時代、カトリック教会は、一八五五年に更改された政教条約をとおして皇帝を頂点とする帝国政府と緊密に結びついていた。カトリック教会は、義務教育に干渉し宗教教育を強制し、婚姻にも干渉し自由な結婚、離婚、再婚を阻んでいた。さらにカトリック教会は、長年にわたって国庫補助を受けつづけていた（Johnston, W. M., ibid., p. 56ff., 前掲訳書、八三頁以下)。このようなカトリック教会は、当然ながら共和国の成立を歓迎することはなかった。カトリック教会は、帝制から共和制へ移行した「革命」の過程が早かったため、この過程にたいして影響力を及ぼすことがまったくできず、共和国の成立を事実として事後的に受け入れるしかなかった。しかしながら、共和国を事実として認めることと、共和国を積極的に支持することは別のことであった。カトリック教会は、政教分離を実現し教会の政府や社会への干渉を排除しようとするあらゆる試みにつねに抵抗し続け、教権主義の復活と強化を求めてキリスト教社会党を強力に支援した（Weinzierl, E., Kirche und Politik, in: Weinzierl, E., Skalnik, K. (Hrsg.), ibid., S. 438, 452, 454ff.)。

(69) Schumpeter, J. A., Die Krise des Steuerstaates, 1918, in: Schneider, E., Spiethoff, A. (Hrsg.), Aufsätze zur Soziologie, Tübingen, 1953, S. 4, 木村元一・小谷義次訳『租税国家の危機』岩波書店、一九八三年、一〇頁。

(70) Schumpeter, J. A., ibid., S. 5, 前掲訳書、一二頁。
シュムペーターは近代「国家」の性格を的確に指摘し、同時に国家の財政もまた、近代とともに成立したものであることを指摘する。かれは「財政需要がなければ、近代国家創設への直接誘因は存在しなかったであろう」とする。「この需要が現われたこと、それを充足するために、他ならぬ租税徴収という方法が選ばれたことは、中世的生活形態の崩壊過程から解明される」。有給の官僚を雇わなければならなかったこと、戦争遂行の費用を調達しなければならなかったことが、領主的財政管理から一般的な租税を基礎とする近代的な国家財政の形成をうながした。絶対君主が、政策原資の集中効果を求めて、近代的な性格をもつ国家財政を形成していく。財政需要が政策原資の集中効果を要請するのであるが、この財政需要はまさに近代化政策を実現するためにこそ生じた需要であった。国家の創設期においては、それはほかならぬ治安・軍事といった原基政策および統一基盤の形成政策、とくに、軍事機構と行政機構を形成するための財政需要であった（Schumpeter, J. A., ibid., S. 17, 前掲訳書、二九頁）。

(71) オーストリアにおける社会政策を担う独立した省庁の歴史は、二〇世紀初頭の公共労働省（Das Minister für öffentliche Arbeiten）の設立とともに始まるが、この省は、公共事業を担うべき省としての性格が強く、社会政策的な業務よりも、技術開発に力点が置かれていた。本格的な社会政策省庁としては、第一次世界大戦をきっかけとした、衛生と福祉を担うべき統一的な省庁の構想をまたなければならなかった。この省庁は、構想段階では従来の官僚を排して、専門家によって運営されることを想定していた。この社会福祉衛生省（Ministerium für soziale Fürsorge und Volksgesundheit）は、一九一八年の一月より業務を開始する（Goldinger, W., Die Zentralverwaltung in Cisleithanien, ibid., S. 148ff., 161f.）。

(72) Kernbauer, H., Weber, F., Von der Inflation zur Depression, in: Tálos, E., Neugebauer, W. (Hrsg.), Austrofaschismus, Wien, 1988（4. erweiterte Auflage), S. 3ff., S. 20ff., 田中浩・村松恵二訳『オーストリア・ファシズム』未来社、一九九六年所収、「インフレーションから不況へ」一七頁、四四頁以下。
キリスト教社会党が、大資本と結び、旧中間層や農民から離れた経済政策を打ち出すのは、第一次大戦後である（三章一節参照）。このときキリスト教社会党政権が打ち出した経済政策は、当初は自発的な国民経済の成長を目指し、その補助として外国からの援助を求めるものであったが、次第にその経済政策は、自助努力を放棄し、援助にのみ頼るものとなっていく。援助頼みの政策は、通貨の安定と財政の均衡には寄与したが、国内産業を促進するものではなかった。このため第一共和国の経済政策は、金融資本を中心としたものになっていく。キリスト教社会党政権の経済政策は、底辺で旧中間層や農民の利害を守るとともに、頂点では大銀行の信用の維持に努めており、国内産業を育成し国民経済の成長を大胆に図っていくものではなかった（Bachinger, K., Die Wirtschaftspolitik der österreichischen Parteien (1918-1932), in: Drabek, A. M., Plaschka, R. G., Rumpler, H. (Hrsg.), Das Parteienwesen Österreichs und Ungarns in der Zwischenkriegszeit, Wien, 1990, S. 189ff.)。

(73) シュムペーターがオーストリアを後にした理由としては、こうした学問上の理由以外にもさまざまな個人的ともいえる理由が指摘され、財務庁長官として経験した失意も一因として挙げられている。シュムペーターは、ウィーン大学時代からの友人バウアーに請われて、第二次レンナー内閣に財務庁長官として入閣する。シュムペーター長官の当面の課題は、戦後インフレーションと戦時負債への対応であり、長期的には、共和国経済の発展であった。戦後インフレーションと戦時負債は、イギリス、フランスなどの外国からの援助と財産税の導入によって克服することが図られ、経済発展は、自由企業によって促進することが提起された。しかしながら、この財産税はともかく外国借款と自由企業は、バウアーが考えていた経済政策と真っ向から衝突するものであった。バウアーの経済政策は、ドイツ経済との一体化であり、企業の社会化であったため、反ドイツ的な借款や自由企業を容認できるものではなかった。このためシュムペーターは、バウアーの社会化戦略上重要な拠点となるはずであったアルプス鉱山会社が外国資本によって買収された事件をきっかけに、その責任をとらされるかたちで就任七カ月にして辞任せざるをえない状況に追い込まれていった（Bauer, O., ibid., S. 178f., 前掲訳書、二五八頁以下；März, E., Joseph A. Schumpeter als österreichscher Finanzminister, in: Ackerl, I., Neck, R. (Hrsg.), Geistiges Leben in Österreich der Ersten Republik, Wien, 1986, S. 179ff.; 伊東・根井、前掲書、五六頁以下）。

第三章　共和国二〇年代の争点と理論

一　ザイペル内閣

憲法制定国民議会は、政党間の妥協をとおして共和国憲法を制定し、その役割を終えた。一九二〇年一〇月一七日には総選挙がおこなわれ、新たな国民議会が形成された。社会民主党はこの選挙に敗北し、七二議席から六二議席へと減少し、逆にキリスト教社会党は六九議席から一〇議席を増やし、七九議席で国民議会における第一党となった。選挙とともに、社会民主党とキリスト教社会党の連立政権は解消され、第一共和国の歴史は次の局面をむかえる。これ以後第一共和国において、左右連立政権が形成されることはなく、政権はキリスト教社会党を中心に担われる。連立を不可能にした政策上の対立にはさまざまなものがあったが、最大の原因は財政および経済政策の違いにあった。連立政権に消極的であった社会民主党左派の指導者オットー・バウアーによれば、誰もが国民の繁栄は望んでいたにもかかわらず、その具体的な実現方法についての意見の一致がえられなかった、というのである（St. PR. NR 1・112, S. 3724f.）。左右連立のなかで起草された議院内閣型の憲法は、キリスト教社会党を中心とする保守政権に、国民議会の三分の一以上の議席を占める野党社会民主党が対峙する、という構図のなかで運用されることになった。

ザイペルの登場

選挙の後に成立したキリスト教社会党と官僚からなるマイヤー内閣と、同じくキリスト教社会党と官僚によって一九二一年に組閣されたショーバー内閣を経て、一九二二年五月三一日、カトリック神父で神学者のキリスト教社会党党首イグナーツ・ザイペルを首班とするキリスト教社会党と大ドイツ党の保守連立政権が登場する。[1] 以後ザイペルは、二年間の中断をはさんで、一九二九年までの合わせて五年間、首相職を務め、第一共和国二〇年代の政治史を特徴づけた。

社会民主党とザイペルは、かれがカトリック神父で神学者でもあったことから、イデオロギー上、真っ向から対立していた。神学者ザイペルにとって、政治の問題はカトリックの教義と分かち難く結びついていて、かれはカトリックの教義にもとづく社会秩序を最も重視していた。[2] その際、社会主義はこの秩序を破壊する不倶戴天の敵であり、撃滅されなければならなかった。したがってザイペルが共和国で首相の座につくと、社会民主党はその警戒感をあらわにする。同党によると、キリスト教社会党内にはつねに二つの方針があり、一つは「農民、自営業者、工業家といった生産的な身分を代表する方針」であったが、もう一つは「観念的で宗教的なイデオロギーをまとった政治をおこなおうとする方針」であった。この後者の方針がキリスト教社会党内で次第に勢力を増してきたのである（St. PR. NR 1・112, S. 3703）。[3]

一八七六年にウィーンの辻馬車の御者の息子として生まれたザイペルは、決して豊かな階層の出身ではなかった。[4] それは前世紀にルエーガーを支持し、その生活様式にいまだ前近代的な色彩を色濃く残していた階層であった。かれはギムナジウムを経て、一八九五年にウィーン大学の神学部に進学する。大学を卒業すると神父になり、神学で博士号を取得すると、一九〇九年よりザルツブルクの大学で道徳神学の教授職をえ、大戦中の一九一七年にはウィーン大学に招聘される。[5]

神学者として、かれはカトリックの社会論を研究し、自らもカトリックの社会論に立脚した論文を発表していた。

ザルツブルク時代にカトリック系の知識人のサークルに加わると、次第にそこで指導的な役割を果たしていくようになり、さらにキリスト教社会党内でも、その頭角をあらわしていった。神学の教授としてウィーンに戻るとともに、本格的にかれのオーストリア政界での経歴が始まった(6)。

キリスト教社会党は、はじめ都市の旧中間層から出発し、ついで農村の中小農民を基盤とする政党から、さらにザイペルの手によって、ウィーンの大資本とも結んだ幅広い保守政党へと転換した。戦前、ウィーンの資本は帝国議会内のブルジョワ系諸派に代表されていたが、戦後、かれらは国民議会内での自分たちの代表をキリスト教社会党に求める。ブルジョワ系諸派を継承した大ドイツ党が、共和国の国民議会でキリスト教社会党と社会民主党の二大政党にはさまれ小会派に転落すると、資本はキリスト教社会党に接近したのであった。このとき大ドイツ党はインテリや官僚により多く支持される政党となっていく（二章二節参照）。

大資本からの接近にたいして、ザイペルもまたかれらに積極的に近づいていった。かれは憎むべき敵、社会民主党との対決のために「教会と資本主義の同盟」をきずいた(7)。しかしながら、この同盟は矛盾でもあった。ザイペルのイデオロギーはカトリックの教義に基づいていたが、この教義は第二章でみたように近代以前の社会を理想としていたため、ときとして反資本主義的であった。それゆえ、ザイペルが大資本にも支持を求めたことは、かれのイデオロギーと矛盾していた(8)。ザイペルは、一方では社会主義から教会を守るために資本主義を利用し、他方では社会主義から資本主義を守るために教会を利用しているかのようにみえた(9)。

月ごとに物価がほぼ三八％上昇する激しいインフレのなかで登場したザイペル内閣の財政政策、経済政策の当面の課題は、インフレを抑えることにあった。しかしながらこの政策は、一九一八年から一九一九年にかけて社会民主党の主導によって制度化された各種の社会権制度を廃止することによって実施されようとしたことから、同党の強い抵抗に直面する。政策を思うように推し進めることができなかった政府与党は、野党を強く批判した。

社会民主党が邪魔をしたために政府の財政政策や経済政策は失敗したのだ、という批判にたいしてバウアーは、

「政府が賃金を下げたり、労働組合の権利を奪ったりしなければ、われわれはその仕事の邪魔をしなかった」と反論する。政府が「共和国の基本的な制度、または、労働組合の基本的な権利、経営協議会、八時間労働、休暇法、借家人法に手を加えようと」したために、自分たちは全力を尽くして闘わざるをえなかったのであり、今後も「現在の政府と与党がオーストリアの健全化の方法が、一九一八年から一九一九年にかけてもたらされた政治的な自由や社会的な成果を排除することであると考えているのであれば、われわれはそれを間違いなく阻止する」と警告する（St. PR. NR 1・112, S. 3720)。

一九二二年の八月に経済が深刻な事態をむかえると、ザイペルは、オーストリアは単独では経済危機を乗り切れないと判断し、チェコスロバキア、ドイツ、イタリアを歴訪し、オーストリアへの財政援助を訴えた。その結果、かれは一〇月四日にスイスのゲンフ（ジュネーヴ）で「ゲンフ議定書（Genfer Protokolle）」の調印にこぎつけ、イギリス、フランス、イタリア、チェコスロバキアの四カ国が保証国となった総額六億五千万金クローネの、国際連盟が管理する国際借款をえることに成功する。

この議定書は三部からなる議定書で、まずその第一部で借款の基本的な条件としてオーストリアの独立とサン・ジェルマン講和条約第八八条の遵守を求めていた（St. PR. NR 1, Beilage 1225)。また第三部の取り決めによりオーストリア政府は、すみやかに財政再建計画を策定し（第二項）、この計画の実施にあたって国民議会にたいして全権委任を要求しなければならなかった（第三項）。さらに、ウィーンに常駐し財政政策を監視する国際連盟の総監（Generalkommissär）を受け入れる義務をおった（第四項）。

議定書を批准するべく召集された国民議会の本会議で社会民主党は、この議定書がオーストリアに課した条件を激しく批判する。借款の大前提となる議定書第一部の取り決めは、合邦政策をあらためて棚上げしたことを意味したため、ドイツとの合邦を党是として掲げていた社会民主党は、ザイペル内閣の政策を共和国にたいする「裏切り」として非難する。財政政策を監視する総監の受け入れについても、共和国の財政を外国に引き渡すものであると主張して、反発する。さらに財政再建計画の実施にあたって、政府が議会に制約されることなく全権を行使することを求める条件は、とうてい容認できるものではなかった（St. PR. NR 1・138, S. 4413ff., S. 4432ff.)。

財政再建について政府へ全権を委任する問題は、議定書を審議するために設置された議会の特別委員会でも主要な論点となる。議定書第三部第三項が求める全権委任は、共和国憲法にかかわる事項であったため、政府がこの項目を実施しようとする際には、憲法の規定により国民議会の三分の二以上の賛成が必要であった。つまり、政府は憲法を遵守しようとするかぎり、野党の同意をえなければならなかった。ここから、与野党のあいだで「特別内閣評議会（außerordentlicher Kabinettsrat)」を設置することで合意が成立する。これはかつての国家評議会（Staatsrat）を彷彿させ（一章一節参照）、議会の委員会と内閣の中間に位置する性格をもち、内閣と国民議会の議席に比例して選出された二六名の議員によって構成され、財政再建に関係する政府の緊急措置を、議会に代わって諮問する評議会であった（St. PR. NR 1, Beilage 1282)。この特別内閣評議会の設置に合意したことによって、社会民主党は結果として間接的にではあるが議定書の批准に同意したことになった[10]。

議定書がオーストリア政府によって実施されるべき財政再建計画の策定を課していたため、国民議会では議定書とともに「オーストリア共和国の国家および国民経済の立て直しに必要な措置に関する連邦法（Bundesgesetz über die zur Aufrichtung der Staats = und Volkswirtschaft der Republik Österreich zu treffenden Maßnahmen)」（再建法（Wiederaufbaugesetz)）の審議が並行しておこなわれた。この法律に基づく再建計画は、大幅な赤字に陥っていた連邦財政を回復させることを最優先の課題としていた。それは税制等の改正による歳入の強化と、行政改革による支出の削減を目指していた。

この再建法が政府によって国民議会に提出されると、社会民主党は、すぐさま第一読会でダンネベルク議員の三時間にわたる質疑のなかで、本法案を激しく批判する（St. PR. NR 1・145, S. 4554ff.)。社会民主党の批判の焦点は主に税制改革にあった。同党によると、政府の再建法案によって提示された間接税や輸入品への関税の導入は、不当にも都市労働者に過重な負担を強いるものであり、農民を優遇するものであった。また経済政策は財政政策のみに終始し、工業生産を積極的に促す政策にまったく欠けていた。こうした野党の批判にたいして政府与党は、もちろん真っ向から反論し、野党は批判をするだけで積極的な対案をしめしていないと指摘し、さらにそもそも今日の経済危機の最大の原因は戦後四年間の無理な社会化政策にあった、と危機の責任を社会民主党に帰すのであった（St. PR. NR 1・145, S. 4577f.）。

結局、議定書と一体となった再建法は、財政の均衡化と通貨の安定化には効果を発揮する。[11] またザイペル率いる与党キリスト教社会党も、一九二三年一〇月の国民議会選挙に勝利する（キリスト教社会党八二議席、社会民主党六八議席、大ドイツ党一〇議席、農村同盟五議席）。法案が議会を通過すると、ザイペルは、議定書と再建法に従って経済の立て直しに着手し、その結果、連邦財政は一九二五年に赤字を解消し（図2-9）、通貨もクローネからシリングへのデノミネーションによって安定をとりもどし、翌一九二六年には、国際連盟による財政管理が終了する。しかしながら他方で、このあいだに経済基盤の底上げが進んだとはいえず、失業率も横這い状態を続けた（図2-7）。左右連立政権の解消と保守連立政権の成立をとおして明確になった均衡財政か社会保障かを軸とする対立も、共和国国民議会における主要争点として三三年に議会が閉鎖されるまで続く。しかも、左右のこうした対立は、両者が議会制と実力行使のあいだを揺れ動きながら展開していくのである。

バウアーは議会で公然と「われわれは、この国家内に、それを本気で使用すれば、いつでもブルジョワ政府の統治を不可能にするだけの力を有している」と表明していた。かれによると、現在の時点でこの力を使用しないのは、労働者と農民とのあいだの力が均衡しているので、実力行使は社会主義ではなく、間違いなく内乱へと発展し「国家だけでなく国民をも破滅させ、飢餓をもたらし、外国の支配を招くから」であった。しかしながら、「自由と権利と労働者階級の未来を守るためにこの危険な手段を使用するしかほかに方法がないと、責任を自覚した人たちが判断した場合」には、「われわれは内乱という手段をとる」のであった（St. PR. NR 1・112, S. 3722）。こうした見解は共和国と国民議会にとって決して好ましいものではなかった。

また議会における議論のなかで見落としてはならないのは、あらゆる争点において、ことあるごとに双方からなされた政策の党派性と公共性とをめぐる議論である。一方では、キリスト教社会党が社会民主党にたいして、野党は党派政治のみをおこない、国家政治をおこなっていないと批判し、他方では、社会民主党がキリスト教社会党にたいして、まったく同様の批判をあびせていた。社会民主党はザイペル内閣にたいして、重要な大臣ポストにステイツマン(Staatsmann)ではなく党派的人間をもってきていると批判していた(St. PR. NR 1・112, S. 3708f.)。ここには、個々の経済的な利害を妥協させ、公共性を模索しようとする積極的な議論が欠けていたといえる。国民を経済再建の共同作業へと導くための公共政策の模索は、政党間から職業間にいたる争いによって妨げられた。各党派は、自己の利害に固執し、経済的な犠牲を自らは払うことなく、相手からのみ要求していた。

一九二七年の衝突

一九二六年秋、社会民主党が自らの行動方針を定式化した「リンツ綱領」を採択すると〔次節参照〕、キリスト教社会党も、ザイペル主導のもと、プロレタリア独裁を拒絶する新しい綱領を決定した。キリスト教社会党は、国家の最高の目標を「全体の福祉の促進」におき、全体の福祉はキリスト教に従うときにはじめて実現するとした。社会民主党の階級政党にたいして、同党は「正直な労働によって公共の福祉に奉仕する」すべての「シュテンデ〔諸身分〕と諸職能(Berufe)」を代表する「国民政党(Volkspartei)」を自認した。こうして、両党の対立は綱領の上で明確な形をとって現われた。

国民政党としてそれ〔キリスト教社会党〕は、あらゆる職能シュテンデ(Berufsstände)を基本的に国民共同体の同権的な節としてみる。しかしながらそれは、すべてのシュテンデがかれらの特殊利害を公共の福祉の要請と一致させ、またそれぞれの身分が他のシュテンデの要求と権利にたいして好意的な理解をしめすことを要求する。

それは政治の目的を、国民のあらゆる部分の正当な諸利害の正しい調整におき、階級闘争を否定する。キリスト教社会党は、民主的な国家を支持し、したがって政治的な権利の行使、信条と結社の自由における、すべての連邦市民の同権を要求する。それは階級独裁へのあらゆる努力を断固として拒否する。[12]

このようにキリスト教社会党は、シュテンデという概念をもちだすことによって、社会民主党の階級概念に対抗した。また新綱領は「連邦的な憲法がわれわれの祖国の歴史的な発展、自然的な特性、経済的な生活状態に見合うことを要求する」として改憲を視野に入れていた。憲法は「国民の要求への行政の適応」を実現しなければならなかった。これは、一九二〇年以降、野党社会民主党の拠点となった国民議会への批判を意味した。綱領は、たしかに民主的な国家や市民の各種権利を支持していたが、共和国という言葉を避け、議会政治についてはなにも述べていなかった。

一九二七年一月、ブルゲンラントのシャッテンドルフにおいて、私的武装団体のあいだで衝突がおきる。社会民主党によって組織された共和国防衛同盟[13] (republikanischer Schutzbund) の構成員にたいする、反社会主義を掲げる戦線戦士団 (Frontkämpfer) の構成員による発砲事件が生じ、その際、戦傷労働者と八歳の少年が殺害される。こうした私的武装団体の噴出と街頭闘争の頻発は、当時の中・南欧に広くみられた状況であった。イタリア・ファシズムもドイツ・ナチズムも、反社会主義的かつ反議会的な私的武装団体を束ねつつ台頭していった。オーストリアでは、キリスト教社会党との結びつきを深めつつあった護国団 (Heimwehr) を中心にこうした武装団体が発展していった。

この護国団運動の起源は、大戦敗戦後の混乱にともなう内外の脅威にたいして、オーストリアのさまざまな地方で組織された地域的なもろもろの自警団であった。[14] 護国団は、当初こそは地域の治安を守ることを目的とした自警団であったが、やがてイタリア・ファシズムに倣って議会政治に反する運動を展開し始め、二〇年代後半にはキリスト教社会党とともに社会民主党にたいして激しく対立する運動となっていた。[15] 護国団の特色は、複数政党制と議会政治、社会および社会主義を敵視するところにあった。この武装団体にとって、政党制と議会政治は諸悪の根源であり、社会主義は階級闘争と階級独裁をもくろむ悪しき考えであった。ただ護国団は、農村の旧貴族や学校の教師を中心に中小農民を組織した自警団に端を発していたため、都市部のデクラッセを核に組織化されていたファシズムの黒シャツ隊やナチスの突撃隊とちがって、都市型の大衆運動の前衛となることはなかった。とはいえ、自ら武装しキリスト教社会党と提携して社会民主党勢力と敵対したことによって、この武装団体が国内の緊張を高めたことは間違いない。

一九二七年四月、激しい選挙戦を経て、国民議会選挙がおこなわれる。選挙の結果は、前回一九二三年の選挙に比べて、明らかな変化をしめした。キリスト教社会党は議席を大幅に減らし、八二議席から七三議席とし、これにたいして、社会民主党は議席を増やし、六八から七一議席とした。両党の議席が均衡したことにより、選挙後、国内の対立は硬直化し、武装団体の噴出とあいまって左右の緊張は高まっていった。キリスト教社会党はこの選挙で議席を減らし議会での勢力を弱めたことから議会外に自分たちの政治の有力な支えを求め、護国団との関係を深めていく(16)。

この年の七月、前述のシャッテンドルフでの発砲事件を裁く裁判において、戦線戦士団員の被告人にたいして無罪の判決が言い渡される(17)。この判決に抗議して、社会民主党系の労働者たちが電気労働組合を先頭にウィーンでストとデモをおこなうが、このとき、社会民主党指導部の意図に反して市中心部のデモ隊が暴徒化し、裁判所を放火してしまう(18)。党指導部は急進化したデモ隊を統制できず、党の武装組織共和国防衛同盟をもってデモ隊を鎮静化しコントロールしようとしたが、成功しなかった(19)。

ザイペル首相は、発砲を含む警察の実力行使によってこのデモを鎮圧した。その結果、百名あまりの死者をだし、千人以上のデモ参加者が逮捕された。共和国が始まって以来、最悪の結果をもたらしたこの事件について審議するために召集された国民議会において、ザイペル首相と与党キリスト教社会党は、暴動の責任者は政府に寛大な処置を期待してはならないとして、逮捕者にたいして厳罰でもって臨むことを宣言する。この首相と与党の姿勢にたいして野党社会民主党は、議会による事件の調査、デモに加わった労働者の大赦を要求し、さらに内閣に不信任案をつきつける (St. PR. NR 3・7, S. 147ff.)。注目しなければならないのは、この事件によってキリスト教社会党が「議会」を公然と批判し、「国家」の権威を強調し始めたことである。

ザイペルは、このような事態にいたった責任の一部は議会にもある、と主張する。議会は次第にその権威を失ってきたのであり、その責任は野党の社会民主党にあった（St. PR. NR 3・7, S. 133）。また連立与党の大ドイツ党によると、今回の暴動では国家の威信が問題となっていたのであり、政府は国家の威信のために戦ったのであった。国家の威信はつねづね野党によって傷つけられ、「権威の失墜こそが、この事件の第一の前提であった」（St. PR. NR 3・7, S. 183）。政府の責任によって生じたのではないこの暴動にたいして、首相は国家の代表者として、国家の権威の維持のために、断固とした態度で取り組まなければならなかったのは当然であった。「このことによって首相は一方的な党派的な利害を代表し守ったのではない。なぜならば、国家権威の維持は、すべての人間の役に立つからである」（St. PR. NR 3・7, S. 155）。

与党は、暴動の際に自治体警察（Gemeindeschutzwache）を配置した社会民主党のウィーン市長ザイツをも批判する。農村同盟のハルトレープ内務大臣は次のように配置の不当性を主張する。「自治体警察の配置は、それが自治体の財産〔建物と施設〕の警備のためにのみ配置されるのでない限り、現在の公共の安全に関する法律の規定に則していない」。一般的な安全と秩序を維持し、武装した警官を配置する権限はウィーン市にあるのではなく、連邦警察にあり、連邦警察のみが「現在の法律に照らして、公共の安全と国内の秩序、および、武装した警官を配置する権限を有しているのである」。「ウィーン市長が有している権限は、市の建物と施設に警備員を配置する権限のみであって、連邦警察の権限に属するような権限は有していない」（St. PR. NR 3・7, S. 174）。

自治体警察の公安目的での配置は、市長の越権行為であるという与党の批判にたいして、バウアーは、ウィーン市長が自治体警察に出した命令は憲法によって定められている「基礎自治体（Gemeinde 日本でいう市町村）の自律的な権限」であり、「州（Land）の立法に属する事柄」であり、このことに関して連邦首相はなんらかの指示を出しうるような権限をまったく有していない、と反論する。バウアーは、もしも憲法に違反することなく、連邦政府がこれらの事柄に関して指示を出したいのであれば、「まず憲法を変えなければならない」と主張する。自治体警察の問題で

「ウィーンだけが他の自治体に比べて小さな権限しかもつことができないなどということ」は、断じて容認できるものではなかった（St. PR. NR 3・7, S. 146)。

バウアーはさらに、このウィーン市の自治体警察への批判にたいして、逆に、政府側がデモとストの鎮圧のために護国団を動員したとして、警察や連邦軍以外の武装団体の問題を指摘する。かれによると、この事件の際に、連邦政府は不当にも、護国団を臨時警察として使用し、これらの団体に警察業務をおこなわせたのである（St. PR. NR 3・7, S. 146)。

ハルトレープ内務大臣は、たしかに護国団にも問題はあるがそれは「独裁」を目標に掲げた団体ではなく「非合法的な団体にはよい意図をもった団体とそうでない団体があり、それらは区別されなければならない」とあからさまに護国団を擁護する（St. PR. NR 3・7, S. 175)。また与党のヴォタワ議員によると「自主的に秩序の維持にあたることを表明している組織〔与党側の武装団体〕」を秩序維持の任務にくわえるかどうかは「他陣営〔野党〕」の出方次第であり、自分たちは、野党が便宜的な理由だけから民主的な議会制の共和国を支持しているために、不信感を抱いているのであり、内乱に備えなければならないのであった（St. PR. NR 3・7, S. 185)。

自陣営の武装団体を容認すると同時に、ハルトレープ内務大臣は「非合法的な武装団体が長期にわたって、安寧と秩序のために、オーストリア共和国において任に当たるわけにはいかない」として連邦警察の重要性をもアピールする。「合法的な武装組織〔警察〕は、〔与野党〕双方にとって正しいもので」あり、「内乱や独裁を望まずに、中立的な権力が安寧に配慮することを望む以上、警察を守らなければならない」。「このような事件の後にもかかわらず、こうして議会に集まることができ、また、この共和国が真の民主的な共和国になり、共和国民が武装して対峙しなくてもすむ共和国になる希望を抱くことができるのは、警察が存在するから」であった（St. PR. NR 3・7, S. 175)。非合法的な武装団体が存在しない状態を国家の正常な状態とみなし、国家の合法的な権力を強化し、警察や軍は「国家的で合法的な権威」として存在しなければならなかった（St. PR. NR 3・7, S. 184f.)。

こうした政府連立与党の意見にたいして、社会民主党の法律理論家でもあったレンナー元首相は、自分たちの警察にたいする懸念は、それらは合法的に組織されてはいるものの、違法な行為をおこなっているという点にある、という。かれは、各種の武装団体について「社会のあらゆる階級に、法的な方法が個々の市民の生命と自由を守るのに十分でないという全般的な不信と不安が支配している」からこうした団体が組織されるのであると指摘する。かれによると、この共和国では、法が曲げられ、判決が一方的な裁判によって影響されることによって、労働者階級は裁判の場においてすらますます無防備となっているのである（St. PR. NR 3・7, S. 176）。裁判で不公正な判決が続いたために、労働者のあいだで法への信頼がうすらいでいた。双方にとっての「客観的な司法、法の堅持、法治国家の考えが、多くのブルジョワ世界」で失われ、「これが共同体（Gemeinwesen）を蝕んでいる病理」なのであり、「こうした司法そのものに問題があるという気分のなかから、精神的な動揺と激情が国民全体のなかに」起こった（St. PR. NR 3・7, S. 180）。

労働者は「卑小で汚らしい法の誤用」が、政治目的のためになされるのをみてきたし、数々の銀行の疑獄事件の容疑者や、労働者を殺した人間が罰されないのを、目の当たりにしてきたのである。レンナーは、このことによって、与党陣営は「裁判所以上のものを放火した、それは、法そのものを放火した」として厳しく批判する。かれによると、政府は「法の本質に則った形で統治する限り、何の障害にも突き当たらないであろう。しかしながら、それはそうはせずに、法を曲げ、嫌がらせを加え、他者にたいする合法的な配慮を無視するかたちで、統治をおこなっている」。「それは、自らの恣意から出発していながら、他を恣意的であると非難する」（St. PR. NR 3・7, S. 180f.）。

結局このデモの逮捕者については、社会民主党の要求に沿うかたちで、翌年一月に一部の者は減刑され、大半の者は釈放された。しかしながら、この事件は以後の共和国とその議会政治の営みに少なからぬ影響をもたらした。双方の不信感は、拡大しただけでなく、武装組織同士の街頭闘争を伴い、議会の有用性が疑われ始め、憲法にたいする脅威となった。実力行使という選択肢が常に意識され、公然と反議会政治を掲げる護国団運動は勢力を強め、左右の合意の形成は困難さを増していった。オーストリア第一共和国における議会を取り巻く状況は、街頭闘争によって討論と妥協が軽視されることによって、悪化しつつあった。

二　共和国の理論とその問題性

議会内外で左右の党派が対立していくなかで、オットー・バウアーはまず人民共和国論を提起し、ついで「リンツ綱領」へとかれの理論を展開させる。また共和国憲法の起草者ハンス・ケルゼンは、自由主義の系譜のなかにあって法実証主義というかたちで、議会制・複数政党制を基本とする共和国の擁護につとめた。本節では、かれらの議論をみていくことによって、第一共和国二〇年代の理論状況を明らかにしていきたい。(20)

階級諸勢力均衡と人民共和国

オットー・バウアーは、政治的民主主義（politische Demokratie）＝議会制民主主義（parlamentarische Demokratie）を、選挙によって保障された統治する側と統治される側とのあいだの合意と定義していた。「議会制民主主義は、政府の構成を決定し、政府の活動を監督する議会選挙が、人民全体によって三年ないし四年ごとにおこなわれる場合、この合意は保障されると考えている」。かれはこの民主主義の意義を認めながらもその限界を指摘し、みせかけの議会制民主主義によって保障されている合意にくらべ、統治する側と統治される側のあいだの合意が一層完全に保障される手段を、イギリスのギルド思想やロシアのソヴィエト思想のなかに求めた。ここからかれは、産業民主主義（industrielle Demokratie）＝機能的民主主義（funktionelle Demokratie）の思想を発展させる。これは、労働者の労働組合や消費組合、職員や公務員の職業組織、農民の共同組合をとおして、政府のすべての個々の行政活動について、これに関与する人民自身の同意を獲得する統治方法であった。

政治的民主主義は、経済的地位、職業、公民の社会的機能を度外視し、すべての公民を一括して投票箱へ呼び寄せ、公民を完全に地域的に分けられた選挙区に区分するだけである。それにたいして、産業民主主義は、人間を国民経済におけるその職業、職場、機能に区分する。産業民主主義は、人間の社会的機能にしたがって、人間を経営・職業・産業組織に統一する。……政治的民主主義は、数年に一度、国民全体によって選出される議会との合意により政府が統治することを要求するが、機能的民主主義は、政府の活動のすべての個別部門で、公民の職業ないし職場、公民の社会的および経済的機能に基づいて、統治する側の該当部門に直接関与する公民全体の組織と恒常的に協力する政府を要求していた。政治的民主主義と機能的民主主義の結合、これが革命によって生じた権力関係が共和国政府に強要した行政における実務の本質であった。[21]

バウアーは、この機能的民主主義によって、人民主権の日常的活性化を目指していた。かれによるとそれは「大衆の自己教育の最大の強力な手段」であり「国家にたいする大衆の関係を完全に変革する手段」であり「大衆のイニシアティヴ、最も想像力豊かな自己活動を覚醒する手段」であった。政府と統治される側との合意をつくりあげていった党と労働組合役員の集会、労働者レーテと兵士レーテ、経営・兵士集会における闘争は、労働者大衆の視野を広げ、労働者は自制と責任感を自己のものとし、共和国を維持し強化する共和主義的愛国心をもった。[22]大衆は自信を強め、社会的自己活動を始めていた。

共和国初期の労働者の社会的、経済的活動は、経営評議会（Betriebsrat）という制度に結実していく。「大衆の直接的、社会的および経済的活動にたいする熱望は、経営評議会のなかに豊かな一層合目的満足感を見いだした」。経営評議会は、労働者と緊密に提携し、経営を日常的に管理して活動を遂行し、労働者は経営評議会において社会的、経済的活動に従事した。[23]

バウアーによると、成立した共和国では闘争関係にあった諸階級が相互に均衡を保っていた。この均衡は、ボナパルティズムのようなすべての階級が独立した国家権力に服従した状態ではなく、すべての階級が国家権力を相互に分割していた状態であり、諸階級はつねに相互に妥協することを余儀なくされていた。

共和国は、ブルジョワ共和国でも、プロレタリア共和国でもなかった。……つまり、他の階級にたいする一階級の支配の道具ではなく、階級間の妥協の一つの結果、階級勢力の均衡の帰結であった。一九一八年一〇月、共和国が、社会の三大階級を代表する三大政党による国家樹立協定（staatsbildender Vertrag）によって、社会契約（Contrat social）によって成立したように、共和国はこれらの階級間の日常の妥協のなかでのみ生存してきた。[24]

かれはこの共和国を「人民共和国（Volksrepublik）」と名づけた。ここでは人民のあらゆる階級が国家権力に参加し、国家活動は、人民のあらゆる階級勢力の合成力によってなりたっていた。しかしながらこれは決して、階級対立の永続的廃止でも、階級対立を克服した状態でもなかった。人民共和国は、まさに階級闘争のなかで、闘争する諸階級の力が一時的に均衡することによって出現した。

共和国は階級勢力間の均衡状態（Gleichgewichtszustand der Klassenkräfte）にすぎず、いかなる階級も永続的に満足することはできなかった。すべての階級は、均衡状態を越えて、自らが支配できる状態を獲得しようと努めていた。ブルジョワジーもプロレタリアートもともにこの均衡状態に満足はしていなかったが、双方とも他の階級を支配できるほど十分に強大でなかったために、この共和国を受け入れていたにすぎなかった。したがって社会民主党にとって、当面の任務はこの状態を堅持し「革命の成果を擁護すること」にあったが、人民共和国は「過渡期」にすぎなかった。ひとたび資本と労働のあいだで階級闘争が決戦を強いられた場合には、この均衡状態は破棄され、反革命と革命のあいだで、資本主義か社会主義かの選択を迫られることになる。この過渡的形態にすぎない人民共和国は社会革命の終結では決してなかった。[25]

以上が、バウアーの二〇年代前半の共和国論であった。やがてかれは、均衡論から一歩踏み出した党綱領の作成へと向かう。前節でも述べたように一九二六年に社会民主党は「リンツ綱領」を発表する。この綱領は、過渡的な均衡状態のつぎにやってくる決戦の筋書を具体的に想定していた。

社会民主党は、「リンツ綱領」の第三章「国家権力をめぐる闘争」の第一節において、当面は自分たちは「普通平等選挙権の決するところによって国家権力を奪取する」としていた[26]。「民主主義共和国にあっては、ブルジョワジーと労働者階級とのあいだの階級闘争は、人民多数の心をめぐる両階級の闘争で勝負が決せられる」。つまり選挙戦をとおして政権の帰趨は決まるのであった。党は「ブルジョワジーの階級支配を打倒し、労働者階級が民主主義共和国における支配権を奪取するために、民主主義的な闘争手段を徹底的に利用する任務を」有していた。この民主主義共和国における支配権を獲得しようとする努力は「民主主義を破棄するためではなくして、それを労働者階級に役立て、国家機関を労働者階級の要求に適合させ、それを権力手段として利用し、その所有権の中に集中させている生産手段と交易手段とを大資本と大土地所有とから奪い取り、それらを全人民の共同所有に変えるために」なされた。

しかしながら同時に続く第二節以下で、社会民主党は、自分たちが普通平等選挙によって政権につくと同時に内乱に突入する可能性を示唆し、労働者の武装化の必要性を強調した[27]。ここではブルジョワジーの対応いかんによってではあるが、社会民主党の議会制による政権獲得とともに、突然、議会制が途絶え、武装闘争が始まる。ブルジョワジーは「普通選挙権が労働者階級に国家権力を引き渡しそうになったり、または引き渡されたその瞬間からただちに、民主主義共和国を打倒し、君主制またはファシストの独裁を樹立しようと試みる」はずであった。

したがって、「労働者階級があらゆる君主制のまたはファシストの反革命にたいして民主主義共和国の防衛をするのに充分な戦闘力をもつ場合」と「連邦軍と国家の他の武装部隊とが共和国を支持する場合」にのみ、共和国の権力が普通平等選挙権の決定によって労働者階級の手中に落ちても、ブルジョワジーは共和国にあえて反抗しないであろうし、労働者階級は民主主義の手段によって国家権力を獲得し、これを行使することができた。

それゆえ、社会民主党は、共和国の防衛のためつねに整然と組織された精神的肉体的準備のうちに労働者階級を保持し、労働者階級と連邦軍兵士との間に最も緊密な精神的結合を育成し、これら両者と国家の他の武装部隊とを共和国に忠誠を守るよう教育し、それによって民主主義の手段によりブルジョワジーの階級支配を打破する可能性を労働者階級のために確保しなければならない。

このように、「民主主義の手段」は、つねに「武装部隊」によって支えられたものでなければならなかった。自らの武装部隊の担保があってはじめて民主主義の手段は、労働者階級に適った機能を果たしえた。社会民主党は、基本的には「民主主義の諸形式」つまり普通平等選挙権や議院内閣制において国家権力を獲得し行使するが、ブルジョワジーの出方次第では武装闘争をも辞さないことを表明していたのである。(28)

ブルジョワジーの反革命が民主主義を破壊することに成功する場合には、労働者階級が国家権力を獲得しうる方法として残るのは、内乱の一途あるのみである。

労働者階級の国家権力の任務であるところの社会的変革にたいして、ブルジョワジーが経済生活の計画的な妨害により、暴力的な反抗により、外国の反革命勢力との共謀により反抗する場合、労働者階級はやむなく独裁の手段によってブルジョワジーの抵抗を打破するにいたるであろう。

オーストリア社会民主党の議会型「改革」と武装型「革命」のあいだを揺れ動いた性格は、オーストリア第一共和国の社会形態・経済構造を反映したものでもあったといえる。共和国は、一方では「革命」理論を自ら積極的に実践するには、都市部での蜂起を制約する要因に囲まれ、他方では「改革」理論を安定的に実施するには、前提となる十分な生産力に欠けていた。共和国における都市と農村の条件は、双方を不可能にした。ここには中発型社会主義のジレンマがあった。オーストロマルクス主義が改革派と革命派の狭間に位置する、当時の「第二半インターナショナル」の代表格とみなされたゆえんである。(29)

また社会民主党は、社会主義的精神で満たされた人間の形成を目指していたが、同時に、国民議会でも表明していたように「自由の理念」のためにも闘う決意を表明していた（本章注3参照）。党は、「リンツ綱領」の二章「階級闘争」四節で階級闘争を「権威の支配と、自由および自律（Selbstbestimmung）を求める人民大衆の志向とのあいだの闘争」としても位置づけていた。社会民主党にとって、各人が階級社会から解放された社会とは、全人民が、「貧困と無知」とから解放され、なおかつ「人民共同体の同等の権利を有する成員」に高められた社会であり、この社会において、「初めて、各個の人間は、その世界観を完全に自由に科学の成果および自由な人民の倫理的価値と一致させること」ができた[30]。ここで想定されている人民は、飢餓から解放され教養をもつ、自由で独立した、かつ相互に平等な人民である。

この人民観念を反映して社会民主党の宗教にたいする姿勢も、自由主義を引き継ぐものであった。「リンツ綱領」は、四章七節「宗教および教会」で宗教の問題を扱っていたが、それによると、党は「労働者階級およびそのまわりに集まる人民大衆の階級闘争に参加することを欲するすべての人を、その宗教的信念を区別することなく、結合するもの」であった。すべての世界観つまり宗教や哲学上・科学上の信条は法の前で同等の権利を有し、各人は世界観に基づく共同体すなわち教会や宗教団体への所属を自由に決定する権利を有していた。

労働者階級を分裂させ、かつ、広範なプロレタリア的人民大衆をブルジョワジーに服従させておくために宗教を政党の問題にするところの教権主義とは反対に、社会民主党は宗教を個人の私事と考えるものである。それゆえ、社会民主党は、個々の人の宗教、信念および感覚と闘うのではなくして、労働者階級の解放闘争を阻み、それによってブルジョワジーの支配を援助するのに、信者にたいする権力を利用する、教会および宗教団体と闘うのである[31]。

もちろん、これらの方針は、キリスト教徒の労働者の支持をも幅ひろく獲得するために定められたものであるかもしれないが、ここで教権主義に攻撃を加え、自由主義的な人間型を想定しつつ、信教の自由を掲げている点は注目したい。本来、ブルジョワ政党がブルジョワ革命の成果として実現しなければならなかったはずのオーストリアにおける「国家と教会との間」の分離つまり自由主義の要請をも、社会民主党は自らの任務として引き受けていた。党は、共和国になってからも依然として存続していた、カトリック教会を優遇する国教会法と離婚を認めないカトリック的な婚姻法とも闘わなければならなかった。

ハンス・ケルゼンの課題

議院内閣型の憲法を起草し、共和国の憲法裁判所判事となっていたハンス・ケルゼンは、社会民主党の理論誌『闘争（Der Kampf）』に掲載された「オットー・バウアーの政治理論」と題する論文で、バウアーの人民共和国論を評価しつつも、その勢力均衡論を批判する。ケルゼンにとって、すべての階級が国家権力に参与し、相互に妥協しあう状態は決して過渡的なものではなかった。したがって、階級諸勢力の均衡が崩れ次第闘争が復活し、革命へといたる、というバウアーの議論は政治理論からアナーキズムへの後退であった。ケルゼンは、諸階級の協同を過渡期としてではなく、共和国そのものとして擁護しようとした。

一九一八年から一九二三年までのドイツオーストリア共和国に階級国家をみないものは、一九世紀の半ばより発展してきた近代国家すべてを、階級国家とみなしてはならない。かれはまた、量的な差があるにすぎないのに、質的で原理的な対立を主張するマルクス主義の方法をも克服している。……この国家〔人民共和国〕は、将来の社会主義の理念に完全に適合した社会的な形成物からは程度の差があるだけで、それは革命によって飛び越す必要はなく、目的意識をもった改革によって埋められる。オットー・バウアーによって目にみえる満足によって描かれた人民共和国にこそ、社会主義の意味での社会的な理想状態への、漸進的な接近のすべての前提がある。(32)

バウアーが階級諸勢力の均衡状態とよぶ人民すべての協同は、むしろ国家の有効性を表わしていた。したがってこの共和国から、あらためて革命やプロレタリア独裁などを導き出すのは、間違っていた。ケルゼンは、この論文によって共和国を最後まで擁護するよう、バウアーを説得しているかのようであった。そうすることによって、改革的でありつつも革命的な言辞を捨てようとしないオーストリアの社会民主党に、確実に改革路線をとらせようとしていた。かれにとって、革命論は国家の指導に参与したことのない弱小野党の理論であった。しかしながら、いまや社会民主党は自らも政府を形成した経験をもち、強大になった以上こうした理論は克服されなければならなかった。共和国は、もはや階級支配の道具ではなく、プロレタリアートにとっても自身の国家であった。

ケルゼンの課題は、尖鋭化しつつあった左右の党派対立を、いかに憲法の前で調停させ、平和的に解決し、秩序をもたらすのかにあったといえる。前節でみたように、ともに武装団体をかかえイデオロギー上も正面から衝突しあいながら展開しつつあった党派対立は、法規範の前で停止させられなければならなかった。

かれは、各種党派の「形而上学」的な自己正当化が、「大戦の強烈な体験によって」促進されたとする。第一次世界大戦によって、社会的基盤とともに個人の自意識が、根こそぎに揺り動かされ、人間がいままで自明のものとしていた多くの価値にたいする疑惑が発生し、利益集団の対立が極度に尖鋭化し、新秩序を求める闘争が火を吹き出した。闘争の当事者たちは、自らを絶対的に正当化しようとしていた。(33) このような第一次大戦後の精神状況のなかで、ケルゼンは、各党派の自己正当化を批判し、国家の基礎を明白にする試みへと向かう。かれは、第一次大戦後のオーストリアで、実定法秩序(positive Rechtsordnung)を客観的に通用する規範としてとらえることによって、それを左右双方の党派性、すなわち社会民主党の主観性からもキリスト教社会党の主観性からも、救い出そうとしたのであった。〔法学的実証主義(juristischer Positivismus)の理想は〕政治的傾向が実定法の理論に影響するのを一切認めないことである。政治的無関心という意味での認識の純粋性は法学的実証主義にとって非常に特色のある目的である。このことは、所与の法秩序になんらの評価を加えることなくそのままに受け入れ、きわめて忠実に、いくぶん狭すぎることばでいわれる法律的忠実さで、法素材の知的処理に従事することを意味するに他ならない。(34)

このようにかれの学問は、政治党派に中立であろうとする。保守的でも革命的でもないことによって、それは、間接的意味においてであるが一つの政治的意味をもつのであった。またかれは、法秩序自体の内容が、政治的な諸努力の所産にすぎないことを十分に認識していた。ケルゼンは、実定性とともに実効性、すなわち事実的な遵守が見いだされる法秩序は、「相互に対立し、支配力すなわち社会秩序の内容的形成を求めて闘争する諸集団の利益の和解を表示するものである」とする。

このような社会的諸勢力はその支配力獲得闘争においてつねに正義の仮面をつけて現われ、それらすべてが自然法のイデオロギーを利用し、けっして自己の正体、すなわち単なる集団的利益（Gruppeninteressen）であることを認めようとはしない。むしろ自己を、……真実の全体利益（Gesamtinteresse）だ、と主張するのである。このような闘争の結果が、実定法秩序のそのつどの内容である。この内容はそれを構成する成分と同じく、全体利益の表現、すなわち利益集団を超えたところ、政党のかなたに存する、より高次の国家的利益（Staatsinteresse）の表現ではない。……実定法秩序の内容は対立する利益の妥協であり、そのいずれもまったく満足させられることも、まったく不満足であることもない。その内容は均衡状態の表現である。この意味で批判的実証主義は、すべての実定法秩序を平和の秩序（Friedensordnung）と考える。(35)

かれは、そのつどの実定法秩序がけっして絶対的なものではなく、党派的な意見や利害の妥協にすぎないことを認識しながらも、あえて政治党派に中立さらに無関心であろうとするところから、法学の対象を実定法に限定する。実定法秩序の内容がいかにして成立するか、このような内容を生み出す諸要因はなにか、という問題は、方法的には、所与の平和の秩序を対象とする法学の範囲外のものであった。平和の秩序は、矛盾のない体系的統一としての秩序でもある。このまったく矛盾のない秩序、形式的平等の完全な実現は、いちじるしく「正義（Gerechtigkeit）」に反する状態たることもありうる。そこでは、秩序の適用を受ける行動が合法的であるかどうかが問題なのであり、秩序が正義的であるかどうか、というその内容は問われない。「平和」は必然的に「正義」を意味しないのである。

ケルゼンは憲法制定国民議会での経験および憲法裁判所における判事としての経験をとおしてオーストリア第一共和国の政治状況を目の当たりにしていた。そこでの経験から、実定法をキリスト教社会党や社会民主党の党派性から解放し、平和の秩序をもたらそうとしていた。ここにケルゼンのいわば実定法学形態での政治的な意図があったのである。ケルゼンの課題は、当時の政治状況を反映して、法的なレベルでの統一基盤の形成と左右の党派対立の極大化を回避しようとするところにあった。このためケルゼンにとっては正義ではなく秩序こそが重要になる。絶対的な真実や正義の追求は、絶対的な対立をもたらすのみで、それを永久に終了させることはできないのである。社会生活においては、絶対的な正義の追求は断念され、平和的な秩序こそが追求されなければならなかった。ケルゼンの理論においては、この平和の秩序が第一義的な目的であり、そして、逆説的にも、この平和の秩序が絶対的な価値として現われる。

平和の秩序は、実定法による一般的な強制秩序として実現される。共和国内の左右の争いは、強制を強いる実定法規範の下で終わらされなければならなかった。ケルゼンの課題は、今からみると、近代化の中期に先鋭化する都市対農村という対立をふくんだ左右の党派対立を、実定法秩序のもとで調停させようとするところにあった[36]。

ケルゼンは、左右の各党派が相互主張する形而上学的な国家論に批判を加え、価値相対的な法秩序としての国家論を意図する。かれが『一般国家学』で掲げた目標は、「曖昧な国家形而上学から絶縁して、実証的国家の一理論、すなわちまた、厳密に法学的であって、政治的に着色されない国家学」を築くことであった。かれにとって、国家は人間の行動の規範となる「強制秩序(Zwangsordnung)」であり、「国家が規範体系であるならば、それは実定法秩序でのみ」ありえた[37]。

この強制秩序としての国家は是認されなければならなかった。ケルゼンは、国家の内容、目的には立ち入らず、それを形式的にのみ定義するのであるが、かれにとって国家は秩序と安定にとって必要不可欠なものであった。国家を是認する「改革」的社会主義にたいして、国家の死滅を予言する「革命」的社会主義は批判されなければならなかった。国家の死滅はアナーキズム以外のなにものでもなかった。したがってかれは社会民主党に、国家を積極的に是認する「ラッサールへの回帰」を勧めていた。

マルクス主義者は国家を搾取的階級支配、一階級による他階級の抑圧などと概念規定するが、それはまったく不当な定義である。仮に搾取的階級支配の維持のためにのみ刑罰と執行の体系であるあの特殊な強制秩序、すなわち強制行為を命ずる規範が必要とされるのだとしても、なお階級支配、搾取的階級抑圧という国家定義は正当でない。強制秩序は特殊的な手段であって、その手段が仕える目的とは概念上区別されねばならない[38]。

この規範的な強制秩序は、決して革命的な社会主義がいうように、階級支配の維持、一階級が他階級を搾取的に抑圧するためにのみ必要とされるものではなかった。それは経済搾取以外の目的、搾取阻止を目的とすることもありえ、むしろこの強制秩序のみが搾取状態を阻止しうるのであった。

ケルゼンの課題は、まずなによりも実定法秩序としての国家を形成し、それを左右の党派的対立から守ることにあった。かれの試みは、利害対立を平和的に解決しうる共和国の可能性を模索しようとするものであった。具体的には、それは複数の政党による議会での討論と妥協をとおしてもたらされる秩序であった。かれの議論は、たしかに実定法フェティシズムをもたらしたが(39)、相対的な世界観を求めるものであり、自由主義の系譜に連なっていた。このことは次章でみるように、かれの民主制論が議会制論にあったことからも明らかである。

三　改憲・議院内閣制と大統領制

以上のようにケルゼンの課題は、共和国におけるキリスト教社会党と社会民主党の対立状況を法規範学的に解決するところにあった。しかしながら、ケルゼンの苦悩にもかかわらず左右の党派対立は、厳しさを増していった。さらに本節でみるように、憲法をめぐるキリスト教社会党を中心とする政府与党の議論は、党派対立の緊張が増すなかで、一章でみたケルゼンが起草に深くかかわった一九二〇年憲法の根幹をなしていた議院内閣制にたいする批判となっていった。ケルゼンの理念は危機に瀕していた。

一九二〇年憲法をめぐる議論

一九二七年以降、与党キリスト教社会党は、野党社会民主党との対立が硬直化するなかで、議会政治にたいする批判の声を高め、国家の権威の強化を求めてゆく。与党は、野党の議会活動によって、政権運営に不自由を感じ、その議会活動を非難した。ザイペルは憲法改正の考えを具体化し、一九二〇年に果たすことのできなかった、内閣の任命権と国民議会の解散権を有する直接国民によって選出される大統領制を実現しようとしていた。それは議会政治を柱とする一九二〇年憲法にたいする反動であった。[40]

ザイペルは「真の民主主義（wahre Demokratie）」という観点から、議会政治を批判する。かれは、チュービンゲン大学でおこなった講演のなかで、公共的なもの（Sache aller）にかかわる共和制（res publica）を真の民主主義とみなし、党派的な議会政治からの解放を主張する。[41] 議会政治を真の民主主義から区別し、それが抱える三つの問題点、選挙制度、シュテンデ代表の欠如、党派支配（Parteienherrschaft）を指摘する。このなかで、とくに議会政治における党派支配の悪弊が問題となる。ザイペルによると、一九二〇年憲法が規定する議会政治は党派支配をもたらすものであり、野党社会民主党は、この議会制度をとおして、自らの党派的利害を政府におしつけていた。したがって「真の民主主義」のためにこそ憲法の改正は必要であり、「真の民主主義」は議会政治と政党制を克服することによってはじめて可能であった。また憲法改正は議会によらずに、国民投票によってその是非が決められるべきであった。さらにザイペルは、護国団運動をオーストリア政治を議会政治と政党制から解放する強力な国民運動として支持した。護国団もこのとき、憲法改正を声高に叫んでいて、それを議会をとおしてではなく街頭闘争によって果たそうとしていた。[42]

一九二九年四月、ザイペルは、突然首相を辞任する。[43] ザイペルの辞任後一カ月間の政治空白を経て、ようやくキリスト教社会党のエルンスト・シュトレールヴィッツ議員（一八七四―一九五二）を首相とする内閣が組閣される。このとき政府与党側は、組閣が遅れたことの責任は議会にあるとして、議会政治にたいする批判をさらに強めた。[44] ただシュトレールヴィッツ首相は、合法的な方法による憲法改正を望み、護国団が主張する武力行使による反議会政治的な方法を拒否した。キリスト教社会党内においても、全員が反議会政治的な方法を支持していたわけではなかった。[45]

しかしながら、護国団の反議会政治的な言動は止まず、[46] キリスト教社会党内の意見を一致させることもできず、九月にシュトレールヴィッツ内閣は早くも辞任する。シュトレールヴィッツ内閣の後をうけて、二六日、ショーバー内閣が発足する。キリスト教社会党は、一九二七年七月の事件の際にウィーンで警察を指揮した警察長官ヨハン・ショーバー（一八七四―一九三二）に、憲法改正を断行する能力のある「強い男」を期待した。護国団も、かれこそ憲法改正問題をめぐる国内の対立に適した男であるとみなし、当初はかれを歓迎した。[47] かれの内閣は、半分はキリスト教社会党と大ドイツ党と農村同盟から成っていたが、残りの半分が官僚から成る内閣であった。護国団は、議会から強く独立した「権威的」な内閣の成立に満足し、そこに自らの運動の成功をみた。

ショーバーは、所信表明において「国家権力の強化」と「安定した行政運営のための措置」こそが国家生活と経済の順調な発展を保障する、という基本思想に則って憲法を改正することを強調する（St. PR. NR 3・99, S. 2790）。新内閣は、与党の期待にそって即座に憲法改正案の作成にとりかかった。一〇月一八日、憲法改正の政府案は国民議会に提出され、二三日に第一読会が開始される。

ショーバー内閣が起草した憲法改正案は「教義学的といえる方法で極端な形に走った議会支配のシステム」の改革を掲げた（St. PR. NR 3, Beilage 382）。一九二〇年代の社会民主党の影響力は三つの要素によって支えられていた。それは、国民議会、都市ウィーン、行動組織としての共和国防衛同盟であった。これにたいして、キリスト教社会党の強さは、連邦政府を形成して官僚を掌握していたこと、ウィーン以外の農村諸州において影響力を保持していたこと、国の警察および国防軍をおさえていたことにあった。[48] こうした勢力配置をいかにキリスト教社会党にとってさらに有利な状況に変えるか、という意図から政府の改正案は作成された。

したがって改正案の目標は、まず議会の権限を弱め、政府の権限を強めようとするところにあった。政府が国民議会にたいして大幅な影響力をえることによって、国民議会は弱体化されなければならなかった。その具体的な方法が、連邦大統領への緊急権や国民議会の解散権の付与であった。改正案は、ザイペルの意向にそって、国民によって直接選出される強力な権限をもった大統領制の実現を目指した。そこでは、議会の召集および解散権、内閣の任命権、非常時における緊急権を有した君主型の大統領が予定されていた。これによって国民議会で社会民主党が成立を阻んだ政府の法案を、国民議会の制約を受けることなく、政府と連邦大統領だけで成立させることを可能にしようとした。

またウィーンの憲法上の地位の変更も計画されていた。社会民主党勢力の基盤となっていたウィーン、いわゆる赤いウィーンの州としての権限を奪うことによって、社会民主党の力を弱体化させようとしたのである。州の権限を弱めることによって、一九二〇年のときとは逆に、今度はキリスト教社会党が憲法をより中央集権化しようとした。与党の支持基盤である地方での反発を招かないために、与党は憲法の中央集権化はウィーンにのみ向けられたものであると説明した。地方もまた、ウィーンの税収に与ることができるとの思惑からこの路線に従うのである。この改正案は、連邦議会の構成について、各州がその州の人口に関わりなく二名ずつ代表をだすことを要求していたが、これも実質的にはウィーンの包囲を狙ったものであった。

さらに、政府の意図は、行政裁判所と憲法裁判所の「脱政治化（entpolitisieren）」を目指したところにも現われた。政府は、政府にとって不利な判断を下しがちな憲法裁判所を、自分たちに有利な形に変えることを考えた。したがって実際にはそれは、憲法裁判所の脱政治化ではなく、政府による党派的な利用を可能にすることを目的とした「改政治化（umpolitisieren）」であった。

国民議会へ提出された政府の憲法改正案は、十日前の社会民主党大会でバウアーが受け入れることのできない内容として表明した項目をすべて含んでいた[49]。したがって社会民主党は、改正案は二〇世紀の「社会主義者鎮圧法」以外のなにものでもないと政府案に激しく反発する。まさしくこの案は、キリスト教社会党が影響力を有しているところではより多くの権限を要求し、そうでないところでは権限を削減しようとする案であった。与党は、自らの党派的な利害を満たした際には、自分たちは「非政治的」であり「国家的」であり「全体の利益」にかなっていると主張していたが、野党がそうした場合にはその党派性を非難していた。社会民主党によると、民主政治においては、最終的には多数派が決定権を有してはいるものの、多数派の権利にはつねに少数派の権利が対置され、そこでは多数の支配が少数の監視とコントロールによって脱政治化されるのである。しかしながら、与党は、野党を無視することによって、この「多数派の決定が少数派のコントロールの下でおこなわれるシステム」を破壊し、その支配を「政治化」しようとしているのである（St. PR. NR 3・102, S. 2884）。

憲法改正国会の第一読会で質疑に立ったレンナーは、経済政策の分野で与野党間が合意することによって議会は十分に機能していたにもかかわらず、一部の「好戦的な勢力」がこのことを否定したために、経済政策に全力で取り組まなければならないときに、政府連立与党はこうした憲法改正案を国会に提出したのであると述べたうえで、この憲法改正案が成立した場合には官僚が立法権と執行権を問わずあらゆる権限を自分たちのものとし、大統領を頂点とした官僚によって「階級支配」が実現し、大統領が官僚の実質的な長となり、一言でいえばかつての「君主」になる、と厳しく批判する（St. PR. NR 3・102, S. 2885）(50)。かれによると、かつての帝国の中央省庁は広大な領土を統治しなければならなかったが、現在の小さな共和国に強力な官僚制度は必要なかった。ところが、与党はいつのまにか強力な官僚なしでは統治できないと主張するようになり、しかも、一方的に党派的な官僚人事をおこない、意見を異にするものを省庁から排除していた。与党は中立であるべきはずの省庁をいつのまに、「政治化」していたのである。

伝統的に強力な官僚もまた、この十年のあいだに、国民によって任命されたはずの大臣をいつのまにか取り込み言いなりにさせていた、とレンナーは指摘する。かれは、政府の憲法改正案は、今日、権力欲にとりつかれた官僚がその権力の独占欲から生み出したものであると断定する。改正案は、官僚がそうしたいと思った場合にはいつでも国民議会の立法権と予算権を奪うことを可能にするものであった。この憲法改正案は、「議会の首をはね」、それによって国民から議会と政治的な権利を奪うことを目的としていた。共和国の官僚は、突然「議会は不快であり、かれら〔議員たち〕を〔議会から〕家に追い返せと言いだし始めたのである」（St. PR. NR 3・102, S. 2878ff.）。

改正案に盛り込まれていた行政裁判所の改造について、レンナーは次のように述べる。「国家公民的な基本権の保障は官僚自身からはえられない。それゆえ行政裁判所には、国民の代弁者として議会の代表者を任命し、その他に学者や大学教授を任命したのである」。こうすることによって「この裁判所を、官僚を統制する国民の最高機関として官僚に対置せしめた」。レンナーによると、行政裁判所があるからこそ官僚はその任務を適法に遂行していた。だが官僚を監視し統制することが行政裁判所の本質であるにもかかわらず、与党の憲法改正案は、裁判官に法務・行政官僚のみを任命させることによって、行政裁判所を官僚の一機関にしようとしていたのである（St. PR. NR 3・102, S. 2889）[51]。

社会民主党の議論にたいして、キリスト教社会党は次のように反論する。キリスト教社会党の討論者シュミッツ議員は、「国家を改造し政治生活の不安と緊張のもとを遠ざけることこそが経済に良い影響を与えるので」あり、まずなによりも「政治的な病を排除しなければならない」と述べる。そして議会政治こそがこの「政治的な病」なのであった。いまや、各国で民主主義と議会主義を区別する運動がさかんになっていて、多くの国が、従来の民主主義の方法とは違った方法によって、民主主義への道を模索していた。かれによると、大戦後の民主主義と議会主義の実際の経験がこうした議会政治と異なる新しい民主主義の運動をもたらした（St. PR. NR 3・102, S. 2891f.）。

シュミッツは、国民議会はいまや全能化してしまっているとして、それを批判する。「国民議会は立法だけでなく、政府を選出し、政府に主委員会（Hauptausschuß）や各種委員会をとおして口出しをし、憲法裁判所の判事の任命に介入する」。それゆえに今こそ「権力分立の理念」を厳格に適用しなければならなかった。かれに従うと、この理念を実現するためにこそ、連邦大統領は独自の国家的な権威とならなければならない。その際、国民議会の機能は本来の立法機能に限定されなければならず、行政権に一切、介入してはならなかった（St. PR. NR 3・102, S. 2894）。

キリスト教社会党はまた、野党の議会での反対と抵抗を議事妨害であるとして非難する。それによると、「もしも、一六五名の国民議会議員が国民主権を担っているのであれば、これらの議員は議事妨害をしてはならない。議事妨害は国民主権に抵触する」。かれらは、公の権力と個々の政党の活動の自由は両立せず、政党の機能は統治することではなく国民の意見を表明するにとどまる、と主張する。議会が互いに対立し争っている諸党派によって構成されている場合には「それもたしかに重要な機能ではあるかもしれないが、その場合には、議会は決して主権的（Souverän）たりえない」。もし、それが「主権的」であろうとする場合には、党派的対立とそれによる主権の麻痺は、排除されなければならなかった（St. PR. NR 3・102, S. 2895）。

与党はこのように議会政治と野党を論難したうえで、一九二〇年憲法は緊急非難的になされた妥協の産物であり、それは暫定的な憲法であるので、今こそしっかりとした憲法に改正するべきである、と主張する。また、憲法の改正は議会制のルールに則っておこなうつもりであるが、もしも、この改正に失敗したときの危険を忘れてはならない、と警告する（St. PR. NR 3・102, S. 2900）。

ケルゼンは、ベルリンの共和主義的裁判官同盟（Organ des Republikanischen Richterbundes）が発行していた月刊『司法（Die Justiz）』誌上で、議会主義の立場から政府の改正案を厳しく批判する。ケルゼンによると、一連の憲法改正の動きは護国団の圧力によって引き起こされた。この圧力を背景に、政府を形成していた議会内多数派は、かれらの要求が無条件に受諾されるのを期待しているかのようであった。かれらはあたかもすでに勝者であるかのようにふるまい、その姿勢は不気味で高慢であった。ケルゼンは次のように政府案を政治的に批評する。(52)

この数多くの、とりあえず技術的にはよくできた政府案の規定の、政治的な意義を吟味するならば、そこには社会主義的な少数派の地位を直接に攻撃する以外のものは、ほどんど見いだされないだろう。一方の目的はかれらによって治められているウィーン州の地位を破ることであり、もうひとつの目的は中央議会でのかれらの影響力を排除することなのである。

改正案全体の政治的な意図は「民主主義の解体」であった。それは多数派の専制を目的とした制度であり、ケルゼンがくり返し述べている「民主主義の本質は、多数派の絶対的な支配にではなく、多数派と少数派の絶え間ない妥協にある」というテーゼを破壊しようとしていた。なぜならば、この案は「少数派を排除することによって、自由の最も重要な保障を廃止」し、野党を消滅させることによって「議会多数派のかわりに国家首長」をもたらし「自由に選出された議会によって決定される法律のかわりに緊急令」をもたらし「絶対君主制におとらずに絶対的な多数派支配の本質要素でもある警察権力と軍国主義」を導くからであった[53]。評価を排し、合法性のみを問題とし、正義的であるかどうかの内容は問わない法実証主義を掲げていたはずのケルゼンも、このように憲法改正案を自らが正しいと考える視点から、いくぶん感情的にすら論難していた。

改正憲法（一九二九年憲法）

一〇月二五日、国民議会の憲法委員会が最初の審議を開始する。二時間の議論の末、双方の立場は対立したままであった。この日の憲法委員会の議論は、八人の構成員からなる小委員会を形成することを決定して終わった。二九日に小委員会がその審議を始める。憲法小委員会における中心議題は、連邦大統領の権限、国民議会の権限、ウィーンの地位の三問題であった。七回の審議の後、一一月八日、小委員会の審議が、憲法改正の核心部分において歩み寄りがみられないまま、ひとまず終了する。

与党はショーバー首相にたいして社会民主党と引き続き憲法改正について交渉を続けることを要請した。与党の要請に従って、ショーバー首相は、社会民主党の交渉担当者ダンネベルク議員と交渉を始める。社会民主党は自分たちの基本的な方針を変える意志はなかったが、ショーバーは、ダンネベルクとの交渉において、いくつかの点については合意に達する可能性があることを認識した。キリスト教社会党内にも、野党に非妥協的で強硬な態度をしめす党員がいる一方で、野党にたいして理解をしめす党員もいた。しかしながら、他方で事態は急を要してもいた。護国団指導者は、これまで以上に挑戦的な態度をしめし、早期の憲法改正を要求した。また、憲法改正問題以外の経済政策等の重要な問題も解決を迫られていた。与党内の強硬派は、合意のための交渉を打ち切って憲法改正問題に決着をつけようとしていた。

集中的に交渉がおこなわれた結果、ようやく、ショーバーはダンネベルクと連邦大統領の権限等について妥協の可能性を見いだすことができた。キリスト教社会党もショーバーとダンネベルクとのあいだでしめされた合意の可能性は受け入れられるものであると表明した。また、ショーバーは、予想された護国団の武装蜂起に備えて、治安部隊の出動準備を命令する。護国団指導者は、ショーバーのこの処置と、キリスト教社会党が憲法改正を社会民主党との交渉によって実現する方針を明確にした事実に失望した。(54)

一一月二四日、社会民主党の全国会議が開かれ、そこでダンネベルクはこれまでの交渉の経過を報告する。(55)かれは、その報告のなかで、憲法改正問題において党がとるべき方針を提案した。この提案にしたがって、社会民主党は、憲法改正案がこの全国会議で決定した方針に沿ったものであれば、交渉の場で改正案に賛成してもかまわないとして、ダンネベルクに全権を委任した。(56)ここで社会民主党の妥協点は明確になった。社会民主党は、連邦大統領の国民による直接選挙、連邦大統領の大臣の任命権、連邦大統領の国民議会の解散権には反対しないが、連邦大統領が国民議会を閉会させる権限には反対し、連邦大統領の緊急権については国民議会の委員会によって制限される場合にのみ受け入れられるとした。また、国民請願と国民投票による憲法改正、行政裁判所や憲法裁判所の縮小には、最後まで反対する方針であった。さらに、自治体が地域の治安警察を保持する権利は維持されなければならず、ウィーンの州としての地位は排除されてはならなかった。(57)

一一月二五日、小委員会において審議が再開され、引き続き交渉がショーバーと社会民主党の代表者との個人的な会合や小委員会等のさまざまな場において続けられた。ショーバーとダンネベルクとの交渉によってもたらされた合意を越える合意はなかなかえられず、交渉の決裂が危ぶまれたが、双方の努力によって与野党は交渉を継続した。毎日、新たな妥協案が提示され、歩み寄りはわずかずつながらも前進をしめすことはできた。まず連邦大統領の選出についての規定が大体において双方から承認され、ついで大統領の緊急権の問題、国民議会の問題について合意に達することができた。(58)ただ、ウィーンの地位の問題は最後まで合意にいたらなかった。一二月六日に、憲法委員会において最後の審議がおこなわれ、合意に達することのできなかった点は国民議会における票決によって決着をつけることになった。

七日に、国民議会において憲法改正案の第二、第三回読会と票決がおこなわれ、憲法委員会においてダンネベルクによって承認されなかった法案の項目は、国民議会の票決においても必要な多数をえることができず、否決される(St. PR. NR 3・102, S. 3047ff.)。一二月一〇日、国民議会で採決された憲法改正法案が連邦議会でも承認されることによって、最終的に改正憲法が成立する。

憲法改正の結果については与野党双方が自分たちの目標は達成されたとした(59)。しかしながら改正憲法は、大統領の緊急令、国民議会の召集・解散権、内閣の任命権を新たに定めたことによって、一九二〇年の憲法にくらべて部分的にではあるが、政府の権限が強められ、議会の権限が弱められた。

以下、大統領の召集・解散権、選出方法、政府の任命権についてみることにする(60)(第一八条に新たに設けられた大統領の緊急令については次章注83参照)。

国民議会の召集と閉会を規定していた「連邦憲法第二八条」は、改正前の一九二〇年憲法では「国民議会は、自らの決定によってのみ閉会されうる。再召集は、その議長がこれをおこなう。議員の四分の一以上、または連邦政府の要求がある場合には、議長はただちに国民議会を召集する義務を負う」という一項からなる単純な条項であったが、改正後は次のように、大統領による召集と会期についての細かい項目がくわわる。また第一項で会期が定められたことによって、これまで通年であった会期が六カ月以上八カ月以内に制限される。

「連邦憲法第二八条」(改正後)

1 連邦大統領は、国民議会を毎年二回の通常会期に召集する。すなわち、新春の会期と秋の会期にである。その期間が少なくとも二カ月間である新春の会期は、六月一五日過ぎまでおこなわれてはならない。その会期が少なくとも四カ月間である秋の会期は、一〇月一五日以前に始まってはならない。

2 連邦大統領は、国民議会を特別会期にも召集できる。連邦政府、または国民議会、諸州議会、シュテンデ議会の議員の三分の一以上の要求がある場合には、連邦大統領は二週間以内に国民議会を特別会期に召集する義務を負う。
3　連邦大統領は、国民議会の閉会を国民議会の決定に従って宣言する。
4　同じ立法期（Gesetzgebungsperiode）のなかで、国民議会の新たな会期を開く場合、活動は、前回の会期が終了した時点の状態から、続けられる。会期の終了の際には、個々の委員会が、国民議会によってその活動を続けるよう、任命されることができる。
5　会期中の国民議会の個々の会議は、議長が召集し閉会する。議長は、国民議会の成員の四分の一以上がそれを要求する場合、会期中に会議を遅くとも五日以内に召集する義務を負う。

ついで、国民議会の解散を規定する「連邦憲法第二九条」も、改正前の一九二〇年憲法では「立法期中に国民議会は一般の法律によってその解散を決定することができる。その場合でも、立法期は新たに選挙された国民議会の集会まで続く」という一項からなる単純な条項であり、国民議会は自身の決定によってのみ任期中に解散されえたのであるが、改正後は大統領による解散が可能となった。さらに第一項で解散から再集合まで九〇日間の猶予を与えられたことによって、連邦大統領と連邦政府は最長で約三カ月間、国民議会なしで政権を運営できることになった。(61)

「連邦憲法第二九条」（改正後）
1　連邦大統領は、国民議会を解散できる。ただし、大統領はこれを同一の理由からは一回しかおこなえない。この場合、連邦政府は、新たに選挙された国民議会が遅くとも解散から九〇日目には集合できるように新選挙を決定しなければならない。
2　立法期が終了する前に国民議会は一般の法律によってその解散を決定することができる。
3　第二項に従っておこなわれた解散や、また任期の満了の後は、立法期は新たに選出された国民議会の集会まで続く。

連邦総会による大統領の選出を規定する一九二〇年の「連邦憲法第六〇条」（二章二節参照）は、国民による直接選出へと次のように変更された。

「連邦憲法第六〇条」（改正後）

1　連邦大統領は、連邦国民による直接・秘密選挙によって選出される。投票権は国民議会への選挙権をもつすべての者がもつ。連邦大統領の選挙については選挙義務がある。選挙手続きと選挙義務の詳細は、連邦法によって定められる。この連邦法においては、とくに選挙への不参加が認められる事由も定められる。

2　当選者は有効票の過半数をえた者である。もしもこのような多数がえられない場合は、第二回目の投票がおこなわれる。第二回目の投票では、一回目の投票で最も得票が大きかった二人の候補者のうちの一人への投票のみが有効となる。しかしながら、この二人の候補者を立てた二つの選挙集団は、二回目の投票において、立てられていた候補者とは別の候補者を指名することができる。

3　連邦大統領には、国民議会への選挙権をもち、選挙がおこなわれる年の一月一日以前に三五歳以上の者のみが選出される。被選挙権から除外されるのは、統治する王家の構成員、あるいは、かつて統治した王家の一族である。

4　連邦大統領の選挙の結果は、連邦首相によって公式に告示されなければならない。

5　連邦大統領の任期は六年とする。直接続く任期についての再選は、一回のみ可能である。

6　連邦大統領は任期満了以前に国民投票によって罷免されうる。国民投票は連邦総会がそれを要求するときにおこなわれる。国民議会がこのような動議を可決したときには、連邦総会は連邦首相によって召集されなければならない。国民議会の決定のためには、議員の半数以上の出席と、総投票数の三分の二以上の得票を必要とする。この国民議会の決定によって、連邦大統領は今後の職務の執行を妨げられる。国民投票による罷免の拒否は再選の意味をもち、国民議会の解散（第二九条、第一項）を結果としてもつ。この場合においてもも連邦大統領の全任期は一二年以上続いてはならない。

これは一見すると直接民主制を実現した条項のようにみえるが、ケルゼンによると、「ここには、議会主義に反対し直接の国民投票を、という大統領の選出方法を改正したパロールにたいする明らかな矛盾が」あった。今までの連邦総会による大統領の選出方法にたいして、それは国民とは無関係におこなわれる政党による指名であるという批判がなされていたが、新たな六〇条もその第二項によって、結果的には同じ批判をまねくはずであった。つまり、オーストリアの政治状況を考えた場合、候補者が一回目の投票で有効票の過半数をえるのは不可能であり、かならず二項で定める決選投票になるはずであったが、選挙集団つまり政党が候補者を指名することによって、実質的な「決定は政党装置にあり、国民にはない」のであった[62]。しかも、大統領の国民による直接選挙は第一共和国では一度も実施されることはなかった。キリスト教社会党はこの大統領の直接選挙を再び廃止してしまう。一九三四年の新たな「シュテンデ憲法」で、キリスト教社会党の強い要望に従って実現したにもかかわらず、第五章でみるように、一九三

国民議会による連邦政府の任命を定めていた一九二〇年の「連邦憲法第七〇条」第一項「連邦政府は、国民議会において記名投票によって、その委員会がおこなう提議に基づいて、選出される」は、大統領が政府を任命する方式に変更される。

「連邦憲法第七〇条」(改正後)

1　連邦首相は連邦大統領によって任命され、連邦政府の他の構成員は連邦首相の提議に基づいて連邦大統領によって任命される。連邦首相または連邦政府全体の罷免には、提議は必要とされない。個々の連邦政府の構成員の罷免は、連邦首相の提議によっておこなわれる。副署は、連邦首相の任命に関する場合は、新たに任命された連邦首相によってなされる。罷免は副署を必要としない。

ケルゼンは新たな憲法の「方向は、一九二九年の改正前にその類型がオーストリアの連邦憲法においてとくに明確にあらわれていた議会制民主主義を否定し、反する方向へむいている」と総括していた。「野党の社会民主党だけが、

通用している憲法を、昨今顕著になった方向へのさらなる変更から守る傾向をしめして」いた。この「反民主的な潮流はもちろんまだ議会に代表されていない政治集団、いわゆる護国団から発して」いて「その精力的な圧力のもとで議会多数派政党のイデオロギーは大幅な変更をこうむった」のである。護国団の「議会制民主主義をある種の指導者独裁と結びついた職能シュテンデ的な組織によって置き換える」要求、ブルジョワ議会政党がもくろむ「大統領権力の強化とウィーンの犠牲のうえでの連邦権限の伸張」、中央集権的な傾向をもつ官僚の側よりなされた「警察権力を拡大し軍事的権威を強化する努力」と「司法と行政の脱政治化のかけ声」、これらすべてが、ケルゼンが中心となって起草した一九二〇年憲法を反議会主義的な方向に変更するのに重要な役割を果たした[63]。

（1） 連立政権を組んだキリスト教社会党と大ドイツ党は、基本政策のいくつかの問題で、異なった方針を有していた。とくに、文化政策（Kulturpolitik）と称されていた政教分離問題と、ドイツとの関係をめぐる外交政策上の方針に違いがあった。これらの問題について、大ドイツ党は、連立を組むにあたって次のように説明する。まず、文化問題について、キリスト教社会党とのあいだに教権主義をめぐって「休戦条約」が結ばれ、両党はこの休戦条約が維持されることを確信しているとする。それゆえ、連立政権内では学校教育の現場や婚姻法の問題について「教皇権至上主義（Ultramontanismus）」と争う必要はないとの見解をしめす（St. PR. NR 1・112, S. 3711）。他方、外交政策上の問題については、大ドイツ党は国際連盟の方針に従って行動していた政府ないしキリスト教社会党に親ドイツ路線をとることを要求する。大ドイツ党は、政府が、外交政策において戦勝国を向いた「一面的な方針」を修正し、講和条約の改正によって「わが民族の困窮とわれわれの経済状態を耐えうるものとする」ことを要求していた。かれらにとって、「戦勝国との一連の条約を経済条約も含めて自主的に容認することは、自決権の放棄であり、それはまたドイツライヒを政治的に反ドイツ的な輪によって取り巻く条約で」あった。大ドイツ党は、オーストリア国民の困窮の最終的な解決はドイツとの合邦によってしかえられないのである、と強く主張していた（St. PR. NR 1・112, S. 3718）。この外交政策をめぐる保守連立政権内の意見の不一致は、二〇年代のあいだは、政権内で大きな争点とはならないが、やがて三〇年代に入ると、保守連立政権の決定的な分裂をもたらす要因となるのである。

（2） Borkenau, F., Austria and After, London, 1938, p. 224ff. ; Bauer, O., Ignaz Seipel, in : Otto Bauer. Eine Auswahl aus seinem Lebenswerk, Wien, 1961, S. 237.

（3） 宗教問題は、具体的には学校改革をめぐる学校と教会、婚姻法をめぐる婚姻と教会の関係として争点化していた。学校について、社会民主党は「われわれは労働者にその子供たちが、教会から自由な学校で、自由で教養ある人間に教育される保障をあたえてきた」として、これまで、レンナー政権下で進めてきた、学校を教権支配から解放するための学校改革の成果を強調する。この改革の成果を後退させる恐れのあった新内閣にたいして「聖職者が首相の座にあろうと、その手先が文部大臣になろうと」、「労働者階級は学校の自由と学校改革に一指も触れさせぬ」との決意を表明する（St. PR. NR 1・112, S. 3709）。このとき同党は、「ローマによる抑圧」を糾弾し、「史的唯物論の理念」と同時に、「人間性の最も高貴な財産である自由、とくに、精神の自由といった理念」のためにも闘う決意をしていた。婚姻法の問題についても、「〔社会民主党は〕オーストリア共和国が、ヨーロッパ内の、市民的な婚姻法を有していない唯一の国家であり、教会の命令が市民間の関係をも規定している唯一の国家であることを恥じる。この教権的なオーストリアを近代的な国家にすることは、自分たちだけではなくブルジョワ層の義務でもあると信じている。そこでわれわれは、大ドイツ党が、連立政権内でいかに、公的な生活がより一層教会の隷属化に入ることにたいして立ち向かうのか、監視したい」としていた（St. PR. NR 1・112, S. 3709）。

（4） Klemperer, K. v., Ignaz Seipel/Staatsmann einer Krisenzeit, Graz, 1976, S. 33ff.

（5） Klemperer, K. v., ibid., S. 36ff.

（6） Klemperer, K. v., ibid., S. 65ff.

（7） Bauer, O., ibid., S. 238.

（8） Borkenau, F., ibid., p. 226ff.

イデオロギー上の矛盾とともに、新たな支持基盤と旧来の支持基盤との対立も生じうるようになった。バウアーは、キリスト教社会党内で金融資本をはじめとする大資本と前近代的なセクターのあいだでしばしば対立が生じていたことを指摘している（Bauer, O., ibid., S. 314ff.）。

（9） Bauer, O., ibid., S. 237.

（10） Verosta, S., Die österreichische Aussenpolitik 1918-1938 im europäischen Staatensystem 1914-1955, in: Weinzierl, E., Skalnik, K. (Hrsg.), Österreich 1918-1938 Geschichte der 1. Republik, Wien, 1983, S. 125.

（11） Lander, G., Seipel als Überwinder der Staatskrise vom Sommer 1922, Wien, 1964, Graz, S. 10f.

（12） Das Programm der Christlichsozialen Partei, 1926, in: Berchtold, K. (Hrsg.), Österreichische Parteiprogramme 1868-1966, Mtünchen, 1967, S. 374f.

（13） 一九二三年に社会民主党によって設立された共和国防衛同盟は、レンナー内閣で国防相をつとめていたユリウス・ドイチュ

(一八八四—一九六八) に率いられていた。共和国防衛同盟は、指導部が主に元士官から構成されており、党に服す党の軍隊として設置されていた。組織は軍事組織そのものであり、軍事訓練も頻繁におこなっていた。防衛同盟の「兵士」たちは労働者から徴募されていたが、防衛同盟は一般の労働者からは距離をおいており、労働者のなかの精鋭部隊としての性格が強かった。主な日常的な任務は、社会民主党の集会の防衛であった。構成員は、一九三三年に非合法化される直前で約六万名であったといわれている (Edmondson, C. E., Heimwehren und andere Wehrverbände, in: Handbuch des politischen Systems Österreichs Erste Republik 1918-1933, Wien, 1995, S. 264f.)。

(14) Wandruszka, A., Österreichs politische Struktur, in: Benedikt, H. (Hrsg.), Geschichte der Republik Österreich, München, 1954, S. 360.

Heimwehr の日本語への翻訳について本稿では護国団と記した (このように訳しているものとしては、次注でふれる矢田俊隆氏の研究や古田善文氏の研究がある) が、村松恵二氏はドイツ語の Heim には「ふるさと」という意味があることを指摘し、この点を強調するために、「護国団」ではなく、「郷土防衛運動」という訳語をあてている (村松恵二「オーストリア・ファシズムの諸問題」弘前大学経済学会『弘前大学経済研究』九号、一九八六年、一七頁)。

(15) Wiltschegg, W., Die Heimwehr, Wien, 1985, S. 247f.

ウィルチェッグの著作は、護国団を対象とした初の包括的な研究書であり、護国団を自律的な国民運動としてとらえる試みをしている。ただ、ウィルチェッグ本人が元護国団員であったことから、「客観的」に論じようとはしているものの、そのサブタイトル「不可避的な国民運動か (eine unwiderstehliche Volks-bewegung?)」がしめしているように、概して、護国団運動を戦間期オーストリアにおいて祖国オーストリアを護るために不可避的に生まれた国民運動として肯定的に評価している傾向がある。ウィルチェッグは、運動の社会的な構成について、特定の階層だけではなく国民運動として国民のあらゆる階層を内にもっていたと述べているが (Wiltschegg, ibid., S. 275.)、その際に「著者の調査によると」と述べるにとどまり、具体的な資料の出典名を記していない (Wiltschegg, ibid., S. 277.)。また、不明確なイデオロギーについて述べているが (Wiltschegg, ibid., S. 252ff.)、護国団の綱領が反政党・議会政治、反社会主義であったことは明確である。

護国団についての日本における研究としては、矢田俊隆「初期の『護国団』運動について」『オーストリア現代史の教訓』刀水書房、一九九五年所収、古田善文「両大戦間期オーストリアにおける護国団の成立と初期の発展過程」東欧史研究会『東欧史研究』九号、一九八六年、同「オーストリア護国団運動の運動主体——一九二〇年代後半の台頭期を中心に」歴史学研究会『歴史学研究』五七八号、一九八八年がある。矢田氏の研究は、従来の護国団研究にしたがって、護国団運動の国内外の支援者への従属的な側面を強調し、護国団運動を基本的に「田園的＝貴族的＝農民的」な運動と位置づけている (矢田、前掲書、九四頁)。

これにたいして、古田氏の研究は、ウィルチェッグの研究を批判的に踏まえて、護国団運動の自律的な大衆運動体としての側面を強調している。さらに古田氏は、護国団運動の社会的構成研究を深めるべきであると指摘し、運動主体の社会的構成へと分析を進めている（古田「両大戦間期オーストリアにおける護国団の成立と初期の発展過程」一六頁、同「オーストリア護国団運動の運動主体」一頁）。ただ古田氏も矢田氏も、護国団の社会構成は基本的には旧支配層（高級将校、官僚、大土地所有者）に指導された農民であった、という点では見解が一致している（矢田、前掲書、八六頁、古田「オーストリア護国団運動の運動主体」九頁）。筆者は、この点を重視し、本文でも述べるようにこの社会構成ゆえに護国団「運動」は決して二〇世紀型の「大衆運動」ではなかったことを強調しておきたい。

(16) Berchtold, K., Die Entwicklung der politischen Parteien, in: Berchtold, K. (Hrsg.), ibid, S. 60.

(17) Liebscher, V., Die österreichische Geschworenengerichtsbarkeit und die Juliereignisse 1927, in: Neck,R., Wandruszka,A. (Hrsg.), Die Ereignisse des 15. Juli 1927, Wien, 1979, S. 84ff.

(18) Botz, G., Die Juli-Demonstranten, ihre Motive und die quantifizierbaren Ursachen des 15. Juli 1927, in: Neck, R., Wandruszka, A. (Hrsg.), ibid, S. 28f., S. 50ff.

この事件をきっかけに「群衆と権力」の問題に取り組むことになる、後のノーベル賞作家エリアス・カネッティ（一九〇五—一九九四）は、次のように回想している。

ふだんは紀律も正しく、自分たちの社会民主党の指導者たちを信頼し、ヴィーン・コンミューンがこの指導者たちによって模範的なかたちで管理されていることに満足していた労働者たちが、この日は自分たちの指導者ぬきで行動していた。彼らが裁判所庁舎に放火したとき、市長のザイツは消防車に乗り、右手を高くあげて彼らの行く手をさえぎろうとした。彼のゼスチュアは水泡に帰した。裁判所庁舎は炎上したのである。警察は射撃命令をうけた。九〇人の死者が出た。あれから五三年たったが、あの日の興奮は今日もなお私の五体から抜けきってはいない。私が身をもって体験したものは革命に最も近い。爾来、私はバスチーユ監獄襲撃がどのようにおこなわれたか、それについて一語も読まなくとも、まったく正確に知っている。私は群衆の一員になったし、群衆のなかに完全に吸収されたし、群衆の企てていることにいささかも抵抗を感じなかった（Canetti, E., Die Fackel im Ohr Lebensgeschichte 1921-1931, München, 1980, S. 230f., 岩田行一訳『耳の中の炬火——伝記 1921-1931』法政大学出版局、一九八五年、三一四頁）。

(19) 社会民主党が、デモを鎮静化しようとしたことについて、コミンテルンは次のように非難した。

オーストリア社会民主党の改良主義的政策は、労働者を行動から引きとめることはできなかった。大衆は行動しはじめた。そして、事態が闘争にまでゆきついたとき、大衆は、社会民主党指導部の意志に反して、革命的なやり方でたたかった。

だが、いま大衆が真に革命的なやり方で、自分たちの焦眉の要求のためにたたかっているとき、オーストリア社会民主党は、できるだけすみやかに、この闘争を圧殺することしか考えていない。……社会民主党系の共和国防衛同盟の団員のなかから、国家警察と協力して、ウィーンの労働者とたたかって秩序回復にあたる特別なウィーンの自治体警察が編成されたことは、オーストリア社会民主党の役割にあざやかな光を投げかけており、オットー・バウアー一派の左翼的な道がどこへみちびくものかをしめしている。オーストリア・マルクス主義の破産と裏切りは、全世界の労働者のまえで暴露され、断固として非難されなければならない（Die Wiener Barrikaden-Verzeichnis neuer revolutionäre Stürme, 1927,「ウィーンのバリケードは新しい革命的嵐の前ぶれである」村田陽一編訳『コミンテルン資料集・第四巻』大月書店、一九八一年、二三七頁）

ウィーン蜂起の主要な矛盾は、自然発生的な大衆運動の強力な、力にみちた英雄的な高揚と、労働者階級の大衆にたいする革命的指導の欠如にあった。オーストリア社会民主党は、思想上、原則上、ウィーン蜂起とたたかったばかりでなく、その鎮圧を組織し、支持した。市長ザイツはウィーン自治体警察を設置することによって、かれ自身の指導のもとにブルジョワ国家の防衛にあたらせるために、最も信頼のおける分子を集めようとした。……こうして、プロレタリアートの闘争力とその指導部との矛盾が敗北の原因となった（Resolution des Präsidiums des EKKI über den Wiener Juli-Aufstand, 1927,「ウィーンの七月蜂起についての決議」前掲訳書、二四九頁）。

（20）共和国をめぐる理論はこれまでそれぞれの議論が個別に論じられてきた観がある。バウアーにしてもケルゼンにしても、かれらを相互に関連づけて、両者の理論緊張と論争を分析したものは少ないように思われる。例えば日本では、長尾氏や手島氏がケルゼンの理論について詳細な議論を展開しており（長尾龍一『ケルゼンの周辺』木鐸社、一九八〇年、手島孝『ケルゼニズム考』木鐸社、一九八一年）、また上条氏はバウアーについて詳しく論じている（「オットー・バウアーとオーストロ・マルクス主義」『金沢大学教養部論集・人文科学篇』二四巻二号、一九八七年、「第一次大戦後オーストリアの財政危機とO・バウアー」『金沢大学教養部論集・人文科学篇』二五巻二号、一九八九年、「戦間期のバウアーとオーストロ・マルクス主義」『金沢大学経済論集』二六号、一九八九年）。しかしながら、両者を共和国の政治史のなかに位置づけ、論争を辿ることによって問題性を明らかにしている研究は、皆無であるといえる。たしかに憲法学では、ケルゼンは論争のなかでとりあげられているが、それは主にシュミット、つまりワイマールドイツとの関係でであって、オーストリア第一共和国をめぐる問題においてではない。例外は、アルフレート・シュッツとの関わりで、ケルゼンやミーゼスなどの自由主義者とマックス・アードラーをはじめとするオーストロマルクス主義を民主制をめぐる論争のなかに位置づけて記述している森氏の研究である（森元孝『アルフレート・シュッツのウィーン』新評論、一九九五年）。

(21) Bauer, O., Die Österreichische Revolution, Wien, 1923, S. 187, 酒井晨史訳『オーストリア革命』早稲田大学出版部、一九八九年、二六九頁以下。

(22) Bauer, O., ibid., S. 188, 前掲訳書、二七〇頁以下。

(23) Bauer, O., ibid., S. 189, 前掲訳書、二七二頁以下。
もっとも、経営評議会制度の実際の運営においては、労働者の過度の熱望とのあいだには落差があり、必ずしも充分な満足感をあたえはしなかったことも指摘されている (Garamvöglyi, J., Betriebsräte und sozialer Wandel in Österreich 1919/1920, Wien, 1983, S. 219ff.)。

(24) Bauer, O., ibid., S. 244, 前掲訳書、三五一頁以下。

(25) Bauer, O., ibid., S. 290, 前掲訳書、四一八頁以下。
コミンテルンは、この階級諸勢力均衡論を「共産主義への道を進んでいる労働者を欺くことである」として、激しく批判し、敵対する。コミンテルンによると、バウアーの理論は「マルクス主義の用語を冒瀆しながら、それと同時に、革命的マルクス主義の基礎と決定的に絶縁し、宗教に秋波をおくり、イギリスの改良主義者から職能民主制の理論を書きうつし、共和国の建設、つまり、ブルジョワ国家の建設という立場をとり、いわゆる階級勢力の均衡の時期、つまり、まさに革命的危機が成熟しつつあるときに、階級協力を勧告する。この理論は、反動の攻撃から民主主義を擁護するかのような偽装のかげで、プロレタリア革命の打倒のためのブルジョワジーとの連合を正当化することを意味する」ものであった (Programm der Kommunistischen Internationale, 1928, 「共産主義インタナショナル綱領」村田陽一編訳『コミンテルン資料集・第四巻』大月書店、一九八一年、三六一頁)。こうした批判が、どこまで当をえたものであったのかは疑問の余地が残るが、オーストロマルクス主義の特質を言い当てている側面があったのも事実であろう。「改良主義ににぎられた革命的大衆欺瞞」といったコミンテルンの表現は、欺瞞であったのかどうかはともかくとして、改革路線をとりつつも革命的言辞を捨てなかったアンビバレントな性格をよく表わしていたといえる。

(26) Das Linzer Programm der Sozialdemokratischen Arbeiterpartei Österreichs, 1926, in: Berchtold, K. (Hrsg.), Österreichische Parteiprogramme 1868–1966, Müünchen, 1967, S. 251f., 日本語訳については、田川恒夫訳「ドイツ・オーストリア社会民主労働党のリンツ綱領」『季刊社会思想』三巻二号〈特集・両大戦間とオーストリア・マルクス主義〉、一九七三年および、須藤博忠『オーストリアの歴史と社会民主主義』信山社、一九九五年、四〇九頁以下を参照。本書では日本語訳については主に須藤訳に拠った。

(27) Ibid., 252f.

党の公式な伝記としての色彩が強いため批判的な視点にやや欠けるブラウンタールのバウアー伝は、バウアーとかれの理論が反映された「リンツ綱領」は暴力の方法を非難し、暴力の役割を防衛に限定したものであると強調している。独裁の提起も、ボルシェヴィキを模範としたものではなく、「バウアーの提案した定式の意味するところは、多少まわりくどい国法学的用語を用いて述べるならば、つぎの事実をドライに確認したものにほかならない。すなわち、合憲的に選ばれた労働者政府は、どんな政府の場合とも同様に、憲法が蜂起によって脅かされたときには、どんな憲法のなかでも予定される戒厳状態を宣言し、憲法で許容された戒厳法規と国家の権力手段を用いて蜂起を鎮圧することを試みるという事実である。……つまり党綱領に予定された独裁は、ブルジョワジーに強いられた一時的な戒厳状態と考えられるにすぎない」(Braunthal, J., Ein Lebensbild, in: Otto Bauer. Eine Auswahl aus seinem Lebenswerk, Wien, 1961, S. 66, 上条勇訳『社会主義への第三の道』梓出版社、一九九〇年、一四〇頁)。ブラウンタールの「国法学的用語」は、カール・シュミットの用語を連想させるものである。この解釈に従うと、「リンツ綱領」が採択されたときオーストリア憲法に戒厳状態を明確に規定する条項がなかったにもかかわらず、社会民主党はともに共和国憲法を起草したケルゼンよりも、シュミットに近かったということになる。

(28) カール・ポパー(一九〇二—九四)は、この政策を「敵方によってなされる反民主主義的な政治的方策を期待する」ものであるとして、厳しく批判した(Popper, K. R., The Open Society and its Enemies (Vol. 2, The High Tide of Prophecy: Hegel, Marx, and the Aftermath), London, 1966, p. 162ff., 小河原誠・内田詔夫訳『開かれた社会とその敵(第二部、予言の大潮——ヘーゲル、マルクスとその余波』未来社、一九八〇年、一五二頁以下)。ポパーによると社会民主党は、窮乏化の緊迫度は増大するという理論に固執し、その全戦術を産業プロレタリアートの数的な強さの継続的な増大という法則によって基礎づけた。ファシズムは、この窮乏化の展開を加速するものとして党によってむしろ期待されたのである。「結局、革命は到来せざるをえないのだから、ファシズムは革命をもたらす一手段でしかありえなかったのである。……先進諸国では、民主主義の産みだしたあてどのない希望が革命を阻んでいたのである。それゆえ、ファシストによる民主主義の破壊は、労働者に民主主義的方法への最終的幻滅を与えるから、革命を促進しえるだけであった。ここにおいて、マルクス主義の過激派は、ファシズムの本質やその真の歴史的役割を発見したと感じた。ファシズムは、本質的に、ブルジョワジーの最後の抵抗であったのである」。このような政策は破滅を招かざるをえなかった。「それは、民主主義的諸制度への真の増大しつつある危険が迫っているのをみても、大言壮語はするが何事も実行しないという政策である。それは戦争を言い立てて平和的に行動するという政策であり、そして、それは平和を言い立てて戦争を行うという貴重この上ない術策をファシストに教えたのである」(Ibid., p. 145, 前掲訳書、一三七頁)。

(29) この性格は、共産主義者とそのうしろにひかえていたコミンテルンからは「修正主義者」、キリスト教社会党をはじめとする保守派からは「ボルシェヴィスト」との批判をあびることになった(Leser, N., Zwischen Reformismus und Bolschewismus,

Wien, 1985, S. 25ff.)。ヴァルガは、社会民主党は帝国が崩壊したとき、労働者大衆の「革命的興奮を血をもって」鎮圧し、「労働者大衆を社会政策的承認によって」慰撫したとして厳しく非難していた。この非難に従うと、社会民主党は、外見上は「きわめて鋭い反対」をおこない、「革命の成果には一指だも触れさせまいと気を配るであろうところの確実堅固な自分らの組織にたいする労働者階級のおそろしき自尊心」を培養していたが、「舞台裏」では政府と常に取引をおこなっていて、「細目にわたる施政行為の協定」を結んでいた。社会民主党は「在野の政府与党であり」、党の政策は「似非野党的政策」であった（Varga, E. (Hrsg.), Die Sozialdemokratischen Parteien, Berlin, 1926, S. 171, S. 182, S. 184f., 黒部明訳『社会民主主義諸政党』希望閣、一九二九年、二四六、二六四、二六七頁）。他方、保守派からは、逆に社会民主党はプロレタリア独裁をめざして権力を獲得しようとしている政党として批判された。こうした批判は一九二七年七月の事件（本章一節参照）以降ますます強まった。キリスト教社会党によると、社会民主党は「ヤヌスの顔」であり、「一方の顔では内乱を防止し、共和国の存続を気遣っていたが、他方の顔は、不吉な熱狂とボルシェヴィズム的な煽動でゆがんでいた」。それはロシアボルシェヴィズムのオーストリア版であり、かれらはそれを「オーストロボルシェヴィズム」と呼んだ（Leser, ibid., S. 26f.）。レーザーは、この左右双方のオーストロマルクス主義にたいする敵対的な認識が、必ずしもオーストロマルクス主義の自己認識と違ってはいなかったし、実際、オーストロマルクス主義は双方の性格をあわせもっていたと指摘している（Leser, ibid., S. 28f.）。

(30) Das Linzer Programm der Sozialdemokratischen Arbeiterpartei Österreichs, ibid., S. 250f.

(31) Ibid., S. 258ff.

(32) Kelsen, H., Otto Bauers politische Theorien, in: Der Kampf Jg. 17 (1924), S. 55f.

(33) Kelsen, H., Die philosophischen Grundlagen der Naturrechtslehre und des Rechtspositivismus, 1928, S.77, 黒田覚訳「自然法論と法実証主義の哲学的基礎」『自然法論と法実証主義』木鐸社、一九七九年、一〇七頁以下。

(34) Kelsen, H., ibid., S. 67, 前掲訳書、九三頁以下。

(35) Kelsen, H., ibid., S. 68, 前掲訳書、九四頁以下。

(36) しかしながら、ケルゼンは、カール・シュミット（一八八八―一九八五）がワイマールドイツで向き合っていたような大衆社会の衝撃には直面していなかったといえよう。シュミットが大衆デモクラシーが鋭く問題となるなかで思考していたのにたいして、ケルゼンはオーストリアのウィーンで思考していた。つまりケルゼンは、圧倒的な大衆の出現をまだみていないなかで、左右の党派対立をリベラルな世界観に則って克服しようとしていた（四章二節参照）。他方、シュミットの課題は、まさに一九世紀から二〇世紀への移行にあり、大衆デモクラシーを前にして、国レベルでの政治的統一体なるものの解体を、いかに防ぐかにあった。シュミットによると、市民的自由と私有財産を保障する一九世紀型市民的法治国の憲法論は、歴史的制約と政治的相対性が無視されざるをえないような絶対的ドグマに高められてはならず、一九世紀とは事情がまったく変わっている今日では、かの憲法論はその内容を失っていた（Schmitt, C., Verfassungslehre, München, 1928（Unveränderter Neudruck 1954), S. xii, 阿部照哉・村上義弘訳『憲法論』みすず書房、一九八九年、六頁）。シュミットからみると、ケルゼンは二〇世紀に素朴にも自由主義的な市民的法治国の論理を法規範として純粋化しようとしていた。大衆社会化の衝撃を前に思考していたシュミットの目には、ケルゼンは一九世紀の枠内に留まっているように映ったのであり、動的な大衆デモクラシーの問題をまったく理解していなかった。シュミットのケルゼン批判はまさにこの点にあった。ケルゼンとシュミットとの論争は、党派対立の克服という共通課題をもつとはいえ、それぞれの背景が違っていた。シュミットが大衆社会の成立が始まったドイツで思考していたのにたいして、ケルゼンは、帝国崩壊後、いまだ大衆の噴出をみていないオーストリアのウィーンで思考していたため、党派対立を前に一九世紀法治国理論の純化ができたのである。

（37） Kelsen, H., Allgemeine Staatslehre, Berlin, 1925, S. v, S. 16ff., 清宮四郎訳『一般国家学』岩波書店、一九七一年、xi頁、二七頁以下。

ケルゼンが平和的な秩序としての実定的な「規範（Norm）」を重視していたのにたいして、シュミットにおいては、国レベルでの政治的統一への実存上の「決断（Entscheidung）」こそが重視されなければならなかった。憲法は、その規範的な正当性、またはその体系的な完結性によって妥当するのではなく、それを制定する者の実存する政治的意志、つまり政治的決断により妥当するのである。そこでは憲法上のあらゆる実質的な決定は政治的決断として下される。憲法は政治的決断の意志を前提とするのである。「規範的規律としての法律は、憲法をも含め、それが妥当するためには、究極において、それに先行し、政治的に実存する力または権威によって下される政治的決断を必要とする。実存するあらゆる政治統一体の価値およびその存在根拠は、規範の正当性または有用性にあるのではなく、その実存にあるのである。政治的な力として実存するものは、法学的にみれば、実存する価値があるのである」。実存上の決断に比べれば、あらゆる規範的規律は二次的なものにすぎなかった（Schmitt, C., ibid., S. 22ff., 前掲訳書、三九頁以下）。二〇年代における両者の、まとまった体系的な大著は、ケルゼンの場合は一九二五年の『一般国家学』であり、シュミットのそれは一九二八年の『憲法論』である。法学的なケルゼンが憲法論を書かずに国家学を著し、大衆デモクラシーにおける政治的な思考を追求したシュミットが国家学を書かずに憲法論を著していた。そこでは、ケルゼンは国家の法学化を試み、シュミットは憲法の政治化を意図していた。法学的な『一般国家学』と政治的な『憲法論』という、一見、奇妙な対照がこの一九二〇年代にはあった。

（38） Kelsen, H., Sozialismus und Staat, Leipzig, 1923, S. 16., 長尾龍一訳『社会主義と国家』木鐸社、一九七六年、一五頁。

（39） ケルゼンは、絶対的な「正法」イデオロギーを否定し、相対的な実定法を対象とした法実証主義を提起する。しかしながらかれの理論は、対象を実定法に限定し、なおかつ純粋化することによって、かえって、実定法絶対化への途を開いた。それは現に妥当している実定法こそが正法であるという錯覚をもたらす理論であった。自由主義的な市民的法治国の論理を純粋化する過程で、かれの法学はこのように実定法フェティシズムへと埋没してしまうのである。したがって国家は規範的秩序あるいは実定法秩序の体系であるというケルゼンの『一般国家学』は、これらの実定法秩序を絶対的なものとみなす可能性を含んでいた。シュミットは、ケルゼンの実定法フェティシズムを次のように批判する。ケルゼンの国家理論は、実定法の「統一体および体系の客観的、論理的原理を明らかにしようとする何らの努力」もしておらず、「いかにして国家の多くの実定法上の規定および多様な憲法規範がかかる体系または統一体を構成し、また、いかなる必然性によってそうなるかについて」論議していなかった。ザインとゾレンが、絶えず混同され、実定上の規範、すなわち現実に通用している規範は「合理性とか正義というような資質と無関係に、ただそれが実定上のものであるがゆえに妥当するのである。ここでゾレンが突然とだえ、規範主義が断絶する」(Schmitt, C., ibid., S. 7ff., 前掲訳書、二三頁以下)。

ウィーン大学でケルゼンの講義を聴講していたヘルマン・ヘラー（一八九一―一九三三）もまた、ケルゼンのフェティッシュな「純粋性」を批判する。ケルゼンの論理主義的実証主義は、ヘラーのいう「多数性における統一性（Einheit in der Vielheit）」としての国家のダイナミズムをとらえることはできない。法秩序の完結性のドグマに固執する教義学的な学問は、動的な政治過程を無視し、社会学が提起した経済、階級、利害関係、政党、国民、マスコミ、世論、宗教をまったく扱わないか、扱ったとしても不十分にしかこれらの現象を扱っていなかった（Heller, H, Die Krisis der Staatslehre, 1926, in: Gesammelte Schriften Bd. 2, Leiden, 1971, S. 24ff., 今井弘道・大野達司・山崎充彦編訳『国家学の危機』風行社、一九九一年、二九頁以下）。ケルゼンの一般国家学は「国家なき国家学」であり、法学上、合理化不可能な内容や素材を認めようとしなかった。全体的法現象の「幾何学」を構築する規範科学は、純粋な形式として把握されるべき法概念から一切の目的論と社会学を根本的に排除した。この幾何学的な規範の世界は、厄介な現世の痕跡などなにも残されていない内容空疎で純粋な形式世界である（Heller, H., ibid., S. 15ff., 前掲訳書、一七頁以下）。にもかかわらずこの実証主義も、実は「純粋だとされている法形式にこっそりと社会学的所与を密輸入して」いた。ヘラーによると、そもそも「一切の社会学や倫理学から解き放たれた法概念などというものは存在しえない」のである（Heller, H., ibid., S. 20ff., 前掲訳書、二三頁以下）。ケルゼンへといたる国家学は、国家生活上の社会学的問題および倫理的問題はすべて避けるべきだという間違った考えに支配されてきたため、二〇世紀に入ると危機的な状況に陥ってしまうのである。「社会学、形而上学、倫理学にたいする不安、没価値的で没事実的だと称される形式主義を求める一面的な努力、これらのゆえに法律学的実証主義は、一般国家学の真の問題一切にたいする完全な無力という宿命を背負わされてしまった」(Heller, H., ibid., S. 9, 前掲訳書、八頁)。

(40) Berchtold, K., Die Verfassungsreform 1929—Ein geschichtlicher Überblick, in: Berchtold, K. (Hrsg.), Die Verfassungsreform von 1929/Dokumenten und Materialen zur Bundes-Verfassungsgesetz-Novelle vom 1929 Teil I, Wien, 1979, S. 3. ff.; Wandruszka, A., Österreichs politische Struktur, in: Benedikt, H. (Hrsg.), Geschichte der Republik Österreich, München, 1954, S. 335f.

(41) Seipel, I., Die Tübinger Kritik der Demokratie, in: Der Kampf um die österreichischen Verfassung, Wien, 1930, S. 177ff.

(42) 護国団は『オーストリアの自由への道』と題するパンフレットのなかで、次のようにかれらの憲法改正とその実現方法についての考えを披瀝していた（Der Weg zu Österreichs Freiheit, 1929, in: Berchtold, K. (Hrsg.), ibid., S. 27ff.)。

今日の、オーストリアの議会は、絶望的な無能のなかで窒息しようとしている。目的をもった一元的な国家意志の形成を妨げる国家憲法は、役立たず以上のものである。それは害悪ですらある。ザイペルのような格段に強力な個性だけが、政府多数派の諸政党のうえに無言の独裁をふるうことによって、これまで議会を指導することが可能であることを経験は教えた。こうした幸運な場合は例外である。その他の政府は無能であった。なぜならそれらは、野党の気まぐれだけでなく、政府与党の気まぐれのもとにもあったからである。

国民はこうした状態が不可能であることを認識している。……オーストリアの疑似民主主義は破産に直面している。われわれは、なにごとも隠さない素直さをもって明言する。なぜならば、それは良きことと正直を告白するからである。独裁を！　真の民主主義へ到達するための手段として。

正常の方法がだめならば、非常な方法がとられなければならない！

オーストリアにおけるクーデターは、国民意志の蹂躙ではなく、民主主義の精神を蹂躙した議会による干渉からの解放である。それは、政党国家をひきずりおろし、我慢のならない赤い少数派の独裁を打ち砕くことを求める。

(43) ザイペルの突然の辞任については、辞任の直接のきっかけが何であったのかが明らかにされなかったため、さまざまな臆測を呼んだ。一九二七年七月の事件（本章一節参照）以降、社会民主党の煽動によって、労働者が教会から組織的に脱会したことや、連立相手の大ドイツ党との対立や、キリスト教社会党内の主導権争いなどの理由があげられたが、結局、ザイペル本人は、最後まで真相を明らかにすることはなかった（Klemperer, K. v., ibid., S. 276ff.; Goldinger, W., Binder, D. A., Geschichte der Republik Österreich 1918-1938, Wien, 1992, S. 159; Zöllner, E., Geschichte Österreichs, Wien, 1990, S. 507)。しかしながら、確かなのは、当時、ザイペルが議院内閣型の政権運営に行き詰まりを感じ、議会政治にたいする自らの否定的な考えを強めていたことである。

(44) Berchtold, K., ibid., S. 5ff.

(45) Kommunique über die Beratungen des CSP-Vorstandes vom 6. Sept, in : Berchtold, K.（Hrsg.）, ibid., S. 42f.
(46) Die letzte Warnung vom 20. Sept. 1929, in : Berchtold,K.（Hrsg.）, ibid., S. 45ff.
(47) Berchtold, K., ibid., S. 9f.
(48) Berchtold, K., ibid., S. 12.
(49) Der Kampf um die Demokratie, Refarat O. Bauers auf dem Parteitag der SDP am 9. Okt. 1929. in : Berchtold, K.（Hrsg.）, ibid., S. 60ff.
(50) レンナーはまた、一九二〇年憲法は社会民主党によって独裁的に制定されたという与党陣営の論調にたいしても反論する。かれによると、一九二〇年の時点ではすべての党派が「この国が、経済的に貧しい、小さな国家となることを認識し、和平と経済の再建のために苦難に満ちた作業をしなければならないことを認識していた」。この国家は決して社会民主党の支配的な多数の下で成立したわけではなく、それは当時、すべての政党と階級の代表の協力によって成立したのである。その証拠として、この憲法が連邦制を採用したことを挙げる。当時、国家を構成する方法は二つあった。一つは、国民議会によってコントロールされる官僚機構によって上から下まで統治される中央集権的な統一国家であり、もう一つは、歴史的な州を結合し、連邦国家的に構成するという方法であった。このとき、州政府を設置し、中央集権的な統一国家ではなく連邦国家を選択したのは、社会民主党ではなくキリスト教社会党であった、とかれは指摘する（St. PR. NR 3・102, S. 2877f.）。
(51) 政府改正案はシュテンデ代表による議会の構成を掲げており、この点についてもレンナーは次のように批判する。「すべての国民は、シュテンデ的な発想を克服したからこそ、一体的な国民になりえた。シュテンデの発想は、国民共同体と国家共同体の感情、国民感情を妨げるものである」。それぞれの身分に分かたれる限り国民は生まれない。それはむしろ他の国の同じ身分と一体となって、他の身分に対峙する。「シュテンデ的な発想は分離的な発想である」。それゆえに、そこでも全体の利益は、結局、官僚によって主張され、担われてしまう、とかれは指摘する。普通平等選挙権によって構成された議会だけが、個別的なシュテンデの利害を国民的な全体に導くことができるのである（St. PR. NR 3・102, S. 2882f.）。
(52) Kelsen, H., Verfassungsreform in Österreich, in : Die Justiz, Band 5, 1929/30, S. 130.
(53) Kelsen, H., ibid., S. 136. ケルゼンは、当時のウィーンの代表的な週刊誌『オーストリア国民経済（Der österreichische Volkswirt）』でも同様の論陣をはっている（Kelsen, H., Die österreichische Verfassungsreform, in : Der österreichische Volkswirt 22, 1929, S.99ff.）。
(54) Verlautbarung der Bundesfuhrung der Selbstschutzverbände vom 23. Nov. 1929, in : Berchtold, K.（Hrsg.）, ibid., S. 85.
(55) Berchtold, K., ibid., S. 21.

（56）Beschlüsse der Reichskonferenz der SDP vom 24. Nov. 1929, in: Berchtold, K.（Hrsg.), ibid. S. 86.

（57）Berchtold, K., ibid., S. 21f.

（58）Berchtold, K., ibid., S. 23.

（59）Berchtold, K., ibid., S. 24.
　社会民主党の立場から同党を研究しているレーザーは、憲法改正交渉の結果は社会民主党の勝利であったと位置づけている。かれによると、この結果は、たしかに段階的勝利（Etappensieg）にすぎなかったかもしれないが、成果でもあった。社会民主党の交渉担当者ダンネベルクは、ショーバー首相との交渉をとおして、大統領独裁をもたらす危険性のあった政府案の「毒牙」を抜くことに成功したのであった（Leser, N., Die Rolle der Sozialdemokratie bei der Verfassungsreform 1929, in: Neck, R., Wandruszka, A.（Hrsg.), Die österreichische Verfassung von 1918 bis 1938, Wien, 1980, S. 73f.）。しかしながらこの段階的勝利は、憲法を議院内閣制から大統領制へと一歩進めたという意味では政府与党の勝利でもあった。さらに、一九二〇年憲法のときの左右の交渉と大きく違うのは、双方が憲法案をもちよって審議をおこなったのではなく、政府与党がつきつけた改正案にたいして社会民主党は守備的な対応を強いられていたということであった。同党は改憲を阻止するのに十分な議席、三分の一以上の議席を有していたにもかかわらず、交渉に応じざるをえなかったことにも留意しなければなるまい。

（60）なお、改正憲法は連邦議会の諸州・シュテンデ議会（Länder-und Ständerat）への改造も予定していたが（第三四条）、この改造は実現されることはなく、連邦議会は一九三四年まで存続する。また本書では議会制の問題に焦点をあてて論じたため詳しくふれることができなかったが、憲法制度上の重要な改正として憲法裁判所の改造があった。キリスト教社会党は、政府に不利な判断を下していた憲法裁判所を以前より不都合に感じていたが、行政が認めた離婚をカトリックの婚姻法に照らして無効にした一般の裁判所にたいして、一般の裁判所には行政行為の有効性を審査する権限はないとした憲法裁判所の特別免除婚姻をめぐる判決をきっかけに、猛然と憲法裁判所とケルゼンに反発し、同裁判所の改造を主張するにいたった。与党キリスト教社会党の発案によって憲法裁判所は、議会をとおしてではなく政府の推薦をうけて連邦大統領が選任するようになってしまい、任期も制限されるようになった（改正「連邦憲法第一四七条」）。議会にのみ基礎をもつ、政府から独立していたはずの憲法裁判所は、政府の一機関へと性格を変えられてしまったのである。改憲による憲法裁判所の改造とともに、ケルゼンも、失意のうちに「終身」判事を解任される。与党キリスト教社会党は、党派に中立で公正な憲法裁判所を実現するために脱政治化（Entpolitisierung）と称して憲法裁判所を改造するのであるが、事実は逆で、この改造はむしろ与党による憲法裁判所の党派的な利用を可能にするための改政治化（Umpolitisierung）であった（Métall, R. A., Hans Kelsen, Leben und Werk, Wien, 1968, S. 48ff., 井口大介・原秀夫訳『ハンス・ケルゼン』成文堂、一九七一年、八〇頁以下）。

(61) Kelsen, H., Die Verfassung Österreichs, in: Jahrbuch des öffentlichen Rechts der Gegenwart, Band 18, 1930, S. 139.

(62) Kelsen, H., ibid., S. 145.

(63) Kelsen, H., ibid., S. 130f.

こうして、ケルゼンの第一共和国での憲法体験は蹉跌し（手島孝『ケルゼニズム考』木鐸社、一九八一年、一六二頁以下）、ケルゼンは「治療ニヒリズム」にとらわれ、「亡命」を余儀なくされる（森元孝『アルフレート・シュッツのウィーン』新評論、一九九五年、一三九頁以下）。かれは、憲法裁判所判事を解任されるとケルン大学に招聘されるが、一九三三年にナチスがドイツで政権を掌握すると、ジュネーヴへと移り、そことプラハの各大学で教鞭をとる。さらに、オーストリアがドイツに統一され、チェコが併合された後、第二次世界大戦が勃発すると、一九四〇年に最終的にアメリカへ亡命する（Métall, R. A., ibid., S. 57ff., 前掲訳書、九五頁以下）。

第四章　国民議会の危機から停止へ

一　世界恐慌と短命の三首相

一九三〇年九月三〇日、ショーバー内閣に代わって、前国防大臣のファウゴインを首相とするキリスト教社会党と護国団との右派内閣が形成される。しかしながら、一一月の国民議会選挙でキリスト教社会党が大敗すると、今度はフォアアールベルク州知事のエンダーを首相とするキリスト教社会党と大ドイツ党と農村同盟の中道内閣が組閣される。ついで一九三一年、クレジット・アンシュタルト銀行が破産する世界的大恐慌のなか、ニーダーエスターライヒ州知事ブレシュがこの三会派からなる連立内閣を引き継ぐ。やがて危機的な状況の悪化に伴い、一九三二年五月二〇日、ドルフス内閣が登場する。ドルフスへといたる三名の首相は、経済危機に直面した保守政権を右派強硬路線で運営するのか保守中道路線で運営するのかをめぐって、キリスト教社会党、大ドイツ党、農村同盟、護国団が綱引きを展開するなかで、内閣を維持しなければならなかった。

右派強硬内閣の組閣

憲法改正後、護国団はショーバー首相と激しく対立することになる。当初こそ護国団によって支持されていたショーバー首相ではあったが、帝国時代からの警察官僚ショーバーは、護国団が要求した、国家権威の強化、憲法の改正、社会民主党の影響力の排除を、野党社会民主党との交渉をとおして、きわめて合法的な方法によって実現した。かれは、憲法に忠実な官僚として、護国団指導者が望んだような、法秩序を無視した強引な方法はとらない姿勢を明らかにしたのである。[1] このことから、ショーバー首相に期待していた護国団指導者は失望感をいだき、反発する。これにたいして、大ドイツ党と農村同盟は引き続きショーバーを支持したが、キリスト教社会党は次第に護国団との連携を深めていき、従来の保守政党間の協力関係は微妙な影響をうけることになる。

一九三〇年九月二五日、ショーバー内閣は連邦鉄道首脳の人事をめぐる閣内での意見の対立をきっかけとして退陣する。このショーバー内閣の退陣も前シュトレールヴィッツ内閣のときと同様に解任に近いものであった。一年前も、シュトレールヴィッツが、キリスト教社会党党首ザイペル元首相の意向により解任されたように、今回もまたザイペルの意向が強くはたらいた。ショーバーの辞任劇はザイペルによって計画され、カール・ファウゴイン（一八七三―一九四九）によって実行されたといわれる。[2] この政権はそもそも、ショーバーが護国団の支持を失い、キリスト教社会党が護国団へと接近していくことによって、その基盤を失っていた。キリスト教社会党右派のファウゴイン副首相兼国防相は政権内で次第にその発言力を増大させていた。ファウゴインを前にショーバーは弱く、ファウゴインの他大臣への干渉を黙認せねばならず、自身の意に反した政権運営を甘受しなければならなかった。ショーバー内閣は実質的には、憲法改正以降はファウゴイン内閣であった。

国防軍内の社会民主党の影響力を排除することに成功していたファウゴインは、[3] 同様のことを社会民主党系の労働組合が強い影響力を有する連邦鉄道でもおこなおうとした。この政策を進めるにあたってファウゴインは、連邦鉄道首脳にシュトラフェラという人物を起用することを考えていた。しかしながらこの人物をめぐっては、連邦鉄道内での「反マルクス主義」政策を進めるために違法な秘密資金を調達していたという疑惑が持ち上がっていた。こうした疑惑から、あくまでも法的な秩序に忠実であろうとしたショーバーは、シュトラフェラの連邦鉄道首脳への起用をかたく拒む。しかしながら、ファウゴインは逆に、シュトラフェラの連邦鉄道首脳への就任にこだわっていた。こうして、連邦鉄道首脳人事をめぐって閣内の意見が対立し、ショーバー首相とファウゴイン副首相とのあいだの溝は決定的なものとなり、ショーバー内閣は倒れるのである。(4)

キリスト教社会党右派が仕組んだショーバー首相の解任にたいして、ショーバーを支持していた大ドイツ党と農村同盟は、深い遺憾の意を表明する。この結果、大ドイツ党と農村同盟のキリスト教社会党との協力関係が損なわれることになる。労働者階級にたいするブルジョワブロックの形成、あるいは社会民主党にたいする包囲網、これが一九二二年以来ザイペルによってリーダーシップがとられた保守陣営の戦略であった。反マルクス主義という旗印の下に、ザイペルはこれまで大ドイツ党と農村同盟の両小政党をキリスト教社会党の主導のもとに結びつけてきた。しかしながら、今回の、キリスト教社会党右派のファウゴインによるショーバー内閣の倒閣は、両党のなかにキリスト教社会党にたいする不信感をもたらした。ファウゴインは、ショーバーを辞任に追い込んだことによって、一九二二年以来続いていた保守政党間の協力関係にひびを入れたのであった。(5)

ショーバーが辞任すると、翌日には連邦大統領ミクラスが、ファウゴイン前副首相兼国防大臣に組閣を命ずる。ファウゴインは即座に大ドイツ党および農村同盟と組閣のための交渉を始めるが、両党は、内閣に加わる意志のないこと、さらに、新政権に支持を与えないことをかれに告げる。両党は、ショーバー内閣の倒閣によって、キリスト教社会党と両党との連立合意は破られてしまった、と表明していた。この大ドイツ党と農村同盟の態度はファウゴインにとって誤算であった。かれは両党が新政権にも参加するものとみており、両党に閣僚ポストを割り当てていた。しかしながら、かれはここで両党のかたい拒絶にあってしまう。ファウゴインは、組閣にあたって両党の支持をえることができなかったことから、少数派内閣を形成せざるをえなかった。(6)

この事態を前に社会民主党は、即座に国民議会を解散して、総選挙をおこなうことを要求する。かれらは、前回の選挙で国民の過半数は、キリスト教社会党に投票したのではなく、「ブルジョワブロック」の統一名簿に投票したのである、と指摘する。大ドイツ党と農村同盟が、連立合意は破棄された、と表明した以上、この統一名簿はもはや解消されたのであり、キリスト教社会党による少数派内閣は国民の信任を受けたものではない、と主張する。同党は、国民の信任を受けたブルジョワブロックはもはや存在しないとして、国民議会の解散総選挙を即刻実施することを求めるのである。(7)

キリスト教社会党は、総選挙については、選挙戦は不況下にある経済にさらに負担をかけることになるとして、消極的な態度をとる。また、選挙戦では、前回一九二七年の選挙から支持率が低下傾向にあったため、苦戦が予想されていた。政局の混乱を収拾し、総選挙を回避したいとの狙いから、同党はまたもやザイペルのリーダーシップに期待した。キリスト教社会党は、かれにファウゴインが失敗した大ドイツ党と農村同盟の取り込みを託す。ここでザイペルは、現下の経済不況に取り組むべく、護国団をも含んだ、すべての保守政党を結束させた内閣を組閣するべきである、との方針をしめす。(8)

しかしながら、ファウゴインを首班とする内閣に大ドイツ党と農村同盟を参加させることは、両党の拒否の姿勢がかたまっていたことから、もはや不可能であった。そこで、キリスト教社会党は、護国団との組閣の交渉を本格化させることになるのである。キリスト教社会党は、一九二七年の国民議会選挙で議席を減らして以来、護国団との関係を深めていたが、大ドイツ党と農村同盟の支持を失うと、その関係を一層強めていった。(9)

一九三〇年九月三〇日、連邦大統領ミクラスによって、キリスト教社会党と護国団からなる、ファウゴインを首班とする少数派内閣が指名される。(10) この内閣は、改正憲法七〇条に従って連邦大統領が直接指名した、議会の選出によらない、はじめての内閣であった。これ以後、内閣は、すべて大統領による指名によって成立することになり、議会が直接内閣を選出する議院内閣制は幕をとじる。

議会の選出によらないファウゴイン少数派内閣の国民議会内での基盤は、不安定なものであった。それは、内閣不信任案を野党よりつきつけられる恐れをつねに有していて、保守中道政党の支持がえられなかった場合には容易に倒れる恐れがあった。新政権成立の翌一〇月一日、連邦大統領ミクラスは、改正憲法二九条のこれもまたはじめての適用によって、国民議会を解散し、来る一一月九日に国民議会選挙をおこなうことを決定する。この国民議会の解散によって、ファウゴイン内閣は少数派内閣であるという事態、このことから予想される国民議会による内閣不信任案の提出という事態を解決すべく、一気に総選挙に打って出たのである。(11) こうして、各政党は一カ月間の選挙戦へと突入する。

社会民主党は、キリスト教社会党と護国団の連立政権について、キリスト教社会党は民主的な共和国をその敵であるファシストたちに売り渡したとして、非難を加える。かれらにとって、この連立政権が進めようとする反マルクス主義政策なるものは、労働者の権利の剝奪を意図した以外のなにものでもなかった。すでにイタリアでは一九二八年以降、ムッソリーニのファシスト党による一党独裁が完成していたため、社会民主党は危機感を強め、今回の選挙を「民主主義のファシズムにたいする戦争」の一環、「自由とファシズムの専制とのあいだの戦争」における重要な闘いとして位置づけていた。またかれらは、経済危機とそれに伴う失業者数の増大は、資本主義秩序全体の危機であるとの認識を深めていく。経済危機や失業にたいする自分たちの取り組みや、労働者の生活のための闘いは、資本主義にたいする闘いであり、社会主義の建設であった。党は、選挙に臨むにあたって、具体的な政策として各種社会保障制度の死守を掲げた。(12)

大ドイツ党と農村同盟は、今回、キリスト教社会党によるショーバー内閣の倒閣を非難し、ショーバーブロックとして独自の名簿で選挙に臨む。同ブロックは、国家と経済が危機に瀕しているいま、経済の要請に従って無私の成果を成し遂げたショーバーだけが、目下のところ内外からの信頼を無条件にえることのできる唯一の政治家であり、かれこそが秩序、清潔、行政の独立、経済の再建といった計画を体現している、と主張する。かれらは、解任されたショーバー元首相を前面におしたてて、キリスト教社会党の護国団と提携した右派路線を批判しながら選挙を戦う。(13)

キリスト教社会党は、大ドイツ党と農村同盟が独自の名簿で選挙に臨んだことから単独で選挙に臨まなければならなかった。前回までは、反社会民主党陣営として、合同で選挙を闘ってきたいわゆるブルジョワブロックは、今回それぞれ単独で、しかも互いに相手を非難しながら、選挙戦を闘うことになった。しかも、キリスト教社会党とともに連立を組んでいた護国団も、キリスト教社会党との統一名簿には応じずに、独自の候補者を立てて、国民議会選挙に参戦してきていた。このため、これまでのブルジョワ陣営対マルクス主義陣営という対立の構図は、ブルジョワ陣営の分裂によって崩れる。それにかわって、護国団を加えた四つ巴の選挙戦が展開されるのである。

一一月九日、一カ月間の選挙戦の後、第一共和国における最後の国民議会選挙の投票がおこなわれた。国民議会選挙の結果はファウゴイン内閣にとって不利な結果に終わった。

選挙の結果、護国団が八議席をえ、大ドイツ党と農村同盟のショーバーブロックが一九議席をえるものの、キリスト教社会党は七議席減らして六六議席となり、社会民主党が一議席増やして七二議席とし、一九二〇年以来再び、単独では国民議会における第一党となるのである。このように四つ巴の選挙戦の結果は、従来の保守政党、すなわちキリスト教社会党とショーバーブロックの敗北に終わった。護国団が獲得した八議席は、すべて両者が失った議席であった。なかでもキリスト教社会党の敗北はいちじるしかった。反社会民主党勢力全体としては、それはわずかに一議席を失っただけではあったが、その陣営内では、護国団の選挙への参戦によって、キリスト教社会党が議席を大幅に減らし、陣営の分裂が深まったといえる。(14)

総選挙に負けたことから、キリスト教社会党は再びショーバーブロックと連立についての交渉をおこなわざるをえなくなる。同党の代表者とショーバーブロックの代表者とのあいだで、議会多数派の形成についての話し合いがもたれる。ここで、キリスト教社会党は、憲法を遵守し、その変更を暴力的な手法によっておこなう路線を放棄することを表明する。同党は、保守中道路線への回帰を表明することによって、ショーバーブロックを再び政権に取り込み、同党の主導のもとでの多数派の結集を実現しようとした。(15) これにたいして、ショーバーブロックは、連立交渉の条件として、護国団からは入閣させないこと、さらにファウゴイン内閣の退陣によってキリスト教社会党がその保守中道路線を明確にしめすことを要求し、このことが実現しない限り連立交渉に入ることはできないとする。(16)

社会民主党もまた当然ながら、ファウゴイン内閣の退陣を強く要求する。同党は、ファウゴイン内閣が国会の召集前に退陣しなかった場合には、国会に内閣不信任案を提出することによって、その退陣を迫ることを決め、憲法を無視した右派路線には、断固、対決していく決意を明らかにする。他方で、憲法を守り、経済危機と失業に立ち向かうために、すべての民主的な勢力の結集に向けて努力する政権には、協力することを表明する。[17]

社会民主党がその方針を明確にする一方で、キリスト教社会党とショーバーブロックとのあいだの溝がなかなか埋まらなかったことから、連邦大統領ミクラスとザイペルは、その斡旋によって、ファウゴインとショーバーとの会談を設定する。両者のあいだには、依然としてわだかまりが残っていたが、この会談をとおして、これまでの経緯について、どうにか和解が成立し、両会派が連立交渉を再開することで合意がえられ、両会派のあいだでの交渉がようやく本格化する。[18]

保守中道内閣の模索

一一月二九日に結局、ファウゴイン内閣はショーバーブロックとの交渉の過程で退陣する。ファウゴインの退陣をうけて、連邦大統領ミクラスは、フォアアールベルク州知事のオットー・エンダー（一八七五―一九六〇）に組閣を命ずる。

ショーバーブロックはあらためて、新政府が路線転換を明確にし、政権運営を憲法と法律に従っておこなうことを、連立の条件としてしめす。その結果、両会派のあいだで、護国団を連立に参加させないことで合意がえられる。このことによって、従来の保守政党に強硬な条件をつきつけていた護国団は、エンダーのもとでの連立政権からは外されることになる。

こうして、一二月四日、フォアアールベルク州知事のエンダーを首班とする、護国団抜きの、キリスト教社会党とショーバーブロックからなる新内閣が成立する。[19]

連邦大統領によって新たに連邦首相に任命されたエンダーは[20]、新内閣の所信表明で、解散総選挙へといたるショーバー内閣の辞任、ファウゴイン内閣の組閣といった一連の出来事、および選挙とその結果についてのコメントを避ける。かれは新議会の開始早々には保守政党間の対立を回避するよう配慮していた。しかしながら、政府は、民主的な共和国の原理に導かれるとして、連邦憲法に従うことを宣言する。その職務の遂行にあたっては、憲法と法律を厳格に遵守することによって、すべての公的生活と私的生活の平穏な発展を保障し、市民の安全と平和を保障することを表明して、前内閣との違いをそれとなく主張する。

さらに、経済の負担の軽減に全力で取り組むとして、政府の主要な課題を、世界恐慌の波及にともなう経済の困窮と財政の圧迫への対策におく。そのなかでも、農村の購買力の低下は、まず他の経済部門の不況を高め、さらに農村部の失業者を増加させ、かれらを農業へと戻れなくするとの観点から、とくに農業への配慮をしめし、農業の保護政策を打ち出す。次に自営業者の保護をあげ、最後に公共事業による対策をあげる。財政については、経済危機に伴い、収入が減少し支出が増大したことによって、連邦財政の収支が悪化したことを指摘し、危機に伴う失業者手当や社会保障の支出については、政府は最大限の努力をするつもりであるが、それらはあくまでも財政的な負担能力の枠内でなされるとする（St. PR. NR 4・3, S. 11ff.）。

この所信表明にたいして先の選挙で議会第一党になった社会民主党は、レンナーの代表質問のなかで、まずエンダーがコメントを避けたところの総選挙へといたる一連の出来事をとりあげ、その中心となったファウゴインを非難する。ショーバー内閣辞任の直接のきっかけとなった連邦鉄道総裁へのシュトラフェラの任命の問題、ファウゴイン内閣への護国団の入閣、社会民主党陣営にたいする一方的な武装解除政策と反マルクス主義のスローガンを掲げての敵視政策を鋭く批判するのである。かれは、議会第一党の野党として、憲法違反や法を無視した行為には断固として対決していくことを強調する。また建設的な協力には進んで参加するが、都市部と労働者を代表する党として、その合意なしに政権を運営することを断じて許さないとして、協調と合意の原理に則ることを要請し、社会政策の縮小には反対していくことを強調した。

他方、レンナーはエンダー内閣の政権運営の「合法性」に期待し、また、新内閣が経済政策を政府の最重要課題としたことを評価した。現在の困難は、農業と工業の同時不況によるものであり、しかも双方が自分たちの生活を守るために相手に犠牲を求めていた。したがって、経済政策の執行は利害の対立を必ずもたらすことから、労働組合の自由の保障、労資の対等な協議によって裏付けられた、各当事者間での協調が必要であるとし、新内閣がこのことに理解をしめすことを求める（St. PR. NR4・3, S. 17ff.）。

今回はじめて国民議会に登場した護国団は、スタールヘムベルグ議員が代表質問に立ち、新内閣には自分たちの信頼に足りる人物もいるが、信用できない不誠実な人物もまたいるとして、新内閣の中道路線を批判する。スタールヘムベルグは、国民議会の演壇に登場するなり「あらゆる誤解を避けるために明確にしておくが、われわれが国民議会に登場したことは議会制の肯定を意味せず」、自分たちは依然としてこの制度を否定するものであり、「この制度は民族性の健全な発展の障害であり、民族利害の最もひどい破壊である」と激しく議会政治を攻撃した。ついで、国家は「神聖な民族性」を守るために存在するとして、「民族国家（Volksstaat）」の実現を掲げる。この民族国家を実現するためには階級闘争という障害は排斥されなければならなかった（St. PR. NR 4・3, S. 43）。

ただ、スタールヘムベルク議員は、キリスト教社会党の右派と連携していたこともあって、民族意識（Deutschbewußtsein）の問題については、自分たちは「自由主義的で唯物論的」な大ドイツ党や農村同盟とは別の見解を有する、という。[(21)]「われわれは、弱々しく大いなる母なる帝国への合邦を望むのではなく、自覚的に、その部族国家（Stammstaat）のなかにあって健康な部族として、大いなる民族国家に加わり、同権的に他のドイツ部族とともにドイツ帝国へと団結したい」とドイツにたいする対等な意識を求める（St. PR. NR 4・3, S. 44）。

こうした護国団の議論にたいして、再び連立政権に加わったショーバーブロックは、キリスト教社会党右派と護国団による右派強硬路線を批判しつつも、他方で新政府がショーバー路線を継承し政権運営を憲法と法律に則っておこなう方針を明らかにしたことを評価した。また「ナショナル経済ブロック（nationaler Wirtschaftsblock）」と議会内での会派名を変えた大ドイツ党は、とくにドイツへの合邦問題について、オーストリアの困難はドイツとの大きな経済共同体への結合によってのみ克服されうると合邦の早期実現を訴える（St. PR. NR 4・3, S. 46, 50)。

エンダー内閣が経済政策をその第一の目標に掲げていたにもかかわらず、世界恐慌の波はオーストリアにもおしよせ、一九二九年に始まった不況は広がりをみせていた。工場の生産は低下し、失業者は増加の一途をたどった。エンダーが首相に就任してから半年後の一九三一年五月には、オーストリア最大の銀行クレジット・アンシュタルト銀行が、工場への貸付金の回収が不可能になったため破産する（二章一節参照)。この破産によって預金者の取り付け騒ぎが国際的な規模にまで広がっていった。[22]

クレジット・アンシュタルト銀行の破産は、オーストリアの経済生活のみならず、エンダー内閣をも激しく揺さぶった。エンダー内閣は、不況に伴う財政赤字への取り組みに加えて、さらにクレジット・アンシュタルト銀行の破産にも対応しなければならなくなった。この通貨と経済にとって危険な破産は、政府の危機でもあった。

ところが、政府が直面したこれらの危機は、あたかも議会政治の危機であるかのように主張され、国民議会がその義務を果たしていないかのようにいわれた。ここで政府与党は「民主主義の最終目標は、国民のなかの特定の集団や特定の議会内の党派が国家内のすべてを支配するところにあるのではない、それは、すべての党派がその利己心を抑制し、自己の利害をより高次の利害、国家と国民の利害に従属させるところにある」と述べたうえで、もはや「全権委任（Vollmachten）」をもってしなければオーストリアを統治できないとして、危機を打開するために政府に権限を集中することを要求する（St. PR. NR 4・38, S. 1010)。

この要望にたいして野党社会民主党は「議会で労働者に反する統治をすることがますます困難になったからといって、議会を迂回することによって、それを可能にしてはならない」として、エンダー内閣に全権を委任することを拒む。社会民主党にその要望を拒まれるとキリスト教社会党は、野党が全権委任を拒否したことは「この議会政治が病んでいること、その与えられた課題をこなす能力のないことを表わしている」と主張して、野党と議会への批判を強める（St. PR. NR 4・38, S. 999, S. 1009)。

ただ政権与党内でも、大ドイツ党と農村同盟のショーバーブロックがそれぞれエンダー内閣の財政政策、クレジット・アンシュタルト銀行政策に反対していた。大ドイツ党は、政府の財政の立て直し政策が、自分たちの重要な支持母体である国家官僚に負担を強いるものであったことから反発し、閣僚を引き揚げることによって政権から脱退する。農村同盟も、クレジット・アンシュタルト銀行の国外債務の政府引き受けをめぐる意見の不一致から、同様に閣僚を引き揚げ、政権から脱退する[23]。

このように、キリスト教社会党はもはやザイペル政権のときのような、社会民主党陣営にたいする闘争を掲げ、保守系諸政党の連立を維持する求心力を失っていた。エンダー内閣は与野党間の対立のみならず、政権与党間の意見の不一致からも、一九三一年六月一七日、総辞職へと追い込まれる。

エンダー内閣が辞職すると、キリスト教社会党はその全権委任の要求を取り下げ、ザイペル自身が社会民主党にたいして挙国一致内閣への参加を呼びかける[24]。

社会民主党は、確かにザイペル本人からこのような提案がなされたことはある程度の進歩ではあるが、党は「買収されてはならない基礎的な観点」を代表し、「道徳的な要求」を有していて、連立にたいする姿勢は一九二六年の「リンツ綱領」に明確にしてあるとして、この申し出を断った。「社会民主党員が大臣になれるだけでなく、連邦軍においても一等兵にもなれるようになったときにはじめて」、連立に応じることができるのであって「大臣の席を申し出るだけでは不十分」であった（St. PR. NR 4・38, S. 999f.)。

連立の呼びかけに応じなかった社会民主党を、当然ながらキリスト教社会党は批判する。自分たちが社会民主党とともに政府の責任を分かち合う決心をしたことにたいして、社会民主党は自分たちの無私の意図を認めるどころか非難を浴びせかけたのであった。社会民主党は困難な課題に向かって一致協力し責任を果たす意志がなかったために協力と責任から逃れ、この誘いを断ったのである (St. PR. NR 4・38, S. 1011)。

実際のところ、社会民主党はこのとき深刻なジレンマに陥っていた。同党は目下の経済状況では財政支出の削減がやむをえないことを十分に承知していた。しかしながら、連立政権に参加し財政支出の削減に賛成することは、社会保障関係費の縮小を認めることであり、恐慌によって最も社会保障を必要としている労働者にたいする裏切り行為であった。これまで、社会民主党は、一方では議会で妥協し、他方では党の非妥協的なイデオロギーの純血をかたくなに守ってきた。社会民主党は労働者を教条的なイデオロギーの下に戦闘的に組織し、それが党の強みでもあったが、逆にこのことは党の政策選択の幅を狭めるものでもあった。党がもしここで労働者を裏切れば、一挙にその支持を失うことを覚悟しなければならなかった(25)。

社会民主党の反対によって、エンダーに全権を委任した独裁的な内閣も、ザイペルを中心とする社会民主党を加えた挙国一致内閣を組閣する試みも不発に終わったことから、六月二〇日にキリスト教社会党と大ドイツ党と農村同盟からなる保守中道のニーダーエスターライヒ州知事カール・ブレシュ (一八七八―一九三六) を首相とする内閣が組閣される。

このことは従来と同様に、キリスト教社会党と大ドイツ党と農村同盟からなる保守中道政府にたいして野党社会民主党が対峙するという構図が維持されたことを意味する。ブレシュ新首相は野党社会民主党にたいして協力を呼びかけ、大ドイツ党も与野党がともに政府の危機対策を支持するよう呼びかける。社会民主党は、政府が、その財政再建策とクレジット・アンシュタルト銀行対策を含むあらゆる問題で自分たちの意見に配慮する限りは、国が直面している危機を認識し、この危機の克服に協力する用意があることを表明する (St. PR. NR 4・38, S. 1001, 1014)。

保守中道路線は、当然ながら急進右派の護国団によって、「曖昧な中道路線なるもの」が、政治・経済の分野ではたしてどの程度の効果をしめすのかは疑問である、として批判される。かれらは、政府の対応は不十分であり一貫性に欠けるものであるとし、このような中途半端な姿勢では今日のオーストリアでは何ごとも達成できないとした

(St. PR. NR 4・38, S. 1012)。

こうして成立した第一次ブレシュ内閣も、半年後の一九三二年一月二七日には、またしてもキリスト教社会党と大ドイツ党とのあいだの対立から大ドイツ党が内閣から脱退することによって崩壊し、一月二九日に、第二次ブレシュ内閣が発足する。この内閣はキリスト教社会党と農村同盟だけで形成された少数派内閣であった。この第一次ブレシュ内閣からの脱退によって、大ドイツ党は、一九二二年以来続いてきた保守連立政権の枠組みについに終止符を打ったのである。

キリスト教社会党と大ドイツ党の対立のきっかけは、ファウゴイン内閣成立のときと同様、ショーバーをめぐるものであった。今回の両党の対立もまた、キリスト教社会党が、同党主導の政権運営にとって邪魔となっていたショーバー副首相を政権から外そうとしたことによって生じたものであった。ただし今回は外交路線が問題となっていた。すなわち親ドイツ的なオーストリア・ドイツ関税同盟政策とドイツを含まない旧ハプスブルク帝国の継承諸国との反ドイツ的なドナウ連邦(Donauföderation)構想政策との対立であった(26)。

当時、国際連盟は、オーストリアのドイツへの接近を望まず、むしろ、同国の外交政策が「ドナウ連邦」へと向かうことを望んでいた。なかでもとくに、フランス政府が独墺両国の接近を強く警戒していた。国際連盟との協調とそれによる経済援助を重視していたブレシュ首相をはじめとするキリスト教社会党にとっては、大ドイツ主義を掲げる政党の支持を受けて政権に参加しているショーバー副首相兼外相の言動は決して好ましいものではなかった。フランス政府もまた、ショーバーには懸念をしめしていた。このことから、ブレシュ首相は、ショーバー副首相を更迭することによって、政権内から大ドイツ主義的な外交路線を排除することをねらったのである。

大ドイツ党は、このままでは外交政策において親ドイツ路線が放棄される可能性があるとして、連立から脱退する。かれらにとって、キリスト教社会党の姿勢は、親ドイツ的な外交政策にたいする敵対行為以外のなにものでもなかった。かれらは、政府がドイツ寄りの外交政策をおこなう保障をしめさない限り、連立政権に戻る意志のないことを表明する。大ドイツ党は各継承国とオーストリアが経済上の交渉をおこない条約を締結することには反対しないが、そうした交渉には必ずドイツが加わっていなければならないとした。かれらにしてみると、ドイツの参加なくしては、こうした交渉には常に反ドイツ的なドナウ連邦をもたらす危険性があり、この構想だけはなんとしても避けなければならなかった。かれらは、ドイツとの経済的な接近を妨げるドナウ連邦構想はオーストリア経済に破滅しかもたらさないものであるとして、強く反対するのである (St. PR. NR 4・72, S. 1931ff.)。

一六カ月のあいだにひきおこされた、ショーバー内閣の倒閣に始まる一連の内閣交代劇は、保守陣営の分裂と経済危機の深化によるものであった。二〇年代を通じてザイペルを中心に結束がはかられてきたキリスト教社会党と保守中道政党の連立は、右にみたように、三〇年代に入るとともにほころびをみせ始めたのである。このほころびは、まずファウゴインとショーバーとの対立として現われたが、当初の対立軸は、護国団が国民議会に議席を獲得するなかで、政権運営を右派強硬路線で進めるのか、保守中道路線で進めるのかというものであった。このときはキリスト教社会党が中道路線に戻ることによって、一時的に従来の保守連立の枠組みが維持される。

ところが、クレジット・アンシュタルト銀行の破産による金融恐慌の勃発、経済危機の深化は、経済および財政政策をめぐって、キリスト教社会党と大ドイツ党の対立を再び表面化させる。この対立はさらに大ドイツ党の基本政策にかかわる対立へと発展する。キリスト教社会党がフランスをはじめとする国際連盟中心の外交政策を進めようとしていたのにたいして[27]、大ドイツ党は、その党名にしめされるように、最終的にはドイツとの合邦を実現する大ドイツ主義的な外交政策にこだわっていた。大ドイツ主義は同党の存在意義に関わる基本政策であった。経済危機の深化は、ドイツとは接近せずに国際連盟の経済援助によって経済危機を乗りきろうとするキリスト教社会党と、ドイツとの合邦に経済問題をはじめすべての問題の解決をみていた大ドイツ党とのあいだの対立をますます大きなものとした。

両党の溝が深まっていくことによって、従来の保守陣営の分裂は決定的なものとなっていった。護国団の国民議会への登場と大ドイツ党の大ドイツ主義は、保守陣営内の強硬派対中道派という対立軸とともに、親ドイツ対反ドイツという対立軸をあらためて顕在化させることになったのである。議会内での政権基盤の弱体化は、政府与党内の独裁的な傾向を強めた。政府与党は、経済危機が深まっていくなかで、議会は失敗でありなんらかの独裁的な手法が必要である、といった主張を繰り返した。与党キリスト教社会党は議席を減らして以来、政権運営が困難になったことの責任を議会に転嫁するようになっていたのである。[28]

こうした責任転嫁にたいして、社会民主党は、与党が議席を減らし、政権運営上、議会が障害になったからといって、議会政治そのものが失敗したわけではないと強く反発し、こうした主張は明らかにキリスト教社会党の嘘であるとして厳しく非難する。議会はその責任を十分に果たしていた。かれらによると、議会は政府の原案通りではないが、政府が解決を迫られていた数々の課題を解決していた。そして、政府の原案にただ賛同するのが議会の任務なのではなく、議会には、政府案を審議し変更する権利と義務があるのであった（St. PR. NR 4・72, S. 1924）。

社会民主党はまた、政府与党が独裁的な手法を「全権委任」と言い換えて国民を欺こうとしても、自分たちはそれを絶対に許さないとする。かれらも、たしかに多くの課題が解決されなかったのは事実であると認める。しかしながら、多くの課題は政府が全権委任などに頼ることなく解決すべき問題であったのであり、解決が実現しなかったのは、議会の失敗によるのではなく、政府の力が及ばなかったか単に政府が無能であったからであると主張する。同党は、議会はこの点に関してまったく責任がないとして、政府与党とは逆に、経済危機に伴う多くの課題が解決されずに残されていることの責任を政府に帰すのである（St. PR. NR 4・72, S. 1925）。

二　議会政治と危機の理論

議会政治の意義が問われ、与野党の緊張が増すなかで、キリスト教社会党は自分たちこそが全体の利益を代表していると感じていた。これにたいして、社会民主党は労働者の階級的な利益を実現することは自分たちの歴史的使命であると考えていた。双方が了解することのできる公共性は失われていた。危機の深刻化と政治対立の複雑化は、これをますます困難にした。こうしたなかで与党キリスト教社会党は、議会そのものにたいする批判を深めていく。与党の議会批判は、まず野党に向けられた。社会民主党は与党が実施しようとする重要政策に議会でことあるごとに反対し、与党が提起する政策は、そのつど修正を余儀なくされていた。こうした野党の議会での抵抗は、政府与党にとっては全体の利益にたいする我慢のならない党派的な妨害以外のなにものでもなかった。本節では、政治の実際の場において批判が増すなかで、議会政治は理論レベルでどのように扱われたのかを、まずケルゼンからみることにしたい。

議会政治の価値

二〇年代後半から三〇年代にかけて政策の党派性と公共性が鋭く問題となるのを前にして、ケルゼンは「人間は認識において分を知り、社会関係において折り合うほかはない」として、問題を形式民主主義によって解決しようとした。かれによると、議会政治の意味は、絶対的真理の獲得、絶対的に正しい国家意志の形成にあるのではなくて、多数者と少数者の利害の中間線を獲得することにあった。形式民主主義の方法、つまり議会制民主主義の方法とは、少数者の権利を認め、多数者にも少数者にも、他方を全面的かつ無条件的に支配する力、他方を完全に否定する力をもたせずに、二つの立場を、立論と反論の手続きを展開することによって歩みよらせ、妥協を成立させる方法であった。

ケルゼンによると、理念上の民主主義は、自由（Freiheit）の原始本能が満足されることを要求している。この原始的な自由の理念を、現実の社会、政治、国家のなかで実現するためには、その意義の転化が必要となる[29]。自由の意義の変形は、民主主義を理念から現実へと導く。民主主義の本質は、この理念と現実との独自な対立のなかにあった。

社会が、自然とは異なった組織関係として可能であるべきものとすれば、自然的法則性（Naturgesetzlichkeit）とならんで、特殊な社会的法則性（soziale Gesetzlichkeit）が与えられねばならぬ。因果律（Kausalgesetz）に対して規範（Norm）が対立する。自由とは本来自然の立場からは、社会的法則性の否定を意味し、社会の立場からは、自然的法則性（因果）の否定（意志の自由）を意味する。「自然に還れ」（あるいは「自然的」自由に還れ）とは、社会的拘束から解放されよ、との意味にほかならない。社会へ（社会的自由へ）とは、自然的法則性から自由になれという意味である。[30]

社会、国家が存在するためには、人間を相互に結びつける共同社会意志（Gemeinschaftswille）が創造され、一つの秩序が妥当し、支配が存在しなければならない。しかし、人は自身によってのみ支配されることを欲する。服従こそするが、自分自身の意思にのみ服従し、他人の意志にはなんら服従しないことを望む。[31] 民主主義は、共同社会意志が、これに服従する国民によって創造される一つの社会形式である。民主主義は、指導者と被指導者の同一、支配の主体と客体との同一を意味し、国民の上に国民の支配を意味する。

ここでケルゼンは、国民の理想概念と現実概念のあいだの大きな距離を指摘する。[32] 共同社会意志に服従する国民すべてが、共同社会意志創造の手続きに参与するのではないし、支配の主体としての国民を形成するのでもない。さらに大衆の内部で、判断のない大衆として、自己固有の意見をもたず、他人の影響に従うものと、独立した意志決定によって、自己の意見をもちながら共同社会意志形成の手続きに関与する少数とが区別される。これが現実民主主義の最も重要な要素の一つである政党の活動を生みだす。政党とは、共同社会意志の創造に及ぼす影響を確保するために意見の同じ人々が結合したものである。

共同社会意志は、もし一方的に一党派のみの利益を代表してはならないとすれば、相対立する利益のあいだの「合成力（Resultante）」か、「妥協（Kompromiß）」のほかのなにものでもありえない。国民が複数の政党に分類されることは、このような妥協を成立させるための組織的な条件がつくられ、共同社会意志が中間線の方向に動く可能性が与えられることを意味する。複数政党制としての民主主義は、政党意志の合成力としてのみ共同社会意志を成立させようと欲するから、「超党派的な有機的全体意志（überparteilicher organischen Gesamtwille）」というような擬制を放棄することができる。[33] 超党派的な全体利益を体現する国家は、党派的な部分利益を代表する政党を超越する、という擬制を、ケルゼンは否定し、妥協の方法を評価する。

多数決原理に従って形成される共同社会意志は、少数にたいする多数の独裁としてではなく、むしろ両者相互間の影響の産物として、お互いに衝突しようとする政治的意志方向の合成力として発生するものである。したがって多数決原理は、多数の少数にたいする絶対的支配というようなものではない。ここに、ケルゼンは現実民主主義における多数決原理の固有の意義が存在するとして、これを「多数・少数決原理（Majoritäts-Minoritätsprinzip）」とよぶ。この原理が、規範服従者の全体を主として多数と少数との二者に分類する一方、全体意志の形成に際して妥協の可能性を創造する。あらゆる交換、あらゆる契約は妥協である。妥協は「一致調和（vertragen）」することを意味する。(34)

多数決原理は、まさに議会制の組織内で政治的対立の妥協・調停の原理として認められる。あらゆる議会手続きは、相互に対立する利益のあいだでこのような中間線をめざし、相互に作用する社会力の合成力を求めることに向けられている。議会手続きは、議会に代表される各党派のさまざまな利益が発言され、そのものの利益として公の手続きにおいて宣言されうる保障を与える。そして議会の弁証法的かつ矛盾背反的な手続きをとおして、政治的利益の命題と反対命題との対立からなんらかの総合が成立することになる。より高い絶対的真理、党派的利益を超越した絶対的価値が成立するのではなく、妥協が成立する。(35) 全議会手続きは弁論と答弁、議論、反駁の技術をとおして一つの妥協にいたることを目的としているのである。

妥協こそ、社会秩序がこの秩序に服従する者によって創造せられるに際し、自由の理念から要求せられた全員一致に現実的に接近したものである……強大な対立を、流血の革命的方途によって破滅に追いこむことなく、平和に、そして漸次に調停する可能性を提供する形式がもし一般に存在するものとするならば、それはすなわち議会制民主主義の形式にほかならない。この議会制民主主義のイデオロギーは、社会的現実においては到達することのできない自由であるとしても、その現実はしかし平和である。(36)

したがって多数決原理の否定は、妥協の否定であり、平和ではなく流血をもたらすものであった。

以上のように、近代国家において、国民の理想概念は権利を行使する政治的有権者の狭小な集団に収縮し、自然的自由は多数決による政治的自治に収縮し、現実の民主主義は規範的共同社会意志が政治的有権者によって選挙された者の多数によって形成される「間接的議会制民主主義（mittelbare parlamentarische Demokratie）」となる。民主主義の理念は、社会的現実においては縮小を甘受せねばならず、政治的権利は、主として単なる投票権にまで弱められる。自由の理念は、純粋のままで社会的なもの、さらに政治的・国家的なものの範囲に入りこむことができず、多数決原理と意志形成の間接性と融合し、制限される。[37]

議会政治とは、国民によって、普通平等選挙権の基礎の上に、つまり民主主義的に選挙された合議機関によって、多数決原理に従い、規範的国家意志を形成することである。議会政治の価値は、ケルゼンによると、国家秩序を創造する特殊な社会技術上の手段であるということにある。もとより、民主主義と議会制とは同一ではない。しかし、近代的国家にとって直接的民主主義は不可能であるから、議会制こそ、民主主義の理念が今日の社会的現実内で実現されうる唯一の現実的な形式である。ここで自治の思想としての自由の思想は、分業、社会的分化への断念することのできない欲求と結合する。議会政治は、自由の民主主義的要求と、すべての社会技術的進歩を条件づける分化的分業の原則との妥協として現われる。[38]

政治的自由こそが議会政治を規定する理念であった。議会のための闘いは政治的自由のための闘いであった。ケルゼンの形式民主主義論を第一番に決定するものは自由価値であって、平等価値ではない。「平等（Gleichheit）」は「正義（Gerechtigkeit）」と同然であった。プロレタリア独裁の教義は、まさに民主主義の名のもとに、自由イデオロギーの代わりに正義イデオロギーを押し出そうとする。だが民主主義という言葉は、社会秩序を創造するための一定の方法を表現するものであって、これをこの創造の方法となんら関係のない社会秩序の内容のために使用することは、明らかな誤りであった。独裁の教義は、この形式的な概念と対立した実質的な概念において、民主主義と独裁との区別を否定し、表面上社会正義を実現する独裁を「真の」民主主義であると説明する。[39] だが民主主義は、社会秩序を生み出す一つの「形式」であり、この国家「形式」によって国家「内容」を説明することは不可能なのである。民主主義は、一九世紀と二〇世紀を支配した流行語であった。ケルゼンが言うように、まさしくそのために、あらゆる他の流行語と同じ運命をたどって、その確定的な意味を失った。さらに一方では、社会主義がこの政治的価値の修正を迫り、真の民主主義の実現に向けてプロレタリア独裁を提起し、他方では、これに対抗する反民主主義行動が発生した。形式民主主義は、左右双方からの政党独裁に直面し、問題となった。(40)

絶対善の認識、絶対的価値にたいする姿勢は、独裁と民主主義の対立があらわれる世界観の原理的対立であった。「形而上的・絶対的世界観(metapysisch-absolutistische Weltanschauung)」に「独裁主義的行動(autokratische Haltung)」が従属し、「批判的・相対的世界観(kritisch-relativistische Weltanschauung)」に「民主主義的行動(demokratische Haltung)」が帰属している。絶対的真理と絶対的価値とが、人間の認識にとって閉ざされているとみなす者は、自己の意見だけでなく、他人の反対の意見をも少なくとも可能であるとみなす。形式民主主義の特色となっている多数決原理は、反対、少数を、ただ概念上前提とするばかりでなく、政治的にも承認し、基本権や自由権、比例の原理で保護するという点で、他の原理と区別されている。したがってここでは、少数も、絶対的に不正・無権利ではないので、つねに多数となることができるように、秩序はつくられなければならなかった。(41) これが、民主主義と名づけられている政治組織の本来の意味である、とケルゼンは述べる。

形式民主主義つまり議会制民主主義が、批判的で相対的な態度によって基礎づけられているのにたいして、議会政治に反対する意見は、形而上的で絶対的な世界観、すなわち他を完全に否定する唯一独自の見解、いわば独裁的な真理と価値に基づいているのである。

民主主義の危機

ケルゼンがどこまでも形式民主主義を擁護しようとしたのにたいして、バウアーは、自由の価値と形式民主主義の成果を評価しつつも、経済恐慌以降、民主主義は全般的な危機に陥ったと警告し、この危機から文化を救出するためには、相対的世界観や妥協による方法を捨てて、真の民主主義へむけた一時的な階級独裁を実現しなければならない、と強調するようになる。自由の意義を認めながらも、ケルゼンが自由の形式性を説いたのにたいして、バウアーは自由の実質性を問題にした。

バウアーによると、近代民主主義は、資本主義社会における階級闘争の帰結として成立した[42]。自由主義的ブルジョワ革命の最初の直接的成果は、「解放の巨大な事業（gewaltiges Werk der Emanzipation）」であった。当初この解放は、全人民のためではなく、ブルジョワジーのためだけにかちとられたものであり、議会には人民全体の一部にすぎない有産階級のみが代表された。しかし、ブルジョワジーは、たんに自由主義的国家制度だけでなく、同時に近代工業を設立した。工業の発展とともに労働者数は増大し、労働者の意識は高まった。これに伴い、財産評価に基づく選挙権に反対し、普通平等選挙権を求める労働者の運動があらゆるところで始まった。普通平等選挙権によって有権者が議会を選出し、政府を監督し始めたとき、自由主義的ブルジョワジーが絶対主義と封建主義から奪い取った自由権は全人民の遺産となった[43]。

バウアーは、この自由権の下降拡大を、高く評価する。個人にたいする政治的解放の影響力が、資本主義的階級社会の諸条件のもとで制限されたものであったにせよ、「最も価値のある人類の財宝」を残してくれたことは事実であった[44]。

ブルジョワ民主主義は、このようにして解放という偉大な事業を成し遂げた。ブルジョワ民主主義のこの功績も、将来のあらゆる社会秩序にとり優れた遺産となるに違いない。その理由は、権力者たちの専制にたいする個人の自由と尊厳の保障、すべての人々の判断を求めるあらゆる理念の自由競争、全体の運命と形態についてすべての人々があらゆる決定に参加することを抜きにして、いかなる文明人社会も今後長期間存続することは不可能であり、存続する資格をもたないからである[45]。

しかしながら、資本主義の発展のなかから現われてきた「ブルジョワ民主主義」は、資本主義自体と同様に「二面的性格（zweischlachtiger Charakter）」を有していた。ブルジョワ民主主義の発展のすべては、資本主義的社会秩序に基づくものであり、資本の支配のもとで実現された。すべての人間が有する政治的同権は、収入、生活水準、階級的地位ならびに経済的権力の相違を廃止しなかった。あらゆる人間の政治的同権と経済的同権とのあいだに、包括的な矛盾が残った。(46) このため、全人民によって制定される議会と政府は、資本家階級による階級支配の道具にすぎなかった。

したがって、ブルジョワ民主主義は、資本主義の最大の勝利であった。民主主義を基盤とする人民大衆の生活水準のいちじるしい向上と民主主義のもとでの共同決定への人民諸階級全体の直接的関与によって、人民大衆は、資本主義的社会秩序のもとでも自己の利益を擁護し、自己の生活水準を改善することができるとの確信を抱いた。全人民の圧倒的多数が、資本主義的社会秩序の不動性とこの社会秩序内部で自己の利益を効果的に代表することができると確信したとき、資本主義は、自己の支配を貫徹し、資本家階級は、かれらによって搾取されている人民大衆の意志に基づいて支配することができた。(47)

安定化したブルジョワ民主主義の方法は、さまざまな階級と利益団体が、手間をかけてそれぞれ利権をかせぐ「妥協による方法」である。相反する利益と原則の妥協によって、あらゆる利益と原則の実現が可能となる。(48) ここでケルゼンとは逆にバウアーは、この妥協による方法にたいして批判的な立場をとる。

ブルジョワ民主主義においては、自己の諸原則の実現を目指すいずれの党派も、多様な人民を前に、影響力をえるためには、普通平等選挙権に基づいて努力する必要がある。その結果、諸原則は、相異なる階級・利益団体の有権者大衆を獲得する目的によって、弱められ、相対化されざるをえない。その結果、すべての原則は、議会内で対立する原則との妥協をますます余儀なくされ、相対立する原則の相対的権利を承認することを余儀なくされ、自分自身の権利を相対化する。原則にたいする硬直的固執によって原則を実現する展望はえられず、硬直的な原則は不毛な教条とみなされる[49]。この相対化は、バウアーにとっては「懐疑的相対主義（skeptischer Relativismus）」として批判されるべきものであった。

こうして、ブルジョワ民主主義のもとで、あらゆる原則にたいする懐疑主義の風潮が、相対立する原則を相対的に同等の権利をもつと見做す風潮が、相対立する原則を激烈な闘争によってではなく、あらゆる原則の間での妥協によって決着をつける日和見主義の風潮が発展する。懐疑的相対主義とすべての原則的決定やあらゆる大胆な行動に反感をいだく日和見主義ならびに小商人的功利主義が、ブルジョワ民主主義の基本的姿勢である。この小商人的功利主義は、すべての原則的対決を恐れ、公共生活全体を租税と社会保障分担金、関税と生産奨励金をめぐる味気のない行動に解消する[50]。

ブルジョワジーが、自己の解放闘争の目的を達成し、自己の社会的ならびに国家的秩序を実現し、過去の権力にたいして立ち向かう必要がなくなったとき、思想・信条の自由の原則、意見の討論の原則は、すべてのイデオロギーを懐疑的に相対化し、すべての原則を日和見主義的に希薄化し、すべての公共生活をさまざまな利益団体のあいだにおける日常の妥協へと解消する方向に変質した[51]。

しかしながら、世界恐慌によって、一九二九年以降、時代の精神的基本姿勢は完全に変わった、とバウアーは述べる。ブルジョワジーは、自己の日和見主義的、妥協的な政治家たちを見捨てた。職員、小市民、知識人大衆は、戦争によって思想と意志が形成された人々、鋼鉄のような決意と冷徹な暴力行為を実行する人々、懐疑的相対主義と妥協的日和見主義に侵されていない人々を権力の座につけた。これらの人々は、自己の使命のために、すべての大胆な行為を決意し、いかなる暴力の行使もためらわない[52]。

民主主義は危機に陥った。貧困化し、自暴自棄になった小市民と農民は既成政党に反抗し、長期間の失業による悲惨な状況のなかに投げこまれた労働者のなかに、革命的怒りが蔓延した。民主主義は、人民大衆をその状況から救いだすことができなかった。広範な人民大衆は、民主主義にたいする信頼をなくした。またバウアーによると、価格と利潤の急激な下落に見舞われた資本家階級は、妥協と譲歩をこれ以上するつもりはなかった。資本家階級は、人民大衆を犠牲にして自己の利潤を元の状態に戻すことを決意した。資本家階級は、民主主義の手段によって原状復帰が不可能となったため、民主主義に敵対した。ファシズムの勝利は、資本家階級が無制限の暴力によらないと、もはや権力を維持し、人民のあらゆる階級を支配し、自己の利益を実現することができない状態にあったことをしめしていた。(53)

ブルジョワ民主主義の危機は、しかしながらバウアーが高く評価している自由や人間性の危機でもあった。これをバウアーは「文化の危機（Kriese einer Kultur）」とよぶ。ファシズムにかぎらず、現代の独裁全体に共通しているものは、自由主義のなかから発展してきた民主主義文化にたいする批判であった。いかなる独裁も精神的自由を許容することはありえない。この一点で、世界を分け隔てていたファシズムとボルシェヴィズムは一致していた。権力者集団は、歴史と社会について何を語り、教え、印刷するべきかを決定し、許容されるものは、たった一つの意見と信念だけであった。(54)

ファシズムとボルシェヴィズム、反革命と革命、資本の独裁とボルシェヴィズムの独裁によって、ブルジョワ民主主義は危機にさらされている。両側面から同時に攻撃されているブルジョワ民主主義とともに、ブルジョワ期全体の最大の価値をもつ遺産である文化財が消滅する危機にひんしている。

両者は、ブルジョワ革命の時代が獲ち取った自由と人間性を破壊する点で、四〇〇年におよぶ諸闘争における最も価値ある成果を、ブルジョワ的歴史期全体の最も重要な帰結を、我々の時代のあらゆる文化の基盤を粉砕する点で共通している。(55)

この危機の時代において、社会主義と民主主義の関係が、最大の決定的文化問題となる。自由と平等ならびに自治の民主主義的理念は、人民がたんに国家の市民としてだけではなく、社会の構成員としても自由と平等であるときに、人民全体が国家のなかでのみ自らを統治するのではなく、経済においても統治するときに、はじめて完全に実現される。社会主義は、自由と平等ならびに自治の民主主義的理念を否定せず、それを社会のなかでも実現しようとする。

そのようにしてはじめて、民主主義的理念は完全に実現される。ケルゼンが民主主義を形式に限定したのにたいして、バウアーはその実質的な内容を問題にする。では社会主義的民主主義の理念は、危機の時代においてどのような過程で実現されるのであろうか[56]。ここでバウアーは、民主主義の実質化のために、一時的に自由を制限するプロレタリア独裁を肯定するようになる。

我々は民主主義とプロレタリアートの独裁を相容れない矛盾として双方を対立させてはならない。独裁自体、決して民主主義の完全な廃棄を意味するものではなく、その性質上、資本主義的諸階級の民主主義からの排除のみを意味する。

社会の革命的変革のみが、一時的独裁によってしか実現することのできない資本主義からの社会の解放のみが、ブルジョワ的時代が我々にのこしてくれたあの偉大な文化財を、ファシズムの反動から守り、人民全体のものにし、ブルジョワ的制約から解放し、初めて完成させ、全人民のために完全に実現することができる[57]。

形式民主主義は、階級対立がそれほど激烈ではなく、さまざまな利益団体の相対立する利害が民主主義特有の妥協によって克服可能である限り、ほとんど軋轢もなく機能する。しかし、資本主義経済が深刻な打撃を被ったとたん、民主主義の機能もいちじるしく妨げられ、最後にはまったく機能しなくなった。一九二九年以降の深刻な経済恐慌によってほとんどすべての国家は、議会によって妨げられることなく緊急の経済的措置を即座に実施可能とする非常全権委任を、自国の政府に付与せざるをえなかった。この全権委任によって議会にたいする政府の立場と個々の市民にたいする政府の権力はいちじるしく強化される。深刻な経済危機あるいは戦争によって民主主義の機構が正常に機能せず、独裁的全権をもつ政府による緊急な任務の実行が求められるこの状況は、とりもなおさず社会革命についても言うことができた[58]。

プロレタリアートは、資本主義社会の社会主義社会への転換を実現するために、この転換に反対するあらゆる抵抗を打破する、強力で持続力のある統治権力を必要とする。このような統治権力が、プロレタリア独裁であった。資本家階級は、破局、最悪の事態に直面し、自己の財産、自己の利潤が危機にさらされる場合には、「民主主義のルール」に服従しない。労働者階級は、そのときには社会的変革に反対する資本家階級の抵抗を打破するために最も強大な国家権力を必要とする。この場合、社会が、資本の支配から自己を解放するためにどの程度「民主主義のルール」から一時的に離れる必要があるかは、具体的歴史的状況に依存していた[59]。

以上のようにバウアーは、一定の範囲で人間の解放を実現したブルジョワ民主主義に理解をしめしつつも、経済恐慌とともに、民主主義は危機に見まわれたと指摘し、この危機から自由や人間性を救い出し、真の民主主義を創出するためには、形式民主主義によらず、一時的なプロレタリア独裁を樹立しなければならないと主張する。ケルゼンが形式民主主義として評価した内容の限界を、次節以降でみる議会政治の崩壊を目の当たりにしてバウアーは指摘する。民主主義は、形式的なものから実質的ものへと深化しなければならなかった。ケルゼンが意義を説いた相対的世界観は、むしろ懐疑主義として批判される。社会生活の基本的な原理として位置づけられた妥協は、バウアーの場合、安定化したブルジョワ民主主義の方法として否定的にとらえられる。

これにたいしてケルゼンは、どこまでも形式民主主義の擁護に努めていた。かれは、議会政治を基軸とする形式民主主義が左右双方から批判にさらされていたことを認めていたが、この批判に最後まで形式的なレベルで対応しようとしていた。形式民主主義は、形式的であるがゆえに、むしろ護られなければならなかった。バウアーが懐疑主義として批判した相対的世界観は、平和ではなく流血をもたらす絶対的世界観にたいする防波堤として維持されなければならなかった。かれらはともに自由の意義を認めながらも、ケルゼンが自由の形式性を純化させていったのにたいして、バウアーは自由の実質性を綱領化し、その実現にむけて一時的な自由の制限、つまりプロレタリア独裁を日程にあげた。

三　ドルフスの登場と議会の停止

一九三二年四月二四日におこなわれたウィーン、ニーダーエスターライヒ、ザルツブルクの州議会選挙の結果、地方議会レベルでの今までの議席配分に注目すべき変化が生じた。選挙の結果、現状をかろうじて維持したのは社会民主党のみで、キリスト教社会党をはじめその他の既成政党は議席を減らすことになる。そのかわりに、オーストリアのナチズム運動が地方議会ではじめて議席を獲得する。既成政党からナチズム運動へと票が流れたのである。似たような結果は、同時におこなわれたシュタイエルマルクとケルンテンの市町村議会選挙においてもみられた[60]。

四月二八日に連邦大統領によって春期議会の開催が宣言されると、すぐさま野党各党は四日前の地方選挙の結果を理由に解散総選挙を要求する。ここで野党三党は一致したかたちで解散総選挙を要求する法案は出さずに、三党それぞれが、解散総選挙法案を提出し、これらの法案は憲法委員会で取り扱われることが決定する。社会民主党は、政府が自らを解散する法案を提出し、護国団と大ドイツ党は、それぞれ、憲法が規定している議会の解散権に基づく法案を提出していた (St. PR. NR 4・76, S. 2047, S. 2053f., S. 2056)。これにたいして政府与党は自らの議席を失う恐れと、緊迫した経済状態ゆえに経済政策を優先させ、選挙戦は避けるべきであるという理由から、解散総選挙に反対する (St. PR. NR 4・76, S. 2052, St. PR. NR 4・80, S. 2142f., S. 2144f.)。

五月一二日の本会議で、憲法委員会での議論が報告され、同委員会から選挙の期日を定めない解散総選挙法案が提出される。この法案にたいして社会民主党と護国団は変更を求め、選挙の期日として、社会民主党は六月一九日を主張し、護国団は八月八日を主張して、修正案を提出する。両党の修正案は否決され、憲法委員会提出の解散法案が賛成多数で可決される。こうして解散法案は可決されるが、これは具体的な解散の日時は決めないという奇妙な法案であった (St. PR. NR 4, Beilage 335)。与党は当面は新たな選挙はおこなわない方針を決め、ブレシュ首相は、選挙はどんなに早くとも秋以前にはおこなわないことを決定する。しかしながら、結局、ブレシュ内閣は、この選挙の期日をめぐる争いから、五月六日、退陣へと追い込まれるのである。

ドルフス内閣

ブレシュ内閣退陣後、二週間の政治空白を経て五月二〇日、大統領によって任命されたニーダーエスターライヒ州農業会議所会長のエンゲルベルト・ドルフス（一八九二―一九三四）を首相とする内閣が発足する。これは、大ドイツ党との連立交渉が失敗に終わったことから、キリスト教社会党と農村同盟と護国団の三党からなる国民議会でわずか一票差で過半数をかろうじて維持する内閣であり、連邦議会にいたっては少数派であった。

所信表明演説でドルフス首相は、オーストリア経済の困窮の原因として、講和条約による制約、旧経済地域の分解、近隣諸国の市場の閉鎖を指摘し、こうした環境から経済を建て直すには、外国の援助が不可欠であることを主張する。自力でおこなうことのできる経済政策として、為替管理による安定した堅実な通貨政策、行政改革と社会政策の削減による緊縮財政、輸入制限による貿易収支の均衡化、クレジット・アンシュタルト銀行問題の解決を挙げ、これらにあらためて取り組むことを表明する。またとくに農業、自営業者、中産階級へ配慮することを明らかにする。[61]労働運動にたいしては、秩序を乱し経済を破壊する行為にたいしては厳しい態度で臨むことを告げる（St. PR. NR 4・81, S. 2148, 2150)。

この所信表明にたいして野党社会民主党は、新政府は農業の利害を過剰に代表している、として批判を加えていく。また政府が失業者対策に攻撃を加えていることや、これまでの中道路線を放棄し護国団を入閣させ、右派内閣を形成したことについて、個々の大臣の人格を問題にしながら、対決色を強めた（St. PR. NR 4・81, S. 2152ff.)。

与党キリスト教社会党は、社会民主党の批判が具体的な経済政策の内容に入らなかったことを逆に批判し、農村の利害を過剰に代表しているという指摘にたいしては、農業政策は全経済政策と分かちがたく結びついているので、農業政策で成果をあげている新首相はすべての経済政策において成功するであろう、と主張する。またかれらによると、自分たちは、たとえ国民の人気を失うような政策を進めなければならない場合でも責任を自覚した「国家政党(Staatspartei)」として、「社会民主党が階級闘争の煽動を続けていたとき、正当な社会的な調停の上に立つ国民共同体を主張していた」。「国民政治(Volkspolitik)」と「国家政治(Staatspolitik)」こそ「党派政治(Parteipolitik)」に優先されなければならなかった(St. PR. NR 4・81, S. 2170, 2173f.)。

このようにケルゼンが憂慮していた超党派的な全体利益を求める声は、危機の時代にあって政府与党のなかで強まりつつあり、国家全体の利益を早急に実現することが要請されていた。党派政治を克服する強力な内閣が待ち望まれるなかで、キリスト教社会党内では、第一次世界大戦を戦った世代が登場し、重要な地位を占めるようになっていた[62]。キリスト教社会党におけるこの世代は、カトリック神学者として形式民主主義に批判を加え、議会政治の可能性を疑っていたザイペルの教え子たちでもあった。議会政治は党派政治をもたらすだけで、国民的国家的な政治の障害物でしかなかった。かれらは、議員を、弱い、妥協を好む、数々の疑獄事件にかかわる腐敗した連中であるとみなしていた。

ドルフスは、一八九二年、ニーダーエスターライヒ州の農村で生まれ、農民の継父によって育てられた。かれにとって教会と農村は生まれたときからみていた当然の風景であった。こうした環境から、かれは少年時代はカトリックの神父をめざし、一一歳になると修道院のような規律をもった男子の神学校に入学する。この神学校を卒業すると、かれは少年時代のこころざしを捨てて、一九一四年にウィーン大学の法学部へと進学する。大学に入学するとともに、かれはカトリック系の学生団体に入団する[63]。この学生団体は、当時ウィーン大学を風靡していた、汎ドイツ主義を掲げるドイツナショナル系の学生団体とは一線を画して、教会とハプスブルク帝室に忠誠を誓っていた。かれらの活動方針は、保守カトリシズムであった。

第一次世界大戦のイタリア戦線への従軍から戻り復学すると、かれは再び学生団体での活動を再開する。その活動は主にレオ一三世の回勅に従った救貧活動などの社会奉仕活動であった。大戦後、かれはウィーン大学で教鞭をとっていたオトマール・シュパンの講義に出るようになる。ここで、かれはシュパンの社会経済理論を学ぶことになる。ドルフスがシュパンの共同主義（五章二節参照）に自らの考えと多くの一致点を見いだしたであろうことは想像に難くない。また、ドルフスは、この時、共同組合（Genossenschaft）論にも強く引かれるようになっていたともいわれている。(64) 共同組合は、共同主義的な社会秩序の基礎に据えられるべきものであった。かれの思想的な基盤は、カトリシズム、シュパンさらに共同組合にあった。

首相就任から二カ月後の七月一五日、ローザンヌ議定書が関係各国のあいだで調印され、それによってオーストリアは三億シリングの国際借款をえることになる。

しかしながら、この議定書を国内で批准するさいに国民議会において激しい対立が生じる。ドルフスは、これまでの財政の均衡策、通貨の安定策といった自助努力を国際連盟に説明し、経済を安定させ、通貨の下落を止め、成長のための基礎をつくる経済援助を連盟に要請した結果、借款をえるのに成功したことを報告し、経済恐慌の波及によって打撃を受けたオーストリア経済の安定化には援助が必要不可欠であることを力説し、理解を求める（St. PR. NR 4・94, S. 2420ff.）。

これにたいして社会民主党は、以下の問題点をあげて議定書の調印に反対する。経済政策が外国の管理下におかれること、社会政策的に危険であること、外交政策に制限が設けられること、援助は債務返還にあてられ、生産的なことには使われないこと（St. PR. NR 4・98, S. 2510）。かれらは、とくに経済政策が外国の管理下におかれることによって、財政政策もまたそれに管理され、連邦鉄道や社会政策への支出が削減されることに懸念をいだいていた。

大ドイツ党もまた、社会政策的に危険であるという点を除いて、社会民主党とほぼ同様の問題点を議定書に反対する理由としてあげるが、同党はとくにこの議定書によってさらに一〇年間ドイツとの合邦が禁止されたことに猛反発し、その調印に断固反対する。政府の経済政策は具体性に乏しく、オーストリアを再建するためにはドイツとの合邦しかなかった。またキリスト教社会党の「ドイツへの憎しみ」「国民意識（Nationalbewußtsein）とカトリシズム、民族意識（Volksbewußtsein）と郷土愛を引き裂こうとする試み」はナショナルな考えの敵である、と批判し、「カトリックの良き信者としても自民族を愛さなければならない、なぜなら自民族への愛は神的な祈りであるから」と大ドイツ主義に訴えるのである（St. PR. NR 4・98, S. 2515, 2522f.）。

結局、この議定書に最も反発したのは、最大野党の社会民主党ではなく、大ドイツ党であった。社会民主党は否決がもたらすオーストリア経済への悪影響を十分に承知していて、政権与党によって可決されるのを見越して反対票を投じたのである（MRP 817/1）。[65] また、国民議会では反対したものの、実はフランスの社会党を通じてフランスでこの議定書が批准されるよう働きかけたともいわれている。[66] しかしながら、大ドイツ党は一貫して経済問題は合邦によってしか解決できない、と主張し反対し続けた。

大ドイツ党は、新政府は外交政策の転換を自分たちに期待させたがそれを裏切ったとして、新政府のこれまでの政策を非難する。経済空間を拡大するしか経済問題の解決方法はなく、ドイツなくして中欧の経済問題の解決はありえなかった。したがって、議定書におけるドイツとの合邦を今後とも不可能にする条件は容認できるものではなかった。こうしてかれらはドルフス内閣の外交政策に不信と反感を募らせ、内閣不信任案を提出する（St. PR. NR 4・95, S. 2449ff.）。ここにきて、大ドイツ党の民族的イデオロギーは経済的な利害を超えて極大化し始める。[67]

ドルフスは議会においてこの内閣不信任を、八一対八一でかろうじてまぬがれ（St. PR. NR 4・96, S. 2484）、ローザンヌ議定書の否決もまた、八一対八〇でなんとかまぬがれる（St. PR. NR 4・98, S. 2528）。ここでドルフスは、かれの内閣が国民議会において安定多数の支持をえていないことをあらためて痛感させられる。そこで、かれは大ドイツ党を再び内閣に加えようと試みたが、大ドイツ党の拒絶によってその試みは失敗する。[68] キリスト教社会党と大ドイツ党とのあいだの関係の修復は、この国際借款によって完全に不可能となる。また政権に参与している護国団もここで一枚岩ではないことを露呈する。護国団の八名の国会議員中、半数の四名が議定書への反対を表明していたのである（MRP 819/6）。

ここに保守陣営は、一〇年目にして、完全に分解する。陣営内の対立からキリスト教社会党を中心とした多数派の維持が決定的に不可能となった。この保守陣営の分解をきっかけとして、ドルフスの議会政治からの離反もまた決定的となる。議会における安定多数を二度と形成することのできなかったドルフスは、以後、議会での政府与党の政策承認が困難であると思われたとき、議会政治にわずらわされない方法によって与党の政策を推し進めることを考えるようになるのである。

一九三二年の秋に連邦政府は、一九一七年の「戦時経済授権法（kriegswirtschaftliche Ermächtigungsgesetz）」に基づいて、クレジット・アンシュタルト銀行の債務返済を、破産に責任のある役員の私財でもっておこなう行政命令を発令する。クレジット・アンシュタルト銀行をめぐる危機から一八カ月後に発せられたこの指令は、債務の返済そのものについては意味のある指令ではなかった[69]。しかしながら、政府の意図は、むしろこの法律の適用そのものにあった。

この「戦時経済授権法」の適用は、国民議会からの離反を意味し、国民議会の閉鎖への足がかりをつくった。この法律は、戦時の非常事態に際して主として経済の領域で政府の迅速な対応を可能にすることを目的として大戦中に制定され、大戦後も共和国はこの法律を廃止することなく存続させていた[70]。これは政府に緊急権を与え、議会の事前の承認なしに政府が必要と判断した処置をおこなうことを可能とする法律であった。以後、ドルフス内閣は、この「戦時経済授権法」に基づいて緊急命令を発令することによって、国民議会に縛られずに自らの政策を実行していく。ナチスは一九三三年に授権法を新しくつくったが、オーストリアでは戦争中の授権法を復活させたのであった。

こうして強引な手法が目立つようになり、与党は自分たちだけが国民政治、国家政治を体現するものであるという考えを強め、与党に反対する者を国家に反対する者とみなすようになった。これはケルゼンが危惧していた絶対的な全体利益を前提とする、公共政策あるいは政府政策の与党による独占であった。

一九三三年三月一日、連邦鉄道員による二時間のストライキが決行される。連邦鉄道経営陣が、恐慌に伴う経営の悪化から、鉄道員の給料を分割払いとしたことにたいして抗議するためにおこなわれたストライキであった。政府も、連邦鉄道の現在の収入を考慮した場合、賃金の支払いは分割払いにせざるをえないとして、同経営陣の決定を支持した。この決定にたいして連邦鉄道の各労働組合はその支持政党に関わりなく抗議ストライキを決行する。ところが経営陣および政府は、このストライキにたいして、これもかつて戦争中鉄道員のストライキ権を制限するために皇帝によって発令された「一九一四年七月二五日の皇帝命令 (kaiserliche Verordnung vom 25. Juli 1914)」を適用し、この命令に従ってストライキに参加した鉄道員を処罰することを表明するのである(71)。

この事態を受けて、社会民主党は国会の召集を要請し、野党各党は四日の国会において、政府にたいして処罰の撤回を求める動議を提出する。激しい討論の後、社会民主党と大ドイツ党から提案された緊急動議はそれぞれ順番に票決される。その結果、社会民主党の動議は否決されるものの、大ドイツ党の動議は一票差で可決される (St. PR. NR 4・125, S. 3389)。

だが、この票決の有効性をめぐって突然、議事が紛糾する。休憩の後、議事の再開にあたって、社会民主党のレンナー国民議会議長は投票用紙を渡す際に間違いのあったことを報告する。両動議の票決の際、同じ名前の二つの投票用紙が間違って渡されたのである。レンナー議長はこのことによって票決の結果に影響はないとし、新たな票決を拒む。この議長の見解にたいして票決の無効を叫ぶ連立与党の議員の怒号と罵声のなかで議会は激しく混乱する。

レンナーはこの混乱のなかで、再票決の際には票決に加われるよう、その場で議長職を辞任する(72)。騒然としたなかで、キリスト教社会党のラーメク副議長が議長職を引き継ぎ、票決のやり直しを宣言する。これには逆に社会民主党が激しく反対し、議事の紛糾は収まらず、今度はラーメクが辞任する。つづいて、三人目の大ドイツ党のシュトラフナー副議長も辞任する。三人の正・副議長が次々と辞任した結果、議事の進行は不可能となり、議会は正式には閉会されないまま、議員たちは解散し、議場を去ってしまう（St. PR. NR 4・125, S. 3393)。

こうして議会は閉会されぬまま麻痺状態に陥る。三人の正・副議長全員の辞任は憲法も議会の議事規則も想定していなかった事態であった[73]。議会は自らの手では閉会することも再開することもできないまま空転するという異常な事態に陥った。この議会の混乱に乗じて政府は、議会を閉鎖し、独裁的な政権運営を開始するのである。

偶然ともいえる手続き上のミスから議会は混乱し、政府によって閉鎖へと追い込まれるのであるが、鉄道ストライキをめぐって召集された共和国最後の国民議会での議論は、まさに世界恐慌発生以降の共和国後期の争点の典型でもあった。

ここでまず争点となっていたのは、鉄道員への賃金支払いの政府補償である。社会民主党は議会で、今回、連邦政府は、連邦鉄道法によって定められた政府が負わなければならない連邦鉄道にたいするすべての財政的な義務、すなわち連邦鉄道の赤字を解消する努力を十分におこなっていないとして、政府の取り組みを批判する（St. PR. NR 4・125, S. 3388)。これにたいして政府連立与党は、政府はこれまでも連邦鉄道にたいする財政的な援助を惜しまず、今回も、できうる限りの努力をなしたとする。またそもそも連邦鉄道は民営企業であり、その収支の責任はまず企業自身にあり、賃金の支払いも自身の責任で努力すべきであると主張した（St. PR. NR 4・125, S. 3370f.)。

連邦政府は賃金支払いの政府補償の要求にたいして、財政支出が増大することへの懸念から、今回、政府支出による賃金の支払いを拒否する方針を固めていたのである（MRP 847)。度重なる政府補償の要求にたいして、政府は、社会民主党はこの一四年のあいだに連邦国庫を空にするようなあらゆることをしてきたとして、同党の社会政策上の要求を厳しく批判していた（St. PR. NR 4・125, S. 3380)。

つぎに注目すべき争点は、このストライキにたいして政府が前節でみた「戦時経済授権法」同様かつて戦争目的で発令された命令を適用したことである。社会民主党は、戦時命令の適用は違法であり、ストライキ権の行使は労働者の正当な権利であり、ストライキにたいしてなされた処罰は合法的な社会的諸権利を廃止する民主主義への攻撃であると主張する（St. PR. NR 4・125, S. 3352f., S. 3377）。しかしながら連邦首相ドルフスの見解では、政府がストライキを処罰するに当たって根拠とした一九一四年の「皇帝命令」はこの命令が戦争中に出されたものであってもいまだに有効であり、命令の合法性には疑いの余地がなかった（St. PR. NR 4・125, S. 3387）。政府連立与党は、ストライキは国民経済全般へ悪影響を及ぼすものであったとして、戦時命令の適用を正当化する。[74]

政府は、鉄道組合のストライキにたいして、当初から強い姿勢で臨む方針を決めていた（MRP 845/2）。[75] 与党によると、これは政府を転覆するための政治的なストライキであった（St. PR. NR 4・124, S. 3371）。このようなストライキは「民主主義の弊害と濫用」であり、今後は「経済と国家の利害」に鑑みて防止されなければならなかった。かれらにしてみると、労働組合とその幹部は党派的であり、それは政府の連邦鉄道行政に不当な圧力をかけ、改革を不可能にし、経営の健全化をむずかしくしていた。こうした労組の影響力は排除されねばならず、連邦鉄道行政において「国家の意志」が「労働組合の意志」に従属するようなことがあってはならなかった（St. PR. NR 4・125, S. 3336）。「連邦鉄道は国家と国民の財産であって、個々の組合や鉄道員のものではない」のであった（St. PR. NR 4・125, S. 3387）。[76]

このように、共和国後期の内政上の対立の発端は恐慌に伴う経済状態の悪化にあり、ここで社会民主党はその雇用政策・福祉政策から、終始、所得保障・社会保障の国庫による負担を要求する。これにたいして政府連立与党は財政の収支のバランスを理由に、右にみたように、社会民主党の政策を鋭く批判し、つねに財政支出の削減をめざす。こうした政府と野党の議会内での政策上の対立は、ストライキにみられるように院外での対立もひきおこし、強硬な態度で向き合った双方の武装団体の小競り合いもしばしば生じた。[77]

この左右の対立に三〇年代以降加わってきたのが、保守陣営の分裂とナチズム運動の勃興である。[78] 政府は最後の議会でも、与党であるはずの護国団の議員によって、ストライキの責任は政府にあるとして批判されていた。こうしてキリスト教社会党を中心とする政府連立与党は、議会内外で政権基盤が不安定になってきたために、事前に議会の承認を必要としない方法で、あらゆる問題に対処し始めていた。かれらは引き続き「戦時経済授権法」をはじめとする「緊急命令」を積極的に適用していく方針であった。しかも、政府はそうした措置を「経済全体」や「国家全体」の利益の名の下に正当化していった。「組合や党ではなく国家、祖国、社会全般につくさなければならない」のであり、国民すべての「国家的な忠誠心の無条件の維持」だけが目下の危機を乗りきることを可能にしたのである（St. PR. NR 4・125, S. 3369, 3377）[79]。

オーストリア共和国で議会が麻痺した翌日の三月五日、国境の向こうのドイツではワイマール共和国の歴史に終止符を打つことになる最後の総選挙がおこなわれていた。ヒトラーの党はそこで前回の三三・一%から四三・九%へと得票率を増やした。このことからキリスト教社会党は、ここでもしも選挙をおこなったらオーストリアでもさらにナチズム運動がその勢力を増大させるであろうという不安にとらわれ、総選挙をなんとしても避けようとした。政府与党は社会民主党だけでなくナチズムにも向けられた二正面戦争を闘わなければならなかったのである[80]。

一連の経過を受けてキリスト教社会党は、議員クラブ幹部会議を開き、議会の状況とオーストリア国内でのナチズム運動について話し合う。議会を従来と同様の形では再開させないこと、ナチズム運動を抑えることで意見の一致をみる。ドルフス首相は、この会議でナチズム運動のオーストリア国内での活動を抑えるために、第一に報道緊急令をしき、第二にデモと集会の禁止令を全オーストリアにしく意向を明らかにする。国民議会についても、ドルフスは、すべての正副議長が辞任してしまった現在、議会は自らそれを閉会することも解散することもできず、事態を打開することは不可能であり、それが可能なのは政府だけであるとの見解をしめす。かれはこの機会に、政権運営を容易にするために、その障害となっている議会を弱体化させるべく憲法改正をおこなう必要があることをのべる[81]。

キリスト教社会党の幹部も議会の実質崩壊というこの事態を歓迎する。かれらは、議会が麻痺したことは自分たちの党にとっては好機であるとして、政府連立与党がキリスト教社会党よりも議席の多い野党、社会民主党に煩わされることがなくなったことを喜んだ。さらに、現在の議会制度に「継ぎ接ぎ」をする程度の変更を加えただけですぐに議会を再開してしまっては事態はまったく何も変わらないとして、議会制度を政府与党にとって有利になるよう改正してから議会を再開すべきである、という意見が相次ぐ。またレンナーをはじめとする正副議長の辞任によって議会が麻痺状態に陥ったことに注目し、議会はなによりも自らの責任でこうした事態を招いたのであると主張する。かれらによると、「議会政治の搾取者であるゾチ」は自ら議会を破壊したのである。ドルフス首相も、一連の出来事の責任はすべてレンナーと社会民主党にあることを自分たちは強調していかなければならないとした[82]。

こうして、与党キリスト教社会党はこの混乱に乗じて議会の弱体化をめざすということで意見の一致をみる。すなわち、執行権の無制約な行使を保障するための憲法の改正および国民議会の議事規則の改正がなされるまで政府は議会を再開させない、という方針が確認されたのである。七日の午後に開かれた閣議でドルフスは、党の議員クラブ幹部会議でも述べたように、デモと集会の禁止、および新聞の検閲を目的とする緊急令を決定する。同時に、国民へ向けて議会の状況にかかわりなく政府は機能しているという声明を発表することが決められる（MRP 851, 852)[83]。ドルフス首相は議会を取引材料に野党と交渉をするつもりであった。つまり議会再開と引き替えに、野党にたいして議会権限の弱体化を呑ませようとしていた。大統領権限のさらなる強化と「戦時経済授権法」による政府連立与党の政策執行に野党が応じぬかぎり、政府は議会を再開するつもりはなかった（MRP 853)。

九日になると、大ドイツ党のシュトラフナー議員が、四日の議会の閉会を宣言するために、一五日に国民議会を再召集することを宣言する[84]。これにたいして政府は、シュトラフナーに議会を再開する権限はなく、その行動は違憲であり、かれの行為を認めることはできないとした。そして議会の再開を強行した場合には警察権を行使してでもそれを阻止することを通達する（MRP 853)。連邦大統領ミクラスもシュトラフナーが考えを変えるよう説得し、また、すべての政党の同意がえられた際には、緊急行政命令による国民議会の召集を約束するが、この説得工作は失敗に終わる（MRP 857/1, 858/1)。

三月一五日、警察の介入の恐れから予定よりも三〇分早く、約六〇人の議員たちによって国民議会が開かれた。そこで、シュトラフナーは問題の法律上の事態を簡単に説明し、三人目の議長としての職務を、新たに議長の選挙がおこなわれるまで、継続する意志を表明し、開会から約一〇分後に議会の閉会を宣言する。これにたいして、政府は国会に約二〇〇人の警官隊を配置し、閉会後に国会内へ踏み込ませた。双方が自らの行動の成功を主張したが、実質的には、六〇名ほどの議員しか集まらず、一〇分ほどで終わってしまったため、政府側の勝利であった。(85)

一七日には、連邦議会が決議によって、「戦時経済授権法」の停止、国民議会の再開、選挙の実施を要請する。(86) この決議にたいしても、政府は連邦議会は国民議会なしでは立法機関たりえず、それゆえにその決定には憲法上拘束力はないとして、その要請を拒否する。

二五日、キリスト教社会党・農村同盟・護国団によって連立与党会議が開かれ、社会民主党の私的武装団体である共和国防衛同盟の取り扱いについて話し合いがもたれ、共和国防衛同盟を解散させ、国内の力関係の変更をはかり、抜本的な憲法の改造をおこなう、という方針が提示される。

この会議で農村同盟のウィンクラー副首相は、共和国防衛同盟の解散には社会民主党の同意が必要であり、それは、強硬手段によってではなく、同党との話し合いをとおしておこなわれるべきであると述べる。かれは、政府の方針が急進化することに反対し、護国団がしめす路線を批判し、武力衝突を伴わない方法と経済的な授権法によって経済危機を解決することが必要であると主張した。(87)

しかしながらこの慎重な意見にたいして、その路線を批判された護国団は反論する。護国団のシュテンデ理論家ノイシュテッター＝シュターマーによると、この議会の閉鎖を利用して政府は、議事手続きの改正に止まることなく、政治勢力間の力関係を完全に変え、社会民主党にたいして圧倒的に優位な立場に立てるような、抜本的な憲法の改造をしなければならなかった。再び従来の議会にもどってしまうような現在の憲法の枠内での改正にとどまることなく前進する必要があった。その際、社会民主党が粉砕されずにその勢力が維持されるような場合には、一連の憲法の改造は一貫性のない不十分なものにならざるをえず、また軍や警察をつねに社会民主党に向けて配置しなければならなかった。したがって、抜本的な憲法改造を実現し、さらにナチズム運動にたいして効果的に軍や警察を配備するためには、早急に、共和国防衛同盟を解体し、「マルクス主義にたいする殲滅戦」を容赦なくおこない、社会民主党勢力を一掃しなければならなかった[88]。

キリスト教社会党のシュトレールヴィッツ元首相も「権威ある政府」は「これ以上、共和国防衛同盟のような集団を許容することはできない」とする。またファウゴイン国防相によると、共和国防衛同盟の存在は国家の軍や警察が容認することのできない、私的な武装集団であり、その影響力は危険で無視できず、なんとしても取り除かれる必要があった。ブレシュ元首相も憲法改正について、「今日の議会政治は今日の形において自らを使いきってしまった。今日の非常時にあってはもっと速く機能する組織を必要とする」ので憲法改正は大幅になされる必要があるとして、憲法を根底から見直すような改正を主張する[89]。

こうして穏健な路線をとろうとする農村同盟と急進派の護国団に挟まれるかたちでキリスト教社会党はその方針を定めなければならなかった。そのなかでドルフス首相は、自分たちは「新しい憲法を扱う必要があり、憲法改正は根本的なものでなければならない」として[90]、急進的な路線を選択し、政治制度の完全な刷新を念頭に政権を運営し始めるのである。政府の目標は、共和国憲法の枠内でのその権限強化から、次第に憲法の全面的な改造へと傾斜していく。さらに、憲法改正を思い通りに進めるためには、共和国防衛同盟を解体する必要があり、政府は、社会民主党との話し合いによる交渉の窓口を閉ざし[91]、警察力を使って対決していく方針を強化する。社会民主党の再三にわたる国民議会召集の要請を、ドルフスは拒否する。

五月二七日には、政府によって憲法裁判所が閉鎖される。四月までにすでに、「戦時経済授権法」に基づく一〇の行政命令が出され、これにたいして、ウィーン州政府より憲法裁判所へ異議申し立てがなされていた。連邦政府は、ウィーン州政府が異議申し立てを取り消すよう働きかけるが、失敗に終わる。そこで連邦政府は今度は、政府の行政命令を審査するための判事会の形成を妨げるために、与党より指名された憲法裁判所の判事を辞任させた。これによって、憲法裁判所の機能は麻痺してしまう[92]。

このように、五月に入るとドルフス内閣は、今後も議会なしで政権を運営していく姿勢をしめし、あらゆる議会再開の試みを阻止した。ついで、まったく新たな憲法による、政治制度の抜本的な変革をめざし始める。ドルフスは従来の議会を廃止する意図を明確にし、新憲法は「キリスト的」で「ドイツ的」な基礎のうえに構築されなければならない、と表明する[93]。

（1） Wandruszka, A., Österreichs politische Struktur, in: Benedikt, H. (Hrsg.), Geschichte der Republik Österreich, München, 1954, S. 363f.

（2） Arbeiter Zeitung, 27. September 1930, S. 2.

（3） Jedlicka, L., Ein Heer im Schatten der Parteien, Graz, 1955, S. 59ff.; Huemer, P., Sektionschef Robert Hecht und die Zerstörung der Demokratie in Österreich, Wien, 1975, S. 93f.

（4） Arbeiter Zeitung, 26. September 1930, S. 1.

ショーバーという男は確かに、一九二七年七月の事件（三章一節参照）の際に警察長官として労働者にたいしてしめした、発砲を含む断固たる態度にみられるように、「労働者殺し（Arbeiter Mörder）」の異名をとり、反動的な男であった。しかしながらかれは、あくまでも合法的・合憲的な反動であった。かれはけっして、就任の際に宣誓を誓った憲法を踏み外すようなことはなかった。それゆえに、前章でみたように、かれは、憲法改正には議会での三分の二以上の賛成を必要としていたことから、社会民主党が妥協できる範囲でしか憲法を改正できないことを承知していた。また護国団が武装蜂起やクーデターによってその目的を達成しようとしたとき、かれは、護国団によって政権に推薦されたにもかかわらず、かれらにたいしても断固とした態度で臨み、このことによって、護国団との関係が悪化し、その支持を失うことになったのである。ショーバーはあくまでも法的な秩序に忠実たらんとした人間であった（Carsten, F. L., Die erste Österreichische Republik im Spiegel zeitgenössischer Quellen, Wien, 1988, S. 129.; Goldinger, W., Geschichte der Republik Österreich 1918-1945, Wien, 1992, S. 170f.）。

（5） Arbeiter Zeitung, 27. September 1930, S. 1f.

（6） Ibid., S. 2.

（7） Ibid., S. 1.

(8) Arbeiter Zeitung, 30. September 1930, S. 1.

(9) 護国団もまた、ファウゴインらキリスト教社会党の接近を歓迎していた。一九三〇年九月三〇日付の『ウィーン新聞』(Wiener Zeitung, 30. September 1930, S. 2) によると、護国団は次のように表明していた。

われわれは、ファウゴインが左〔社会民主党〕にたいする闘いを全エネルギーを傾注して進め成功させる男であろうという前提で、かれを支持することを決定した。われわれは、このことによって特定の政党を支持したのではなく、われわれにつねに理解をしめし、戦士であり、そうありつづけるであろう男を支持している。また、われわれは、すべての反マルクス主義党派が個人的な党派的な利害を無視して反マルクス主義戦線に参加することを期待する。われわれは、これらの党派が、われわれのかけ声に従うかどうかをよく観察し、かれらが本当にこの統一戦線のなかで闘うのか、それとも党派的な特殊利害のために行動し民族と祖国を裏切るのかによって、われわれのかれらにたいする態度を決定する。もはや後戻りはありえず、共闘しかありえない。われわれとともに行動しないものは、われわれの敵であり、われわれによって闘いを挑まれ、打ち負かされるであろう。

(10) ミクラス大統領については、Kollman, E. C., The Austrian Presidency, 1918-1958, in: Austrian History Yearbook, Vol. 1, 1965, 矢田俊隆訳「オーストリアの大統領職——一九一八—一九五八」『北大法学論集』四〇巻、一九九〇年、二四九一頁以下を参照。

(11) Huemer, P., ibid., S. 99.

(12) Arbeiter Zeitung, 9. Oktober 1930, S. 1f.

社会民主党はファシストの手に国家装置を手渡してはならないとして、以下の一連のスローガンのもとに選挙戦に臨んだ。すなわち「ファシズムに反対し、自由を!」「君主主義者に反対し、共和国と〔ドイツとの〕合邦を!」「内乱の策動者に反対し、国内の平和を!」「経済を破壊する冒険主義に反対し、建設的な経済政策を!」「失業保険にたいする攻撃に反対を!」「鉄道労働者にたいする攻撃に反対を!」「老齢、傷病保険の実現を!」「大資本と大土地所有者の階級支配に反対を!」。とくに今回の選挙においては、借家人保護法が、争点となっていた。借家人保護制度は、与党の攻撃によって、すでに共和国の当初のものよりも縮小されていたが、社会民主党の国民議会での反対によって、その廃止だけはまぬがれていた。しかしながら廃止案が国民議会に提出されたことから、社会民主党は、同制度の維持のためには、選挙に勝ち、十分な議席を確保し、廃止案を否決できるようにしなければならない、として支持を訴えた。

(13) Goldinger, W., ibid, S. 174.

(14) ファウゴイン内閣への参加によって、護国団運動はその頂点をむかえるものの、選挙では内部の対立によって明確な方針を打ち出せず、一貫した態度で選挙に臨むことができなかった。このことから、護国団は選挙で期待していたほどの成果をえることができず、自ら失望感を抱く。反マルクス主義として勢力を増した護国団運動は、その最盛期にあって、明確な方針を打ち出せなかったこと、指導者の節操のなさ、内部の対立によって、それ自身だけでなく、反マルクス主義陣営全体を弱め、分裂させた (Wandruszka, A., ibid., S. 365ff. ; Jedlicka, L., The Austrian Heimwehr, in : Journal of Contemporary History, Vol. 1, Num. 1, 1966, p. 139f. ; Rath, R. J., The Deterioration of Democracy in Austria, 1927-1932, in : Austrian History Yearbook, Vol. 27, 1996, 233f.)。また護国団は大衆運動としても当初から限界があった。それは中小農民を中心とした組織であり、農村の旧貴族や弁護士や学校の教師によって率いられていた。地方の農民は、社会主義が自分たちの土地を奪うものであると信じているあいだは激しく社会主義に立ち向かったが、ひとたび、自分たちの土地が守られたと思うやいなや、急速に政治的な運動にたいする関心をなくしていった。ここに護国団が大衆運動としては失敗した原因があった (Borkenau, F., Austria and After, London, 1938, p. 231f.)。

(15) Wiener Zeitung, 21. November 1930, S. 2, 23, November 1930, S. 1.

(16) Arbeiter Zeitung, 22. November 1930, S. 1.

(17) Arbeiter Zeitung, 27. November 1930, S. 1.

(18) Ibid., S. 2.

この交渉には、一時的に護国団も参加することがあったが、かれらは長くは参加しなかった。しかも、ショーバーは、護国団が参加するとその場から退席し、かれらが去った後にまた交渉の場に戻るようにしていた。このとき、護国団が要求していた連立への参加の条件は、まず内務大臣のポストであり、次に強硬な反マルクス主義右派路線の堅持であった (Arbeiter Zeitung, 29. November 1930, S. 1)。

(19) キリスト教社会党の中道路線への回帰にたいしては、当然ながら、同党の右派から不満の声が洩れてきていた。党内の不満と護国団への配慮からキリスト教社会党広報部は、エンダー内閣の成立について次のような声明を出していた。

キリスト教社会党関係者は、エンダー博士が組閣に成功したことに充分に満足している。この機会をとおして、よく考量された基礎〔保守中道路線〕にこだわることが政治的な仕事のもっとも良い方法であることがしめされた。護国団については、今回、かれらを入閣させることができなかったことはとても残念である。キリスト教社会党は、護国団が議会多数派の枠組みのなかで実りある活動ができるようにしたい。このことによって、護国団に投票した国民の共同の目的もまた有効に代表されることを願う (Wiener Zeitung, 5. Dezember 1930, S. 3)。

このように声明は、前半は保守中道路線を評価していたが、後半は護国団との提携を望んでいた右派の意向に配慮したものになっていた。

(20) エンダー内閣も、前ファウゴイン内閣についで、改正憲法に従って国民議会の投票によらずに大統領によって任命された内閣であった。ザイペル元首相は、組閣の一週間前に今後の組閣について「内閣と議会多数派の内規(das Statut der Regierung und der Parlamentsmehrheit)」と題した次のような方針を表明していた。

一、内閣は、選挙によってしめされた民意に従って、非社会主義政党の団結によって形成されなければならない。二、その課題は、(イ)国家の権威をすべての面で有効にすること。(ロ)〔議会の厳格で精力的な運営〕。(ハ)〔経済を再建するための緊縮財政と可能な行政の簡素化〕。三、……〔内閣が主に国民議会議員から構成されるとしても〕それは〔議会内の〕政党が内閣を任命したり解任したりすることができることを意味しているのではない。これは明らかに憲法の精神に反する。内閣は、連邦大統領によってのみ任命され解任されうる。……四、……内閣は、〔議会内〕各会派の議員団(Abgeordnetenverbände)とは連邦首相およびそれぞれの政党に所属する大臣をとおして交渉する。これ以外に議会内政党と交渉する場合には、事前に閣議の、緊急の場合には連邦首相の了承なくしてはおこなってはならない(Wiener Zeitung, 26. November 1930, S. 1f.)。

ザイペル元首相は、この内規をあくまでも私案として公表していたが、ここには議会に拘束されない超然内閣の構想が如実にあらわれていた。またこの私案でザイペルは、反マルクス主義によって議会内多数派が形成された場合でも、議会におけるこの多数派の協議機関は協議内容を議会の専権事項に限定すべきであり行政の専権事項にかかわってはならないとしていた。

(21) このように、一方では、ヒトラーのナチス党の議会進出と同様に、議会内で公然と議会を否定し、また民族観念を強調するなど、護国団はナチズム運動との同型性をしめしていたが、他方で、スタールヘムベルクはキリスト教社会党と連携していたこともあって、自分たちは「キリスト的な世界観の基礎」の上に立ち、宗教は「個人の私的な問題」ではなく、「国家が保護しなければならない高次の理念的な事柄である」と述べる。つまり、カトリック的な世界観に従って「宗教は国家のために国家によって保護されなければならず」、教権主義的に国家によって「あらゆる手段を使って」促進されなければならなかった(St. PR. NR 4・3, S. 43f.)。もっとも反社会主義や反議会制に比べて護国団のカトリック信仰との関係は州の組織によって異なっていた。弁護士ワルター・プフリーマーに率いられた親ナチ的なシュタイエルマルク州の組織などは、カトリック信仰から距離をおき、反教権主義的であった。これにたいして、同じく弁護士リヒャルト・シュタイドルに率いられていたもののキリスト教社会党右派と提携し全国的な運動の主流をしめていたカトリック信仰の根強いチロル州の組織などは、カトリック信仰を反社会主義、反議会制とともに自分たちのイデオロギーの中心に据えていた(Carsten, F. L., Faschismus in Österreich, München, 1977, S. 197ff.; Pauley, B. F., Hitler and the Forgotten Nazis, London, 1981, 73f.; Edmondson, C. E., Heimwehren und andere

Wehrverbände, in: Tàlos, E. (Hrsg.), Handbuch des politischen Systems Österreichs, Wien, 1995, S. 265ff.; 矢田俊隆「初期の護国団運動について」『オーストリア現代史の研究』刀水書房、一九九五年、七〇頁以下、古田善文「オーストリア護国団運動の反ユダヤ主義論争（一九二九年）」『獨協大学ドイツ学研究』二九号、一九九三年）。

(22) クレジット・アンシュタルト銀行の破産については、Schubert, A., The Credit-Anstalt crisis of 1931, Cambridge, 1991; 片桐幸雄「一九三一年のクレジット・アンシュタルト（オーストリア）の危機と東欧農業恐慌の関連性について」東北大学経済学会研究年報『経済学』五二巻二号、一九九〇年、を参照。

(23) Gulick, C. A., Austria from Habsburg to Hitler Vol. 2, Berkeley, 1948, p. 936; Goldinger, W., ibid, S. 181.

(24) Goldinger, W., ibid, S. 183f.

(25) Borkenau, F., ibid., p. 245ff.; Simon, W. B., Democracy in the Shadow of Imposed Sovereignty/The First Republic of Austria, in: Linz, J. J., Stepan, A. (Ed.), The Breakdown of Democratic Regimes/Europe, Baltimore, 1978, p. 103ff.

(26) Carsten, F. L., Die erste Österreichische Republik im Spiegel zeitgenössischer Quellen, ibid., S. 130.

前年の一九三一年三月、ショーバーとドイツのクルティウス外相のあいだで、ドイツ・オーストリア関税同盟の秘密交渉がなされていた。この同盟は、三月一九日に調印されるが、調印前に情報が新聞紙上に漏れ、何も知らされていなかったフランス、イタリア、チェコスロバキアの激しい反発に直面する。ドイツとオーストリアのあいだの関税同盟は、独墺統一をもたらすものであり、一九二二年のゲンフ議定書の取り決めに違反している可能性があった。また、五月にクレジット・アンシュタルト銀行が破産すると、オーストリア政府にとって国際的な援助が不可欠となり、この関税同盟への固執は、この援助がえられないことを意味した。結局九月に、ショーバーとクルティウスは、ゲンフで関税同盟政策の放棄を表明せざるをえなかった。また、ハーグの国際司法裁判所も、八対七で関税同盟はゲンフ議定書違反であるとの判決をくだす（Bracher, K. D., Die Auflösung der Weimar Republik, Düsseldorf, 1978, S. 352ff.）。

(27) Borkenau, F., ibid., p. 243f.

(28) Tàlos, E., Manoschek, W., Zum Konstituierungsprozeß des Austrofaschismus, in: Tàlos, E., Neugebauer, W. (Hrsg.), Austrofaschismus, Wien, 1988 (4. erweiterte Auflage), S. 38f., 田中浩・村松恵二訳『オーストリア・ファシズム』未来社、一九九六年、七二頁。

タロシュとマノシェクは、オーストロファシズムの形成過程を、経済危機と政治危機が同時に発生した一九三二年から一九三三年三月までの潜伏期と一九三三年三月から一九三四年五月までの移行期に区別する。一九三二年以前における政治的変化、すなわち護国団運動の展開と一九二九年の憲法改正といった一九二〇年憲法によって確定された政治構造を変更しようとする動きは、経済危機と政治危機がからみあった状況によって頂点に達し、オーストロファシズム、つまり一九三四年に樹立される新しい政治的支配システムの形成へと向かうのであった。タロシュとマノシェクによると、一九三二年以降、企業家団体と教会の支持をうけたキリスト教社会党が中心となって、護国団と連携しつつ、この一九三四年の政治的支配システムを形成していくのである。この動きの主要な目的は、議会の影響力を排して、金融・産業資本、農業の一部の意向にそって経済危機を解決することであった。

(29) Kelsen, H., Vom Wesen und Wert der Demokratie, Tübingen, 1929, S. 3f., S. 14, 西島芳二訳『デモクラシーの本質と価値』岩波書店、一九六六年、三二頁以下、四四頁。ケルゼンがこの著作で展開している民主主義論を検討した日本における研究としては、長尾龍一「民主制論」鵜飼信成・長尾龍一編『ハンス・ケルゼン』東京大学出版会、一九七四年、樋口陽一「憲法 - 議会制論」前掲書、筒井清忠「デモクラシー理論」長尾龍一編『新ケルゼン研究』木鐸社、一九八一年、赤坂正浩「ケルゼン・デモクラシー論再考」『日本法学』五四巻二号、一九八八年、高田篤「ケルゼンのデモクラシー論（一）」京都大学法学会『法学論叢』一二五巻三号、一九八九年、高田篤「ケルゼンのデモクラシー論（二）」前掲誌一二六巻一号、一九八九年、を参照。

　ケルゼンは、三章二節でみたように、正法観念を否定し、実定法に対象を限定した法実証主義を提起する。しかしながら、対象を限定し、なおかつ純粋化することは、今度は逆に実定法を絶対化する可能性を含んでいた。ケルゼンにとって、国家は「人間の行態の規範的強制秩序」であり、「国家が規範体系であるならば、それは実定法秩序でのみ」ありえたのである（Kelsen, H., Allgemeine Staatslehre, Berlin, 1925, S. 13f., S. 15, S. 16 ff., 清宮四郎訳『一般国家学』岩波書店、一九七一年、二二、二四、二七頁以下）。もちろん、ケルゼン自身は、左右の各党派が相互主張する形而上学的な国家論に批判を加え、価値相対的な法秩序としての国家論を意図していた。かれが掲げた目標は、「曖昧な国家形而上学から絶縁して、実証的国家の一理論、すなわちまた、厳密に法学的であって、政治的に着色されない国家学」を築くことであった（Kelsen, H., ibid., S. v, 前掲訳書、xi頁）。しかしながら、国家を規範的秩序あるいは実定法秩序の体系としてとらえる国家論は、これらの実定法秩序が純化されることによって、ケルゼン自身はそれを意図しなかったとしても、容易に絶対性をおびた国家観念へと転化しえた。国家が法規範を強制する秩序であるとすれば、ケルゼンの理論はまさに国家統治の理論である。たしかに形而上学的国家理念は排斥され、そのことによっていわば神の秩序の続きとしての国家は退けられたかもしれぬが、規範的な法秩序としての国家の統治という発想は依然として存続するのである。ケルゼンの議論は、むしろ国家官僚のイデオロギーとなりうるものであった。法規範学によってルールを純粋化していたケルゼンが最も価値をおいていた社会の安寧と秩序は、ショーバーをはじめとするオーストリア官僚の目標でもあった。

　ケルゼンの理論の性格はその地方自治論に端的に現われている。かれは、地方自治の問題を中央政府の民主化の問題へと解消考えていた。したがってケルゼンは、国レベルでの民主化が達成された後の地方分権論に批判的であった。自治体と国家の対立には、民主制と専制との対立が表わされていたのであって、国家が民主化した後では、自治体に固有の活動範囲を認めることは、きわめて疑問であった。ケルゼンによれば、地方自治体は国家という包括的法共同体の部分共同体であった。部分秩序としての自治体の根拠は国レベルでの中央秩序に求められる。「基礎自治体（Gemeinde）の行政行為は、結局は、全部の統一体としての国家に帰属させられなければならず、国家に対しては、基礎自治体は、国家の委任によってのみ存するので、国家の機関でありまた部分であるにすぎない」。ここから、自治体を国家機関の一部、あるいは下請け機関とみなす発想がでてくる。自治体の行政行為が、国家が任命する機関によっておこなわれ、中央法律から委任された地方法律に基づいてなされるならば、この機関は国家機関であり、その行為は国家行為であった（Kelsen, H., ibid., S. 183ff., 前掲訳書、三〇六頁以下）。地方政府の活動の根拠は中央政府からの委任にあり、地方政府の独立的な活動を主張する地方分権論は批判されなければならなかった。「基礎自治体による、個別的ならびに一般的、規律づけは、多くの国家法律的規範の執行を表わすにすぎず、したがって、この意味ですでに内容的には中央機関によって規定されていて、独立ではない」。さらに「国家、すなわち中央官庁には、通常は、基礎自治体に対して、その独立的活動範囲に関しても、ある監督権が与えられる。国家の基礎自治体に対する指揮権もまた、まったく排除されてはいない」（Kelsen, H., ibid., S. 188f., 前掲訳書、三一五頁以下）。これらの議論は、まさしく今日のいわゆる自治権の国家派生説にもとづく機関委任事務方式の論理である。

地方自治をめぐる議論は、分権化がまだ問題とはならない段階でケルゼンが思考していたことをなによりもよくしめしている。かれの理論は、大衆社会成立以降問題となる自治体の公共政策を想定してはいないのである。このことはケルゼンが「基礎自治体の自然的権限に属するなんらかの事務のこの先天的内容を確定することはまったく不可能である」と述べていることからもわかる。いかなる事務が地方行政事務として主張されるべきかについて、切迫した問題意識をもっていなかったのである（Kelsen, H., ibid., S. 187, 前掲訳書、三一二頁）。ケルゼンの課題はまずなによりも統一基盤を形成し、それを左右の党派的対立から守ることにあった。赤いウィーン対黒い地方という対立を背景に、社会民主党と同じ中央集権化された民主的な共和国という視点から、かれは保守勢力を温存させる可能性のあった地方分権には、懐疑的であったといえる。ケルゼンの理論はまさに国レベルでの国法学であり、そこでは地方分権は考えられていない。今日からみると、かれの理論は近代化の中期段階までは有効であるかもしれないが、大衆社会が成立した段階では、限界につきあたるということを認識する必要がある。大衆社会の成立に伴う政策課題は分権化を要請し、国レベルでの民主化だけでは対応できないのである。ケルゼンの理論は、国家統治的な行政観をもち、今日の社会において課題となる自治体の独自行政を想定しえていない。したがって今日、国家統治型行政の問題性を批判しうる理論展望を拓くには、ケルゼンの形式民主主義の価値を評価し、基本法・ルールという考え方を保持しつつも、上から規範が下降してくるという法段階説は解体・再編される必要がある。

（30） Kelsen, H., Vom Wesen und Wert der Demokratie, S. 4f., 前掲訳書、三四頁。

（31） Kelsen, H., ibid., S. 4, 前掲訳書、三四頁。

（32） Kelsen, H., ibid., S. 14, S. 17, 前掲訳書、四四頁、四七頁。

（33） Kelsen, H., ibid., S. 19, S. 22f., 前掲訳書、四九頁、五三頁。

（34） Kelsen, H., ibid., S. 57, 前掲訳書、八六頁。

（35） Kelsen, H., ibid., S. 58, 前掲訳書、八六頁。

ヘルマン・ヘラーは、この妥協が成立するための前提として、社会的同質性の存在を重視する。ヘラーによると、政治とは「様々な方向性をとり無限の多数性と多様性をもつ諸々の行為を弁証法的に調停し、秩序を与えると同時に与えられる統一体へともたらすこと」であった。この多数性と多様性のなかから、政治的な統一を形成することが可能となるためには「一定程度の社会的同質性」が存在していなければならなかった。「同質性の現実存在が信じられ想定されている限り、敵対者との議論によって政治的一致へと達する可能性が……存在するであろう。……実際に議会制の精神史的基礎をなすのは、公共的な討論そのものへの信念ではなく、討論の共通の基礎の現実存在についての信念であり、従って、裸の暴力の排除という条件の下でなら意見の一致に至るかもしれない内政上の敵対者に対して、フェア・プレイをもってする可能性なのである」。したがって議会制民主主義の存続は、他のいかなる政治形態よりも、社会的同質性に依存していた。しかしながらこの社会的同質性が、階級対立と人種対立によって、いちじるしく損なわれてしまった、とヘラーは指摘する。政治的民主制の前提、社会的同質性の状態が、いかなる時代にもなかったほどはなはだしく失われてしまったのである（Heller, H., Politische Demokratie und soziale Homogenitat, 1929, in: Gesammelte Schriften Bd. 2, Leiden, 1971, S. 427, 今井弘道・大野達司・山崎充彦訳『国家学の危機』風行社、一九九一年、九九頁以下）。なお、ヘラーとケルゼンのあいだの論争については、Paulson, S. L., Zu Hermann Hellers Kritik an der Reinen Rechtslehre, in: Müller, Ch., Staff, I. (Hrsg.), Der soziale Rechtsstaat, Baden-Baden, 1984, 西浦公訳「ヘルマン・ヘラーの純粋法学批判」安世舟・山口利男編訳『ワイマール共和国の憲法状況と国家学』未来社、一九八九年；Müller, Ch., Kritische Bemerkungen zur Kelsen-Rezeption Hermann Hellers, in: Müller, Ch., Staff, I. (Hrsg.), ibid., 兼子義人訳「ヘルマン・ヘラーとハンス・ケルゼン間の論争についての批判的論評」前掲訳書を参照。また、Hebeisen, M. W., Souveränität in Frage gestellt, Baden-Baden, 1995 は、ケルゼンとヘラーとシュミットの主権論を比較検討している。

（36） Kelsen, H., ibid., S. 68, 前掲訳書、九六頁。

(37) Kelsen, H., ibid., S. 25, S. 29, 前掲訳書、五五頁、五八頁以下。
(38) Kelsen, H., ibid., S. 27ff., 前掲訳書、五七頁以下。
(39) Kelsen, H., ibid., S. 94, 前掲訳書、一二四頁。
(40) Kelsen, H., ibid., S. 1f., 前掲訳書、二九頁以下。
(41) Kelsen, H., ibid., S. 101ff., 前掲訳書、一三二頁以下。

以上の議論からもわかるようにケルゼンは、自由主義と民主主義を厳密に区別していない。しかしながらドイツでは大衆デモクラシーの成立とともに、かれの批判的・相対的世界観は議会制にのみ当てはまるのであって、民主制には必ずしも当てはまらないということが次第に明らかになりつつあった。カール・シュミットは、大衆デモクラシーを前に、両者をはっきりと区別して考え、議会制と民主制の原理を安易に同一視する議論を鋭く批判した。かれは「自由主義的な議会主義」と「大衆的な民主主義」は異質なものであると厳密に区別した上で、議会主義の制度と規範は「公開性」と「討論」によって意味をもつ、と述べる。近代の大衆デモクラシーの発展は、この公開の討論を空虚な形式と化し、このことによって議会主義の地位は危機的となる。「今日の議会法の多くの規定、殊に代議士の独立と会議の公開に関する規定は、ほとんど無用の装飾物のごとくになり、何らの実益もない……。諸政党は……今日、もはや討論を行う諸意見としてではなく、社会的ないし経済的な権力集団として相互に対立し、双方の利害と権力機会を商量し、そして、こうした事実的基礎の上に妥協したり、結合したりしている。……真正の討論に特有の真の意味での論議は消滅してしまい、そしてその代りに、政党間の交渉においては、利害と権力の機会を攫むための目的意識的な商量が現われ、……今日問題となっているのは、相手を正当性ないしは真理性について説明することではなくて、多数を獲得してこれを以て支配することであるということは、すでに識られたこととして前提すべきであろう」(Schmitt, C., Die Geistesgeschichtliche Lage des heutigen Parlamentarismus, Berlin, 1926 (Unveränd. Nachdr. d. 1926 erschienenen 2. Aufl. 1985), S. 6f., S. 10f. 稲葉素之訳『現代議会主義の精神史的地位』みすず書房、一九七二年、一〇頁以下)。大衆デモクラシーの発達していない一九世紀の議会にあっては、議会における公開の討論によって、力にたいする法の勝利を導くことができると信じられていたが、二〇世紀の議会政治の現実と一般の確信は、このような信念からはるかにかけはなれていった。「今日の事態が事実上示しているように、委員会、しかもますます狭められた委員会で事を行い、結局のところついには議会の本会議、すなわち議会の公開性をその目的から疎外し、かくて必然的にそれを表看板にするよりほかには、実際上手がなくなってしまっているのである。……政党ないし政党連合の小委員会または最も少人数の委員会が、閉された扉の背後で決定を行っているが、しかし大資本家的利益諸団体の代表者たちが最も小範囲の委員会において取り決めていることの方が、幾百万の人間の日常生活と運命とにとっては、おそらくあの政治的諸決定よりも重要なのである。……こうした事実を前にして、討論の公開性に対する信念は怖るべき幻滅を味わなければならなかった」。議会の活動の事実上の実態において、公開性と討論が空虚で実質のないものになってしまったとき、一九世紀が定式化した議会もまた、その従来の基盤と意味を失うのである、と大衆デモクラシーの展開をみながらシュミットは指摘する（Schmitt, C., ibid., S. 61ff., 前掲訳書、六六頁以下）。ケルゼンとシュミットの理論対立を扱った研究としては、長尾龍一『ケルゼンの周辺』木鐸社、一九八〇年、二〇九頁以下、尾吹善人「ケルゼンvシュミット、三つの争点」『千葉大学法学論集』二巻二号、一九八八年を参照。

(42) Bauer, O., Zwischen zwei Weltkriegen? Die Krise der Weltwirtschaft, der Demokratie und des Sozialismus, 1936, in: Otto Bauer Werkausgabe Band 4, Wien, 1976, S. 121f., 酒井晨史訳『二つの大戦のはざまで』早稲田大学出版部、一九九二年、七七頁。

(43) Bauer, O., ibid., S. 121f., 前掲訳書、七五頁以下。

(44) Bauer, O., ibid., S. 195, 前掲訳書、一五九頁。

(45) Bauer, O., ibid., S. 133, 前掲訳書、八八頁。

(46) Bauer, O., ibid., S. 132f., 前掲訳書、八七頁以下。

(47) Bauer, O., ibid., S. 134, 前掲訳書、九〇頁。

(48) Bauer, O., ibid., S. 181, 前掲訳書、一四三頁。

(49) Bauer, O., ibid., S. 181, 前掲訳書、一四三頁。

(50) Bauer, O., ibid., S. 181, 前掲訳書、一四四頁。

(51) Bauer, O., ibid., S. 182, 前掲訳書、一四五頁。

(52) Bauer, O., ibid., S. 186f., 前掲訳書、一四九頁以下。

(53) Bauer, O., ibid., S. 133f., S. 135f., 前掲訳書、八九頁、九一頁以下。

議会政治の危機は、当時、ヨーロッパ全般にみられた傾向であり、保守勢力が議会政治を無視する可能性も、ファシズムやナチズムの台頭をまえに、ヨーロッパの社会民主主義によって広く指摘されていた。例えばラスキも、二〇年代から三〇年代にかけて、世界恐慌と政治危機の深刻化を前に、イギリスにおいて議会政治が直面していた危機に重大な関心をしめし、議会制と独裁制をめぐる懸念を深めていく。ラスキの懸念は、一九三一年のマクドナルドによる挙国一致内閣の組閣によって頂点に達する。挙国一致内閣の成立は、憲法と議会政治の将来について、きわめて重大な問題をひきおこした。これは政府の独裁であり、大統領令によるドイツの政治となんら本質的に差異のないものでさえあった。ラスキにいわせると、労働党の反対をおしきって失業手当を削減し、財政を均衡させポンドを安定化させるために、マクドナルドと金融資本は、憲法をサボタージュしたのであった。

結局、保守支配層は憲法が自分たちに不利益に作用しないかぎり、それを承認したが、ひとたび憲法が不利益に作用するやいなや、かれらは独裁という手段をとることをためらわなかった。これにたいして、労働党が非常手段に訴えるようなことがあれば、その結果は内乱でしかありえなかった（Laski, H. J., The Crisis and the Constitution : 1931 and after, London, 1932, p. 23ff., p. 45ff., 岡田良夫訳「危機と憲法」『危機のなかの議会政治』法律文化社、一九六四年、一二〇頁以下、一五四頁以下）。ただここで、オーストリアのバウアーが非常手段に訴えることを理論上正当化したのにたいして、ラスキはイギリス政治の伝統のなかで問題を指摘するに止まり、どこまでも革命や独裁を回避する可能性を模索するのであった。

(54) Bauer, O., ibid., S. 191, S. 195, 前掲訳書、一五五頁、一六〇頁。

(55) Bauer, O., ibid., S. 194, S. 196, 前掲訳書、一五八頁、一六一頁。

(56) Bauer, O., ibid., S. 197, S. 199f., 前掲訳書、一六二頁、一六四頁以下。

(57) Bauer, O., ibid., S. 210, S. 212, S. 216, 前掲訳書、一七七頁、一七九頁、一八三頁。

(58) Bauer, O., ibid., S. 200f., 前掲訳書、一六六頁。

(59) Bauer, O., ibid., S. 202, S. 210, 前掲訳書、一六八頁、一七六頁。

ファシズムが民主主義を危機にさらす場合、民主主義は、個人の自由権を制限し、ファシズムの宣伝を抑圧し、ファシズム政党を解散しなければ、ファシズムから身を守ることができない。この場合、民主主義本来の原理、すなわち共同社会意志の形成をめぐるあらゆる精神的潮流の自由な競合は制限される。プロレタリアートは、ファシズムの暴力に反対し、人間の尊厳の保障、精神の自由、自治の自由という文化財を再び獲得し、その文化財を社会秩序の基礎とするために、一時的な独裁によって、資本主義を打倒し、新たに社会主義を基盤とする民主主義を再構築する必要があった。ただバウアーによると、ひとたび民主主義が再構築されたならば、この独裁は解体、廃棄されなければならなかった。

なお民主主義と独裁は対立物でないという考え方は、カール・シュミットも主張していたことが想起される。かれは議会制を批判する際に、再三にわたって、民主主義と議会制は対立しうるが、民主主義と独裁は一致しうる、と述べていた（Schmitt, C., ibid., S. 22, S. 37, S. 41, 前掲訳書、二四頁、四〇頁、四四頁）。またシュミットは、マルクス主義思想における独裁の問題を、合理主義的独裁（rationalistische Diktatur）の連関のなかでとらえる。かれによると、プロレタリア独裁の考え方は、絶対的な合理主義（absoluter Rationalismus）に基づく教育独裁（Erziehungsdiktatur）の系譜に連なるものであった。マルクス主義は、自らを科学的であると主張することによって、独裁を正当化した。独裁は、歴史の弁証法的な過程において、時代に適合した（Zeitgemäße）善が時代に適合しない（Unzeitgemäße）悪を排除するために導入される。そこでは高い意識をもった人々によって、歴史の過程に反する事柄が、力をもって取り除かれる。善と悪の対立は、ブルジョワジーとプロレタリアートの究極の対立へと集約され、その際、プロレタリアートの正しさを保障するものは、歴史発展の正しい認識であった（Schmitt, C., ibid., S. 64ff., 前掲訳書、六九頁以下）。

（60）ナチズム運動の地方議会への進出とそこでの活動については、Schausberger, F., Ins Parlament um es zu zerstören, Wien, 1995 を参照。

オーストリアのナチズム運動は、三〇年代初めにヒトラーがドイツで成功するまでは、影響力の乏しい、内部対立によって分裂を繰り返していた運動であった。しかしながら、ナチズム運動がドイツでめざましく躍進すると、オーストリアでも経済危機に乗じて勢力を増す（Wandruszka, A., Das nationale Lager, in: Weinzierl, E., Skalnik, K.(Hrsg.), Österreich 1918-1938, Wien, 1983, S. 309ff.）。オーストリアにおけるナチズム運動内部の対立と分裂も、ドイツのライヒ議会議員テオ・ハビヒトによって統一される。さらに、オーストリアのナチズム運動は、他の反議会的な運動からも、一歩、抜きん出ることになる。結束しはじめたナチズム運動にたいして、依然として、地域的な有力者をリーダーとする自警団の寄せ集めにすぎなかった護国団は、内部対立と分裂を深めていた。また、シュタイエルマルクの親ドイツ的な護国団とその他の反ドイツ的なそれとの対立があった。オーストリアナチズム運動は、この対立と分裂につけ入り、護国団の親ドイツ的な勢力を自らの陣営に獲得していく（Pauley, B. F., Hitler and the Forgotten Nazis, London, 1981, p. 75ff.; 古田善文「大恐慌期オーストリアの農村住民とナチス運動——シュタイアーマルク大管区」『獨協大学ドイツ学研究』二六号、一九九一年、八一頁以下）。地方選挙におけるナチズムの勢力拡大は、大ドイツ党支持層だけでなく、キリスト教社会党や社会民主党支持層からも一部の票を集めることに成功した結果であった。ナチズム運動がオーストリアで受容された要因としては、次のような背景が指摘されている。すなわち、オーストリアの独墺合邦支持者にはドイツに倣う傾向があったこと、国境の向こうの「大いなる祖国」を神聖化する国外に取り残されたドイツ人の典型的なコンプレックスがあったこと、ヒトラーがオーストリア出身であったことやナチズム思想のなかにオーストリアからえた要素が多かったこと、ハプスブルク帝国の汎ドイツ主義運動を経験した者が、運動が掲げた理想の実現をナチズム運動の成功のなかにみたこと、ドイツにおけるナチズムの経済的な成功から、経済的な魅力があったこと等である（Wandruszka, A., Österreichs politische Struktur, ibid., S. 405f.）。

（61）ドルフス内閣の成立については、Schausberger, F., Letzte Chance für die Demokratie, Wien, 1993; Rath, J., The Dollfuß Ministry/The Democratic Prelude, in: Austrian History Yearbook, Vol. 29 (1998), p. 161ff.; The Dollfuß Ministry/The Intensification of Animosities and the Drift toward Authoritarianism, in: ibid., Vol. 30 (1999), p. 65ff. を参照。また、ドルフスの農業政策については、Kluge, U., Bauern, Agrarkrise und Volksernährung in der Europäischen Zwischenkriegszeit/Studien zur Agrargesellschaft und -wirtschaft der Republik Österreich 1918 bis 1938, Stuttgart, 1988, 357ff. を参照。

(62) Wandruszka, A., ibid., S. 336ff. ; Schausberger, F., ibid., S. 199.
(63) Miller, J. A., Engerbert Dollfus als Agrarfachmann, Wien, 1986, S. 22ff.
(64) Miller, J. A., ibid., S. 32ff.
(65) 閣僚会議議事録集 Neck, R., Wandruszka, A. (Hrsg.), Protokolle des Mihieterrates der Ersten Republik 1918-1938 については、MRPと略記し、議事録集に記されている通し番号を付して本文中に表記した。
(66) Zöllner, E., Geschichte Österreichs, Wien, 1990, S. 511.
(67) こうした大ドイツ党の方針にたいして与党キリスト教社会党は、現実には、まず経済問題を解決しない限り、積極的なナショナルな外交は不可能である、と反論する。護国団のノイシュテッダー＝シュターマーも「あらゆる国家は、力を有している分だけ、権利を有している」ので、まず自分たちは強くならなければならない、と述べる。経済的に立ち直ってこそ、オーストリアにとってのナショナルな政治をおこないうるのである。またキリスト教社会党は、自分たちはオーストリアのドイツ人を「二流のドイツ人（Deutsche zweiter Güte)」とみなす北のドイツ人たちとは合邦したくないとも主張する（St. PR. NR 4・95, S. 2471, St. PR.NR 4・95, S. 2482)。
(68) Wandruszka, A., ibid., S. 336.
(69) Goldinger, W., ibid., S. 198.
(70) Kleinder, W., Urkund dessen... Dokumente zur Geschichte Österreichs 996 bis 1955, Wien, 1984, S. 283.
(71) Huemer, P., Sektionschef Robert Hecht und die Zerstörung der Demokratie in Österreich, Wien, 1975, S.157.
(72) Barker, E., Austria 1918-1972, London, 1973, p. 73.
(73) Huemer, P., ibid., S. 158.
(74) 与党によると、この二時間の警告ストライキはオーストリアの経済全体に重い損失を与えた。オーストリアは工業国としてはもはや二度と重要な役割を演ずることはないので、中欧の国際交通の要衝としての地位を維持することは、その経済にとってとくに重要であった。にもかかわらず、今回のストライキはまさにこの交通・運輸業に甚大な損害を与えたのである。政府は、ただでさえ厳しい状態にある経済全体がストライキによってさらに損害を受けることのないよう配慮しなければならなかった。この政府の姿勢を明確にし、権威を守るために戦時命令は使われたのであった（St. PR. NR 4・125, S. 3368f., S. 3382)。
(75) ヤーコンチック運輸大臣は国民議会で、連邦鉄道経営陣と連邦政府はあらゆる努力をしたが、期日までに鉄道員の給与を用意できず、不足分をどうしても補うことができなかったことから、分割払いはやむをえなかった、と述べた。給与を期日までに用意することが不可能であるということが明白であった以上、なにゆえにストライキが役立つのかはまったく理解できないと主張する（St. PR. NR 4・125, S. 3367f., S. 3386）。また与党は、何十万人もの自営業者らは鉄道員よりもはるかに悲しむべき経済状態にあり、かれらは分割払いでさえも賃金をえることができないと指摘した。こうした人々がその状態を改善するためにストライキ等をおこなうことが不可能な時代に、比較的恵まれている鉄道員が抗議ストライキをおこなうということは理解できないとして、ストライキを厳しく批判した（St. PR. NR 4・125, S. 3380, 3386）。

（76）こうした政府連立与党のストライキにたいする批判にたいして社会民主党は次のように反論する。まず、このストライキは、支持政党や所属する労組に関係なく鉄道員の所得を守るためになされたストライキであり、政府が主張するような政治的な背景があったというのは真実ではなく、経済的な抗議ストライキ以外のなにものでもなかった。またこのストライキは無責任にも経済全般に損害を与えたという批判にたいしては、組合は社会全般への配慮から、たったの二時間しかストライキをおこなわなかったし、連邦鉄道の経営状態を考慮し、一括して給与をえる権利があるにもかかわらず、これまではその分割払いに合意してきたとして、むしろ組合側の責任感を強調する（St. PR. NR 4・125, S. 3352f., 3377, 3357f., 3378）。

（77）この点についてフランツ・ボルケナウは、いくぶん皮肉をこめて「オーストリア共和国の歴史は、社会政策上の些細な問題をめぐる数多くのとてつもなく激しい闘いでみたされていた」と記している（Borkenau, F., ibid., p. 213.）。

（78）政府は、「このストライキの実際の指導者たちはナチであった」とのべた。かれらによると、既成の労働組合のあいだにナチズム系の労働組合にたいする恐れが広がり、ここで行動力をしめしておかないと「ナチ組合」の拡張を許すことになるかもしれないという焦りから、このストライキは生じたのである（St. PR. NR 4・125, S. 3371, 3376；労働組合とナチズムの関係については、Ardelt, R. G., Hautmann, H. (Hrsg.), Arbeiterschaft und Nationalsozialismus in Österreich, Wien, 1990 を参照）。

（79）その際、労資の対立を克服する手段として、議会政治を否定するシュテンデの発想がたえずもちだされていた。護国団も、キリスト教社会党と同じく、労資の対立について、「われわれは階級闘争の信奉者ではない。一つのシュテンデが他にたいして搾取されるときではなく、すべてのシュテンデが協力するときにのみ国家は栄える」として、協調的なシュテンデの考え方をあらためて強調していた。

（80）Borkenau, F., ibid., p. 260.
ナチズム運動の選挙での躍進と、護国団指導者スタールヘムベルクがドルフス内閣へ入閣しローザンヌ議定書へ支持を表明したことは、独墺合邦支持者をますますナチズム運動へと向かわせる結果となった。ナチズム運動は一貫した汎ドイツ主義的な主張によってその勢力を拡大していた。それは大ドイツ党を次第に取り込み、ドイツでヒトラーが社会民主主義勢力を弾圧するのを目の当たりにした社会民主党が合邦路線を放棄すると、ナチズム運動はオーストリアで唯一公然と独墺合邦を掲げる党派となり、この運動だけが、独墺合邦を望む者を吸収することのできる勢力となる（Pauley, B. F., ibid., p. 78ff.）。ナチズム運動は多くの若い活動的な世代を引きつけたが、政府は、オーストリアの若い世代がもつヒトラーとドイツ帝国にたいするあこがれを過小評価していた。ナチズムのドイツでの成功とオーストリアでの地方選挙における勢力の拡大によって、ようやく政府はその脅威に気づいた。ここにきて政府は、引き続き憲法に定められた自由な選挙をおこなえば、ナチズムは短期間のうちに「民主的な道」によって勝利していくであろう、という深刻な恐れをいだいた（Wandruszka, A., ibid., S. 409f.）。

（81） Vorstand am 7. März 1933, in: Goldinger, W. (Hrsg.), Protokolle des Klubvorstande der Christlichsozialen Partei 1932-1934, Wien, 1980, S. 131f.

会議の出席者も、ナチズム運動にたいする闘いを引き受け、その抑止をはかる政府の方針を歓迎する。報道の規制については、憲法裁判所および行政裁判所がそれを阻止できないような方法でおこなうべきである、との見解がしめされる。またウィーンではナチズム運動と社会民主党の新聞やビラが大衆の情報源となっていて、国民にたいするプロパガンダという点でキリスト教社会党はまったくの後手にまわっていることが指摘される。それらのプロパガンダにたいする有効な対抗策として、政府みずからによる強力なプロパガンダがあげられる。政府とキリスト教社会党の新聞を大衆のあいだに浸透させ、「ナチ」と「ゾチ」にたいする闘いを遂行しようというのである。ドルフスもまたこの点について、人々への宣伝が必要であり、とくに若者にたいする強い啓発活動とともに取り組む必要があることをのべる（Ibid., S. 133, S. 137；古田善文「オーストリア・ドルフース政権下のナチ党非合法活動」『獨協大学ドイツ学研究』二八号、一九九二年、四四頁以下）。オーストリア政府の反ナチ政策にたいしてヒトラーは、一〇〇〇マルク封鎖をもって応える。この封鎖によって、ドイツ人がオーストリアに入国する際には一〇〇〇マルクを支払わなければならず、これはオーストリアの観光業に甚大な損失をあたえた。

（82） Ibid., S. 133f., S. 137.

（83） この緊急命令を決定する際に、閣議で懸案となったのは、それを連邦憲法一八条でおこなうのか、それとも、「戦時経済授権法」でおこなうのかという問題であった。法律による行政命令と大統領による緊急命令について定めるオーストリアの連邦憲法第一八条は、いわば、ワイマール憲法の有名な第四八条にあたるものであった。しかしながら、左にしめすように、それは、ワイマール憲法の第四八条に比べて、大統領の権限により強い制限を加えていた。

「オーストリア連邦憲法第一八条」（京都大学憲法研究会編『世界各国の憲法典』有信堂、一九六五年、二六三頁）

1 すべての国家行政は、法律の根拠に基づいてのみ行われうる。

2 各行政官庁は、法律の根拠に基づいて、自己の権限の範囲内で、命令（Verordnung）を発することができる。

3 国民議会が召集されていないか適時に召集されることができないかもしくはその活動を不可抗力によって阻まれているというようなときに、明白かつ再び償われえない公共の損害を防止するため憲法上国民議会の議決を要する措置を即時にとることが必要となる場合においては、連邦大統領は、連邦政府の提議に基づいて、大統領および連邦政府の責任の下に、法律を変更する暫定的な命令によって、右の措置をとることができる。連邦政府は、その提議を、国民議会の主委員会(Hauptausschuß)によって任命された常任小委員会(第五五条第二項)(der ständige Unterausschuß)と共に審理しなければならない。この命令には、連邦政府の副署を要する。

4　前項の規定に基づいて発せられた命令の各々は、連邦政府によって遅滞なく国民議会に提出されるべきものとする。……国民議会は、命令の提出後四週間以内に、当該命令の代わりにそれに相当する連邦法律を議決するか、あるいは議決によって連邦政府に当該命令を直ちに失効させるべき旨要求するかしなければならない。この場合においては、連邦政府は、直ちにこの要求に従わなければならない。……命令が上記の規定に従い連邦政府によって廃止される場合には、当該命令によって廃止されていた法律の規定は、当該命令の廃止が効力を生じた日から再びその効力を発生する。

5　第三項に定められた命令は、連邦憲法の規定の変更を意味してはならず、また、連邦の永続的な財政上の負担、州・地区もしくは地方公共団体の財政上の負担、連邦公民の財政上の義務づけ、国有財産の処分、第一〇条第一一号に掲げられた事項に関する措置、および団結権もしくは賃貸人保護の領域における措置を対象にしてはならない。

ワイマール憲法が第四八条第二項で「ドイツ国内において公共の安定秩序に重大な障害を生じまたは障害を生ずる危険のあるときは、ライヒ大統領は、公共の安定秩序を回復するのに必要な処置を行い、必要あるときは兵力を用いることができる。このために、ライヒ大統領は、第一一四条〔個人自由の不可侵権〕、第一一五条〔住居不可侵権〕、第一一七条〔通信の秘密〕、第一一八条〔表現の自由〕、第一二三条〔集会の自由〕、第一二四条〔結社の自由〕および第一五三条〔財産権の保障〕に定めた基本権の全部または一部を一時的に停止することができる」(シュミット、阿部照哉・村上義弘訳『憲法論』みすず書房、一九七三年所収「一九一九年八月一一日制定のドイツ国憲法(ワイマール憲法)」)と市民の基本権を停止することを可能にしていたのにたいして、右にしめしたように、オーストリア憲法は大統領の命令について、第一八条の第五項でそれが市民の基本権に及んではならないことを定めていた。さらに、第三項と第四項にみられるように、この命令は、ワイマール憲法第四八条第三項「本条……に従って行ったすべての処置について、ライヒ大統領は、遅滞なくこれをライヒ議会に報告しなければならない。ライヒ議会の要求あるときは、処置はその効力を失う」に比べて、より強く国民議会による制限を設けていた。

シュシュニック法相は、閣議で一八条による処置が第四項に従って国民議会の招集を必要とする点を指摘する。政府としては、国民議会を召集してしまったのでは意味がないので、ここは当面、シュシュニックの提案によって、「戦時経済授権法」に基づく行政命令という方法でデモと集会および報道を規制する処置がとられることになった。また、憲法があらゆる類いの検閲を禁じていたことから、これらの措置は、実質的には検閲を目的としていたものであっても、外見上はそうであってはならなかった。

シュシュニックは、行政命令だけでは新聞の発行を完全に停止させることも不可能であり、もしも新聞の発禁処分を実現しようと思った場合には、第一八条の適用を必要とするとの見解をしめす。さらに、「戦時経済授権法」は、単純な法律であることから、同法による命令は、憲法の規定の変更をもたらしてはならなかった。

(84) Huemer, P., ibid., S. 166.

(85) Gulick, C. A., Austria from Habsburg to Hitler Vol. 2, Berkeley, 1948, p. 1035 ; Huemer, P., ibid., S. 172.

(86) Stenographisches Protokoll der 186. Sitzung des Bundesrates am 17. März 1933, 2027ff.

(87) Mehrheitsparteienbeschprechung am 25. März, in : Goldinger, W. (Hrsg.), ibid., S. 202f.

(88) Ibid., S. 204.

(89) Ibid., S. 206, S. 210.

(90) Ibid., S. 212.

(91) Kluge, U., Der Österreichische Ständestaat 1934-1938, Wien, 1984, S. 52f.

クルーゲは、オーストリアにおける民主主義の失敗は大きく四つの仕方で説明されている、と述べる。すなわち、まず第一に、教権ファシズムの破壊的な意志と社会民主党の敗北によるとするもの（例えば Gulick, C. A., ibid.）、第二に個人的な権力欲と反議会的な陰謀によるとするもの（例えば Huemer, P., ibid.）、また第三に、政治陣営間の硬直と妥協の不可能性によるとするもの（例えば Wandruszka, A., ibid.）、第四に、政党が責任ある議会政治を実践するのに未熟であったためとするものである（例えば Bracher, K. D., Zwischen Machtvakuum und Austrofaschismus/Zur Krise der österreichischen Parteiendemokratie in den dreisiger Jahren, in : Albertin, L., Link, W. (Hrsg.), Politische Parteien auf dem Weg zur parlamentarischen Demokratie in Deutschland, Düsseldorf, 1981）。かれは、このなかの第一と第二の説には否定的な見解をしめし、逆に第四の説を、㈠議会の閉鎖へといたった民主主義の危機の構造的な前提（とくに工業化にともなう社会経済的な緊張の問題）と、㈡反議会勢力の政治的イデオロギーを分析することによって補い、オーストリアにおける民主主義の崩壊が不可避的なものであったのか、そうでなかったのかを明らかにしようとする。その際、主に危機の国内的な要因（戦前から続く議会政治の未熟と戦後顕在化する社会経済的な負荷）に焦点があてられる（Kluge, U., ibid., S. 8, S. 13ff.）。

(92) Gulick, C. A., ibid., p. 1074f. ; Huemer, P., ibid., S. 181ff.

(93) Wiener Zeitung 21. Mai 1933, S. 4. ; Kluge, U., ibid., S. 56ff.

クルーゲは、一九三三年の政治危機におけるドルフスの行動が計算されたものではなかった、と指摘する。かれはドルフスが確信をもって一貫した手段でもって行動したとするフエーマーの見方を批判し、反社会主義的な経済政策、不安定な政権基盤、議会政治にたいする不信という前提のもとで、ドルフスは誰も結末を予測できない危険な賭けをおこなったのであるとする。ドルフスは、議事規則上の小さな欠陥を議会政治全体の危機へと広げ、まず大統領制と議会制の折衷から官僚支配型の国家をめざし、ついで行政府のさらに狭い範囲による単独支配をめざしたのであった。シュシュニックも、ドルフスが未来へ向けて長期的な計画を設計する政治家ではなかった、とのちに回想している。かれによると、むしろドルフスは、特定時点での事態の展開がもたらした個別状況を支配するのに長けていた。ドルフスは、なんらかの計算に頼ることなく自身の直感を信じてあらゆる事柄に臨み、つねにすばやく時として早すぎるくらいに、決断し、行動していた（Schuschnigg, K. v., Dreimal Österreich, S. 162f.）。

第五章　オーストリア・シュテンディズム

一　シュテンデ憲法の採択

政府が議会を閉鎖したことによって、憲法を刷新し政治を抜本的に変革する構想は現実味をおびた。オーストリア革命の成果として一九二〇年に制定された、国民議会を制度的な核とする共和国憲法は、一九二九年の改正を経てなおその価値を否定された。三〇年代にドルフスをはじめとする政府与党の政治家をとらえていた政治理念は、議会をシュテンデ的に構成するとともに権威的な政権運営を求めるものであった。同時代のヨーロッパ諸国に共通にみられた政治危機は、オーストリアにおいてシュテンディズムというかたちで解決されようとしていた(1)。

本章では、ドルフスによるシュテンデ憲法の制定過程を検討したのちに、第二節で、この憲法の理論的な背景をなしたシュパンらの考え方を解明する。

祖国戦線の創設と社会民主党の崩壊

ドルフス首相は、一九三三年五月二〇日に「祖国戦線（vaterländische Front）」の創設を宣言し、既存の政治団体に祖国戦線への参加が呼びかけられる。ドルフスは祖国戦線を、権威的かつシュテンデ的な体制を政党に代わって支える大衆組織として考えていた(2)。キリスト教社会党は、この祖国戦線に参加することによって、政権与党としての役割を終える。政府政策を立案し決定する機能は、政党からドルフスを囲む指導層へと狭められる。

祖国戦線の組織形態は、将来的には国民運動の形成が予定されていたが、はっきりとしたものではなかった。その組織は政府の指示に従って形成され、当初から政府による権威的な秩序の形成を補助するための組織であった。祖国戦線は主に、加入が義務づけられていた官僚から成り立っていた。したがって、祖国戦線は官製の組織であり、国民運動といえるものではなかった。それは、運動を発展させた後に政権を掌握した国民運動ではなく、むしろ逆に政府によって意図的につくられた上からの組織であり、実際には、一度たりともシュテンデ国家を担うべき真の国民運動とはなりえなかった。(3)

一九三三年九月一一日、ドルフスは、ウィーンのトラブレンプラッツにおいて、シュテンデ的基礎に立つ新憲法の制定を目標に掲げる声明を発表する。そこでかれは、オーストリア固有のナショナリズム、ドイツとの合邦を望まないナショナリズムを強調することによってナチズム運動を抑止しようと試みる。

マルクス主義にたいする闘いのなかで、……〔ナチズム〕運動が背後からわれわれの不意を襲った。このことから、政府は、二正面戦争のなかで、国家の指揮権を固く掌握することを余儀なくされた。

われわれは、治安の領域において断固として前進したい。われわれは襲撃にたいしては、そのつど、必要に応じた防御を断固としておこないたい。われわれがあらゆる状況のもとでも、得体の知れぬ過激派や運動に不意を襲われない、あらゆる事態に耐えうる意志のあることを信頼してほしい。われわれはもう一度オーストリア国民に、分別を保ち、間違った期待に追従することなく、オーストリアの国家に忠誠を誓うことを、アピールする。(4)

祖国戦線は、ナチズム運動の影響が強まりつつあった、ドイツへの合邦を要求するドイツナショナリズムに対抗して、オーストリア国民を統合することを目的とした。オーストリアは「ドイツ的」かつ「キリスト的」で独立していなければならなかった。ドルフスがめざした国家は、マルクス主義とともにナチズムを否定し、カトリックとシュテンデを基礎にしたのである。

資本主義体制の時代、資本主義的・自由主義的経済秩序の時代は終わった、マルクス主義的、唯物論的な国民指導の時代は終わった。政党支配の時代は終わった。われわれは〔ナチスドイツの〕強制的均質化（Gleichschaltung）とテロを拒否し、われわれは、シュテンデ的な基礎の上に、強力な権威的な指導の下に、社会的、キリスト的、ドイツ的なオーストリアを望む。

シュテンデ的な再建がわれわれの使命である。シュテンデは国民の階級的な統合の拒否である。シュテンデ的な解釈は人々を一つにする協力を表わす。そのためにわれわれは、公共生活の組織において、その前提をつくりたいと思う。人間は企業において、数としてだけではなく、人間としてみなし、そして、扱ってほしいと願う。シュテンデ的な解釈は、従僕同様、主人をも義務づけ、権利を与える。したがってわれわれは古い形式を再び採らなければならない。しかしながら、それは形式的にのみなされてはならない。労働は人々を一つにするということがわれわれの意識に上らなければならない。(5)

キリスト教社会党党員の祖国戦線にたいする態度は一様ではなかった。祖国戦線が創設され、党の影響力が弱まると、古参の党指導者のあいだに不満がもたらされた。とくにキリスト教社会党の党首となっていたファウゴイン国防相とドルフス首相とのあいだに対立が生じた。声明を発表した後の二一日にドルフスは、今後の政権運営とキリスト教社会党との関係をめぐるファイゴインとの意見の対立から、党に相談することなく内閣の改造をおこない、第二次ドルフス内閣を組閣する。ファイゴインは、キリスト教社会党を維持し強化することによって社会民主党とナチスに対応しようとしたが、ドルフスは、旧来の党を廃して祖国戦線を中心に立ち向かうべきであると考え、祖国戦線の影響力を高めようとした。この内閣改造でファイゴインが辞任したのにたいして、フェイの副首相への入閣をはじめとして、政府内で護国団の比重が強まる。やがてファイゴインは党首をも辞任し、ツェルマーク元文部大臣が党首職をひきつぐ。

党のかつての指導者を排除してゆくドルフスの手法は、党内に反発をまねいた。キリスト教社会党の旧い党員たちは、党が軽視され護国団の影響力が強まることに危惧をいだいていた。かれらは、国家の運営においてキリスト教社会党がないがしろにされることを恐れた。このため、党幹部のクンシャクやミクラス大統領などによる潜在的な反対勢力が残った。しかしながら、かれらにしても、議会政治を再開させないことでは意見が一致していた。いまや、国家をシュテンデ原理によって構築し、有害な政党政治と階級闘争を克服する絶好の機会をえていたのである。(6)

一九三四年二月一二日、新体制の樹立にとって障害となっていた社会民主党への弾圧を強化した結果、社会民主党の軍事行動組織たる共和国防衛同盟と政府のあいだに戦闘が勃発する。二月一二日の朝、リンツにおいて、社会民主党にたいする武器の家宅捜索が警察によっておこなわれた。この家宅捜索への抵抗から、共和国防衛同盟と警察のあいだで銃撃戦が勃発し、警察は軍の出動を要請する。正午には、この戦闘はウィーンやその他の都市へと拡大していった。リンツでの事態の報告がウィーンの社会民主党執行部に届くと、執行部はゼネストの実行を決定し、共和国防衛同盟を警戒待機させる。しかしながら、労働者たちは職を失うことを恐れ、このゼネストは徹底されなかった。また、抵抗の成功を信じる者も少なかった。

政府は戒厳令を敷き、市内を閉鎖し、市庁舎を占拠し、レンナーら社会民主党関係者を逮捕する。(7) これにたいして、共和国防衛同盟は、司令部との連絡が機能していなかったため、各部隊が自己の判断で政府との戦闘を開始し、警官詰め所を銃撃し、労働者共同住宅に立てこもる。しかしながら、脱落もあいつぎ、共和国防衛同盟司令部も政府によって封鎖されてしまう。午後には共和国防衛同盟の武装蜂起にたいする政府の本格的な反撃が開始され、政府は社会民主党の解散を命じ、非合法化する。(8) 政府の反撃にたいして、共和国防衛同盟は装備の面で劣っており、また一貫した指揮系統をもっておらず、機動性に富んだ戦いを遂行できなかった。

機能が停止した社会民主党の党執行部は夜に解体し、バウアーらはチェコスロバキアのブリュンへ亡命してゆく。翌一三日には、各地の共和国防衛同盟の抵抗は、ウィーンなどの例外を除いて収束に向かう。一四日には、残りのウィーンなどの戦闘も終結へと向かい、反乱者にたいする戒厳令下の即決裁判が開始される。この裁判で二一人の被告に死刑判決が下される。また職場における報復処置として、即時解雇がおこなわれる。一五日には、最後の抵抗が降伏し、政府の勝利によって内乱は終結し[9]、社会民主党は、以後、第二次世界大戦終了まで地下活動を余儀なくされる。

一九二〇年の連立政権の解消以降、社会民主党は政権の座につくことはなく、野党として存在してきた。資本主義経済を社会主義的な経済秩序へ導くという社会化政策をこの共和国において実行し成功させる、というかれらの理論展望にもかかわらず、共和国の大部分は小規模・中規模農業諸州からなっており、ウィーンなど工業地帯は反社会主義的な大海のなかの島々にすぎなかった。社会主義を、その経済的・社会的必要条件を具えていない土地に植えつけることは不可能であった。社会化を進めようとするあらゆる試みは、敗北せざるをえなかった[10]。

ドグマにとらわれた社会民主党の思考と教条的に世界をみるかたくなな態度は、社会民主党から活動の自由をいちじるしく奪い去っていた。党がふたたび自然に自由に働くことができるためには、ドグマにとらわれない再建を必要としていた、しかしながら、党はそのドグマに固執していた[11]。一九二七年以降、共和国内の対立と敵意がますます硬直化したことによって、左右連立政権の形成はまったく不可能となっていた。保守陣営へ差しのばされたレンナーら社会民主党右派の手は引き戻され、党左派のバウアーのかたくなな党の方針が前面に出ていた。左右大連立の考えは破棄され、その際、キリスト教社会党や大ドイツ党のなかに存在していた一部の穏健な勢力との提携の可能性は考慮されなかった。

また、一九二九年に世界恐慌が始まり失業者の数が激増すると、社会民主党の支持基盤である労働組合が弱体化していった。失業を恐れるあまり、労働組合は企業にたいする闘争をつきつけることができなくなる。オーストリアの経済界も、護国団勢力の増強によって組織的なスト破りの手段をえていた。さらに一九二七年以降、社会民主党は国防軍と警察におけるその影響力を失っており、いまや治安機構は、政府によって掌握され、かれらにたいしていつでも投入される態勢ができていた。

一九三三年の、レンナーの議長職の辞任にみられる社会民主党の国民議会での行動は、議会政治が安定的に機能している状態にあってはとくにリスクを負わずにすんだかもしれないが、一九三三年の国民議会にあっては、それは政府側の行動力を過小評価するものであり、議会の閉鎖という重大な結果を招いた行動であった。議会をその主要な勢力基盤の一つとする政治勢力としては、あまりにも軽率な行動であった。一九三四年には、政府の圧力にたいして、バウアーをはじめとする党首脳部はまったく指導力を発揮することができないでいた。政府がすでにその非合法化の準備を完了しつつあるときに、やっと、対処を考え始める状態にあった。二月の戦闘は、すでに長く気勢をそがれていた労働組合からは、もはや遅すぎる戦いであると感じられた。(12)

シュテンデ憲法

内乱の二カ月後、一九三四年五月一日に、「一九三四年憲法」(通称「シュテンデ憲法」「五月憲法」)が発布される。(13)政府による共和国憲法の廃止とシュテンデ憲法の発布によって、オーストリア第一共和国とその国民議会は消滅する。新憲法は「あらゆるレヒトの根源である全能なる神の名において、オーストリア国民は、そのキリスト的、ドイツ的、シュテンデ的な基礎の上にたつ連邦国家に、以下の憲法をえる」という前文で始まっていた。国制については第一章「一般規定」で、まず「オーストリアは連邦国家である」(第一条)と定め、ついで「連邦国家はシュテンデ的に秩序づけられている」(第二条)と定めていた。従来の立法機関つまり国民議会を廃止したシュテンデ憲法は、第四章「連邦の立法」第一節「連邦の立法機関」の第四四条で「連邦の立法は、国家議会、連邦文化議会、連邦経済議会と諸州議会(予備協議機関 vorberatende Organe)の予備協議を経て、連邦会議(決定機関 beschließendes Organ)がおこなう」としていた。

「国家議会(Staatsrat)」は「連邦大統領が、これまでの行動や業績によって、国家の必要と課題を理解していることが期待される、人格に優れた国家公民を、一〇年間の任期で」任命し、その「構成員は、五〇名以下、四〇名以上でなければ」ならなかった(四六条)。「連邦文化議会(Bundeskulturrat)」は、「三〇名以上四〇名以下の、法律上承認せられた教会と宗教団体、学校、教育、国民教育機関、学問と芸術の代表者から」構成された（第四七条）。「連邦経済議会（Bundeswirtschaftrat）」は「七〇名以上八〇名以下の各職能シュテンデ（Berufsstände）の代表者から」なり、代表される主な職能シュテンデ諸団体としては、農林業、工業と鉱山、自営業、商業と交通、金融と証券と保険業、自由業、公務員が予定されていた。各職能シュテンデの代表者の配分は、最低三名は代表されるという条件のもと、各業種の就業者数を考慮しながらおこなわれねばならなかった（第四八条）。「諸州議会（Länderrat）」へは「各州が州知事と州政府の州財政の担当者、ウィーン市は、市長と、かれによって任命された市財政の担当者が」派遣された（第四九条）。

二〇名の国家議会議員、一〇名の連邦文化議会議員、二〇名の連邦経済議会議員と九名の諸州議会議員から決定機関である「連邦会議（Bundestag）」が形成され（第五〇条）、連邦会議は第五一条に定められた事案についてその是非を決定した。

「一九三四年憲法第五一条」

連邦会議は以下の決定をする。

1　連邦政府の法案。
2　(イ)連邦予算、(ロ)連邦公債の起債と転換、(ハ)連邦財産の処分に関する連邦政府の法案。
3　法律の変更をもたらし、連邦に法律の公布を義務づける国家条約に関する連邦政府の議案。
4　連邦決算の承認に関する会計監査院の議案。
5　会計監査院の報告。

この政府の法案について最終的な是非を表明する連邦会議の審議は、非公開の決定がなされない限り、公開であったが、法案を予備的に審査する機能が与えられていた各予備協議機関の審査は非公開であった（第五九条）。これらの立法機関による立法の具体的な手順は、第四章三節の「連邦立法の手続き（Gesetzgebung des Bundes）」に定められていた。政府が提出した法案は、まず予備協議機関で審査される。ただし、第五一条2から5に該当する法律案については、予備協議機関における審査はおこなわれず、2と3は連邦政府によって、また4と5は会計監査院の院長によって、該当する法律案が直接連邦会議に提出される（第六三条）。

「一九三四年憲法第六一条」

1　連邦政府は、連邦首相によって、第五一条1に該当する法律案を、連邦立法の予備協議機関に提出しなければならない。

2　国家議会は、連邦政府によってしめされた期間内に、この法律案にたいする審査をおこない、連邦首相に報告する義務を負う。これらの義務は、連邦政府によって、文化的な意味をもつとされた法律案については連邦文化議会に、経済的な意味をもつとされた法律案については連邦経済議会にもあてはまる。

3　連邦政府は、文化的であるとともに経済的な意味をもつ法案を、連邦首相を通して、連邦文化議会と連邦経済議会に必要な審査（Pflichtbegutachtung）のために提出することができ、審査結果の報告の期日を定めることができる。

4　連邦文化議会と連邦経済議会は、法案が、形式と内容から他の予備協議機関にあたるか、あるいは、3項の条件をみたしていない、との理由から、必要な審査の報告を拒否することはできない。

5　2項と3項によって審査をおこなう義務を負っていない連邦立法の予備協議機関は、連邦政府が定めた期間内に、自由に審査をおこない連邦首相に報告することができる。

6　これらの審査の際には、国家議会は、法案が国家主権と公共の福祉（Gemeinwohl）の要請に合致し、なおかつ、法律上整合性があるかどうかを審査する。連邦文化議会は文化的な視点から審査し、連邦経済議会は経済的な視点から審査する。諸州議会は各州の利害の視点から審議する。

予備協議機関で審査された政府の法案は、連邦会議では、報告者が法案を説明し、反対意見の報告も可能であったが、論戦はなされずに、公開の議決において、可非が決定された。連邦会議は法案の変更を企てることはできず、その可非を決定するだけであった。例外的に連邦予算にかかわる第五一条の2、4と5に該当する法律案についてのみ論戦や変更が可能であった（第六三条）。

「一九三四年憲法第六二条」

1　第六一条に定められた審査がなされるか、あるいは期日の終了とともに、連邦政府は、法律案を連邦首相を通して、連邦会議に提出できる。

2　連邦政府は連邦会議の決定の期日を定めることができる。

3　連邦会議では、法案は、報告者（Berichterstatter）によって、報告と根拠づけがなされる。反対報告も可能である。それ以上の弁論はなされない。連邦会議は法律案を変更せずに可決するか、否決するかを決める。

4　連邦政府は採決の前にいつでも法律案を取り下げるか、法律案の本質が損なわれない範囲で、法律案の変更をおこなうことができる。

シュテンデ憲法は、このように従来の議会政治を否定し、国民の一般的な参政権をいちじるしく制限したものであったが、政府案に外見上の正統性を与えるために、国民投票制度を導入し、表向きは、直接民主制の考え方をも組み込んだことになった。しかしながら他方では、キリスト教社会党がかつてあれほど熱心に主張していた大統領の国民による直接選挙は、廃止されてしまう。連邦大統領は、国家議会、連邦文化議会、連邦経済議会と諸州議会が合同で開く連邦総会（Bundesversammlung 第五二条）が選定した三名の候補者のなかから、地方自治体の長によって選出されるようになる。

「一九三四年憲法第六五条」

1　国民は、以下の点について、連邦政府が決定した場合、国民投票に呼びかけられる。

(イ)　連邦会議によって否決された法律案について。

(ロ) 特定の連邦法律について。
(ハ) 特定の連邦立法に関する問題について。
2 選挙権は、7項で予定されている連邦法によって選挙権から除外されない、二四歳以上のすべての連邦公民がもつ。
3 投票は可か否かによってなされる。
4 国民投票は有効投票の過半数でこれを決する。
5 連邦大統領が国民投票を命ずる。
6 連邦会議が、一項のハについて、国民投票の結果に該当する法律案を否決した場合には、連邦政府は、この問題を、国民投票が決定した方針に従って、法律の変更をともなう命令によって、取り扱うことができる。
7 詳細については連邦法が定める。

「一九三四年憲法第七三条」
1 連邦大統領は、連邦領土のすべての地方自治体の長によって、連邦総会が立てた三名の候補者（Dreiervorschlag）より、秘密選挙によって選出される。
2 連邦総会は、三五歳以上の連邦公民を三名の候補者として立てることができる。三名の候補者は数回の選挙によって決定される。その際、連邦総会の各構成員は、一名のみを選ぶことができ、最後の選挙では、相対的な多数が決める。
3 各市長は、連邦大統領の選挙のために連邦首都ウィーンに集合する。三名の候補者のなかから、一回のみの選挙で、有効投票数の最も多くの票をえた者が、選出される。選挙の結果は、連邦首相によって公式に告示される。

4 詳細については連邦法が定める。

5 連邦大統領の任期は七年間である。再任は可能である。

憲法を発布するとドルフスは、ラジオをとおして、この憲法によるシュテンデ的で権威的な体制の根本思想を説明する。憲法のキリスト的な基礎づけは、憲法への最も正当で最良の社会的な感覚の定着を可能にするはずであった。それによって「働く人々」は「その他のシュテンデと有機的な結合性のなかにあるそれぞれのシュテンデの完全な価値ある分肢として、公共生活の大いなる共同体のなかへ」組み込まれるのであった。「新憲法は、労働者の権利と労働者の保護と社会政策への当然の配慮にとどまらず、そこからさらに憲法全体の精神によって、働く人々に、国家の発展と自らの未来の創出と形成への参加を」保障した。

シュテンデは、何百年ものあいだ、われわれのドイツ的な祖国の社会秩序の基礎であった。……まさにこのシュテンデにこそ、今なお国民のなかに自由主義時代の幻惑にもかかわらず深く根づいているドイツ的な法意識にしたがって、広範囲に自己決定権と自治権が与えられなければならない。

このように、シュテンデに包摂されることによって、人は社会と調和し、なおかつ国政に参加できることがうたわれていたが、同時にこの憲法は、中央集権的な国家の権威主義的な指導を強く主張していた。

新生オーストリアは強い権威主義的な指導の下におかれる。……国家主権的使命につねにより強く限定すべき公的行政は厳しく統合されなければならない。やっとの思いでまとめられていた連立政権の時代はようやく終わった。

国家のすべての指導権は連邦大統領によって指名された連邦政府にある。……政府のみが法律の発案権をもち、危機的な状況下にあっては連邦大統領と並んで緊急権をもつ(14)。

シュテンデの「自己決定権と自治権」と、政府の「強い権威主義的な指導」の並列が意味するのは、シュテンデ的な経済の多様性は認めるが、政治の多様性は認めないということであった。階級間の対立はシュテンデのなかへ押し込められ、諸シュテンデ間の対立は経済議会で自ずから治まるはずであり、そうでない場合には、政府の権威的な指導によって調停されなければならなかった。シュテンデ的な考えは、ナチズムや社会主義にたいする防波堤であり、強制的均質化を否定するものであったが、他方で強い権威主義的な指導の追求は、緊急権をもつ連邦政府への権力の集中をもたらした。(15) ナチズムを否定し、それを協調的なシュテンデ社会によって防ごうとしたにもかかわらず、政府の運営は独裁へと突き進んでいったのである。したがって、シュテンデ国家の実践には矛盾がともない、一貫性にも欠けていた。憲法は各シュテンデによって構成される議会の選挙を予定していたが、これらの議会は一度も選挙によって選出されることはなく、すべて政府の任命によって構成された。(16)

またドルフスは自らの体制の強固な基盤を、祖国戦線とシュテンデとともにカトリック教会にも求めた。このことはシュテンデ憲法において教会に特別な地位があたえられていることからもわかる。(17) カトリック教会を優遇することによって、それが体制の背骨としての機能を果たしてくれることを期待した。汎ゲルマン主義を高揚させオーストリアの独立を脅かしていたナチズム運動にたいして、ドルフスは、ドイツナショナリズムをカトリックと結びつけることによって対抗しようとした。かれは、オーストリアのドイツ的性格は憲法の前文で明確にされていると主張し、新憲法の特色は「ドイツ民族の最も直接的な堕落していない法感覚に一致する多くの基本的な古いドイツ法の要素」を取り入れたところにある、と力説する。自分たちはまぎれもなくドイツ民族であると表明しつつも、ナチズムとの違いを明確にしようとした結果、カトリック精神を掲げ、シュテンデ的な構成をめざしたオーストリア国家が成立したのである。(18)

二　シュテンディズムの理論

国民議会を閉鎖した政府は、前節でみたように国民議会に代わる国民統合の方法としてシュテンデ議会を設置した。

シュテンディズムは、理論上、個人主義と自由主義を否定し、大衆社会化から目をそむけ、中世型の社会をモデルとした方法によって、近代社会の諸問題の克服を試みた。本節では、一九三四年憲法によって体制化されたシュテンディズムの理論を整理し、その特質を見極めたい。

シュパンとメスナー

一八七八年、ウィーン郊外の製本業を営む家に生まれたオトマール・シュパン（一八七八―一九五〇）は、まずウィーンで、ついでチューリッヒ、ベルン、チュービンゲンの各大学で国民経済学と社会学を学んだ。一九〇三年に博士号を取得し、一九〇八年には教授資格をもえる。一九〇九年からブリュン工科大学で国民経済学の教授職についたシュパンは、第一次世界大戦にも従軍し、大戦の初めに早くも負傷して大戦中は国防省に勤務していた。その後、シュパンは、一九一九年から一九三八年までウィーン大学法学部で社会経済理論の教授として教壇に立つことになる。[19]

シュパンの社会理論は、協調的なシュテンデ社会を下絵に、個人主義（Individualismus）と共同主義（Universalismus）という対極概念を使ってえがかれていた。ドルフスによって体制化が試みられたシュテンディズムの理論的背景を理解するためには、このシュパンの社会論と政治論をまず理解しておく必要がある。

『真の国家（Der Wahre Staat）』のなかでシュパンは、個人主義的秩序の顕著な特徴として、正しくも、(1)その原子論的な特徴、(2)国家構成の中央集権性と直接性をあげる。これらの個人主義的な特徴にたいして、かれは以下の共同主義的見解を対置させる。すなわち、(1)にたいしては、諸部分の原子論的平等のかわりに有機的不平等と価値的不平等を、(2)にたいしては、中央集権的統一にかわるシュテンデ的組成の構成法則、直接性に代わる間接性の構成法則をおく。そして、部分の機械論的・原子論的な「個人化（Isoliertheit）」に代わる諸部分の「組織化（Organisiertheit）」を主張する。[20]

共同主義（Universalismus）の見解に従うと、社会の構成部分は異種であり、これら社会の諸部分は「分離された孤立的な個々人にあらずして、共存関係によって結合せしめられる諸共同体（Gemeinschaften）からのみ成り立つものであって、各個人はこの共同体において、その分肢になること（Eingliederung）によって生存しうるもの」となる。「これら諸共同体そのものの根本特性は、一つの精神的総合全体の分肢であることであり、換言すれば、部分的全体（Teilganze）としてシュテンデ的特性を獲得することである[21]」。

この社会の構成部分としてのシュテンデは、具体的には各々の職種におうじて職能シュタント（Berufsstand）としてあらわれる。このなかに組織されることは、競争の代わりに保護を意味する。シュテンデ的に構成された社会全体は精神性を有し、シュテンデ間の関係は近代自然法的な個人対個人の関係とは異なり、その内部では自律性を有するが、外部にたいしては上下の秩序を有する。またこのシュテンデは集権化をもたらさず分権化をもたらすのであった[22]。

シュテンデ社会の段階構造からその政治の形態は次の二つの特徴をもつことになる。⑴支配の段階性あるいは国家構成の間接性、⑵支配は原則として上より下に及ぶ[23]。シュパンは国家をもシュテンデ社会のなかの一つの職能シュタントとしてみなす。かれは近代国家が共同体の固有権を奪っていった過程を批判する。シュパンによると、国家自体を単に職能シュタントと解するときには、もはや国家の支配権や主権は問題となりえない。職能シュテンデはいずれも固有の支配権や主権を有している[24]。

シュテンデは、経済国家、行政国家および租税国家を自身の中に具体化し、いわば自身の中に呑み込んでしまうから、中央国家は現在とは別の、遙かに理念的な性質を帯びるにいたる。

経済的シュテンデ団体が、シュテンデに関わる事柄の内的組織化（innere Organisation der Ständesangelegenheit）を自身で担当するとともに、自治を総合経済的な問題、国民経済全体の領域でもおこない、それによって中央集権的な自由主義的な国家を経済生活から排除し、経済生活を、国家的全体の下への従属関係（Unterordnung unter die staatliche Ganzheit）が許す範囲内で、自ずから形成する[25]。

すべての生活領域を支配するものは、中央集権的、つまり抽象的・一般的な国家権力ではなく、再びそれぞれ固有のシュテンデとなる。国家の元首（Staatsoberhaupt）はすべてのシュテンデの指導者と協同して、ただ「国家に関することのみ」を統制する。その使命は「部分的全体（Teilganze）たるシュテンデ」を、「国家という真の総合的全体（Gesamtganze）」に組織することとなる。

一職能シュタントとしての国家の役割は次の点に限定される。まずその固有の任務として保護があげられる。外に向かっての保護が外政とされ、内に向かってのそれが内政とされる。前者は軍人によって担われ、後者は官僚によって担われる。次に、あらゆる職能シュテンデの最高指導機関、最高職能シュタントとしての国家の任務なるものがあげられる。それは、他の職能シュテンデにたいする監督および諸種の対立や係争を除去し、それを裁断し、これを正しく向けることとされる。最後に、いわゆる社会政策がその補助的諸任務としてあげられる。[26]

このように、かれの理論においては、国家の全能は否定され、国家も一つの職能シュタントとして限定されるのであるが、他方で、シュテンデ国家の中央権力は、すべての構成部分から導き出されるのではなく、その権力は下から上にではなく、上から下に向かって構成される。「人民の主権」とは反対に「事物の本質からの要求」に従って、「多数決によって下から真理を採決すべきではなく、最善のものが上から支配すべき」なのである。[27]

したがって、シュテンデ国家においては「政治的党派」は否定される。そこでは利害問題の闘争は、大部分、より狭い範囲のシュテンデのなかで解決され、シュテンデ国家の取り扱う問題は「理念、本質そのもの、文化問題そのもの」に限られる。「全体の分肢秩序、事物の本質、最善者が中心問題となるならば、そこに生まれる集団はもはや現在の政党と同じではない」。「ゆえにシュテンデ議会（Ständehaus）の他に政治議会は必要でない」として、政党とともに議会政治も否定される。[28]

議会政治を批判した上で、将来のシュテンデ議会の形態を、かれはつぎのように予想する。経済的「シュテンデ議会」に、官庁が行使している権限を与え、またすでに多くの経済会議所、集会、およびこれに類する団体が行使している権限、さらに一般の政治議会が純経済的領域において行使している立法権を与えるならば、経済的シュテンデ議会の基礎ができ、総合シュテンデ秩序としての経済が組織されるであろう。国家は、経済的「シュテンデ議会」およびこのシュテンデ議会の母胎を構成する諸組織に、本質的な重要性を譲渡し、それらを監督する地位に退くようになるであろうから、(1)内閣の一部は監督機関に縮小され、(2)最悪の、破壊的な議会政治はまったく根本的に縮小され、(3)極限まで肥大した官僚政治は縮小され、改造されるはずであった。[29]

中央集権的な、専門的でない一般的・民主主義的国家を廃止することは、シュテンデ議会、および一般に経済のシュテンデ的総合秩序の最重要な終局的作用である。

シュテンデ的経済秩序は生々とした経済秩序であり、確固たる秩序と自由競争とを巧みに自己の中に取り入れ、そして悲惨な競争の破壊的作用は存在せず、官僚主義的な全面的硬直（bureaukratische Allerwelts＝Erstarrung）という窮屈さも存在せず、シュテンデの狭い生々した領域では秩序が守られ、シュテンデ外およびシュテンデ間の小領域では競争がおこなわれる。[30]

シュテンデ議会はいかなる場合においても現在の議会のごとく「お喋り処」となってはならなかった。また、政府・行政機構は縮小され、官僚主義的な硬直化が排されるはずであった。ここでシュテンデ議会は、商業会議所に似て「官庁的（behördlich）」に働くべきものであった。官庁的な事務方法が採用され、直接にこれと関係する専門団体の実質的な討議によって事柄が処理されることが多ければ多いほど、「事物の本質」や「最善のもの」が決定し、「採決」や「窓の外に向かっての演説」はその役割を失う。かれに従うと、民主主義的秩序においては、何も知らないたんなる煽動者が審議し、議決するのにたいして、シュテンデ的秩序にあっては、すべてはそれに関係している者自身の掌中にあった。[31]

ヨハネス・メスナー（一八九一―一九八四）は、同じくシュテンデを基礎としながらも、シュパンを批判しつつ、カトリック自然法論の立場から、一九三六年に著した『職能シュテンデ的秩序（Die Berufsständische Ordnung）』で一九三四年憲法を擁護していく。メスナーは、第二章でみた回勅「レールム・ノヴァールム」が発布された一八九一年に、チロル地方の小都市シュヴァーツに生まれる。かれは神学を学び、北部チロル地方およびインスブルックで助任司祭を務めた後、第一次世界大戦後、インスブルックおよびミュンヘンで法学と経済学を学び、一九二七年に教授資格をえると、一九三〇年よりウィーン大学カトリック神学部で「キリスト教社会倫理学」の教鞭をとっていた[32]。

シュパンの共同主義（Universalismus）は、全体国家的である、とメスナーは批判する。かれによると、個人対国家あるいはシュテンデ対国家の関係は対立的なものではなく、事物の自然、つまりトマス・アクィナス型の自然法によって、本来は調和的であり、どちらか一方が至上権を主張しえるものではなかった。ところがシュパンの理論は、国家の構成においてシュテンデを基礎にしてはいるが、国家もしくは全体が先行していて、シュテンデの自治を十分に認めていなかった、とのべる。

国家と個人は、ともに自身の存在、自己の価値と自己の意味（Eigenzweck）をもつ。両者は、したがって、いかに互いに引き合い、秩序づけられていても、それぞれ独立性（Selbständigkeit）をもつ。個人主義が試みたように、国家は個人の犠牲になってはならない。それ以上に、全体国家が要求するように、個人は国家の犠牲になってはならない。なぜならば、両者は、双方に場所をしめす総体秩序（Gesamtordnung）のなかにあり、どちらか一方がこの総体秩序となることは許されない。

このことによって、国家の全体性の原理は、自由主義の学説における個人の自律（Autonomie）の原理と同じように、間違いであることがわかる[33]。

メスナーは、シュテンデとコーポラティヴという用語を使い分ける。かれは、これらの表現は三通りの意味をもっているとのべる。まず第一に、国家と社会は一致していて、シュテンデは国家が社会を支配するための機関にすぎない、という意味があり、つぎに、逆に社会とシュテンデこそが権利（Recht）の唯一の担い手であり、国家は多様な団体のなかの一つにすぎない、というものである。第三が、国家とシュテンデのそれぞれの固有領域を区別しつつ、両者の関係を双方の共働に求める見方である。メスナーは、前二者にはコーポラティズムという用語を当てはめるが、

三番目のものについては、この用語を避ける。(34)

三番目の意味において、国家はその自然と任務によって主権と権力を与えられ、国家的な共同体は、個人が直接的に集合したものではなく、自然に生長した共同体、家族、隣人的また職業的な共同体の集まりであり、そのなかで総体的秩序が維持される。国家は、自然に与えられた共同体秩序となり、その任務は共同善(Gemeinwohl)の実現となる。共同善こそが、国家の最上位の目的と規範であった。共同善とのかかわりにおいて国家には主権が認められ、他方でシュテンデには自律性が許容され、人々は国家の共同善に自ら参与することが可能となる。

とはいえ、メスナーもまた市民政府論型の論理構成を当然ながら否定しているため、かれのシュテンデ理論は、権威的な要素と自治的な要素が入り混じったものとなっている。諸シュテンデには、それぞれ伝来の固有の権利が認められるが、同時にそれは共同善の観点から総体秩序のなかに組み込まれていなければならなかった。国家意志形成の過程に加わる権利を諸々のシュテンデは有していたが、これらの参与の仕方は、議会制民主主義の方法によってなされるのではもちろんなかった。

国家的な共同性(Gemeinwesen)における責任の共有と決定への参加こそが真の民主主義である。もっとも、公的な権力をシュテンデの権利から導き出すのは、まったく間違っている。個人の契約によって基礎づけられないのと同じように、それは職能シュテンデに帰することもできない。……国家権力は、国家的な全国民の秩序の統一(Ordnungseinheit des staatlichen Gesamtvolkes)に基礎づけられているのであって、シュテンデの自己権力から導かれるのではない。(35)

個人主義・集産主義的な社会を職能シュテンデ的に刷新するのが国家の役割であった。国家は、自然的な社会秩序が前提にする共同善の要請に従って、社会に介入し、変革を導き、新たな社会の基礎をつくりださなければならなかった。メスナーによると、国家は医者の役割を果たすのであった。持続的な国家の介入によって、個人主義・集産主義的な病によって破壊された社会性を回復し、健康な職能シュテンデ的な社会秩序を実現し、その際には、自然的な権利が制限されるのもやむをえなかった。[36] このメスナーが描く社会秩序は、かれが批判するほど、最終的な構成においてシュパンのそれと大きく異なってはいなかった。

メルクルとフェーゲリンによる弁証

ウィーン大学教授で行政法学を担当し、さらに法・国家学部長を務めていたアドルフ・メルクル（一八九〇―一九七〇）は、個人主義と共同主義（Universalismus）の妥協を求める。ウィーン法理論学派の一翼を担うかれは、一九三四年の「国家構成方法としての個人主義と共同主義（Individualismus und Universalismus als staatliche Baugesetze）」と題する論文で、つぎのようにのべる。

あらゆる法・国家秩序は、個人主義的そして共同主義的な特徴の一部を自らのものとしている。したがって、一方のあるいは他方の基本理念の支配の採用は、個人主義もしくは共同主義が、通用している政治的理念と法的制度のきわだった特徴である、という意味のみをもつ。もっともそのさい、互いにイデオロギー上相反する法・国家秩序の構成要素の混合比率は、気まぐれな妥協の様相から政治的個人主義あるいは共同主義の単独支配の様相にいたるほど、多様でありうる。[37]

またメルクルは、国家は個人が奉仕しなければならない唯一の集合（Universum, Kollektivum）ではないことを強調する。ゆえに「人類あるいは超人的もしくは超現世的な権威に、人間的現存在と事柄の最終的な目的と最終的な目標をみるものは、国家的な全体要求（Totalitätsanspruch）を認めることは断じてできない。国家外的な理念にかかわろうとする共同主義は、国家に関連した、一言でいえば政治的共同主義を全く排除する。[38]」

現実の国家においては、個人主義と共同主義の双方の考え方が反映されている。双方の原理を極端なかたちで実現した従来の結果であるところのアナーキズムとボルシェヴィズムを一目見れば、真実は「中庸（Mitte）」にあることが即座にわかり、社会的進歩の途は、個人主義と共同主義の「媒介（Vermittlung）」にあった。メルクルは、法治国家をその具現と考えていた。かれによると「共同主義的機能において個人に、そして個人主義的な機能において国家に、事柄の法を提示し、他律的な制限を引くのが、法律（Rechtgesetzes）の歴史的な任務である。[39]」

この任務の一環として、かれはシュテンデ憲法が公布されると「政治的な評価」を「慎重に回避した」新憲法についてのコメンタール『シュテンデ的・権威的オーストリア憲法（Die ständisch = autoritäre Verfassung Österreichs）』を発表する。ここでメルクルは、この憲法が成立する以前に制度化されていた議会制民主主義に、つぎのような分析を加える。

議会、したがって議会政治と呼ばれる議会的な制度の技術が発明される以前から、すでに長いこと民主主義は存在していた。また最初の議会は、大部分が民主的な国家ではなく、寡頭的な国家の装置であった。したがって、将来においても、民主主義と議会政治は、偶然その歴史的な道を交差させたように、再びまた別々の道を歩むこともありうるのである。[40]

メルクルによると、スイスやアメリカなどの民主的な国家は、議会絶対主義（Parlamentsabsolutismus）を避け、そのことによって民主主義に安定と安全を与えていた。したがって「真に指導的な理念として民主主義を指向する憲法は、少なくとも議会政治にたいする対重を組み込み、いずれにせよ党派支配にたいする制限を設置しなければならない。すなわち、拘束名簿とその他の、党派意志による有権者の意志の歪曲を排除しなければならない。」このため「真の民衆の意志によって支えられたシュテンデ的でしかも権威的な憲法の方が、民衆の意志のなかでの支えを失った民主的な憲法よりも、民主主義の基本理念に、つまり民衆の意志と国家意志の一致の要請に、より良く貢献することができるのである。」

ウィーン大学の私講師であったエリック・フェーゲリン（一九〇一―一九八五）は、一九三六年に出版された『権威的国家（Der autoritäre Staat）』のなかで、シュテンデ体制を決断主義の立場から支えようとする。[41]シュパンとケルゼンの両者のもとで政治学博士の学位を取得するという「離れ業」をやってのけたフェーゲリンは、この政治学の準教授資格論文で、政治的統一体である国民の実存的な決断としての憲法というカール・シュミットの憲法論を援用しながら、師であるケルゼンが起草した一九二〇年憲法に批判を加え、シュテンデ憲法の権威的な側面を可能な限り擁護していく。

オーストリアでは、フェーゲリンによると、西ヨーロッパ型の近代的な国家が現実のものとなることはなく、「政治的な形成物（Gebilde）は、一度も『国家（Staat）』とはならず、そのかわりに前国家的な『帝国（Reich）』の本質的な特徴を最後まで有していた」。西ヨーロッパ諸国の存立基盤（Existenzgrundlagen）と正統化秩序（Legitimierungs-ordnung）を発展させることなく、「帝国」が「国家」の行政組織のなかにまで伸長した結果、つまり、行政組織は有していても、政治的な国民（politisches Volk）をもたず、国家の権力組織がこの国民に由来する権威を欠いた結果、「行政的スタイル（administrativer Stil）」が生じた。このような「帝国」と「国家」の中間を漂う政治的な形成物の憲法学と法学もまた、「行政的」な法現象に重きをおく傾向があり、視野から原初的な立法行為（nomothetische Akte）を遠ざける傾向があった。この「行政的スタイル」の特徴をしめす憲法学が、純粋法学であった(42)。

帝国の存続は、政治状況が宙吊りの非決断的なものであり続けることに依存していた。そのため、オーストリア憲法の変動は、国内政治的な諸力の動きをきっかけとはせず、つねに外からの動因によって生じたのである。こうした政治的な基本特徴は、君主制の崩壊までまったく変わらなかっただけでなく、さらに一九一八年以降のオーストリア共和国の歴史にも影響を及ぼした。オーストリアの憲法制定の諸行為においては、明確な決断によって、権力闘争を終結させ、勝利した権力の考えに従って秩序が形成されるのではなかった(43)。オーストリア憲法は、それぞれが一つの統合的な決断としての憲法条文（Verfassungsakten）からなるのではなく、動揺させられた浮遊状態を再び安定化させるための一連の条文からなっていた。

フェーゲリンは加えて、政治的な民衆としての国民が形成されぬまま、国民主権を掲げる憲法が制定された、と考えていた。かれによると「共和国の創設（Gründung）とともに民主主義的に覆い隠された非民主的な国家運営の時期が始まる」のであった。[44] この兆候は、すでに一九一八年一一月一二日の「ドイツオーストリアの国家・政府の形態に関する法律」(一章一節参照)にみられた。ここでは、民衆(Volk)が創設者(Gründer)として政治的な意識にまったく登場していなかった。つまりオーストリアの民衆は、一九一八年一一月一二日に自身の国家の創設者として前面に決定的に登場しなかったのである。国家の創設者は、外的な圧力のもとで独立せざるをえなかったオーストリア君主国の議会のドイツ系議員の一団によって形成されていた。臨時国民議会は、オーストリアは強いられて団結したのではなく、すべてのものの自由な決意によって一致し、一つの部族の民族であり、一つの言語の民族である、と主張していたが、イニシアティヴと創設者なき創設の状態を解消することはできなかった。そもそも、いかなる国民が臨時国民議会に代表されるのであったのか、不明であった。

国家を民主主義的に創設することができたはずの政治的な民衆、一つのデモスが欠如していた。臨時国民議会の諸政党はオーストリア像について、それぞれが、共和国か君主国、独立国かドナウ連邦の部分国家かドイツライヒの部分国家かを主張し、対立していた。さらに、社会民主党の階級闘争の予告は、あらゆる民主的な国家制度の意義をはじめから奪う深い溝を、住民のあいだに引いた。政党組織は、共和国の歴史において君主国のナショナリティと似た役割を演じ、国家構造の民主的な内容を大いに制限した。

宙吊りの状態は、統一国家としての制度と連邦国家としての制度が、ともに表明されたことによってさらに複雑なものとなった。ウィーンの中央政府は状況によって国家の組織として必要とされたが、創設意志を欠いていたため、創設者としての主体性、権威としての主体性が不十分であり、現実的な力をもつ構成体によって補われる必要があった。帝国解体後の残されたオーストリアの、法的および政治的な現実は、かつての王領地(Kronländer)であった。このため憲法制定の際には、州の現実的な重みが、中央政府の制度の必要性と同様に、際立たせられた。

内外の条件に従って、オーストリアは民主主義的な独立した連邦共和国として設立される。しかしながら民主主義、独立国、連邦制、共和国という四つの基礎は、政治的決断をとおして据えられたものではなかった。[45] 一九二〇年憲法は、妥協、一時的な暫定措置、決断なき行為としての作品であった。

フェーゲリンは、この新国家の創設結果を次のようにみた。一、領土と住民の構成は、事実上、君主国の崩壊と他の国民の脱出から残滓として生じ、法的にはサン・ジェルマンの国家条約によって、生じた。二、引かれた枠組みのなかで、国家の本質は、国家の実存への意志がある政治的民族という意味での国家民族をもたず、しかしながらまた、権威として、国家の創設者として登場することのできる国家指導（Staatsführung）をもたずに、「設置（eingerichtet）」されたのであった（政治的決断によって創設されたのではなく）。三、現実の力は、君主国から自由になった王領地と政党であった。四、政治的な未定性のこの本来的な範囲において、オーストリアは一九二〇年の憲法によって、通俗的な政治理念の意味において民主的な共和国として設置されることができた。この設置は、内政上の実存的な決断（existentielle Entscheidungen innerpolitischer Art）によってもたらされたのではない[46]。

かれによると、右記の結果のゆえに、一九二〇年以降の共和国の歴史は、創設において停止された決断を実現しようとするさまざまな試みによって満たされていた。オーストリア的な国家意識は、まず一九二九年の憲法改正に弱いながらも成果をあげた護国団運動にみられ、ついで、シュテンデ的な基礎の上に権威的なオーストリア国家を設置する運動のなかにようやく表明されるのであった。

一九三四年憲法がもたらした権威国家的な新秩序によってはじめて、オーストリアの国家成立（Staatwerdung）において実存的な歩みがおきた。最上位の国家組織が、政治状況によって正統化されて、オーストリア国家の実存（Existenz）への意志の担い手として決定的に登場した。「オーストリアは一九三三年以来、民主主義的・議会的な憲法を権威的な憲法に変えただけでなく、『行政的』スタイルから『政治的』スタイルへの一歩、『帝国』から『国家』への一歩を踏み出したのである[47]」。

国家が一つの時代に特定の憲法をもつという表現は、決断がなされたときにはじめて意味をもつ。それにたいして、政治的状態の本質が、政治的形成物を維持するために決断が停止されなければならないところにあるとき、憲法は、浮遊している権力の陳列（Angabe）にすぎない。民衆が政治的な意志の担い手として形成されぬまま民主主義的理念が浸透したこの弊害を克服するために、オーストリアでは、権威的な国家構成が課題となった。権威的な国家制度は、オーストリアの政治状況から、国家の存立を保障する唯一のものとなった[48]。

権威の理論において、政府の権力は、組織化されていない民衆の共同体から、行為能力をもつ組織化された一体を作り出すことによって、国民の統一を政治的につくりだす機能によって正統化される。また支配は、国家的理念の実現の仕事に創造的に取り組むがゆえに、権威（auctoritas）をもつ。これらの業績を成し遂げる限りにおいて、権力と支配は国家と法の創始者（Urheberin）となる[49]。

フェーゲリンは、この権威のあり方こそ、オーストリアの権威的憲法の問題にとって特別な意味をもつとして、重視する。それはドルフスが新たな憲法の基礎においた理念であった。フェーゲリンは、先にみたドルフスのトラブレンプラッツ声明とラジオ声明にしめされた権威理念（Autoritätsidee）を次の六点にまとめる。

一、政府は国家の代表者として権威をもつ。二、文字どおりの意味での創始者としての政府の権威的な業績は、共同体の精神的な物質的な利害の多様性を、一つの総体へと形成することである。三、権威的な業績は、政府を国家総体の代表とする。四、権威は、したがって恣意ではなく、独裁でもなく、創始者的代表の意味での秩序だった権力である。五、国家の本質は、政府の手にこれまでよりも鋭く主権的な権力が集中し、他方でシュテンデ的な権威にこれまでよりも自治の空間が残されるように、位階秩序的・権威的（hierarchisch-autoritär）に分節化されていなければならない。六、制度（Institution）の基礎には、可能な限り大きな魂の自由の領域があるべきである。それは、民族の歴史的な共同体から自由に成長するべきであり、全体的（total）に貫徹された世界観であるべきではない[50]。

支配は、オーストリア国家の維持と発展の業績によって正当化される。権威は、国家制度の創始者的業績（urherschaftliche Leistung für die Institution des Staates）に由来する。[51] オーストリアは権威的な憲法をもつにいたったのであるが、それは、国家的な意志形成と全般的な規範の作成において「国民代表（Volksvertretung）」が参与しないことをも意味した。国民議会は、シュテンデからなる協議機関によっておきかえられる。

シュテンデ社会とシュテンデ国家の目的は、まず、社会のシュテンデ的な秩序をとおして、階級闘争によって民衆が引き裂かれるのを防ぐことであり、次に、階級断裂によって機能不全に陥った議会を、シュテンデ代表の参加によって、ふたたびその課題を果たせるような状態にすることであった。ここから、シュテンデ国家的な理念は、政治的な闘いの任務において三つの戦線に対峙する。すなわち、一、階級闘争の発想、二、大衆デモクラシーの危険と代表の独占の危険、三、全体国家の考え方、である。[52]

フェーゲリンは、シュテンデ憲法によって「国民代表をシュテンデ代表に置き換えたことに意味があったのか、という基本的な問いは、まったく肯定的に答えられるべきである」とする。本来「国民（Volk）の地域的な区画への区分けと地域的な選挙区からの代表の選出による国民議会は、近代国家における政治的な自由の基礎である。なぜならば、このように組織された代表によってのみ該当する地域のすべての人間の真の共通の利益が代表されるからである。他方、すべての、パーソナルな区分け、とくに職業利益による区分けは、生産者の利益を公共性（Allgemeinheit）の犠牲のうえに要求する」。しかしながらオーストリアでは、地域代表によって構成された国民議会が、職業的な利益代表者の集まりへと堕していた。民主主義の失敗の原因は、民主主義の本質にあったのではなく、政治的権力が職業的な利益代表（労働者、職員、農民、工業家、商業的中間層等）の合議体（Kollegium）に握られていたところにあった。

したがってかれによると、オーストリアにおける代表機関の改造の主眼は、地域原理に基礎づけられた国民議会を職業的な利益代表に改造することにではなく、国家にとって危険な政治的な力をもつにいたった職業的な利益を、国家行政の監視の下で機能する、新たな代表機関に組み入れるところにあった。オーストリアの議会は、一九二〇年憲法のもとでは、政治的な自由の原理に立つ国民議会ではなく、真の国民議会から最も遠い対立物としての代表合議体のタイプに成り下がっていた。[53]

（1） 一八九一年の回勅『レールム・ノヴァルム』（二章二節参照）から四〇周年を記念して発布された一九三一年のピオ一一世の教皇回勅「クアドラジェジモ・アンノ（Quadragesimo Anno）」（「四〇年後」という意味）も、シュテンデ的な理念へ立ち返ることを唱えていた。それによると、社会秩序の刷新のためには「階級の分裂をまねく紛争を終わらせ、諸種のシュテンデの心からの協力を促し、はげますこと」が必要であった。それゆえ「シュテンデ秩序の再建」がはかられねばならなかった。「対立する階級の代わりに、りっぱに構成された諸機能、人々を、労働市場において占める地位によってではなく、その所属する社会的活動の諸部分によって集合させるシュテンデにたよらなければならない。……同じ職業に従事する人々が、その職業のいかんを問わず、シュテンデを組織するのは、自然に与えられた傾向で」あった。「これらの団体においてもっともたいせつなのは職業の共同の利益であることは、明らかである。とくに、もっともたいせつなことは、職能シュタント活動にいつも社会の共同善をめざせるよう心がけることである」（Pius XI, Rundschreiben über die gesellschaftliche Ordnung《Quadragesimo anno》, Freiburg im Breisgau, 1931, S. 63ff., 岳野慶作訳『ピオ十一世教皇回勅クアドラジェジモ・アンノ』『教会の社会教書』中央出版社、一九九一年、一九二頁以下）。

なおドイツ語の der Stand の複数形 die Stände は、和訳すると諸身分となるが、本書では、ヨーロッパ中世後期の身分国家もしくは身分議会との混同を避けるために、すべて原語を片仮名でシュタントもしくはシュテンデと表記した。あわせて、近代議会制が成立した後、シュテンデを中核に大衆デモクラシーを批判する思想、理論をさす用語としてシュテンディズムという造語を提起した。

（2） Bushoff, H., Das Dollfus-Regime in Österreich/in geistesgeschichtlicher Perspektive unter besonderer Berücksichtigung der "Schöneren Zukunft" und "Reichspost", Berlin, 1968, S. 307ff.

（3） Reichhold, L., Kampf um Österreich, Wien, 1984, S. 70.; Mommsen, H., Theorie und Praxis des österreichischen Ständestaats 1934 bis 1938, in: Leser, N., Das geistige Leben Wiens in der Zwischenkriegszeit, Wien, 1981, S. 184f.

（4） Die Trabrennplatz-Rede, 1933, in: Berchtold, K. (Hrsg.), Österreichische Parteiprogramme 1868-1966, München, 1967, S. 429f.

（5） Ibid., S. 430.

（6） Wandruszka, A., Österreichs politische Struktur, in: Benedikt, H. (Hrsg.), Geschichte der Republik Österreich, München,

1954, S. 346ff. ; Kitchen, M., The coming of Austrian Fascism, London, 1980, p. 175f. ; Staudinger, A., Christlichsoziale Partei, in : Weinzierl, E., Skalnik, K. (Hrsg.), Österreich 1918-1938, Wien, 1983, S. 271ff.

議員クラブ代表者会議では、同会議への閣僚の出席が等閑に付され、党が、ファウゴインの辞任によって政府内で公式に代表されなくなり、あたかも社会民主党とともに消滅しなければならないかのような批判を、護国団からうけていたことに不満が表明されていた。キリスト教社会党は護国団に引けを取るものではなく、今後もドルフス政権の重要な担い手として機能することが可能であり、党が消滅するようなことがあってはならず、政党の解散は、護国団にも適用されるのでなければ容認できなかった。しかしながら同時に、強力で権威的な体制を求め、ドルフス首相を最大限、支えていかなければならないとも主張していた(Vorstand am 22. Juni 1933, in : Goldinger, W. (Hrsg.), Protokolle des Klubvorstande der Christlichsozialen Partei 1932-1934, Wien, 1980, S. 264. ; Vorstand am 3. Oktober 1933, in : ibid., S. 273. ; Vorstand am 12. Januar 1934, in : ibid., S. 331ff.)。

(7) Wiener Zeitung, 12. Februar 1934, S. 1. ; Sonderasugabe.

(8) Ibid., 13. Februar 1934, S. 1. ; Sonderausgabe.

(9) 一九三四年の内乱とその結末については以下を参照。Deutsch, J., Der Bürgerkrieg in Österreich, Karlsbad, 1934, S. 30ff. ; Duczynska, I., Workers in arms, New York and London, 1978, p. 140ff. ; Kitchen, M., ibid., p. 202ff. ; Hammerstein, H. v., Im Anfang war der Mord, Wien, 1981, S. 99ff. ; Kreissler, F., Februar 1934 in Wien und Paris im Lichte der Pariser Öffentlich-keti, in : Ackerl, I., Hummelberger, W., Mommsen, H. (Hrsg.), Politik und Gesellschaft im alten und neuen Österreich Band 2, München, 1981, S. 113ff. ; Neck, R., Sozialdemokratie, in : Weinzierl, E., Skalnik, K. (Hrsg.), ibid., S. 239ff. ; Rabinbach, A., The Crisis of Austrian Socialism, Chicago, 1983, p. 181ff. ; Fröschl, E., Zoitl, H. (Hrsg.), Februar 1934, Wien, 1984 ; Butterwegge, C., Austromarxismus und Staat, Marburg, 1991, S. 449ff.

(10) Schumpeter, J. A., Sozialistische Möglichkeit von heute, in : Archiv für Sozialwissenschaft und Sozialpolitik, Bd. 48, Tübingen, 1920/21, S. 353ff., 大野忠男訳『今日における社会主義の可能性』創文社、一九七七年、一六七頁以下。

(11) Schumpeter, J. A., Der Sozialismus in England und bei uns, in : Der Österreichische Volkswirt 17, 1924, S. 328ff., 前掲訳書、一九一頁以下。

ドグマに固執しつつも党は、実際の行動ではドグマの実現を最後まで躊躇していた。リンツ綱領では「ブルジョワジーの反革命が民主主義を破壊するのに成功する場合には、労働者階級が国家権力を獲得しうる方法として残るのは、内乱の一途あるのみである」としながらも(三章二節参照)、党は、一九三三年三月から翌二月まで、議会政治をなんとかして復活させようとしていた。政府与党が、議会政治のルールの解体に成功しながら、祖国戦線を創設し、シュテンデ体制樹立へ向けて進みつつあったにもかかわらず、バウアーは、政府与党の民主的な勢力との対話を模索し、労働者にたいして自制を強く呼びかけていた。かれは、プロレタリア独裁をめざした労働者の武装蜂起は国内外の条件から一九一八年以上に成功の見込みが薄いので、避けなければならないといさめた（Bauer, O., Um die Demokratie, in: Der Kampf Jg. 26 (1933), S. 269ff.）。また、ドルフス政府がとりつつあったナチズム運動にたいする抑圧政策を支持するべきかどうかという問題については、議会によってコントロールされない政府が言論や結社の自由の制限によってナチズムを抑圧することは認められないとした。バウアーは、政府の独裁的手法を支持するよりも、言論や結社の自由といった民主的な手法に依拠した方が、ナチズムを防ぐのに有効であるとの見通しをしめしていた（Bauer, O., ibid., S. 273ff.）。

(12) Neck, R., Sozialdemokratie, ibid., S. 241f.; 矢田俊隆「一九三四年の内乱とオーストリア社会民主党」『オーストリア現代史の教訓』刀水書房、一九九五年。

矢田氏は、議会閉鎖以降、社会民主党には三つの可能な路線があった、と指摘している。第一が党内の小グループによる直接行動路線であり、第二が、党指導部の直接行動を否定はしないが実際の行動には慎重な路線であり、第三が、暴力放棄路線である。ここで社会民主党は第二の路線、つまり従来と同様に政府政策に激しく抵抗する姿勢をみせ脅しをかけつつも、実際の直接行動には慎重な姿勢をとり、最後には交渉し妥協するという国民議会での路線を議会閉鎖後も継続した。結果的には、この路線がドルフスの共和国憲法にたいする攻撃を前に社会民主党を後退させ、一九三四年二月、あらゆる可能性がつきたあとに共和国防衛同盟の絶望的な蜂起をもたらしたのであった（矢田、前掲書、九九頁以下、一〇八頁以下）。ただ第一と第三の路線にしても、議会がすでに閉鎖されてしまった状況では、どこまで共和国憲法を守ることができたかは疑問である。第一の路線は、自らも共和国憲法を放棄する路線であり、第三の路線は、ドルフスが共和国憲法の廃止とシュテンデ体制の樹立を決意した段階では、ドルフスの方針を追認することにしかならなかったであろう。

また矢田氏は、一九三三年三月の議会閉鎖から一九三四年二月の非合法化までの社会民主党への弾圧過程を大きく規定したのはドルフス首相のムッソリーニとヒトラーとの関係であった、と外的な要因を重視している（矢田、前掲書、一〇五頁以下）。こうした外的な要因を重視する研究にたいしては内政を重視する研究があり、それらは、ドルフスは外交関係に関わりなく社会民主党を弾圧する方針を固めており、その準備を進めた結果、一九三四年二月に一挙に非合法化に追いやったのであり、外交上の要因はたしかに弾圧過程をいくぶん遅らせたり促進したりしたかもしれぬが決定的な要因ではなかったとしている（Botz, G., Krisenzonen einer Demokratie, Frankfurt, 1987, S. 203, Tálos, E., Manoschek, W., Zum Konstituierungsprozeß des Austrofaschismus, in: Tálos, E., Neugebauer, W. (Hrsg.), Austrofaschismus, Wien, 1988 (4. erweiterte Auflage), S. 46. 田中浩・村松恵二訳「オーストリア・ファシズムの形成過程について」『オーストリア・ファシズム』未来社、一九九六年、八三頁）。

(13) Wiener Zeitung, 1. Mai 1934, S. 1. 新憲法は、行政命令と残余議会の召集を経て、政府により発布される。

(14) Dollfuß Radiorede anläslich der Einführung der neuen Verfassung in Österreich, 1934, in: Berchtold, K. (Hrsg.), ibid., S. 433ff.

政府で新憲法の制定を担当したエンダー元首相も新憲法の意義をつぎのように説明していた。「この憲法は、過去数年間の民主主義の弊害にたいする自然な反作用である。それは質疑権と緊急動議、また議員の不逮捕特権の誤用にたいする自然な反作用である。それは一言でいえば時代精神から発生した。シュテンデ的な形成物には大きな任務が与えられる。そのなかでは最も高貴な民主主義が真実の自治のなかで展開することができる。」(Ender, O., Die neue österreichische Verfassung, Wien, 1934, S. 31) この説明にしたがうと「デマゴギーと議事妨害にたいしてさえも有効に対処することのできなかった、わたしたちの議会の議事規則とむすびついた比例代表制は、国民議会から必要な成果を奪い、政府が、適時に法的な方法によって、国家の福祉と民衆の福祉が緊急に必要とした措置を遂行することを妨げた。こうして、わたしたちのところでは議会と、それが依拠していた政党制は、ひどい悪評をこうむった」(Ibid., S. 4)。ここから、議会政治の原理でもある公開性、さらに議会が政府を制御する具体的な制度としての質疑権、緊急動議権のみならず法律発案権までもが否定される。エンダーはのべる。「法案への事柄に即した価値ある審査をおこなうには、いまや公開性は必要とされない。過去の経験は、公開性は審査する者が法案をデマゴギーと人気取り (Popularitätshascherei) の領域に誘導することを、むしろ教えた。この危険を、わたしたちは防ぎたかったのである。」「立法会議に質疑権、緊急動議の権限と法律発案権が容認されるべきか、という問題が提起された。憲法はこれらすべてを、脇においた。なぜか？ 憲法の起草者は、まさしくこれらの領域において、旧い議会では、議会から成果が失われ、民衆のあいだでその信望が破壊されるほど、重大な過ちが犯された」と信じていたからである (Ibid., S. 11)。

もっとも政府は、シュテンデの自然性と議会政治の悪弊を繰り返し宣伝していたが、実際にはシュテンデの具体化において大きな困難に直面していた。シュテンデ憲法の起章にあたっては、政府内でも「必要とされる基礎をもたないまま、シュテンデ議会を誕生させる試みをおこなうと、大きな困難に直面する」ことが指摘されていた (MRP 911/Beilage H)。結局、シュテンデはもはや自然に存在するものではなく、政府が作為的につくりださなければならないものであった。社会の実態に適ったものとしてのシュテンデ憲法であったはずが、憲法にみあうように社会が改革されなければならなかったのである。シュテンデ憲法の起草段階でエンダー自身、閣僚会議に、シュテンデをいかに構成し、その自治について多くをいうことは不可能であった、と報告していた。シュテンデはまずつくられなければならず、詳細は後の立法にまかされなければならなかった (MPR 919/Beilage A)。ここで政府が、シュテンデを構成していく際に、足場としようとしたのが、各種会議所 (Kammern) であった。オーストリア第一共和国では、農業会議所、商業会議所、労働者会議所といった会議所が、公的な性格をもった経済的利益代表機関として制度化されていた（Bruckmüller, E., Sozialgeschichte Österreichs, Wien, 1985, S. 412f.）。

（15） 連邦政府と連邦大統領は、国民の一般的な権利を制限することのできる、以下のような緊急権をえた。

「一九三四年憲法第一四七条」（〔 〕内引用者）

1 公共の安全と秩序、国民の重要な経済的利害や連邦の財政的利害の保護、特に連邦財政の保障のために、憲法上、連邦会議の決議を必要とする緊急な措置が必要になった場合、連邦会議の即座の召集が不可能な場合には、連邦政府はその責任の下でこれらの措置を暫定的な法律の変更をともなう命令によってとることができる。……

2 前項にしめされた緊急権は憲法の変更をもたらすものであってはならない。

3 これらの命令は、連邦会議によって否決された法案に効力をもたせるために、使われてはならない。ただし、連邦大統領が連邦文化議会と連邦経済議会を解散した場合は別である。

4 すべての連邦政府の緊急権に従って発動された命令は、連邦政府の緊急命令として明示されなければならない。

5 すべての連邦政府の緊急命令は連邦政府によって、遅滞なく、連邦会議に報告されなければならない。命令は、連邦会議において、半数以上の出席と三分の二以上の票が、その撤回を求めた場合には、連邦政府によって即座に無効にされなければならない。この場合には、内容が同様の命令は、今後、発令されてはならない。命令が上記の規定に従って無効にされた場合には、当該命令によって無効にされていた法律の規定は、当該命令が無効になったその日から再びその効力を発生する。

6 1項によって発令された命令は、遅くとも三年後にはその効力を失う。ただしそれは、発令のための法的な前提が与えられた場合には、新たに発令されうる。

7 いかなる条件のもとで〔国家公民の一般的な権利〕を、……制限することができるかは連邦法が定める。またいかなる条件のもとで〔国家公民の一般的な権利を制限する〕警察の命令が……法律の変更をともなう内容をもちうるかも連邦法が定める。

「一九三四年憲法第一四八条」（〔 〕内引用者）

1 国家あるいはその構成部分に危険が迫った場合に、この危険を回避するために、第一四七条1項にしめされた措置が必要になった場合、連邦会議の即座の召集が不可能であり、なおかつ、連邦政府の緊急権による措置もとれないときには、連邦大統領は、連邦政府の提案の下で、両者〔連邦大統領と連邦政府〕の責任のもとで、これらの措置を暫定的な法律の変更をともなう命令によってとることができる。連邦大統領の緊急命令には連邦政府の副署が必要である。この命令にも第一四七条3項が適用される。

2　前項にしめされた緊急権は個々の憲法の変更をもたらすことができる、しかしながら憲法全体の変更をもたらしてはならない。……

3　すべての連邦大統領の緊急権に従って発動された命令は、連邦大統領の緊急命令として明示されなければならない。

4　第一四七条5、6項は連邦大統領の緊急権によって発令された命令にもあてはまる。

5　連邦大統領は連邦政府の提案と副署のもとで、かれとその責任のもとで、命令によって、連邦立法の予備協議機関、州議会、市議会、その他の自治団体の代表（Vertretungen）を新たに構成できる。また、新たな構成作業が経済生活を脅かす安寧と秩序の混乱をもたらす危険がある場合には、これらの機関の任期を延長できる。……

6　連邦会議が、連邦政府の法案にたいして、連邦政府がしめした期日以内に決議をおこなわない場合には、連邦大統領は連邦政府の提案と副署のもとで、かれとその責任に従って、命令によって、法案に含まれている規定を実現できる。……この場合には、第一四七条5、6項は適用されない。

7　州に、州財政の秩序維持のための前提が失われ、州議会がそれにたいして有効な措置をとらなかった場合には、連邦大統領は連邦政府の提案と副署の下で、州議会に代わって、緊急命令によって、州財政の秩序再建のための措置をとることができる。これらの措置は、州行政の人件費、物品費の抑制、歳出に及ぶことができる。州議会はこうした命令を、連邦政府の賛成なくしては、一年以内に廃止することができない。連邦政府は、こうした命令の遵守を特別に任命された者によって監視することができる。

(16) Mommsen, H., ibid., S. 185f.; Putschek, W., Ständische Verfassung und autoritäre Verfassungspraxis in Österreich 1933-1938 mit Dokumentenanhang, Frankfurt am Main, 1993, S. 196.; Wohnout, H., Regierungsdiktatur oder Ständeparlament?/ Gesetzgebung im autoritären Österreich, Wien, 1993, S. 200ff.

(17) Borkenau, F., Austria and After, London, 1938, p. 262f.; Hanisch, E., Der Politische Katholizismus als ideologischer Träger des Austrofaschismus, in: Tálos, E., Neugebauer, W. (Hrsg.), ibid., S. 53f.

シュテンデ憲法は国家公民の一般的な権利を定める第二章でカトリック教会に憲法上特別な地位を与え、優遇していた。カトリック教会やその他の法的に認可された宗教団体は公法上の地位を有し（第二九条）、すべての認可された教会および宗教団体は、信者に学校で宗教教育をおこない、それを監督する権利を有していた。さらに児童が宗教的・道徳的に教育されるよう、国家も監視するのであった（第三一条）。またドルフスはバチカンとの政教条約について「オーストリア国民とキリスト的な信仰との内的結合は、……〔ローマ教皇庁と〕政教条約が署名されたことに最も強く表われている。新生オーストリアにおける政府の最初の仕事は、……教皇との〔政教〕条約の厳かな裁可であった」と、ラジオ声明で説明し、新憲法の第三〇条では、教皇庁との政教条約が憲法として効力をもつことが定められていた。

「一九三四年憲法第三〇条」

1　法律上承認せられた教会および宗教団体に関わる事項の内、国家的な関心にも関わるものは、特別に規定される。

2　この際には、個々の教会および宗教団体は、その性格や国家における一般的な意義に従って、第二九条以外の権利を認められる。

3　カトリック教会については、この規定は原則的に、教皇庁との合意によってなされる。

4　一九三三年六月五日に教皇庁とオーストリア共和国とのあいだで調印された政教条約……は、公布とともに、憲法として効力をもつ。

5　〔略〕

こうした側面からバウアーは、オーストリアのシュテンデ体制をカトリックの教権主義と貴族的な大地主とが結びついたものと分析する（Bauer, O., Zwischen zwei Weltkriegen? Die Krise der Weltwirtschaft, der Demokratie und des Sozialismus, 1936, in: Otto Bauer Werkausgabe Band 4, Wien, 1976, S. 156f., 酒井晨史訳『二つの大戦のはざまで』早稲田大学出版部、一九九二年、一一五頁以下）。またガリックは、シュテンデ体制を教権ファシズム（clerical fascism）と性格規定する。ただ教会と体制との関係はつねに良好なものではなかったことも指摘されている。ジロットは、シュテンデ体制が独裁的傾向を強めていくなかで、教会の領域にも干渉しはじめた政府に、教会は抵抗感を抱いていたことを、各種カトリック団体の分析をとおして述べる（Gulick, C., Austria from Habsburg to Hitler, Berkeley, 1948, p. 1436ff.; Gellot, L. S., The Catholic Church and the Authoritarian Regime in Austria 1933-1938, New York, 1987）。

(18)　カール・シュミットの図式によれば、ナチズム国家とは「国家・運動・民族」の三分肢が結合した政治的統一体である（Schmitt, C., Staat, Bewegung, Volk-Die Dreigliederung der politischen Einheit, 1935, S. 11, 初宿正典訳「国家・運動・民族——政治的統一体を構成する三要素」服部平治・宮本盛太郎・岡田泉・初宿正典訳『ナチスとシュミット』木鐸社、一九七六年、一一九頁）。もしもこの図式を応用してドルフスのシュテンデ国家をとらえると、それは「国家・運動・職能シュテンデ」の三分肢を政治的統一体に統合しようとした試みとしてみることができよう。すなわち、官僚組織としての国家、祖国戦線という運動、そして諸々のシュテンデを一つの政治的統一体に統合しようとした試みである。さらにこの統合はカトリック的な精神の下でおこなわれなければならなかった。

(19)　Johnston, W. M., The Austrian Mind. An Intellectual and Social History 1848-1938, Berkeley, 1972, p. 311, 井上修一・岩切正介・林部圭一訳『ウィーン精神』みすず書房、一九八六年、五二九頁。Kampits, P., Zwischen Schein und Wirklichkeit,

Wien, 1984, S. 179f., 針生清人監訳『仮象と現実のはざまで』富士書店、一九八八年、二一三頁。この他にシュパンについては、Haag, J., Othmar Spann and the Quest for a "True State", in : Austrian History Yearbook, Vol. 12-13 (1976-1977), p. 227ff. ; 阿部源一『シュパンの社会経済学説体系』立命館出版部、一九三六年、忽那敬三「社会哲学としての普遍主義的全体性論」『千葉大学教養部研究報告A』二〇号、一九八七年を参照。

(20) Spann, O., Der Wahre Staat, Leipzig, 1931 (3. Auflage), S. 151f., 阿部源一・三澤弘次訳『真正国家論』章華社、一九三四年、二五三頁以下。

なお Universalismus の日本語への翻訳であるが、通常、普遍主義あるいは全体主義と訳されているが、本書では、この用語がもつ中世型の共同社会のイメージを重視し、ドイツ・ナチズム型の全体主義との違いを明確にするために共同主義と訳出した。

(21) Spann, O., ibid., S. 152, 前掲訳書、二五四頁。

かれによれば、人間の共同生活の核心は精神的共同体すなわち人と人の相関性の結果たる「組み合わせ (Gezweiung)」にある。それゆえ、人間の精神的・道徳的な成長は相互の鼓舞、激励、相互の交換的発展によってもたらされる。したがって、人間は一般に共同体のうちにおいて、共同体によって、始めて独立的・自足的となる。組み合わせのうちにあって始めて、人間は個性および道徳的本質性を展開させるのである。共同主義では精神的全体としての社会の概念から出発し、個人はこの精神的全体の精神的分肢であり、社会は分肢たる個人よりも優越している。全体は部分に先んじているのである。社会の構成原則は、個人が全体の分肢とならなければならぬという意味での「正義」となる。各々の構成部分は熟練と指導を必要としており、それぞれが組織化されることによって「シュテンデ」が生まれるのである (Spann, O., Kämpfende Wissenschaft, 1934, S. 86ff., 秋澤修二訳『全体主義の原理』白揚社、一九三八年、一一頁以下)。

(22) Spann, O., Der Wahre Staat, ibid., S. 187ff.,『真正国家論』三一三頁以下。

シュパンは、各シュテンデをつぎのように分類する。「精神的基礎すなわち価値等級によるシュテンデの分類」として、賢人もしくは高級な学者、国家指導者、経済指導者、上級労働者（美術業者と表現的精神労働者）、下級労働者。「機能によるシュテンデの分類」として、シュテンデ国家、教会、教育者あるいは学者、総合経済シュテンデ。総合経済シュテンデは、経済的手段に従って、農業および鉱業（原料鉱業）、工業（加工および製造工業）、商業（貨幣商業、すなわち銀行、取引所および金融）あるいは流通といったシュテンデにさらに分類され、それぞれの内部で独立的な労働者と従属的な労働者にわけられ、指導者、上級、下級へと階層化される (Spann, O., ibid., S. 175f., S. 177f., S. 183, 前掲訳書、二九三、二九七、三〇六頁)。

(23) Spann, O., ibid., S. 166f., 前掲訳書、二七八頁。

(24) Spann, O., ibid., S. 184, 前掲訳書、三〇九頁。

(25) Spann, O., ibid., S. 225f., 前掲訳書、三七一頁。

(26) Spann, O., ibid., S. 227f., S. 185, 前掲訳書、三七三、三一〇頁以下。

(27) Spann, O., ibid., S. 226, 前掲訳書、三七二頁。

(28) Spann, O., ibid., S. 226, 前掲訳書、三七三頁。

道徳的全体、教育機関、文化施設として位置づけられる国家の任務は、大衆の代理者すなわち政党ではなくて、むしろ国家を背負って立つ、またそのための本当の教育を受けた人々が身分として司ることになる（Spann, O., Kämpfende Wissenschaft, ibid., 87ff.,『全体主義の原理』一二頁以下）。

(29) Spann, O., Der Wahre Staat, ibid., S. 242f.,『真正国家論』三九七以下頁。

(30) Spann, O., ibid., S. 226, S. 235, 前掲訳書、三七二、三八五頁。

(31) Spann, O., ibid., S. 224f., 前掲訳書、三七〇頁。

(32) 山田秀「自然法と共同善・メスナー自然法論の一側面」『法哲学年報』一九九六年、一三七頁。この他に、山田秀「メスナー自然法論の思想的境位」『南山法学』一六巻三・四号、一九九三年。

共同主義的な社会理論とキリスト教社会党との直接的な関係については、シュパンよりも道徳哲学者およびカトリック社会論者メスナーの方が深かったとされている。メスナーは、ドルフスによって体制化されるシュテンデ国家の公式イデオローグとして位置づけられ、フォーゲルサングと教皇回勅の系譜に立つカトリックの社会政策派としてキリスト教社会党の主流にあった（村松恵二「O・シュパンの政治思想」弘前大学教養部『文化紀要』一五号、一九八一年、村松恵二「戦間期オーストリアにおけるカトリック政治思想」宮田光雄編『ヴァイマル共和国の政治思想』創文社、一九八八年）。

(33) Messner, J., Die Berufsständische Ordnung, Innsbruck, 1936, S. 62f.

(34) Messner, J., ibid., S. 87.

(35) Messner, J., ibid., S. 74.

(36) Messner, J., ibid., S. 87ff.

(37) Merkl, A., Individualismus und Universalismus als staatliche Baugesetze, in : Die wiener rechtstheoretische Schule, Wien, 1968, S. 419.

(38) Merkl, A., ibid., S. 421.

(39) Merkl, A., ibid., S. 445.

(40) Merkl, A., Die ständisch=autoritäre Verfassung Österreichs, Wien, 1935, S. 4ff.

(41) フェーゲリンの一九七三年までの生涯については、Voegelin, E., Autobiographical Reflections, 1989, 山口晃訳『自伝的省察』而立書房、一九九六年を参照。この他にフェーゲリンについては、Germino, D., Beyond Ideology/The Revival of Political Theory, New York, 1967, p. 161ff., 奈良和重訳『甦る政治理論』未来社、一九七一年、二四三頁以下、Crespigny, A., Minogue, K.(ed.), Contemporary Political Philosophers, London, 1976, p. 100ff. 内山秀夫他訳『現代の政治哲学者』南窓社、一九七七年、一三一頁以下、Coser, L. A., Refugee Scholars in America, London, 1984, p. 214ff., 荒川幾男訳『亡命知識人とアメリカ』岩波書店、一九八八年、二三七頁以下。寺島俊穂「エリック・フェーゲリンの政治哲学（一）・（二）」『法学研究』六一巻一〇号・一一号、一九八八年、寺島俊穂「現代政治理論と開かれた精神（1）・（2）」『人間科学論集』二一号・二二号、一九八九年・一九九〇年。

(42) Voegelin, E., Der autoritäre Staat, Wien, 1997, S. 4f.

(43) Voegelin, E., ibid., S. 83ff.

フェーゲリンは一八四八年以来のオーストリアの憲法問題を、つぎのように特徴づける。

一、アンシャンレジームのシステムのなかに、政治的な作用者（Agens）として、国民理念（Nationalidee）が入り込んでくる。……〔それによって〕二、君主は、国家の立憲的な支配者（konstitutioneller Herrscher）の役割を迫られ、三、旧い帝国の諸民族は、帝国から発展しつつある立憲的な国家の政治的な国家民族（Staatsvolk）の構成部分の役割を迫られる。四、同時に、国民原理の作用のもとで多数の政治的国民へと変わる諸民族の多数によって、国家民族、オーストリア国家のオーストリア国民の形成は不可能となる。五、君主は、立憲的な支配者の機能を明確に果たすことができない。なぜならば、発展しつつあるそれぞれの政治的国民は、立憲的な国家制度を迂回することによって、かれと直接的な関係に立とうとするからである。したがって、かれの中世的な王朝と多民族支配者としての機能が、国民原理によって尖鋭化する。六、政治的な全形成物は、「帝国」（支配者と諸民族）と「国家」（政治的民族）とのあいだの、本来的な浮遊状態にありつづける。七、あらゆる自由主義的立憲的な方向への決断の強化は、同時に国民国家的な運動を強化し、帝国を解体によって脅かす。したがって、あらゆるこれらの〔自由主義的立憲的な〕試みの後には、多かれ少なかれ、中央国家権力の権威的強化によって差し迫った解体に対処しようとする、明らかに後退的な運動がつづいた。

(44) Voegelin, E., ibid., S. 89ff.

(45) Voegelin, E., ibid., S. 95ff.

(46) Voegelin, E., ibid., S. 100ff.

(47) Voegelin, E., ibid., S. 6.

(48) Voegelin, E., ibid., S. 86f.
(49) Voegelin, E., ibid., S. 48ff.
(50) Voegelin, E., ibid., S. 50f.
(51) Voegelin, E., ibid., S. 182.

このようにフェーゲリンは、権威の源泉を創設者的業績に求めるのであるが、これは後のアーレントの権威論を想起させる。アーレントはフェーゲリンと同様に全体主義と権威主義の混同を批判し、ヨーロッパ政治における権威という考え方の起源を古代ローマの創設（foundation）にみる。彼女によると「ローマの政治の中心には、ひとたび何かが創設されるとそれは以後すべての世代を拘束するという意味で、創設の神聖さに対する確信が揺らぐことなく貫かれていた。……新たな政体を創設することは、……ローマ人にとっては自分たちの歴史全体の中心をなす決定的で繰り返すことのできない始まり、一回かぎりの出来事を意味した」（Arendt, H., Between Past and Future, Penguin Books, 1993, p. 120f., 引田隆也・齋藤純一訳『過去と未来の間』みすず書房、一九九四年、一六四頁）。創設の出来事が範例とされ、現実の行動の権威的モデル、道徳的・政治的基準そのものとみなされた。ここで「宗教・権威・伝統のローマ的三位一体」が成立する。「ローマにおいて宗教は文字どおり re-ligare（元に-結びつける）を意味した。つまり、基盤を産み出し、土台を据え、未来永劫にわたる創設を行なうという、およそ超人間的なそれゆえつねに伝説的な過去の厖大な努力に結びつけられ、義務を負うことを意味した。宗教的であるとは、過去に結びつけられていることであった。……創設それ自体がもつ拘束力は宗教的なものであった」。権威という言葉と概念が最初に現われたのはこうした文脈においてであった。「権威（auctoritas）という言葉は、増加させる（augere）という動詞に由来する。権威あるいは権威ある者が絶えず増加させたのは、創設にほかならない。……権威は、きたるべきことすべてに対して礎を築いた者たる父祖からの相続と伝承（伝統）に拠るもの……であった」（Arendt, H., ibid., p. 121f., 前掲訳書、一六五頁以下）。アーレントによると、ことさら権威を復活させようとする保守主義は、逆に、いかにヨーロッパ近代において権威が失われてしまっているのかを明らかにしていた。「自由主義は自由がどれほど退潮したか、保守主義は権威がどれほど退潮したかの目安を与える。両者とも、この退潮の過程から予想される最終的結果を全体主義と呼び、いずれかの過程が存在する場合には全体主義的傾向があると考える。……保守主義者と自由主義者の対立する主張を公平な眼で見るならば、両者の言い分とも等しく真実であり、現代世界においてわれわれが直面しているのは実際には自由と権威双方の同時的退潮であるのがすぐさま理解できよう」（Arendt, H., ibid., p. 100, 前掲訳書、一三五頁）。

(52) Voegelin, E., ibid., S. 204, S. 224.

シュテンデ理論は、すべてこの全体国家（totaler Staat）にたいする批判を含んでいる。全体国家を理論的に提起したのは、カール・シュミットである。国家が社会の自己組織（Selbstorganisation der Gesellschaft）になるやいなや、国家と社会のあいだの区別は消失し、国家は社会のあらゆる領域に浸透するようになる。この状態をシュミットは、かれの『憲法の番人』のなかで全体国家と定位したのである。国家は、一七、一八世紀の絶対国家（absoluter Staat）から、自由主義的な一九世紀の中立国家（neutraler Staat）を経て、国家と社会が一致する全体国家へと転じていった（Schmitt, C., Der Hüter der Verfassung, Tübingen, 1931, S. 78f.）。シュテンデ理論は、原子論的な社会の解体と全体国家型の中央集権をシュテンデ自治と権威の調和によって解決しようとした。それは原子論的な近代民主主義は、すべてに国家が介入し、国家の全能化をもたらす全体国家へいきつくものである、と警告し、さらに近代民主主義の制度的な核としての議会政治を批判する。全体国家型の強制的均質化（Gleichschaltung）の危険をまえに、シュテンデの自律性と多様性を回復することによって、中世的な多元性を再生しなければならなかった。

(53) Voegelin, E., ibid., S. 249ff.

このようにフェーゲリンはオーストリアのシュテンデ代表制を弁証するのであるが、むしろそのことによって、職業利益の対立の克服を、職業的な選挙区から選出された諸シュテンデの議会によってはかろう、というこの体制の矛盾を、逆に顕にしているといえる。シュテンデ代表制は、従来の議会の多数決を外見上の偶然として否定し、国民意志の形成を、シュテンデ的に分類された国民の各分肢の意志の一致によってはかろうとする。しかしながら、シュテンデ代表制には次のような困難がある、とケルゼンは指摘する。それはまず、実際に国民を職能シュテンデに分類しようとするときに技術的な困難に直面する。シュテンデ的利益と他の利益、例えば宗教的、倫理的、美的な利益との競合によって、シュテンデとしての利益のみで人々を分類することは不可能である。たとえ、そのように人々を分類したとしても、工業化が進む限り、今度は、シュテンデ的組織内におけるさらに分化しようとする傾向が現われる。そのうえ、シュテンデ間の利害は当然相互に衝突する可能性があり、なによりもその相反する利害を統合する、独自の統合原理（Integrationsprinzip）を欠いている。こうした困難から、純粋にシュテンデ的に代表を構成することは不可能になる（Kelsen, H., Vom Wesen und Wert der Demokratie, Tübingen, 1929, S. 47ff., 西島芳二訳『デモクラシーの本質と価値』岩波文庫、一九六六年、七六頁以下）。また、国民議会に代えてシュテンデ議会を形成する場合も、結局、それは、シュテンデ議会という形ではあるにせよ、なんらかの「代表制度」というものを用いざるをえない。ただその選出の際の選挙区の構成が地域別ではなく、職業別に構成されるにすぎず、このシュテンデ議会における意見と利害を統合する議決方法も最終的には「多数決」になる（Kelsen, H., ibid., S. 50, 前掲訳書、七九頁）。

結び　第三帝国ガウ＝オストマルク

個人主義的・自由主義的な政治理論にあっては、「個人」を起点として、「個人」と「国家」とのあいだの緊張が「機械論的」に解決された。他方シュテンディズムは、「国家」対「個人」の緊張の「有機体論的」な調和をはかろうとする。この有機的思考方法は社会契約論への批判として始まり、個人間の契約という考え方を否定し、共同体としての社会こそ自然であるとする理論である。この社会には歴史あるいは伝統とくに中世思想の重みがかかっていて、伝統尊重こそが自由なのである。そこでは社会は個人をつつみこむ有機体とみなされる。

個人が成立する近代以降の政治理論は、個人と国家の対立あるいは結合としてえがきだされる。それらはたえず分裂し、両者のあいだには根深い対立があった。個人と国家の対立をどのように解決するのか、その統合をどのようにおこなうか、が政治理論の課題となっていた。さらに社会内部の階級分裂が進むと、この分裂への対応も迫られる。有機体論の系譜では、共同体秩序の復活による階級分裂の解消となる。他方、社会契約論の系譜では、市民社会の下降拡大としての社会主義となる。シュテンディズムの主要な関心も、この階級対立を克服することにあった。

シュテンディズムは、社会のあるべき姿を中世の共同体においたまま、工業化の現実の課題に対応しようとしたものであったといえよう。その理論の根底にはカトリック教学があり、神の摂理と永遠の法に基づく共同体秩序こそ望ましかった。(1) 神によって創造された世界においては、共同体秩序が最高位にあり、すべての被造物は共同体との関連によって意味をうるのであった。

シュテンディズムは、なかでもシュパンの理論は、個人主義を全体主義の犠牲にし、時代状況のなかで全体主義的な社会モデルを提供したとされているが、[2] これにたいしては留保をつける必要がある。すなわち、かれのいわゆる「全体主義」は「共同主義（Universalismus）」であって、決して二〇世紀の「全体的支配（totale Herrschaft）」ではなかったということである。かれが二〇世紀の全体政治運動に理論モデルを提供していたとしても、このことは、その運動の初期の段階におけるかれの理論の誤読、もしくは運動が初期の段階においてあらゆる反議会政治を掲げる理論を吸収していった過程にのみ当てはまることである。

現にナチズムは、シュパンの理論をカトリック的であり、ナチズムたりえないとして否定する。[3] 政権を掌握した当初こそ、ナチズムはシュテンデ研究所（Institut für Ständewesen）を設立し、シュパンをオーストリアから招聘し、かれの理論に興味をしめす。しかしながら、一九三四年には早くも、ドイツ労働戦線（deutsche Arbeiterfront）によって、シュパンのカトリック的な理論はナチズムの世界観に適さないとして批判され、シュパンは「犯罪者」の烙印をおされ、追放されてしまう。[4]

ひたすら過去の社会秩序にのみ目を向けたシュテンディズムが理想としたのは、およそ二〇世紀の全体政治とはまったく異質な中世型の共同社会であった。一九三〇年代のオーストリアにおけるシュテンデ国家は、こうした中世共同体の政治イメージを再生することによって、近代議会制を否定する体制を実現する試みであった。政党は利益団体化し、議会は利害が対立するだけで何の解決ももたらさない場として映っていた。政党と議会を排するシュテンディズムによって、階級間の対立を克服し、国内の対立を解消することが期待された。

このオーストリアのシュテンディズムの性格を明らかにするためには、それがドイツ・ナチズムとイタリア・ファシズムの狭間で成立したことから、この両者の性格をも簡単に整理しておく必要がある。これらはいちじるしく混同され、すべてファシズムとして一括りに理解されもしたが、厳密にみた場合には区別されなければならない。[5]

シュテンディズムとナチズム、ファシズム

ナチズムは、ドイツ社会における大衆社会の成立とそれがもたらした人間の不安に寄生して成立した。[6] 工業化の急激な進展は、都市におけるプロレタリア化した諸階層の増大を導いたが、ワイマールドイツでは、軍事的敗北、ヴェルサイユ条約、通貨インフレ、徹底的経済不況がこの層を直撃し、これをいっそう欲求不満階層とした。生活全般にわたる危機がこの社会層を急進化させたのである。

支配民族による世界征服を掲げるナチズムは、かれらに満足な回答を提示するようにみえた。この解決策は絶望的な個人的不安を対外的な膨張主義と対内的な民族浄化の方向へ向け、かれらの感情的飢餓を千年王国的な民族の生活空間（Lebensraum）の実現へと突き進ませた。支配民族による新秩序を目指す運動の勝利は、根こそぎにされ流転していた政治的に未熟な諸階層においてこそ可能であった。この大衆層は所属を熱望するあまり、民族イデオロギーの虜となっていったのである。[7]

この大衆社会化を起因とする問題状況からナチズムの性格を整理すると、その特徴は、(1)人間生活の全面的な制度化と、(2)永続的な運動の際限なき膨張、となる。

(1) それはまず全体政治的「強制的均質化（Gleichschaltung）」を人間生活のあらゆる領域にまで拡大する。これは、人間生活の画一化をもたらし、多様性と私的プライヴァシーの諸領域の終焉を招来する。大衆の完全な統制と社会の全領域にわたる官僚的な制度化が徹底される。家庭と隣近所、教会ならびに学校、さらに労働のみならず余暇においてさえも、人間の行動は制度のなかで強制的に均質化された。

(2) 他方で大衆社会を存立基盤とする全体政治においては、大衆参加が確保されねばならなかった。その体制は、永続的で強力な大衆の支持を必要としたために、宣伝をとおして、プロレタリア化し、興奮し、窮迫した大衆の感情的空腹に訴えた。煽動政治家が活躍の場をみいだしたのは、ここにおいてである。ナチズム運動は、国民にたいする全体的支配力を保持し正当化するために、あくことのない運動を煽った。権力の保持は、実に際限なき膨張の遂行に

依存していた。ナチズム運動は、侵略とテロルをふくむ永久革命の無限の戦闘においてのみ、自らを維持することができたのである[8]。

これらの特徴から、ナチズム運動は、同時に二つの相対立する危険を回避しなければならなかった。一方で、それだけが運動の成功を可能にしたが、成功後は新体制の安定化を危うくするかもしれない運動を抑制しなければならなかった。他方で、これとまったく矛盾するかたちで、自己を保存するために、際限なき膨張の連続的加速をも必要としていて、運動の弱化を防がなければならなかった[9]。

国家を敵視しない運動は存在しないとアーレントは言う。階級から脱落した大衆（Deklassierten）の重圧が増し始め、既成政党がかれらを満足させることができなくなった第一次大戦後のドイツで国家を掌握した全体政治運動は、運動（党）の国家（国の官僚機構）との同一化から、さらにはそれを超えて国家にたいする運動の絶対的優位を要求したのである[10]。そこから全体政治の主要な問題の一つである、国家と党とのあいだの不安定な二元性が生じる。国家の官僚機構をのりこえる一連の党職務によって、国家と党とのあいだの二元的な性格が明白となる。この二元性は地方政府の水準にいたる全政治制度をつうじて明白に現われた。地方から国まで、国家機構の職務遂行と、それと疑いもなく競合することになる党組織の不安定な二元性がそこにはあった。運動は基本的に和解不可能なもろもろの緊張、すなわち、国家官僚と党官僚、国家の軍と党の武装組織とのあいだの緊張に直面した[11]。

ドイツ・ナチズムの制度化と運動の矛盾に満ちた奇妙な二面性にたいして、イタリア・ファシズムは決して国家を超えることはなかった。その運動は国家の掌握とともに停止した。

イタリア・ファシズムも、一九一九年の時点では、固定した綱領なき運動として始まる。この運動もまた、当初は、自分たちは既成政党と違い、綱領的結束をもたない「行動」を強く自負していた。かれらは「われわれは、敏捷に動く一個の強力な組織を創造した後はじめて、現在の瞬間に行動しうるのである。改革を列挙し、問題を提出し、すべての可能的解決を呈示しても、それらを流布し遂行する手段が欠けている限り、それは無駄である」として、まずなによりも政治行動こそが重要であり、優先されなければならないことを強調する。[12] ファシストたちは自らの集団を、政党に敵対する戦闘組織とみなしていた。

しかしながらこの運動は、それが始まってから二年後の一九二一年にはすでに、総括と建設の時期がきたとして、無定型な運動を党へと組織化することを開始する。「その隊伍を緊密に編成し、戦闘団を統一し、諸勢力を調整しそして未だ言語及び行動において無統制無秩序であるものをすべて排除する必要が明らかとなった」。また、「運動はいまや、政治的責任を負い、国民の最も緊急な問題にたいして責任的立場をとるに至った」ことから、「運動を党とし、党に綱領を与えることが必要になった」。[13] こうして、一九一九年に始まったファシズム運動は、「国民ファシスト党」の設立とともに、一つの党へと組織化され、さらにここから、党は自らを国家に強く結びつけていく。

国家機関がファシストによって掌握されるまでは、この運動は、現存の統治機関に対立する形で、自らを真の統治機関および唯一の権威として活動してきた。だが、クーデターとしての「ローマ進軍」後、国家機関がファシストの機関となった後では、ファシズムは武器を収めねばならなかった。いまや党は、自らを国家に従属する自発的な組織として位置づけ、国家権威に不変の忠誠をしめした。こうして「ファシスト党は、暴力は単に目的への手段に過ぎず、この暴力を以て究極的目的とするがごとき分子と絶縁しなければならぬことを、彼らすべてに言うべきときとなった。党はその利益を国民のより高き利益に従属せしむべきことを知る場合にのみ、強大なるものになることを、ファシストすべてに言うべきときとなった」。[14]

国家権威と党の階序的支配体制とのあいだには決していかなる衝突も生じないよう配慮されることになった。党は国家のために役立たなければならなかった。国家の首長としてのムッソリーニが誕生するとともに、党も国家の統治機関の一つへと変じていき、それに組み込まれていったのである。

ファシスト党は自らを国家に結びつけ、国家のなかに確固たる位置を占め、そのなかに制度化される。[15] ファシズムは運動から党を経て国家へと制度化されるのである。ファシスト党は国家機構に徹底的な改変を加えようとはせず、すべての官職を党員に占めさせることで満足した。党と国家の一体化によって、ファシスト党は停滞し、国家の本来安定した構造に縛りつけられていく。ムッソリーニがやろうとしたことは、階級の分裂によって絶えず危険にさらされることのない国民国家を、「組合国家（stato corporativo）」として設立することであった。つまり全人民を組合をとおして国家機構に組み入れることによって、階級間の対立を解消することだった。

組合国家は、シンディケートを基礎におくサンディカリズムを利用することによって形成される。ファシズムは、労働者の闘争手段として生まれた従来のサンディカリズムを「諸々の諸範疇の労働者を、各自の組合員の物質的幸福の擁護以外の目標をもたぬ組合組織に組織せんとするもの」であり、「これら諸組織はそれらの特殊利益を最上のものとなし、この特殊利益の増進に専心し、この特殊的利益が他のものによって脅かされあるいはこれと衝突する場合にはいつでも相互に対立し合い、国家にたいして対立することも辞さないのである」と批判したうえで、このサンディカリズムを国家の権威の下に服せしめようとした。サンディカリズムの目的は、国家の権威の下で労働者の「特殊利益」を擁護することから「全国民の利益」を擁護することへと変えられた。

全国民を政府が公認した産業組合に編入し、そうすることによって、全体の利益の名の下に、労資間の対立に統制を加えようとした。「全体の国民的利益」は「個別的特殊的利益」に優先される。そしてその際に生じる可能性のある両者の対立、背反を統制し、後者を前者に従属させるのが「コルポラチオーネ（corporazione）」なる行政制度なのである。各種個別的利害の対立は「独特な仕方で組み合わされ」、あらゆる型の利害は「国家の庇護の下」におかれる。国家は、諸コルポラチオーネを通して、必要なときには「個人の私的特殊利益にたいして国民の至上利益を優越せしめるために個人の経済生活に干渉し」、また「ときには個人の労働、貯蓄、全財産が国家に抵当とされ」、「必要な場合には犠牲として国家に献納される。」[16] 各種の特殊利益は、国民全体の経済生活の名の下に、組織化され、「国家の権威と規律」に服従させられるのである。各々の個別的な階層的・職業的利益は国家へと結びつけられ、またそれを通して統制される。各種産業組合はいわば外郭団体として国レベルの行政機構に編入されるのである。

ファシズムが主として近代化の中期における労資対立の克服をその目的としていたのにたいして、ナチズムはそれよりも近代化の過程が進んだ、その最終局面における大衆社会状況への対応として現われた現象であった。ナチズムが、国家の政治制度を超え出て、その運動を展開していったのにたいして、ファシズムは、国家の政治制度を超えることなく、その枠内での一党独裁を実現した運動であった。このようにナチズムとファシズムの特徴を整理するとき、オーストリア・シュテンディズムはけっしてドイツ・ナチズムのごとき全体政治体制ではなかったということが明らかになる。オーストリア・シュテンディズムは明らかにイタリア・ファシズムに近い体制であった。

三〇年代の中頃までは、オーストリアはドイツよりもイタリアとの関係を強めていた。またオーストリアの護国団運動も、ドイツ・ナチズムからよりも、イタリア・ファシズムの影響をむしろ受けていた。もちろん、ドイツ・ナチズムに比してイタリア・ファシズムとの近似性をみることができるものの、それはイタリア・ファシズムともまた性格を異にするものであった。ファシズムが強調していたのがサンディカリズム労働運動の系譜にある「組合（corporazione)」であったのにたいして、オーストリアのシュテンディズムは文字通り中世的な性格が色濃くにじみ出た「職能シュテンデ」を強調していた。また、イタリア・ファシズムが、まがりなりにも黒シャツ隊による「ローマ進軍」という疑似革命のかたちをとりえたのにたいして、オーストリア・シュテンディズムは、最後まで革命運動とはなりえなかった。

ナチズムもファシズムも、ともに工業化がもたらした都市におけるプロレタリア化した諸階層からの支持を獲得することができた。この階層はオーストリアにおいても経済恐慌によって急進化していた。しかしながら、ドイツやイタリアに比べて、オーストリアにおいてこの階層は、工業化の未発達から、量的にも少なく影響力に乏しかった(17)。したがってオーストリア・シュテンディズムが欠いていたのは、大衆運動であった。ナチズムもファシズムも、運動を「革命」として成功させたのにたいし、そこに現代独裁国家としてのオーストリアの特徴がある。

シュテンデ体制が期待していた最大の支持基盤は地方のカトリック中小農民層であり、さらに中軸はカトリック教会であった。ところが、農民層は大衆運動の積極的な担い手にはとうていなりえなかった。ドルフスらはカトリック中小農民を保守勢力として利用することはできたが、農民をその村落共同体を超えて動員することはできなかった。農民はかれらの農村が守られさえすれば、それで満足した。その直接の利害やかれらの共同体をはなれた運動には消極的であった。[18] そもそもカトリック教会を軸とする社会秩序は、前工業的な社会の再生を夢想するものであった。オーストリア・シュテンディズムは、二〇世紀に中世の共同主義を実現しようと試みた。この試みはイタリア・ファシズムとドイツ・ナチズムに比して、静的な秩序を指向していた。

オーストリアのシュテンディズムとは、ナチズムとファシズムに挟まれる形で、国土の大半をアルプスの山々によって占められた小国に生じた、静的な反政党制・反議会制であった。オーストリアは、いまだ農村型社会のなかに点々と都市が点在する社会であり、こうした社会を背景として保守陣営のあいだから、シュテンディズムの発想が生まれてきた。その体制は、工業化とともに必至となる社会主義と大衆社会化の極点に成立したナチズムを回避しようとするものであり、ヒトラーが本気になるまでは、少なくともその外見を維持することはできたし、それなりの成立基盤をも有していた。しかしながら、ナチズムの圧倒的な無際限の拡大の前には、とうていその防波堤とはなりえなかった。その結果が、一九三八年のドイツ第三帝国へのアンシュルス〔合邦／併合〕であった。

アンシュルス

新憲法が公布されて三カ月後の七月二五日、オーストリアナチスの武装蜂起が発生し、ドルフス首相はナチスによって殺害されてしまう。オーストリア政府によって蜂起が鎮圧されると、クルト・シュシュニック元法相（一八九七―一九七七）を首相とする内閣が形成され、シュテンデ体制は継承される。[19] シュシュニックは護国団を政府指揮下の組織へと再編成する計画を進め、自分たちの地位の低下を恐れてこの計画に反対していた護国団の指導者を政府から追放し、祖国戦線の指導権を掌握する。[20] さらにかれは、護国団も含めてすべての武装団体を解散し、新たに形成される民兵組織へ移行させる方針をかためる。

シュシュニックはあらゆる抵抗を排してこの方針を推し進め、一九三六年一〇月には「戦線民兵法（Frontmilitz-gesetz）」を公布する。この法律によって新たに形成された民兵組織は、国防省の指揮下に入った。かれは、武装団体の解散に伴う祖国戦線および新たに形成された民兵組織への力の集中は、ドルフスによって始められた内政の一元化の当然の帰結であると説明した。[21] シュシュニックはかつての武装団体の構成員がその活力を、新たに形成された民兵組織のなかで、祖国オーストリアに提供することを期待した。かれは連邦政府と祖国戦線の権威を強化し、そのことによって国の抵抗力とオーストリアの独立性の強化を目指した。

武装団体の解散によって内政の一元化は大幅に促進されたかにみえた。しかしながら、護国団の解散は旧構成員のあいだに不満を残すことになり、親ドイツ的な勢力は祖国戦線への参加に消極的であり続け、また社会民主党系の労働組合は依然として排除されていた。このことから、国内の多数の人々は祖国戦線と政府に不満を抱き続けた。シュテンデ社会の形成も、一枚岩的な政治体制の確立も、ともに不完全なものにしかならなかった。[22] ナチズム運動はこの隙を突いた。シュテンデ体制は、第三帝国本国に支援されたナチズム運動のまえにたちはだかるには脆弱すぎた。

エチオピア問題でドイツとイタリアが接近し、オーストリアの独立を保障していたイタリアの後ろ盾を失うと、シュシュニックは、ヒトラーの独墺統一へ向けた攻勢にさらされた。[23] 一九三八年二月一二日、シュシュニック首相はベルヒテスガーデンのヒトラーの山荘に呼び出され、そこでヒトラーと会談する。この会談でヒトラーは、治安相にオーストリアナチスのザイス＝インクヴァルトを任命することをシュシュニックに要求し、協定を結ぶ。一五日、シュシュニックは、ベルヒテスガーデンの協定に従って、ザイス＝インクヴァルトを治安相および内相として入閣させる。

三月になると、シュシュニック首相はドイツの一層の要求に対抗してオーストリアの独立の是非についての国民投票をおこなうことを決定する。九日には、シュシュニックは一三日に国民投票を実行することを宣言する。これにたいしてヒトラーは一一日に、ドイツ軍をオーストリア国境に集結させ、国民投票の延期、シュシュニック首相の辞任、ザイス＝インクヴァルト治安相による組閣を強制する。最終的にオーストリア政府はこの強制に屈し、シュシュニックは辞任し、ザイス＝インクヴァルトによって新たな内閣が形成される。ヒトラーは、オーストリア政府にたいして、まず、治安相のポストを要求し、それが満たされると、つぎに、ナチスを中心とした内閣の形成を強制する。まず治安機構を奪われ、つぎに全政治機構がナチズム運動の手中に陥る。

翌日には、ドイツ軍が、何の抵抗も受けることなく、オーストリアに進入する。一三日に、オーストリア政府の閣議においてアンシュルスに関する法律「オーストリアのドイツライヒへの再統一に関する法律（Gesetz über die Wiedervereinigung Österreichs mit dem Deutschen Reich）」が採決され、ミクラス大統領が辞任することによって、独立国オーストリアは実質的に消滅する。ヒトラーは、かれの生まれ故郷ブラナウ・アム・インからリンツを経て、一四日に、ウィーンに入城する。かれは、各所で熱狂的な歓迎を受ける。

こうして、大ドイツ党が望み、社会民主党も少なくとも一九三三年までは願っていたオーストリアとドイツの統一は実現するのである。しかしながら、この統一は、多くの者の恐怖、悲しみ、亡命、そして自殺をもたらした。そこには、この独立国オーストリアの消滅について、オーストリアの人民が自ら望んでそうした合邦であったのか、それとも、暴力的な脅迫によって実現された併合であったのか、という問いが残った。

四月一〇日、ナチズム支配下で、第三帝国へのアンシュルスの是非についての国民投票が実施される。この国民投票の実施の前日に、一九三四年二月の内乱以降もバウアーと違って亡命することなくオーストリアにとどまっていた社会民主党のレンナーは、(24)ナチズム支配の圧力に屈し、アンシュルスについて賛成票を投じる旨を新聞紙上で表明する。このとき、オーストリアの労働運動は史上初めて非常に強力な圧力に直面したのである。この国で、社会民主党を中心とする労働運動が発展しえた条件の一つとして、この労働運動が今まで首尾一貫した徹底的な弾圧を受けなかったことがあげられる。しかしながら、この条件はオーストリアの消滅とともに消滅してしまったのである。

ナチズム支配は、地下にもぐって非合法活動を続ける抵抗者を徹底的に弾圧し強制収容所送りにする一方で、労働者への強力な支援をも実施した。ナチズム運動のオーストリアにおける敵は、社会民主党だけでなく、護国団やカトリックの政治勢力でもあった。これらを弾圧するために、オーストリアでナチズム運動は労働者の支持を求めなければならなかった。逆にまた、これらの勢力との闘いは、労働者の支持をもたらすことを容易にした。ナチズムは労働者の感情を巧みに利用したのである。それは、人種イデオロギーを基盤としながらも、ナチズムの正式名称「国民社会主義ドイツ労働者党」にみられるように、最大限、社会主義的な理念を採用し掲げてやってきた。この、労働者への経済的な援助やプロパガンダと、地下活動を続けようとする者にたいする徹底的なテロ行為は、相乗効果を発揮した。いまや、オーストリアの労働者は、少なくとも表面的には、日常生活において独墺統一がもたらす物質的な恩恵に感謝の意を表明していた。(25)

経済的な観点からすると、オーストリアはこの独墺統一によって恩恵を受けたといえよう。ドイツ経済にとっては、オーストリアとの統一は負担を強いるものであったが、(26)オーストリア側からみると、軍需産業中心とはいえ三〇年代に急速に成長しつつあった先進工業国ドイツに組み入れられたことは、オーストリアの労働者に職をもたらした。ザルツブルクからリンツを経てウィーンを結ぶアウトバーンの建設と、ライヒのアウトバーン網への接続や、リンツ周辺への重工業の設置計画は、いずれもオーストリアの工業と社会の「近代化」を促進したものと考えられる。このことは、皮肉にもナチズム支配下の婚姻法によって、オーストリアで歴史上初めて、婚姻関係が教会の規制から解放されたことからも推測される。(27)全体政治体制に組み込まれることによって、オーストリア社会の「近代化」が推し進められたのである。

「あなたは、一九三八年三月一三日に実施されたオーストリアとドイツライヒとの再統一に賛成か」という設問によってなされた国民投票は、ナチス政府当局の発表では、九九・七三%が賛成票を投じたとされている。この国民投票は、あらゆる全体政治体制下での選挙と同様、建前上は、自由かつ秘密投票であると当局は説明していた。だが、実際には、それは、さまざまな操作と反対派にたいする圧力の下でおこなわれた。選挙管理委員会は、全員ナチス党関係者によって構成され、反対票を投じる可能性のある者は、投票者名簿から外されるか、当日、自宅に軟禁された。投票用紙も反対よりも賛成が目立つように、賛成の下に大きな円が印刷され、反対の下には小さな円が印刷されていた。[28] また、建前上は秘密投票であったにもかかわらず、用紙への記入は選挙管理委員の目前でおこなうことが要求され、記入室で記入し投票した者は選挙管理委員によって記録された。

したがって、右の数字は明らかにオーストリア人の実際の意見の比率を反映したものではない。実際には、本心では統一に賛成しかねる人々も多数存在したと思われる。しかしながら、ヒトラー入城の際にしめされた熱狂的な歓迎からも推測できるように、この国民投票の結果ほどではないにしても、ドイツとの統一を、本心で喜び賛成したオーストリア人も大勢いたのもまた事実であろう。

レンナーの支持の表明とともに、教会がしめしたヒトラーにたいする迎合的な態度も、この結果とは無関係ではなかったといえよう。ウィーンのイニッツァー枢機卿は、ヒトラーがウィーンへ入城した翌日には早くもかれをそのホテルに訪ねる。そこで、かれは、ヒトラーにカトリック教会は独墺統一を歓迎し、ドイツの建設に全力で協力するつもりであることを告げる。ついで、すぐにオーストリアのカトリック教会の司教を召集し、教会は統一を支持することを決定するのである。

このように、アンシュルス後わずか一週間足らずで、キリスト教社会党の最大の支持組織であり、ナチズム運動を批判していたはずのオーストリアのカトリック教会は、あっさりとその支配を迎え入れてしまう。オーストリアのカトリック教会とその司教たちは伝統的に、世俗的な政治権力との結びつきをなによりも重視していた。教会は、長い歴史のなかでえた特権を縮小することに抵抗し、世俗権力と結びつくことによってその維持をはかっていた。オーストリア・カトリック教会は、教義に触れない限り、あらゆる政治体制と結びつくことができた。

だが、ナチズム運動のイデオロギーにおいては、周知のとおり、人間は不平等であり、魂の運命は人種的な遺伝によって決まっており、神の恩寵とその功績によらない。それにもかかわらず、オーストリアの司教は、またもや、ときの支配的な権力との結びつきをはかったのである。このオーストリアの司教の態度は、カトリックの教義の根本を無視するものであった。カトリックの教義とナチズム運動のイデオロギーは結合不可能であるにもかかわらず、オーストリアの司教にとっては、ときの支配的な世俗権力との結びつきの方が、宗教的な原理よりも重要なのであった[29]。

オーストリアの警察は、ヒトラーのウィーン入城とともに、ライヒ警察長官ヒムラーによって、ヒトラーとライヒへの宣誓を誓わされ、親衛隊班長の指揮下に入る。連邦政府は、第三帝国の一地方政府となり、ザイス＝インクヴァルトがライヒ総督に任命される。

行政の改変も開始され、中央から地方にいたる省庁は、第三帝国地方行政機構ライヒスガウへの移管が始まり、省庁の人員整理がおこなわれる[30]。あらゆる重要なポストは、すべて新来のドイツ人によって数日間のうちに占められてしまった。大半の従来の連邦政府職員は、こうした新参者の指揮下に置かれ、かれらに服さなければならなかった。また、アンシュルスとともに多くの官職がえられることを期待していたオーストリアのナチス党員には、わずかな官職しか与えられなかった。

従来の九つの州からなる行政区画は廃止され、オーストリア全体が七つのガウに分割される。これらのガウは、第三帝国のベルリンの中央機関の管轄下に編入され、ウィーンの中央省庁はすべて廃止される。やがて、翌一九三九年四月一四日の「オストマルクにおける行政設置法（Gesetz über den Aufbau der Verwaltung in der Ostmark）」（通称「オストマルク法」）の施行とともに、オーストリアという名称そのものも廃止され、オーストリアはオストマルクと改称されるのである。

一九三八年の四月には、すでに、バイエルンのダッハウ強制収容所に、社会民主党のダンネベルクをはじめとする政治犯の移送が開始され、つづいて五月には第二の移送がおこなわれ、五〇名のユダヤ人がオーストリアから強制収容される。同年八月には、オーストリア内のリンツ近郊マウトハウゼンでも、強制収容所の建設が始まる。その後の、これらの強制収容所における、廃棄物処理工場におけるがごとき機械的なユダヤ人の虐殺行為は、周知のとおりであるが、各地の強制収容所で最終的に六万五千名以上のオーストリアのユダヤ人が虐殺される。

一九三八年五月には、あのニュールンベルク人種法として有名な「ライヒ公民法（Reichsbürgergesetz）」がオーストリアでも施行される。これによって、オーストリアでも、「国家に所属する者（Staatsangehörigen）」と「ライヒ公民（Reichsbürgern）」との区別が設けられ、ドイツ民族のみがライヒ公民たることができ、ドイツ民族とユダヤ人との婚姻および性交が禁止される。つづく「ライヒ公民法」による命令は、ユダヤ人医師の仕事を制限し、ユダヤ人しか診察できなくした。さらに、同法による命令はユダヤ人弁護士を司法から排除し、やがてあらゆる公職からユダヤ人を排除した。八月には、ユダヤ人の名前に関する法律の執行命令が出され、ユダヤ人は名前の前に、男性はイスラエル、女性はサラとつけることを強制された。またアンシュルスから六カ月後の一〇月には、すでに数多くのウィーンを中心とするオーストリアにおけるユダヤ人の企業が「アーリア化」されていた。

同年一一月の「水晶の夜」に際しては、ウィーンでもユダヤ教の礼拝堂が、突撃隊と親衛隊、また警察と消防の協力のもとで組織的に放火され、ユダヤ人商店や住宅への破壊と略奪が相次いだ。さらに、ウィーンでは、当日六千名から八千名のユダヤ人がうむをいわせずに身柄を拘束され、強制収容所に移送された。残されたユダヤ人も、この破壊行為によって破壊された建物や道路を、ゲッペルスの命令によって、自ら修復しなければならなかった。この組織的なテロ行為の後、ユダヤ人からの組織的な公民権の剝奪は、今まで以上に徹底する。命令によってユダヤ人はその財産を没収され、経済生活から徹底的に排除され、学校からもその子弟は排除される。こうした迫害から逃れようとする国外への亡命と絶滅政策によって、オーストリア内のユダヤ人住民の数は、一九三八年から一九四五年にかけて二〇万名から五千名にまで減少する。

アンシュルス後に爆発したユダヤ人にたいするテロ行為は、決してヒトラーに強制されたからだけではなかった。それは、帝国時代からの反ユダヤ主義がいかに根強くオーストリアに残っていたかを、しめすものでもあった。三月のアンシュルスから水晶の夜にいたるユダヤ人にたいするテロ行為は、ドイツにおけるよりもオーストリアで激しくおこなわれ、これがむしろドイツ全体におけるテロ行為を加速させたという指摘もなされている。(31) 忘れてならないのは、ヒトラーの反ユダヤ主義の師はハプスブルク帝国の汎ドイツ主義者シェーネーラーであり、かれが自らの反ユダヤ主義を鍛え上げたのも、ウィーンであったということである(32)(二章二節参照)。

以上のように、オーストリアにおけるナチズムの全体政治支配は、第二次大戦後五〇年近く広く流布されてきた、オーストリアはナチズムの対外膨張主義の最初の犠牲者であるというオーストリア犠牲者論だけでは解明できない側面を有している、といえるのである。

(1) Johnston, W. M., The Austrian Mind/An Intellectual and Social History 1848-1938, Berkeley, 1972, p. 311f., p. 313, 井上修一・岩切正介・林部圭一訳『ウィーン精神』みすず書房、一九八六年、五三〇、五三一頁。

(2) Johnston, W. M., ibid., p. 314, 前掲訳書、五三三頁。

(3) Koellreuter, O., Deutsches Verfassungsrecht, Berlin, 1935, S. 181ff., 矢部貞治・田川博三訳『ナチス・ドイツ憲法論』岩波書店、一九三九年、二六五頁以下。

(4) Repgen, K., Booms, H. (Hrsg.), Akten der Reichskanzlei, Die Regierung Hitler Teil 1: 1933/34 (Band 2), Boppard am Rhein, 1983, Nr. 366, Staatsrat Thyssen an den Reichskanzler. (12. Juni 1934).

(5) オーストリアにおける一九三四年から一九三八年までのドルフス＝シュシュニック体制を対象にした研究は、この体制のファシズム的側面を重視する研究と、この体制をファシズムとは位置づけない研究に大別できる。

たとえばカールステンによると、オーストリアにおけるファシズムは独自の起源と性格を有し、ドルフス体制は、帝政時代から大きな影響力を保持していた教会と高級官僚をはじめとする旧支配層に支えられた、大衆政党に欠ける「権威的で官僚的」な体制であった。カールステンは、ドルフス体制は大衆的基盤の形成に失敗しており、イデオロギー的な類似性にもかかわらず、「ファシズム」と規定されるのは疑問であると指摘する。ドルフス体制は「ファシズム」というよりも「伝統的な右翼独裁」あるいは一九世紀中葉の新絶対主義への逆行」であった(Carsten, F. L., Faschismus in Österreich, München, 1977, S. 7, S. 211, S. 220, S. 228.)。これにたいしてタロスは、カールステンの研究は社会的経済的利益や構造、政治の現実、機能などに関する分析が弱く、イタリア・ファシズムとの明確な一致点を見落としていると批判する。タロスの「オーストロファシスムス」は、ドルフス＝シュシュニック体制のオーストリア的な特性を認めつつもファシズム一般の性格を強調することによって、この体制の反動的な側面を強調している（Tálos, E., Das Herrschaftssystem 1934-1938, in : Tálos, E., Neugebauer, W.（Hrsg.）, Austrofaschismus, Wien, 1988（4. erweiterte Auflage）, S. 365,「一九三四年から一九三八年までの支配体制」田中浩・村松恵二訳『オーストリア・ファシズム』未来社、一九九六年、二六一頁）。

八〇年代後半以降はオーストリアのシュテンデ体制研究は、タロス型のオーストロファシズム論と、クレーゲ型の農村社会構造との関係を重視する議論の対立となる。ともに一九八四年にドルフスが樹立しシュシュニックが継承する体制についての研究を公刊しているのであるが、タロスがシュテンデ体制の金融資本等との結びつきにみられるファシズム的側面を重視するのにたいして（四章注28参照）、クレーゲはむしろ工業社会への構造転換のなかで危機に瀕した農村社会にたいする対応として体制が成立した側面を強調する（四章注91、93参照）。

またブラッハーはオーストリアのシュテンデ体制を、ヨーロッパ三〇年代に典型となった「保守的・半軍事的・権威主義体制」と類型化する。これはドイツのヒンデンブルク・パーペン・シュライヒャーやハンガリーのホルティ、ギリシャのメタクサス、ポルトガルのサラザール、スペインのフランコ同様、民主主義と全体主義のあいだをいく「第三の道」を模索するものであった。全体主義が、革命的で一元的な運動と排他的な似非宗教的イデオロギーへの疑似民主主義的な動員を強行するのにたいして、権威主義体制においては、シュテンデ的、経済的、あるいは軍事的な権力地位を独裁によって維持もしくは貫徹することが目標となっていた（Bracher, K., D., Nationalsozialismus, Faschismus und autoritäre Regime, in : Stourzh, G., Zaar, B.（Hrsg.）, Österreich, Deutschland und die Mächte, Wien, 1990, S. 8, S. 13）。

カールステンやクレーゲにみられるようにオーストリア国外の研究者が、シュテンデ体制をファシズムと位置づけることに慎重であるのにたいして、国内の研究者は、この慎重さがシュテンデ体制の正当化につながるとの懸念から、この体制を積極的にファシズムと位置づける傾向がある。例えば国外ではミラーや最近ではラートが、ドルフスを農業専門家もしくは農業改革者ととらえ、かれの「民主的」側面を強調している（Miller, J. A., Engelbert Dollfuß als Agrarfachman, Wies, 1989 ; Rath, R. J., The Molding of Engelbert Dollfuß as an Agrarian Reformer, in ; Austrian History Yearbook, Vol. 28（1997）, p. 173ff.）。さらにジロットは、シュテンデ体制によるオーストリア・イデオロギーの形成を肯定的に評価し、冷戦崩壊後の中欧に西側民主主義ともかつての東側共産主義とも異なる「第三の道」の可能性をこの体制は提起する、とみなしてもいる（Gellott, L., Recent Writings on the Ständestaat, 1934-1938, in : Austrian History Yearbook' Vol. 26（1995）, p. 207ff.）。こうしたとらえ方にたいしてオーストリアのとくに左派の研究者は、社会的な危機への対応としてシュテンデ体制の成立をみる見解は、体制の成立をやむをえないものであったと結論づけ、成立させたものよりも成立に抵抗したものに議会の崩壊とシュテンデ体制成立の責任を帰することにつながる、と批判する（Ardelt, R. G., Der Ständestaat/Ein postparlamentarisches System?, in : Zeitgeschichte 3/Jg.

13 (1985), S. 109ff.; Mattl, S., Agrarmarkt, Faschismus, Bauerndemokratie, in: Zeitgeschichte 4/Jg. 17 (1990), S. 202ff.)。

（6） Neumann, S. (ed.), Modern Political Parties, Chicago, 1956, p. 365f., 渡辺一訳『政党』（第II巻「全体主義諸国家の政党制度」）みすず書房、一九六一年、四八五頁以下。

（7） Neumann, S. (ed.), ibid., p. 366, 前掲訳書、四八七頁。

当初、ナチズム運動は、第一次大戦を戦った帰還兵に率いられた疑似軍隊の一つであった。疑似軍隊は、当時広く中欧にみられ、イタリア・ファシズムもドイツ・ナチズムもともにこうした団体をよせあつめつつ、急速に拡大していった。この運動が真の脅威となったのは、全国に群生した武装団体を統合し始めるとともに、根こそぎにされ、その社会的絆を解体された受動的な大衆層を掌握したときであった。ワイマールドイツの既成政党は、ドイツ社会内のこの基本的諸変化、すなわち大衆社会化の衝撃を十分認識しなかった。台頭するナチズムがその最も熱烈な支持者を見いだしたのは、実にこの大衆層においてであった。それは、次第に苦境に追い込まれていった、いまだ政治的に未熟な都市諸階層を圧倒的に多く包含していた（Neumann, S., Permanent Revolution. The Total State in a World at War, New York, 1942, p. 38ff., p. 111, p. 240f., 岩永健吉郎・岡義達・高木誠訳『大衆国家と独裁』みすず書房、一九六〇年、四五頁以下、一一二頁、二二五頁）。

バウアーのファシズム論も、この衝撃を十分に理解していなかったように思われる。バウアーは、同時に進行した三つの社会過程、つまり第一に戦争に参加し、デクラッセとなった大衆、第二に貧困化した小市民と農民からなる大衆、第三に戦後の経済危機によって資本家の利潤が低下したことに、ファシズムの原因をみる。疑似軍隊のまわりに集まりつつあった小市民と農民の貧困化への不満を労働者階級への対抗手段として利用しつつ、資本家階級が、ファシズム支配を樹立したのであった。バウアーは、ここでも階級諸勢力均衡論をもちだす。それによるとファシズムは、資本家がブルジョワ民主主義の方法によってはもはや自らの支配を維持できなくなったとき、なおかつ労働者も資本家の支配から抜け出すほど十分に強くない状態にある場合に成立するのであった。このファシズムは、やがて資本家をも支配するようになるものの、基本的には大資本・大土地所有の利益に適った支配でありつづける。これは、ブルジョワ民主主義による制限された大資本・大土地所有の支配から、無制限の独裁へと移行したものであった。ただ支配階級と軍事的な支配カーストが一致しているのではないので、やがてこの支配は、大資本のなかでも軍需産業を軸とする狭い範囲を中心としたものになる（Bauer, O., Zwischen zwei Weltkriegen? Die Krise der Weltwirtschaft, der Demokratie und des Sozialismus, 1936, in: Otto Bauer Werkausgabe Band 4, Wien, 1976, S. 137ff., 酒井晟史訳『二つの大戦のはざまで』早稲田大学出版部、一九九二年、九三頁以下）。

バウアーのこのファシズム論にあっては、大資本による独裁的な支配の樹立という側面に力点がおかれ、大衆層は、疑似軍隊に吸収されていったあらゆる階級からのデクラッセもしくはルンペンプロレタリアートとして理論化され、ファシズム成立に利用される対象として位置づけられるにとどまる（Bauer, O., ibid., S. 144, 前掲訳書、一〇一頁）。しかしながら二〇世紀の全体政治が、独自のダイナミズムを引き出したのは、「根無し草的な性格（Boden und Wurzellosigkeit）」と「見捨てられていること（Verlassenheit）」を基本的な経験とする（Arendt, H., Elemente und Ursprünge totaler Herrschaft, München, 1996 (5. Auflage), S. 953ff., 大島通義・大島かおり訳『全体主義の起源（第三部、全体主義）』みすず書房、一九八一年、二七六頁以下）、この大衆層からであり、労働者階級の形態上の特性も、孤立化と情緒化を帰結とする「大衆」であった。この大衆概念なくしてドイツ・ナチズムを分析することは不可能であり、全体政治を理解することもできない。二〇世紀における反議会・反立憲体制を比較検討する際には、各国の文化特性とともに、大衆社会化という指標が重要なメルクマールとなることを確認しておく必要がある。

(8) Neumann, S. (ed.), ibid., p. 369, 前掲訳書、四九一頁。

(9) Neumann, S. (ed.), ibid., p. 375, 前掲訳書、四九七頁。

(10) Arendt, H., ibid., S. 546ff., 大島通義・大島かおり訳『全体主義の起源』（第二部「帝国主義」）みすず書房、一九八一年、二二三頁以下。

(11) Neumann, S. (ed.), ibid., p. 370ff., 前掲訳書、四九二頁以下。

(12) Marpicati, A., (übertragen von Gasbarra, F.,) Die Faschistische Partei, 1937, S. 2f., 独伊文化研究会訳『一党政治論・ファッショ党政治論』理想社出版部、一九三八年、四頁。

ベルクソンの生の哲学とソレルのサンジカリズムの系譜につらなるファシズムの理性にたいする感情の重視と行動主義は、政治の形式化にたいする反動であった。ヘルマン・ヘラーは、三章二節の注でもみたように、ケルゼン型の国家学や形式民主主義を批判していたが、形式民主主義は、フェティッシュなまでに純化されることによって、その内容（Gehalt）を失い、形姿（Gestalt）のみとなっていた。この内容を失った形式民主主義に、生の哲学によって満たされた行動主義は、激しい敵意をしめし、内容空虚な合理主義にたいして、行動と感情を対置した。しかしながら、このファシズムの行動主義もまた、内容なき行動という形姿にすぎなかった、とヘラーは指摘する。

理念的な内容のなさ（ideelle Substanzlosigkeit）ゆえにファシズムの規範的な概念と命令は、宗教、ヒエラルヒー、権威、規律、国家、法などのブルジョワ法治国家的合理主義の同様の概念と少なくとも同じく無内容である。実際にはファシズムは、すべての政治的な内容との関係で、一九世紀の実証主義よりもわずかでも高いところにいるわけでなく、むしろ相当にその下にある。かの実証主義と同じく、ファシズムは、歴史的・相対的な現象を絶対化することによって、命脈をたもっている。しかしながら、前世紀の実証主義者が、その事物化とその規範内容をまだ信じていたのにたいして、ファシズムには、今日の危機的な実証主義とまったく同様に、なんらかの規範性にたいするあらゆる信仰を失っている。それにとっても法は、今日はこれ、明日はこの偶然的な権力状況（zufällige Machtlage）に、その義務付ける力を負っている好みの内容のための形式である。かのようにの哲学（Als-Ob-Philosophie）も属している新カント的な実証主義が空虚な規範性を強調し、ファシズムが規範なき事実性を強調する場合、それは、同じ世界観のアクセントの置き方の違いに過ぎない。実際には、それらは「事実的なものの規範的な力（normative Kraft des Faktischen）」で一致している（Heller, H., Europa und der Fascismus, 1931, in : Gesammelte Schriften Bd.2, Leiden, 1971, S. 523)。

(13) Marpicati, A., ibid., S. 12f., 前掲訳書、二四頁以下。

(14) Marpicati, A., ibid., S. 32, 前掲訳書、六八頁。

(15) Marpicati, A., ibid., S. 27ff., S. 46f., S. 92ff., 前掲訳書、五八以下、九八、一三五頁以下。

党を国家に関連づけると同時に、ファシスト党は、党内の綱紀粛正をおこなう。党によって、利益追求者、あるいは「永久の優柔不断な煽動家」や「歴史的新瞬間を把握し能わざるもの」とみなされた者を、党外へ追放し、新規入党者については、党の門戸を閉鎖し、その数を抑制するのである（Marpicati, A., ibid., S.36, 前掲訳書、七七頁）。また組織の改編もおこない、従来の選挙による役員就任の方法も廃し、役員の就任は上部からの命令によってのみおこなわれることとなった。党は内部関係を浄化し、純然たる階序的秩序機構を完成し、党の再組織化を推し進める。

(16) Palmieri, M., The Philosophy of Fascism, Chicago, 1936, p. 150f., 秋澤修二訳「協同体国家」『協同体国家・資本主義から協同体国家へ』（世界全体主義大系7）白揚社、一九三九年所収、二八四頁以下。

国家による組合をとおしたコントロールは、ナチズム運動がおこなった「強制的均質化」ではなかった。アーレントは、真に全体的な国家となるためには、完全な強制的均質化が必要であったが、ファシスト国家は、人間活動のあるゆる領域の全面的な強制的均質化は決しておこなわず、またイタリアの伝統的社会構造を決して破壊しなかった、と指摘する（Arendt, H., ibid., S. 542ff., 前掲訳書、二二〇頁以下）。

(17) Borkenau, F., Austria and After, London, 1938, p. 233f.

(18) Borkenau, F., ibid., p. 233f.

(19) Wiener Zeitung, 25. Juli 1934, Sonderausgabe ; 30. Juli 1934, S. 1. ; Kindermann, G. K., Hitlers Niederlage in Österreich, Hamburg, 1984, S. 152ff. ; Meysels, L. O., Der Austrofaschismus/Das Ende der ersten Republik und ihr letzter Kanzler, Wien, 1992, S. 99ff.

(20) Wiener Zeitung, 15. Mai 1936, S. 1f.

シュテンデ体制をシュシュニックが継承して以降、連邦政府と祖国戦線のあいだには、威信問題（Prestigefrage）と称された勢力争いが生じていた。シュシュニック首相と祖国戦線の指導者となっていたスタールヘムベルクのあいだに権力の二元性があらわれ、両者は競合を始めていた。スタールヘムベルグは、祖国戦線は連邦政府のもとにあることを宣誓しながらも、オーストリアにおいて政治をおこなうことのできる唯一の政治組織は自らが指導する祖国戦線であり、国家の各組織が祖国に忠実に運営されているか監視する権利を有している、と主張していた。これにたいしてシュシュニックは、内政の一元化の名のもとに祖国戦線への政府の統制を強めていく。その結果、スタールヘムベルグを追い落とし、祖国戦線の指導権をも自らの手に握るのである（Der erste Bundesapelle am 19. Jänner 1936, in: Seeds of Conflict Series I Austria II, Nendeln, 1973, S. 1223ff.; Schuschnigg, K., Dreimal Österreich, Wien, 1937, S. 263ff., S. 296ff.）。

(21) Wiener Zeitung, 11. Oktober 1936, S. 1f.; 14. Oktober 1936, S. 2.

(22) Holtmann, E., Zwischen Unterdrückung und Befriedung, Wien, 1978, S. 222ff.; Botz, G., Faschismus und Ständestaat vor und nach dem 12. Februar 1934, in: Krisenzonen einer Demokratie, Frankfurt/Main, 1987, S. 228ff.

なおフランツ・ボルケナウによると、シュシュニックはオーストリアを権威的体制によって統治しようとしたが、それは残忍な体制ではなく、穏和な政策に支配されていて、この穏和な政策は労働者にも限定的ではあるが自由をもたらした。「シュシュニック体制は、頭にいた男同様、旧きオーストリア・スタイルであった。……貴族が没落したとき、官僚がその地位を占めた……終わりを前に、官僚は自身をもう一度、完全に自己主張した。……警察と官僚は国の実際の支配者であった。それは、穏和で、寛大で、刺激的でない種類の専制であった。……オーストリアは疲れていた、オーストリアは老いていた、オーストリアは、世界史のテロルから外れたままでいられることに、幸福を感じ感謝しはじめていた。シュシュニック体制は、憂鬱ではあったが、旧い華やかな文明の快適な黄昏であった」。シュシュニックの政治は、まったくオーストリアの伝統のなかでおこなわれた。シュシュニックは「オーストリアの性格のなかでもっとも魅力的なすべてを体現していた」教養人であった。しかしながらそれは、ナチスと闘わなければならない時代と状況において、まっさきに必要とされた資質ではなかった、とボルケナウはシュシュニックを特徴づける（Borkenau, F., ibid., p. 286ff.）。

(23) Schausberger, N., Ökonomische-politische Interdependenz im Sommer 1936, in: Jedlicka, L., Neck, R. (Hrsg.), Das Juliabkommen von 1936, Wien, 1977, S. 283ff.; Gehl, J., Austria Germany and the Anschluss 1931-1938, Westport, 1979, p. 115ff.; Low, A. D., The Anschluss Movement 1931-1938 and the Great Powers, New York, 1985, p. 258ff.; Angerer, T., Die französische Österreichpolitik vor dem "Anschluß" 1938, in: Vierteljahrshefte für Zeitgeschichte, 1/Jg. 40 (1992), S. 46f.

一九三四年三月にオーストリア政府は、イタリア、ハンガリーとローマ議定書に調印し、ドイツからの独立についてイタリアの後ろ盾をえていたが、エチオピア問題で国際環境が変わると、一九三六年七月に今度は、ドイツと七月協定を締結する。この協定は、一〇〇〇マルク封鎖、オーストリアにおけるナチズム運動の禁止、ドルフスの殺害と悪化していたドイツとオーストリアのあいだの緊張を緩和することを目的とし、建前上はオーストリアの主権を認めていた。しかしながら協定の公開されなかった部分で、ドイツ・ナショナリストをオーストリア政府に入閣させることが約束され、エドゥムント・グライセ＝ホルステナウとグイド・シュミットが無任所大臣と外務長官に任命される。この協定にともない一〇〇〇マルク封鎖も解除され、経済的な恩恵がもたらされるが、他方でオーストリア経済は、ドイツ経済への依存を深めた。

(24) 一九三四年以降、シュテンデ体制によって非合法化されていた社会民主党は、バウアーらが亡命先のブリュンで「オーストリアの社会民主主義者の国外機関（Auslandbüro österreichischer Sozialdemokraten）」を組織化し、国内では「革命的社会主義者（revolutionäre Sozialisten）」という名で地下活動を続けていたが、レンナーはこの時期の非合法活動には関わっていなかったとされている（Neugebauer, W., Illegale Arbeiterbewegung 1934 bis 1936, in: Jedlicka, L., Neck, R. (Hrsg.), ibid. S. 140ff.; 上条勇「オーストロ・マルクス主義とファシズム」『金沢大学教養部論集／人文科学篇』二九巻一号、一九九一年、矢田俊隆「カール・レンナーとオーストリア現代史」『オーストリア現代史の教訓』刀水書房、一九九五年、一五八頁以下）。

(25) Borkenau, F., ibid., p. 309ff.; Kirk, T., Nazism and the working class in Austria, Cambridge, 1996, p. 49ff. ただしカークの研究は、労働者のナチス体制にたいする不満ないし失望も残ったことを指摘している。ナチス支配下の抵抗運動については、Mitteräcker, H., Kampf und Opfer für Österreich, Wien, 1963; Luza, R., Der Widerstand in Österreich 1938-1945, Wien, 1985; Steiner, H., Gestorben für Österreich, Wien, 1995.

(26) ヒルファディングはアンシュルスがドイツ経済にもたらすさまざまなメリットを指摘しながらも、その作用を過大評価してはならないとする。かれによると、「オーストリア産業の技術的装置は、ドイツのそれに後れている。大規模の合理化は必要である。それと原料生産の拡大〔オーストリアにおける原料の採掘〕は、大きな資本投資を数十億ライヒスマルクの範囲において、必要とする」（Hilferding, R., Zur Kritik der deutschen Wirtschaft, 1938, 倉田稔訳「ドイツ経済の批判によせて」『ナチス経済の構造分析』新評論、一九九二年所収、一六八頁）。

(27) Bukey, E. B., Hitler's hometown/Linz Austria 1908-1945, Bloomington and Indianapolis, 1986, p. 201ff.; Mulley, K. D., Modernität oder Traditionalität?, in: Tàlos, E. (Hrsg.), NS-Herrschaft in Österreich 1938-1945, Wien, 1988, S. 25ff.; Butschek, F., Die kurzfristigen Auswirkungen der deutschen Okkupation auf die österreichische Wirtschaft, in: Stourzh, G., Zaar, B. (Hrsg.), Österreich, Deutschland und die Mächte, Wien, 1990, S. 215.; Hagspiel, H., Die Ostmark/Österreich im Grossdeutschen Reich 1938 bis 1945, Wien, 1995, S. 53., S. 286f.

(28) Schuschnigg, K., Im Kampf gegen Hitler, Wien, 1969, S. 312f.; Botz, G., Schuschniggs geplante Volksabstimmung und Hitlers Volksabstimmung in Österreich, in: Neck, R., Wandruszka, A. (Hrsg.), Anschluß 1938, Wien, 1981, S. 237.; Die faschistische Okkupationspolitik in Österreich und der Tschechoslowakei (1938-1945)/Dokumentenauswahl und Einleitung von Helma Kaden, Berlin, 1988, S. 88.; Jung, O., Plebiszit und Diktatur/die Volksabstimmungen der Nationalsozialisten, Tübingen, 1995, S. 109ff., 135f.

(29) Borkenau, F., ibid., p. 312ff.; Zentner, C., Heim ins Reich, München, 1988, S. 121f.

(30) Botz, G., Die Eingleiderung Österreichs in das Deutsches Reich, Wien, 1972, 100ff.

(31) Pulzer, P., Bemerkungen zu dem Beitrag von Herbert Rosenkranz, in: Stourzh, G., Zaar, B. (Hrsg.), ibid., S. 420ff. オーストリアの反ユダヤ主義については、Bunzl, J., Zur Geschichte des Antisemitismus in Österreich, in: Bunzl, J., Marin, B., Antisemitismus in Österreich, Innsbruck, 1983 ; Oxaal, I., Pollak, M., Botz, G. (ed.), Jews Antisemitism and Culture in Vienna, London and New York, 1987; Ley, M., Die Zeit heilt keine Wunde, Wien, 1995; 兼子義人「あのケルゼンが去っていく――ウィーンにおける反ユダヤ主義と大学の学生規則」『立命館法学』二〇一・二〇二号、一九八八年、野村真理「戦間期オーストリアの反ユダヤ主義／1918-1925」『金沢大学経済学部論集』一六巻一号、一九九五年。マウトハウゼンの強制収容所については、Horwitz, G. J., In the Shadow of Death/Living Outside the Gates of Mauthausen, New York, 1990.

オーストリア出身の著述家ジョージ・クレアは、少年時代に経験した、アンシュルスとともにウィーンで爆発した反ユダヤ主義を次のように報告している。

「万歳」や「ユダヤ、くたばれ」という怒号が通りから響いて来た。あの熱狂した群衆がまた気勢を上げているのか。そのとおりだった。そして、これまでは反ユダヤ主義のスローガンをがなり立てるぐらいだった彼らが、とうとうおぞましい実力行使に踏み切ったのだった。ナチス党綱領のなかで、反ユダヤ人条項以上にオーストリアで大きな反響を引き起こした条項はなかった。あの、通りでわめき立てている男女のうち、ナチズムの信奉者というのはほんの一握りにすぎなかったのかもしれない。オーストリアのエッセイスト、アルフレート・ポルガーがこういったことがある。「ドイツ人は第一級のナチスだが、卑劣な反ユダヤ主義者だ。オーストリア人は卑劣なナチスだが、それにしても、なんと見上げた第一級の反ユダヤ主義者であることか」これは、簡潔に要点をついた言葉だ（Clare, G., Last Walz in Vienna, London, 1981, 兼武進訳『ウィーン最後のワルツ』新潮社、一九九二年、二九一頁）。

(32) Hitler, A., Mein Kampf Bd. 1, Berlin, 1937, S. 60ff., 平野一郎・将積茂訳『我が闘争（上）』角川書店、一九七三年、八七頁以下。

あとがき

本書は、一九九六年度に法政大学法学部に提出した博士論文「オーストリア第一共和国と危機の政治・理論」に加筆訂正したものである。博士論文は、同題名で『法学志林』九五巻二号（一九九七年一〇月）、九六巻一号（一九九八年六月）、二号（一九九九年一月）、九七巻一号（一九九九年一〇月）、二号（二〇〇〇年一月）に連載されている。

私は父の仕事の都合で、イスラエル、オランダ、ベルギー、オーストリアの各国を、一九七二年から一九八二年までのあいだ、転々として育った。この少年時代の経験が、私が政治というものに関心をいだく起因の一つとなったように思う。第四次中東戦争下のイスラエルでの空襲警報をはじめとする「戦争体験」は、たまたま生まれた国籍あるいは民族の違いによる殺し合いにたいする疑問をもたらした。また核兵器を互いに突きつけ合っていた東西冷戦期のオランダ、ベルギー、とくに東西の出入口でもあり、鉄のカーテンに面していたオーストリアのウィーンでの生活は、国境線というものが自明のこととして通用していることの不思議さを感じさせた。こうした原体験をもとに、私は大学で政治を学ぶことになり、大学院では最後に滞在したオーストリアの政治を研究対象とすることとなった。

さらに大学院では、現代政治の成立とその問題性への関心から、党派制と公共性が鋭く緊張するなかで展開した一九二〇・三〇年代ヨーロッパの議会政治の危機というものに焦点を合わせていった。こうしてオーストリア第一共和国における議会政治の危機を究明する研究へと向かったのである。くわえてここで私は、大衆社会という根源的な問題状況のうえに展開する政治理論のディシプリンを学ぶ機会をえた。これは、このような危機的状況において政治における公共性は全体主義化することなく可能なのか、という問題意識へと私を導いた。

したがって本書は、一九二〇・三〇年代のオーストリア政治を対象としているが、全体主義へと尖鋭化した反議会政治体制の経験と教訓をふまえて展開した第二次世界大戦以降のオーストリアをはじめヨーロッパ全体の政治上の試みと問題性へと関心を広げることも、当然ながら今後、要請される。さらに政治を研究するものは、自らが市民として参与する政治社会と無関係ではありえず、この政治社会になんらかの政治的なヴィジョンを提起するという課題を、多かれ少なかれあわせもつものであろう。したがって、オーストリアにおいて展開された、多様な政治理論の可能性をあらためて検討することによって、こうした課題にも応えていかなければならない。

また、私は本書の序で、政治過程論・制度規範論・理論研究の複合的アプローチを提起したが、個々の領域について課題が残ったのも確かである。政治過程論についていうと、オーストリアにおける政党間・階層間緊張を国レベルでの左右の党派対立を軸にみたため、階層内において組織化されていた各種団体の政党との関係、行政過程への結びつき、あるいは地方政治の過程と中央政界の政治過程の関係が、研究課題として残された。また、一九二〇年代の行政改革をめぐる国民議会での争点とメルクル行政学・行政法学のかかわりについても、今後の課題となった。さらに、シュテンディズムにかぎらずケルゼンらをも含むオーストリア政治思想のもつカトリック的世界像・思考構造との親和性の解明も、理論研究の課題として残っている。

本書を公にするにあたって、まず、松下圭一先生（現法政大学名誉教授）に深い感謝の言葉を捧げたい。先生には、大学院での指導教授として博士論文を読んでいただき、幾多の貴重なご指導をいただいた。博士論文の主査の寺尾方孝先生（法政大学）、副査の下斗米伸夫先生（法政大学）にも、多くのご批判とご助言をいただいた。佐々木武先生（東京医科歯科大学）には、フランツ・ボルケナウのオーストリア論についてご教示いただいた。また、大学院で藤田省三先生のゼミナールに参加できたことも、望外の幸せであった。法政大学大学院社会科学研究科政治学専攻ならびに法政大学法学部政治学科には、今まで日本国内では入手困難であったオーストリア第一共和国国民議会議事録のマイクロ資料をはじめとする原資料の入手について、特別のご配慮をいただいた。現在、法政大学図書館に収蔵されたこれらの原資料なくしては、本書はありえなかったものであり、ここに記して感謝申し上げたい。最後に、出版にあたってお世話になった法政大学出版局の平川俊彦氏に御礼申し上げる。

なお、本書は平成一二年度科学研究費補助金（研究成果公開促進費）の交付を受け刊行するものである。

二〇〇〇年一〇月

著　者

●著者紹介

細井 保（ほそい たもつ）

1967年生まれ．1997年法政大学大学院社会科学研究科政治学専攻博士課程修了．政治学博士．現在，法政大学法学部・第二教養部兼任講師．

オーストリア政治危機の構造
第一共和国国民議会の経験と理論

2001年2月26日　初版第1刷発行

著　者　細　井　　保

発行所　財団法人　法政大学出版局

〒102-0073　東京都千代田区九段北3-2-7
電話03（5214）5540／振替00160-6-95814
製版・印刷／三和印刷　製本／鈴木製本所

ISBN4-588-62510-1

人名索引

ア 行

アードラー（Adler, Viktor） 5, 21, 61, 81, 91〜94, 113
アードラー（Adler, Friedrich） 28
アードラー（Adler, Max） 157
アーレント（Arendt, Hannah） 108, 259, 264, 279
イニッツァー（Innitzer, Theodor） 272
ヴァルガ（Varga, Eugen） 160
ウィンクラー（Winkler, Franz） 204
ヴォタワ（Wotawa, August） 128
エンダー（Ender, Otto） 167, 173〜178, 208, 209, 252
オイゲン・サヴォイ（Eugen, Prinz v. Savoyen） 11

カ 行

カウツキー（Kautsky, Karl） 91
カネッティ（Canetti, Elias） 156
カール一世（Karl I., Habsburg-Lothringen） 18, 25
キルヒシュレーガー（Kirchschläger, Rudolf） 7
グライセ＝ホルステナウ（Glaise-Horstenau, Edmund） 281
クルティウス（Curtius, Julius） 210
クレマンソー（Clemenceau, Georges） 12
クンシャク（Kunschak, Leopold） 7, 227
ゲスマン（Gessmann, Albert） 90
ケルゼン（Kelsen, Hans） 1, 13, 14, 45〜51, 56, 57, 64〜66, 83, 107, 130, 136〜140, 146, 147, 152, 153, 157, 159〜162, 164〜166, 182〜188, 191, 192, 195, 198, 211〜215, 243, 244, 260, 278, 282
　『一般国家学』 139, 161, 162, 211
　「オットー・バウアーの政治理論」 136
　議会政治論（『デモクラシーの本質と価値』） 182〜186
　十月革命説 57, 64
　純粋法学 244
　地方自治論 212

サ 行

ザイス＝インクヴァルト（Seyß-Inquart, Arthur） 269, 270, 273
ザイツ（Seitz, Karl） 19, 127, 156, 157
ザイペル（Seipel, Ignaz） 28, 32〜34, 59, 60, 65, 99, 102, 112, 119〜121, 123, 124, 126, 127, 141, 142, 163, 168〜170, 173, 177, 178, 180, 195, 209
　真の民主主義 141
　有機的な国家の理解 34
シェーネラー（Schönerer, Georg Ritter v.） 83〜85, 88〜90, 105, 109
シュシュニック（Schuschnigg, Kurt） 221〜223, 268〜270, 280
シュタイドル（Steidle, Richard） 209
シュトラフェラ（Strafella, Georg） 168, 174
シュトラフナー（Straffner, Sepp） 200, 203, 204
シュトレールヴィッツ（Streeruwitz, Ernst） 141, 142, 168, 205
シュニッツラー（Schnitzler, Arthur） 111
シュパン（Spann, Othmar） 196, 236〜243, 256, 257, 261, 262
　『真の国家』 236
シュミット（Schmitt, Carl） 157, 159〜162, 214〜216, 244, 255, 260
シュミット（Schmidt, Guido） 281
シュムペーター（Schumpeter, Joseph Alois） 100, 102, 108, 116, 117
ショースキー（Schorske, Carl E.） 75, 84, 103, 109, 111, 112
ショーバー（Schober, Johann） 119, 142, 147, 148, 165, 167〜169, 171〜175, 177, 179, 180, 206, 208, 210, 211
スタールヘムベルク（Starhemberg, Ernst

Rüdinger） 175, 209, 219, 280
ソレル（Sorel, Georges） 278

タ 行

ダンネベルク（Danneberg, Robert） 122, 147〜149, 165, 273
ツヴァイク（Zweig, Stefan） 62, 106, 112
ツェルマーク（Czermak, Emmerich） 226
ドイチュ（Deutsch, Julius） 155
ドルフス（Dollfus, Engelbert） 6, 16, 194〜198, 201〜203, 205, 206, 220, 223〜226, 234〜236, 247, 250, 251, 254, 268, 269, 276, 281
所信表明演説 194

ナ 行

ノイシュテッター゠シュターマー（Neustädter-Stürmer, Odo） 204

ハ 行

ハイダー（Haider, Jörg） 9
バウアー（Bauer, Otto） 28, 29, 31〜33, 38〜40, 47, 56, 58, 61, 62, 65, 92, 94, 95, 112〜114, 117, 118, 120, 123, 127, 128, 130〜132, 136, 143, 154, 157〜159, 187〜192, 216, 227〜229, 251, 255, 270, 277, 281
革命論，階級諸勢力均衡論（『オーストリア革命』）56, 130〜132
『社会主義への道』 29
ファシズム論、民主主義論（『二つの大戦のはざまで』）187〜192, 277
民族理論（『民族問題と社会民主主義』） 94, 114
ハヌシュ（Hanusch, Ferdinant） 21
ハビヒト（Habicht, Theo） 217
ハルトマン（Hartmann, Ludwig Moritz） 39
ハルトレープ（Hartleb, Karl） 127, 128
ピオ一一世（Pius XI.） 249
ヒトラー（Hitler, Adolf） 85, 202, 209, 217, 220, 251, 268〜270, 272, 273, 275
ヒムラー（Himmler, Heinrich） 273
ヒルファディング（Hilferding, Rudolf） 281
ファウゴイン（Vaugoin, Carl） 167〜174, 179, 180, 205, 207〜209, 226
フェーゲリン（Voegelin, Erich） 242〜244, 246〜248, 258〜260
『権威的国家』 243
フォーゲルサング（Vogelsang, Karl v.） 110
プフリーマー（Pfrimer, Walter） 209
フランツ・フェルディナント（Franz Ferdinant, Habsburg-Lothringen） 18
フランツ・ヨーゼフ一世（Franz Joseph I., Habsburg-Lothringen） 90
ブラッハー（Bracher, Karl Dietrich） 276
ブレシュ（Buresch, Karl） 167, 178, 179, 193, 194, 205
ブロッホ（Broch, Hermann） 103
ヘヒト（Hecht, Robert） 115
ベーム゠バヴェルク（Böhm-Bawerk, Eugen v.） 107, 114
ヘラー（Heller, Hermann） 162, 213, 278
ヘルツル（Herzl, Theodor） 109
ベルクソン（Bergson, Henri） 278
ボッツ（Botz, Gerhard） 6, 8, 16
ポパー（Popper, Karl Raimund） 93, 112, 159
ボルケナウ（Borkenau, Franz） 10, 12, 219, 280

マ 行

マイヤー（Mayr, Michael） 46, 64, 119
マリア・テレージア Maria Theresia 10, 11, 96
ミクラス（Miklas, Wilhelm） 169, 170, 173, 203, 227, 270
宮沢俊義 57
ムッソリーニ（Mussolini, Benito） 171, 251, 265, 266
メスナー（Messner, Johannes） 239〜242, 257
『職能シュテンデ的秩序』 239
メルクル（Merkl, Adolf） 242, 243
「国家構成方法としての個人主義と共同主義」 242

『シュテンデ的・権威的オーストリア憲法』 243
メンガー（Menger, Carl） 107, 108

ヤ 行

ヤーコンチック（Jakoncig, Guido） 219
ヨーゼフ二世（Joseph II., Habsburg-Lothringen） 96, 114
ヨーゼフ主義 114

ラ 行

ラスキ（Laski, Harold Joseph） 215, 216
ラーメク（Ramek, Rudolf） 199, 200
ルエーガー（Lueger, Karl） 81, 86, 88〜91, 109〜111, 119
レオ一三世（Leo X III.） 86, 196
レンナー（Renner, Karl） 21, 24〜27, 35, 36, 40〜42, 45, 46, 54, 56, 57, 60, 64, 100, 117, 129, 144, 145, 154, 155, 164, 174, 175, 199, 203, 227, 228, 270, 272, 281
所信表明演説 36
ロート（Roth, Joseph） 106

ワ 行

ワルトハイム（Waldheim, Kurt） 9
ワンドルスツカ（Wandruszka, Adam） 4, 5, 16, 58, 110

事項索引

ア　行

カ　行

サ　行

タ 行

ナ 行

ハ　行

マ　行

ヤ　行

ラ　行

付　録

第一共和国歴代大統領

カール・ザイツ（社会民主党）〔1918.10.30-20.12.9〕
ミハエル・ハイニッシュ（無党派）〔1920.12.9-24.12.9〕〔1924.12.9-28.12.10〕
ヴィルヘルム・ミクラス（キリスト教社会党）〔1928.12.10-31.10.9〕〔1931.10.9-38.3.13〕

第一共和国歴代国民議会議長（上から順に正，副，第三）

〔1918.10.21～〕
ザイツ（社会民主党）
フィンク（キリスト教社会党）→〔1918.10.30～〕ハウザー（キリスト教社会党）
デイングホーファー（ドイツナショナル）
〔1919.3.5～〕
ザイツ（社会民主党）
ハウザー（キリスト教社会党）
〔1919.3.12～〕ディングホーファー（大ドイツ党）
〔1920.11.10～〕
ワイスキルヒナー（キリスト教社会党）
エルデルシュ（社会民主党）→〔1920.12.15～〕ザイツ（社会民主党）
ディングホーファー（大ドイツ党）
〔1923.11.20～〕
ミクラス（キリスト教社会党）
エルデルシュ（社会民主党）
デイングホーファー（大ドイツ党）→〔1926.10.27～〕ワーバー（大ドイツ党）
〔1927.5.18～〕
ミクラス（キリスト教社会党）→〔1928.12.13〕ギゥルトラー（キリスト教社会党）
エルデルシュ（社会民主党）
ワーバー（大ドイツ党）
〔1930.12.4～〕
エルデルシュ（社会民主党）→〔1931.4.29～〕レンナー（社会民主党）
ラーメク（キリスト教社会党）
シュトラフナー（大ドイツ党）→〔1931.10.27～〕タウシィッツ（大ドイツ党）
→〔1932.10.21～〕シュトラフナー（大ドイツ党）

第一共和国歴代内閣

レンナー臨時内閣（1918.10.30-19.3.3）／全会派から成る臨時内閣
国家首相：レンナー（社会民主党）
外務：アードラー（社会民主党）
内務：マタヤ（キリスト教社会党）
国防：マイヤー（ドイツナショナル）
文部：パッハー（ドイツナショナル）
法務：ロッラー（ドイツナショナル）
財務：シュタインウェンダー（ドイツナショナル）
農林：シュトェクラー（キリスト教社会党）
商務：ウルバン（ドイツナショナル）
公共労働：ツェルディク（キリスト教社会党）
運輸：ユーケル（キリスト教社会党）
社会政策：ハヌシュ（社会民主党）
国民健康：カウプ（官僚）
食糧：レェーウェンフェルト=ルス（官僚）

第II次レンナー内閣（1919.3.15-19.10.17）／社会民主党・キリスト教社会党から成る連立内閣
国家首相兼内務兼文部：レンナー（社会民主党）
副首相：フィンク（キリスト教社会党）
外務：バウアー（社会民主党）
財務：シュムペーター（大学教授）
商務：ツェルディク（キリスト教社会党）
運輸：パウル（官僚）
農林：シュトェクラー（キリスト教社会党）
社会政策：ハヌシュ（社会民主党）
法務：ブラトゥシュ（官僚）
国防：ドイチュ（社会民主党）
食糧：レェーウェンフェルト=ルス（官僚）

第III次レンナー内閣（1919.10.17-20.6.11）／社会民主党・キリスト教社会党から成る連立内閣
国家首相兼外務：レンナー（社会民主党）
副首相：フィンク（キリスト教社会党）
内務兼文部：エルデルシュ（社会民主党）
財務：レイシュ（ボーデンクレジット・アンシュタルト役員）
商務：ツェルディク（キリスト教社会党）
運輸：パウル（官僚）
農林：シュトェクラー（キリスト教社会党）
社会政策：ハヌシュ（社会民主党）
法務：ラーメク（キリスト教社会党）
国防：ドイチュ（社会民主党）
食糧：レェーウェンフェルト=ルス（官僚）

マイヤー均衡内閣（1920.7.7-20.11.20）／全政党から成る均衡内閣
国家首相兼憲法・行政改革：マイヤー（キリスト教社会党）
副首相兼社会政策：ハヌシュ（社会民主党）
外務：レンナー（社会民主党）
内務兼文部：ブライスキー（官僚）
財務：レイシュ（ボーデンクレジット・アンシュタルト役員）
商務：ヘイヌル（キリスト教社会党）
運輸：ペスタ（官僚）
農林：ハウエイス（キリスト教社会党）

法務：ロラー（大ドイツ党）
国防：ドイチュ（社会民主党）
食糧：グリュンベルガー（官僚）

第II次マイヤー内閣（1920.11.20-21.6.1）／キリスト教社会党・官僚から成る単独内閣
連邦首相兼外務：マイヤー（キリスト教社会党）
副首相兼文部：ブライスキー（官僚）
内務：グランツ（官僚）→ラーメク（キリスト教社会党）
大蔵：グリム（官僚）
商務：ヘイヌル（キリスト教社会党）
運輸：ペスタ（官僚）
農林：ハウエイス（キリスト教社会党）
社会政策：レシュ（キリスト教社会党）
法務：パルタウフ（官僚）
国防：グランツ（官僚）→ファイゴイン（キリスト教社会党）
食糧：グリュンベルガー（官僚）

第I次ショーバー内閣（1921.6.21-22.1.26）／キリスト教社会党・官僚から成る専門家内閣
連邦首相兼外務：ショーバー（官僚）
副首相兼文部：ブライスキー（キリスト教社会党）
内務：ワーバー（大ドイツ党）
大蔵：グリム（官僚）
商務：アンゲーラー（官僚）→グリュンベルガー（官僚）
運輸：ロードラー（官僚）
農林：ヘネット（官僚）
社会政策：パウアー（官僚）
法務：パルタウフ（官僚）
国防：ファイゴイン（キリスト教社会党）
食糧：グリュンベルガー（官僚）

ブライスキー内閣（1922.1.26-22.1.27）／キリスト教社会党・官僚から成る暫定一日内閣
副首相兼外務兼内務兼文部：ブライスキー（キリスト教社会党）
大蔵：グュルトラー（キリスト教社会党）
商務：グリュンベルガー（官僚）
運輸：ロードラー（官僚）
農林：ヘネット（官僚）
社会政策：パウアー（官僚）
法務：パルタウフ（官僚）
国防：ウェヒター（将官）
食糧：グリュンベルガー（官僚）

第II次ショーバー内閣（1922.1.7-22.5.24）／キリスト教社会党・官僚から成る官僚内閣
連邦首相兼内務：ショーバー（官僚）
副首相兼文部：ブライスキー（官僚）
外務兼農林：ヘネット（官僚）
大蔵：グュルトラー（大学教授：キリスト教社会党）→セーグゥル（州政府構成員：キリスト教社会党）
商務：グリュンベルガー（官僚）
運輸：ロードラー（官僚）
社会政策：パウアー（官僚）
法務：パルタウフ（官僚）
国防：ウェヒター（将官）

第I次ザイペル内閣（1922.5.31-23.4.16）／キリスト教社会党・大ドイツ党から成る連立内閣

連邦首相：ザイペル（キリスト教社会党）
副首相兼内務：フランク（大ドイツ党）
外務：グリュンベルガー（官僚）
大蔵：セーグゥル（州政府構成員：キリスト教社会党）→ケインボェク（連邦議会議員：キリスト教社会党）
商務：クラフト（大ドイツ党）
運輸：オーデナール（キリスト教社会党）
農林：ブッヒンガー（キリスト教社会党）
社会政策：シュミッツ（キリスト教社会党）
法務：ワーバー（大ドイツ党）
文部：シュナイダー（実科学校教授：キリスト教社会党）
国防：ファウゴイン（キリスト教社会党）

第II次ザイペル内閣（1923．4．17-23．11．20）／キリスト教社会党・大ドイツ党から成る連立内閣
連邦首相：ザイペル（キリスト教社会党）
副首相兼内務兼法務：フランク（大ドイツ党）
外務：グリュンベルガー（官僚）
大蔵：ケインボェク（連邦議会議員：キリスト教社会党）
商務兼運輸：シュルフ（大ドイツ党）
農林：ブッヒンガー（キリスト教社会党）
社会政策：シュミッツ（キリスト教社会党）
文部：シュナイダー（実科学校教授：キリスト教社会党）
国防：ファウゴイン（キリスト教社会党）

第III次ザイペル内閣（1923．11．20-24．11．8）／キリスト教社会党・大ドイツ党から成る連立内閣
連邦首相：ザイペル（キリスト教社会党）
副首相兼内務兼法務：フランク（大ドイツ党）
外務：グリュンベルガー（官僚）
大蔵：ケインボェク（キリスト教社会党）
商務兼運輸：シュルフ（大ドイツ党）
農林：ブッヒンガー（キリスト教社会党）
社会政策：シュミッツ（キリスト教社会党）
文部：シュナイダー（実科学校教授：キリスト教社会党）
国防：ファウゴイン（キリスト教社会党）

第I次ラーメク内閣（1924．11．20-26．1．14）／キリスト教社会党・大ドイツ党から成る連立政権
連邦首相兼内務：ラーメク（キリスト教社会党）
副首相兼法務：ワーバー（大ドイツ党）
外務：マタヤ（キリスト教社会党）
大蔵：アーラー（州知事代理：キリスト教社会党）
商業兼運輸：シュルフ（大ドイツ党）
農林：ブッヒンガー（キリスト教社会党）
社会政策：レシュ（戦傷基金管理委員会会長：キリスト教社会党）
文部：シュナイダー（実科学校教授：キリスト教社会党）
国防：ファウゴイン（キリスト教社会党）

第II次ラーメク内閣（1926．1．15-26．10．15）／キリスト教社会党・大ドイツ党から成る連立政権
連邦首相兼内務：ラーメク（キリスト教社会党）
副首相兼法務：ワーバー（大ドイツ党）
外務：マタヤ（キリスト教社会党）
大蔵：コルマン（キリスト教社会党）
商業兼運輸：シュルフ（大ドイツ党）
農林：ターラー（州議会議員：キリスト教社会党）
社会政策：レシュ（戦傷基金管理委員会会長：キリスト教社会党）

文部：シュナイダー（実科学校教授：キリスト教社会党）
国防：ファウゴイン（キリスト教社会党）

第Ⅳ次ザイペル内閣（1926.10.20-27.5.18）／キリスト教社会党・大ドイツ党から成る連立政権
連邦首相兼外務：ザイペル（キリスト教社会党）
副首相兼内務：ディングホッファー（大ドイツ党）
大蔵：ケインベェク（キリスト教社会党）
商業兼運輸：シュルフ（大ドイツ党）
農林：ターラー（州議会議員：キリスト教社会党）
社会政策：レシュ（戦傷基金管理委員会会長：キリスト教社会党）
文部：シュミッツ（キリスト教社会党）
国防：ファウゴイン（キリスト教社会党）

第Ⅴ次ザイペル内閣（1927.5.19-29.4.3）／キリスト教社会党・大ドイツ党・農村同盟から成る連立政権
連邦首相兼外務：ザイペル（キリスト教社会党）
副首相兼内務：ハルトレープ（農村同盟）
大蔵：ケインベェク（キリスト教社会党）
商業兼運輸：シュルフ（大ドイツ党）
農林：ターラー（州議会議員：キリスト教社会党）
社会政策：レシュ（戦傷基金管理委員会会長：キリスト教社会党）
法務：ディングホーファー（大ドイツ党）→スラーマー（州議会議員：大ドイツ党）
文部：シュミッツ（キリスト教社会党）
国防：ファウゴイン（キリスト教社会党）

シュトレールヴィッツ内閣（1929.5.4-29.9.25）／キリスト教社会党・大ドイツ党・農村同盟から成る連立政権
連邦首相兼外務：シュトレールヴィッツ（抵当機関上級管理人：キリスト教社会党）
副首相兼内務：シューマイ（州議会議員：農村同盟）
大蔵：ミトルスベルガー（州議会議員：キリスト教社会党）
商業兼運輸：シュルフ（大ドイツ党）
農林：フェーダーマイヤー（キリスト教社会党）
社会政策：レシュ（戦傷基金管理委員会会長：キリスト教社会党）
法務：スラーマー（州議会議員：大ドイツ党）
文部：ツェルマーク（州議会議員：キリスト教社会党）
国防：ファウゴイン（キリスト教社会党）

第Ⅲ次ショーバー内閣（1929.9.26-30.9.25）／官僚・民間人・キリスト教社会党・大ドイツ党・農村同盟から成る連立政権
連邦首相兼外務：ショーバー（官僚）
副首相兼国防：ファウゴイン（キリスト教社会党）
内務：シューマイ（農村同盟）
大蔵：ユヒ（官僚）
商業兼運輸：ハイニシュ（元連邦大統領）
農林：フェーダーマイヤー（キリスト教社会党）
社会政策：イニッツァー（大学教授：キリスト教社会党）
法務：スラーマー（大ドイツ党）
文部：スルビク（大学教授）

ファウゴイン内閣（1930.9.30-30.11.29）／キリスト教社会党・護国団から成る連立政権（大統領によって任命）
連邦首相兼国防：ファウゴイン（キリスト教社会党）
副首相兼社会政策：シュミッツ（キリスト教社会党）
外務：ザイペル（キリスト教社会党）

内務：スタールヘムベルク（侯爵：護国団）
大蔵：ユッヒ（官僚）
商務運輸：ヘインル（キリスト教社会党）
農林：ターラー（キリスト教社会党）
法務：フエーバー（公証人：護国団）
文部：ツェルマーク（州議会議員：キリスト教社会党）

エンダー内閣（1930.12.4-31.6.16）／キリスト教社会党・農村同盟・ナショナル経済同盟から成る連立政権（大統領によって任命）
連邦首相：エンダー（フォアアールベルク州知事：キリスト教社会党）
副首相兼外務：ショーバー（大ドイツ党）
内務：ウィンクラー（農村同盟）
大蔵：ユッヒ（官僚）
商務運輸：ヘインル（キリスト教社会党）
農林：ターラー（キリスト教社会党）→ドルフス（農業会議所会長：キリスト教社会党）
社会政策：レシュ（労働者事故保険協会会長：キリスト教社会党）
法務：シュルフ（大ドイツ党）
文部：ツェルマーク（州議会議員：キリスト教社会党）
国防：ファウゴイン（キリスト教社会党）

第Ⅰ次ブレシュ内閣（1931.6.20-32.1.27）／キリスト教社会党・農村同盟・大ドイツ党から成る連立政権（大統領によって任命）
連邦首相：ブレシュ（キリスト教社会党）
副首相兼外務：ショーバー（大ドイツ党）
内務：ウィンクラー（農村同盟）
大蔵：レードリッヒ（大学教授）
商務運輸：ヘインル（キリスト教社会党）
農林：ドルフス（農業会議所会長：キリスト教社会党）
社会政策：レシュ（労働者事故保険協会会長：キリスト教社会党）
法務：シュルフ（大ドイツ党）
文部：ツェルマーク（州議会議員：キリスト教社会党）
国防：ファウゴイン（キリスト教社会党）

第Ⅱ次ブレシュ内閣（1932.1.29-32.5.6）／キリスト教社会党・農村同盟から成る連立政権（大統領によって任命）
連邦首相兼外務：ブレシュ（キリスト教社会党）
副首相兼内務：ウィンクラー（農村同盟）
大蔵：ワイデンホッファー（キリスト教社会党）
商務運輸：ヘインル（キリスト教社会党）
農林：ドルフス（農業会議所会長：キリスト教社会党）
社会政策：レシュ（労働者事故保険協会会長：キリスト教社会党）
法務：シュシュニック（キリスト教社会党）
文部：ツェルマーク（州議会議員：キリスト教社会党）
国防：ファウゴイン（キリスト教社会党）

第Ⅰ次ドルフス内閣（1932.5.20-33.9.21）／キリスト教社会党・農村同盟・護国団から成る連立内閣（大統領によって任命）
連邦首相兼外務兼農林：ドルフス（農業会議所会長：キリスト教社会党）
副首相：ウィンクラー（農村同盟）
内務：バッヒンガー（農業経営者：農村同盟）→シューマイ（州議会議員：農村同盟）
大蔵：ワイデンホッファー（キリスト教社会党）→ブレシュ（キリスト教社会党）
商務運輸：ヤーコンチック（弁護士：護国団）→ストッキンガー（実業家：キリスト教社会党）
社会政策：レシュ（労働者事故保険協会会長：キリスト教社会党）→ケルバー（官僚：キリス

ト教社会党）
法務：シュシュニック（キリスト教社会党）
文部：リンテルヌ（キリスト教社会党）
国防：ファウゴイン（キリスト教社会党）
公安：アヒ（官僚）→フェイ（予備役少佐：護国団）

第II次ドルフス内閣（1933. 9.21-34. 7.10）／キリスト教社会党・護国団から成る内閣
連邦首相兼外務兼内務兼農林兼国防と公安：ドルフス（農業会議所会長：キリスト教社会党）
副首相〔兼公安1934. 1.11〜〕：フェイ（予備役少佐：護国団）
副首相〔1934. 5. 1〜〕：スタールヘムベルク（護国団）
大蔵：ブレシュ（キリスト教社会党）
商務運輸：ストッキンガー（キリスト教社会党）
社会政策：シュミッツ（キリスト教社会党）
法務と文部：シュシュニック（キリスト教社会党）
国防〔1934. 3.12〜〕：シェーンブルク=ハルテンシュタイン（退役中将：護国団）
無任所：エンダー（キリスト教社会党）

第III次ドルフス内閣（1934. 7.10-34. 7.25）／キリスト教社会党・護国団から成る内閣
連邦首相兼外務兼内務兼農林兼国防と公安：ドルフス（キリスト教社会党）
副首相：スタールヘムベルク（護国団）
大蔵：ブレシュ（キリスト教社会党）
商務運輸：ストッキンガー（キリスト教社会党）
社会政策：ノイシュテッター=シュターマー（護国団）
法務：ベルガー=ワルデンエッグ（護国団）
文部：シュシュニック（キリスト教社会党）
無任所：フェイ（護国団）
国防長官：ツェーナー
外務長官：タウシッツ
農林長官：イルグ
公安長官：カルウインスキー
産業長官：フェイ

第I次シュシュニック内閣（1934. 7.29-35.10.17）／キリスト教社会党・護国団から成る内閣
連邦首相兼国防兼法務兼文部：シュシュニック（キリスト教社会党）
副首相兼公安：スタールヘムベルク（護国団）
外務：ベルガー=ワルデンエッグ（護国団）
内務：フェイ（護国団）
大蔵：ブレシュ（キリスト教社会党）
商務運輸：ストッキンガー（キリスト教社会党）
農務：レイター（キリスト教社会党）
社会政策：ノイシュテッター=シュターマー（護国団）
国防長官：ツェーナー
文部長官：ペルトナー
法務長官：カルウィンスキー
公安長官：ハンマーシュタイン=エキュオルド
農務長官：イルグ
社会政策長官：グローサウアー
祖国戦線連邦指導者：スタールヘムベルク

第II次シュシュニック内閣（1935.10.17-36. 5.14）／キリスト教社会党・護国団から成る内閣
連邦首相兼国防兼文部：シュシュニック（キリスト教社会党）
副首相兼公安：スタールヘムベルク（護国団）
外務：ベルガー=ワルデンエッグ（護国団）

内務兼公安：バール=バーレンフェルス（護国団）
商務運輸：ストッキンガー（キリスト教社会党）
法務：ウィンターシュタイン（キリスト教社会党）
農務：ストローブル（キリスト教社会党）
社会政策：ドブレツベルガー（キリスト教社会党）
無任所：ブレシュ（キリスト教社会党）
　文部長官：ペルトナー
　国防長官：ツェーナー
　社会政策長官：ツニダリク
　農務長官：クラフト

第III次シュシュニック内閣（1936．5．14-36．11．3）／キリスト教社会党・護国団から成る内閣
連邦首相兼外務兼国防：シュシュニック（キリスト教社会党）
副首相兼内務兼公安：バール=バーレンフェルス（護国団）
大蔵：ドラクスラー（護国団）
商務運輸：ストッキンガー（キリスト教社会党）
法務：ハンマーシュタイン=エキュオルド（護国団）
農務：マンドルファー（キリスト教社会党）
社会政策：レシュ（キリスト教社会党）
文部：ペルヌター（キリスト教社会党）
無任所：グライセ=ホルステナウ
　連邦首相府長官：ツェルナット
　国防長官：ツェーナー
　外務長官〔1936．7．11～〕：シュミット
　祖国戦線連邦指導者：シュシュニック

第IV次シュシュニック内閣（1936．11．3-38．2．15）
連邦首相兼外務兼国防：シュシュニック
副首相：ヒュルゲルト
内務：グライセ=ホルステナウ
大蔵：ノイマイヤー
商務運輸：タウハー
法務：ピルツ
農務：マンドルファー
社会政策：レシュ
文部：ペルヌター
公安：ノイシュテッター=シュターマー→スクゴル
　外務長官：シュミット
　国防長官：ツェーナー
　連邦首相府長官：ツェルナット
　労働者・官吏保護長官：ロット

第V次シュシュニック内閣（1938．2．15-38．3．11）
連邦首相兼国防：シュシュニック
副首相：ヒュルゲルト
外務：シュミット
内務兼公安：ザイス=インクヴァルト（ナチス）
大蔵：ノイマイヤー
商務運輸：ラーブ
法務：アダモヴィッチ
農務：マンドルファー
社会政策：レシュ
文部：ペルヌター

無任所：ツェルナット，グライセ=ホルステナウ，ロット
　国防長官：ツェーナー
　公安長官：スクブル
　産業長官：ステプスキ=ドリワ
　農務長官：マズニク
　労働者・官吏保護長官：ワァトツェク

ザイス=インクヴァルト内閣（1938. 3.12-1938. 3.13）

連邦首相兼国防兼公安：ザイス=インクヴァルト
副首相：グライセ=ホルステナウ
外務：ウォルフ
大蔵：ノイマイヤー
商務運輸：フィッシュベェク
法務：ホイバー
農務：ラインターラー
社会政策：ユーリィ
文部：メンギン
政治的意思形成：クラウスナー
公安長官：カルテンブルンナー
連邦首相府長官：ウィンマー
軍事長官：アンゲリス

資料：Index zu den stenographischen Protokollen der provisoriscen Nationaversammlung Deutschösterreichs ; Index zu den stenographischen Protokollen der konstituierenden Nationaversammlung der Republik Österreich ; 各立法期の Index zu den stenographischen Protokollen des Nationalrates および Scheithauer, E., Scheihauer, G., Tscherne, W., Geschichte Österreichs in Stichworten V, Wien, 1983, S. 247ff. ; Weinzierl, E., Skalnik, K. (Hrsg.), Österreich 1918-1938/Geschichte der 1. Republik Bd. 2. Wien, 1983, S. 1067ff. より作成.

第一共和国国民議会選挙政党別得票率 (%)

<table>
<tr><th>政党　　選挙年／</th><th>1919. 2</th><th>1920.10</th><th>1923.10</th><th>1927. 4</th><th>1930.11</th></tr>
<tr><td>社会民主党
Sozialdemokratische Arbeiterpartei
(SDAP)</td><td>40.76
(72)</td><td>35.91
(69)</td><td>39.60
(68)</td><td>42.00
(71)</td><td>41.15
(72)</td></tr>
<tr><td>キリスト教社会党
Christlichsoziale Partei
(CSP)</td><td>35.93
(69)</td><td>41.82
(85)</td><td>45.00
(82)</td><td rowspan="2">49.00
(73+12
=85)</td><td>35.65
(66)</td></tr>
<tr><td>大ドイツ党
Großdeutsche Volkspartei
(GDVP)</td><td>18.36
(26)</td><td>17.28
(28)</td><td rowspan="2">12.76
(10+ 5
=15)</td><td rowspan="2">11.62
(10+ 9
=19)</td></tr>
<tr><td>農村同盟
Land Bund
(LB)</td><td></td><td></td><td>6.0
(9)</td></tr>
<tr><td>護国団
Heimatblock
(HB)</td><td></td><td></td><td></td><td></td><td>6.16
(8)</td></tr>
<tr><td>その他</td><td>4.95
(3)</td><td>4.99
(1)</td><td>2.64</td><td>3.0</td><td>5.52</td></tr>
</table>

(　) 内数字は護得議席数

資料：Scheithauer, E., Scheithauer, G., Tscherne, W., ibid., S. 247ff. ; Weinzierl, E., Skalnik, K. (Hrsg.), ibid., S. 1092f. より作成.